应用技能型院校"十四五"规划教材

U0781109

商业伦理与会计职业道德

主　编：吕雅慧　陈丽佳
副主编：周　珊　黄　叶

立信会计出版社
LIXIN ACCOUNTING PUBLISHING HOUSE

图书在版编目（CIP）数据

商业伦理与会计职业道德 / 吕雅慧，陈丽佳主编.

上海：立信会计出版社，2025. 5. -- ISBN 978-7-5429-
7914-8

Ⅰ. F718；F233

中国国家版本馆 CIP 数据核字第 2025VR9014 号

策划编辑　　　王斯龙

责任编辑　　　张忠秀

美术编辑　　　北京任燕飞工作室

商业伦理与会计职业道德

SHANGYE LUNLI YU KUAIJI ZHIYE DAODE

出版发行	立信会计出版社		
地　　址	上海市中山西路 2230 号	邮政编码	200235
电　　话	(021)64411389	传　　真	(021)64411325
网　　址	www.lixinaph.com	电子邮箱	lixinaph2019@126.com
网上书店	http://lixin.jd.com		http://lxkjcbs.tmall.com
经　　销	各地新华书店		

印　　刷	上海华业装璜印刷有限公司
开　　本	787 毫米×1092 毫米　　　1/16
印　　张	18.25
字　　数	398 千字
版　　次	2025 年 5 月第 1 版
印　　次	2025 年 5 月第 1 次
书　　号	ISBN 978 - 7 - 5429 - 7914 - 8/F
定　　价	54.00 元

如有印订差错，请与本社联系调换

前　　言

中华文明源远流长,孕育了中华民族的宝贵精神品格,培育了中国人民的崇高价值追求。中国共产党领导人民在革命、建设和改革历史进程中,坚持马克思主义对人类美好社会的理想,继承发扬中华传统美德,创造形成了引领中国社会发展进步的社会主义道德体系。党的二十大报告明确指出,高举中国特色社会主义伟大旗帜,全面贯彻新时代中国特色社会主义思想,弘扬伟大建党精神,自信自强、守正创新、踔厉奋发、勇毅前行,为全面建设社会主义现代化国家、全面推进中华民族伟大复兴而团结奋斗。

在中国特色社会主义新时代的经济发展中,加强公民道德建设、提高全社会道德水平,是全面建成小康社会、全面建设社会主义现代化强国的战略任务。高等教育作为道德建设的重要一环,肩负着培养德智体美劳全面发展的社会主义建设者和接班人的重要使命。在新时代的背景下,高等教育应当更加注重道德教育的渗透和融合,将社会主义核心价值观融入教育教学全过程,引导青年学子树立正确的世界观、人生观和价值观。

在当今社会,随着全球信息化的迅猛发展,商业伦理和会计职业道德的重要性日益凸显。在这个日新月异、信息繁杂的时代,如何培养出一批既具备专业知识,又具备高尚职业道德的优秀人才,成为教育界和业界共同关注的焦点。为了更好地培养学生的伦理敏感性和职业道德决策能力,众多学者和教育工作者不断探索和创新教育方法,期望能够提升学生进入职场面对伦理与道德困境时的应变能力。在此迫切需求下,"商业伦理与会计职业道德"课程应运而生。

"商业伦理与会计职业道德"属于经管类专业基础课。本书内容分为两大模块:第一模块包括第一章至第三章,介绍企业经营管理中的商业伦理,从企业内部管理与对外经营两个角度分别阐述;第二模块包括第四章至第九章,介绍会计职业道德相关内容,分别从会计职业道德规范,会计舞弊、会计人员职业道德困境与职业自律,注册会计师职业道德,审计和审阅业务对独立性的要求,会计相关领域的职业道德以及数智会计道德六个维度展开阐述。

本书以财政部颁布的《会计人员职业道德规范》以及中国注册会计师协会制定的《注册会计师职业道德守则》为蓝本,结合当代企业经营管理实践中所展现的商业伦理特质,并汲取了众多优秀学者研究成果及同类教材的精华,经过精心编写而成。

本书主要有以下特点:

(1)本书着重突出理论知识的基础性和全面性,详尽介绍了企业经营管理中所涉及的商业伦理以及会计职业道德规范的核心内容,旨在引导学生形成正确的伦理价值观念,并致力于培育学生具备优秀的职业道德素养,以适应未来职业发展的需求。

(2)本书高度重视情景化的案例导向教学方法,通过精心挑选并嵌入大量国内外具有代表性的案例,为学生提供丰富多样的教学素材。此举旨在使学生在实践操作中更好地领悟和把握商业伦理及会计职业道德的核心理念,提升其实际应用能力和综合素质。

(3)本书深刻剖析数字经济时代商业伦理与会计职业道德所面临的新挑战。在当前这个科技飞速发展、社会变革日新月异的时代,数字经济已然成为推动社会进步的重要引擎。然而,随着数字经济的蓬勃发展,商业伦理与会计职业道德也面临着前所未有的严峻挑战。为了使学生更全面地理解数字时代商业伦理与会计职业道德的变革趋势及其所带来的道德困境,本书在第三章第五节对数字时代的商业伦理困境进行了深入剖析,同时在第九章对数智会计的发展、数智会计道德与风险以及数智会计道德建设进行了较为全面的阐述。这将为学生在未来的职业生涯中更好地发挥专业技能、履行职业责任奠定坚实的基础。

本书既适用于普通高等院校管理类、经济类、社会类、法律类等专业本科生学习,也可供管理、经济与法律在职人士学习与参考。

本书由吕雅慧、陈丽佳担任主编,周珊、黄叶担任副主编,江淼、陈玥、戴含伊、洪伶等教师参与编写。

本书的最终形成得益于可供编者参考借鉴的大量研究资料,在此特向所引资料的各位作者表示诚挚的谢意。

由于编者水平有限,本书难免存在疏漏之处,欢迎广大读者批评指正,以便我们进一步修订与完善。

编者

2025 年 3 月

目 录

第一章
商业伦理与职业道德概述

 知识目标

1. 掌握商业伦理的内涵、商业伦理的评判标准、职业道德的主要内容；

2. 熟悉道德的内涵、会计领域的伦理问题；

3. 了解伦理学的含义、伦理学的种类。

能力目标

1. 能够准确划分伦理学类别；

2. 能够准确应用商业伦理的评判标准。

素养目标

1. 理解商业伦理的内涵,具备应用商业伦理的判断标准准确评判社会热点话题、热门事件的能力；

2. 养成"爱岗敬业、诚实守信、办事公道、热情服务、奉献社会"的职业道德品质。

 思政园地

五伦关系①

五伦观念根源于华夏文明的远古时代,是和人文教化生发的漫长历程紧密地联系在

---

① 资料来源:景海峰.五伦观念的再认识[J].哲学研究,2008,(05):51-57+128。

一起的。"五伦"是社会基本的五种人伦关系,即父子、君臣、夫妇、兄弟、朋友五种关系。《孟子·滕文公上》:"后稷教民稼穑,树艺五谷,五谷熟而民人育。人之有道也,饱食、暖衣、逸居而无教,则近于禽兽。圣人有忧之,使契为司徒,教以人伦:父子有亲,君臣有义,夫妇有别,长幼有叙,朋友有信。"人伦中的双方都要遵守一定的"规矩"。为父的,要慈祥,为子的,要孝顺;为臣的,要忠于职守,为君的,要以礼给他们相应的待遇;为夫的,要主外,为妇的,要主内;为兄的,要照顾兄弟,为弟的,要敬重兄长;为友的,要讲信义。五伦关系是一种德性的体现,反映某种道德的要求,本质上是伦理精神的集中展示,而不是自然状况的简单摹记。

 知识导图 ··

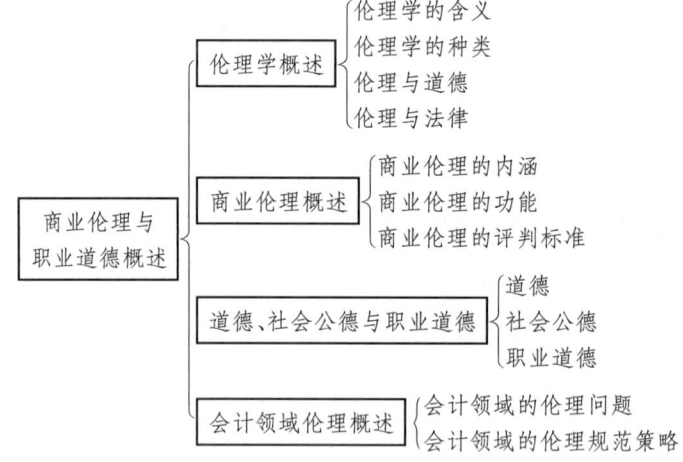

第一节 伦理学概述

一、伦理学的含义

在中国,"伦理"一词最早在先秦典籍中出现,《礼记·乐记》中提到:"乐者,通伦理者也。"在古代,"伦理"一词是分开使用的,许慎的《说文解字》认为,"伦,从人,辈也","理,从玉,里声,治玉也"。"伦""理"二字阐述人与人关系的相关原则。伦理含有做人道理的意思。

在西方,"伦理学"一词源于希腊文"ethos",亚里士多德在《尼各马可伦理学》中赋予"ethos"德行的含义,并创建伦理学,黑格尔认为伦理是指社会行为习惯。

马克思主义伦理学基于历史唯物主义和辩证的方法,不仅强调经济基础、物质利益对伦理道德的决定作用,而且重视伦理道德对经济基础和利益关系的反作用。

伦理学是哲学的重要分支,旨在系统研究人类行为的道德原则、价值标准及其正当性依据,探讨善恶的本质界定、行为的道德规范以及个体与社会的伦理关系。其核心关注"应当如何生活""何种行为具有道德正当性""如何划分善恶界限"等根本性问题,通过构建理论框架与实践准则,为个体决策和社会伦理秩序提供规范性指引。

二、伦理学的种类

伦理学可以分为理论伦理学和应用伦理学两大类。

(一) 理论伦理学

1. 描述伦理学

描述伦理学运用描述的方法研究各种道德现象。该学派只是客观地、如实地、中立地描述各种道德现象,并加以说明和探究。描述的方法分为历史的方法和比较的方法。历史的方法主要探究各种道德现象的形成发展、变化和消亡,探讨影响各种道德现象变化发展的经济、政治、文化和时空等因素,探讨道德对其他各种社会现象(如经济现象)和个人生活的影响,解释道德的本质和规律;比较的方法主要是比较不同类型、不同时代、不同民族和不同文化的道德,揭示其异同并探究造成异同的原因。

2. 元伦理学

元伦理学关心的是道德的语言和逻辑问题,如与道德有关的术语的含义,道德规范如何得到论证,论证是否充分、论证的方法是否正确、论证的过程是否合乎逻辑判断,不关心各种道德的实质性内容,对各种道德现象都持中立、不评价的态度,也不提出指导人的行为的道德准则和道德规范。元伦理学的方法分为语言分析和逻辑分析。语言分析关注语言的意义,用分析哲学中的语义学、语用学等方法考察道德语言。逻辑分析对道德规范和道德判断本身的内容和对错并不关注,它关注的是道德规范和道德判断是如何得到论证的、论证是否充分,论证方法是否正确,论证过程是否合乎逻辑判断等。元伦理学不关心伦理道德的具体内容,不能为现实生活提供指导。元伦理学曾是西方伦理学的主流,但从 20 世纪 60 年代以来,其发展势头大大减弱。

3. 规范伦理学

规范伦理学关注人的行为怎样才是道德的,它提出一系列道德规范,规定人们的行为应该如何、不应该如何。儒家伦理具有规范伦理学的特点,它在处理自我与他人的关系时,提出了"己所不欲,勿施于人"和"己欲立而立人,己欲达而达人"两条基本规范。规范伦理学的方法有很多,但都有一个共同点,即确定一个或几个最基本的原规范并把它们应用到各类具体的场合,提出各种具体的道德规范,解决各种具体的道德问题。规范伦理学把研究人的行为和社会伦理道德规范标准及其哲学的根据作为自己的研究目标,把研究伦理道德的根源、本质和发展规律作为自己的主要内容,把指导人们的道德实践、完善整个人类社会、提高人的境界作为自己的研究任务。这种理论的典型代表就是中西传统伦理学。

4. 美德伦理学

美德伦理学关注的是人的道德品质,即如何使人成为有美德的高尚的人。美德伦理学深刻地指出,一个按照某种道德规范和道德义务而行动的人,行为未必是道德的,因为他这样做未必出自其本心,行为未必是他的道德品质的体现。因此,伦理学应该为人们制定行为规范,但更重要的是培养人的美德。美德伦理学采用的是历史的方法,在叙述道德发展的同时,评价各种道德学说的是非得失,并非采取价值中立的立场。

(二)应用伦理学

1. 生命伦理学

生命主要指人类生命,但也包括动物生命和生态,伦理学是对人类行动的规范性研究。生命伦理学可以界定为运用伦理学的理论和方法,对生命科学、生物医学和生物技术以及医疗卫生中的伦理学问题进行系统研究。从某种意义上说,生命伦理学是医学伦理学的扩展。生命伦理学是实践哲学,与哲学等其他学科关注知识相比,它关注人类的行动,并不谋求建立体系而以问题为导向,其目的是更好地解决生命科学、生物医学和生物技术以及医疗卫生中的伦理问题,从而采取较为合适的行动(包括政策)。

2. 科技伦理学

科技伦理学是研究人类在科技研究和应用中所遵守的伦理规范。科技伦理是指科技人员在职业生涯中形成的,调节科技活动中个人与个人、个人与整体相互关系的行为规范的总和。科技伦理问题,最根本的就是科技研究、运用中的道德关系问题,即科学技术的研究和运用对人类社会是有利还是有害的问题。不同民族、不同国度有不同的道德标准,但不管有怎样的差别,都不能超越对人类社会是有利还是有害这样一个根本准则:科学技术是人类创造的,它本来就属于人类,应该为人类服务。

科技
伦理学

3. 环境伦理学

环境伦理学是以环境保护为目的的伦理学。西方环境伦理学产生于 20 世纪 40 年代,该理论的根本目的在于探究当代生态危机的根源与解决途径,而后逐渐发展成为包括非人类中心主义和人类中心主义在内的理论思潮。我国学术界的生态文明理论研究开始于 20 世纪 80 年代初对西方环境伦理学的引进和评价,并由此形成借鉴或认同人类中心主义或非人类中心主义两种类型的生态文明理论。非人类中心主义的环境伦理学是根据生态科学等自然科学所揭示的生态整体性规律,要求颠覆传统的人际伦理学,把道德关怀拓展到人类之外的存在物上。人类中心论者质疑和批评非人类中心主义环境伦理学,在为人类中心主义价值观本身展开辩护的同时,也指出近代人类中心主义价值观存在着缺陷,需要进行修正和重建。

【拓展阅读】

福建省"2303"跨省非法处置电子垃圾案①

2022年5月至11月,福建省在开展"清水蓝天"跨区域交叉执法检查过程中,查办了龙岩新罗、永定、漳平、三明永安等地一系列非法焚烧电子垃圾案件,属地生态环境部门分别将案件移送属地公安机关。经对上述案件串并分析,发现彼此均有关联,案件涉及电子垃圾的收购外销、焚烧处置、提炼成品回收销售等多个环节,网络覆盖福建、广东等省,属集团性、系列性案件。为打击违法源头、摧毁违法网络、阻断违法链条,福建省生态环境厅(以下简称省生态环境厅)将相关问题线索并案移交福建省公安厅(以下简称省公安厅)进一步侦办。

2023年3月,省生态环境厅与省公安厅会商,将串并结果列为省级督办线索,成立联合专案组(代号"2303"),由分管厅领导担任组长,持续深挖违法链条网络,查清犯罪团伙的人员情况、组织构架及犯罪窝点。7月26日至27日,省生态环境厅联合省公安厅在闽粤两省5市8县(福建龙岩新罗、永定、漳平,福州罗源,广东佛山南海,汕头潮阳、潮南,河源源城)同步收网,最终,成功摧毁一个在闽粤两省流窜作案的特大焚烧电子垃圾污染环境犯罪团伙。该团伙犯罪人员众多、分工明确、点多面广、作案隐蔽、情节恶劣,为近年来福建省查办最大的集"供应、生产、销售"全环节危险废物污染环境犯罪案件。

三、伦理与道德

伦理与道德作为规范人类行为的两大核心概念,既存在密切联系,又在研究对象、功能定位及实践路径上呈现显著差异。两者的关系可概括为理论根基与实践规范的辩证统一。两者的区别如表1-1所示。

表1-1 伦理与道德的区别

区别	伦理	道德
属性	理论属性	实践属性
核心内容	聚焦道德现象的普遍性、抽象性与系统性	特定文化或社群中实际遵循的行为准则与价值共识
目标与功能	揭示道德判断的理性基础	通过内化与外化机制调节人际关系,维持社会秩序

---

① 资料来源:中华人民共和国生态环境部.生态环境部公布第十六批生态环境执法典型案例(打击危险废物环境违法犯罪领域)(EB/OL).(2023-11-16)[2025-05-30].https://www.mee.gov.cn/ywgz/sthjzf/zfzdyxzcf/202311/t20231116_1056587.shtml.

伦理对道德具有批判与指导功能。伦理为道德规范提供正当性辩护,并对其合理性进行检视。在道德冲突或新兴领域,伦理理论通过原则推演为制定新规范提供依据。

道德对伦理具有反馈与修正功能。具体道德实践中的矛盾常推动伦理理论的迭代。德性伦理学复兴即是对规则伦理过度抽象化的回应,强调道德主体的情境化判断与品格培养。多元文化中的道德差异促使伦理学者反思普遍主义假设,发展更具包容性的理论模型。

四、伦理与法律

法律是反映统治阶级意志的,由国家制定或认可,具体规定人们的权利和义务,并由国家强制力保证实施的,具有普遍约束力的规范。伦理和法律之间的关系是相互依赖、相辅相成的。法律的制定和执行都依赖伦理,法律的制定和完善必须根据社会的伦理理念,不然就难以让人们自律执行。法律是维系伦理的有力工具。社会成员遵守伦理规范是维护社会正常运作的前提条件,伦理规范要靠法律强制手段使之制度化、法制化,才能对违反伦理规范的人产生震慑,不然仅仅依靠社会舆论和习俗,难以保证伦理规范为所有人遵守。

第二节 商业伦理概述

一、商业伦理的内涵

商业伦理隶属于应用伦理学范畴。商业伦理研究的是商业活动中各种行为的伦理道德问题,并讨论商业组织应该遵守什么样的道德标准,以及相关道德标准是如何应用于相关组织制度、员工活动等。

商业伦理研究有以下三个层次:

(1)宏观层次伦理,探讨的是国家、政府的经济制度和秩序问题的伦理评价,一方面研究和阐述经济制度、经济体制、经济政策的伦理评价,另一方面研究整个社会经济活动的道德价值导向问题。

(2)中观层次伦理,也就是企业中的伦理问题,主要包括企业的社会责任、内部的管理伦理和企业外部关系中的伦理问题。

(3)微观层次伦理,主要包括个体在社会经济活动承担的职业角色的伦理问题和个体对消费的伦理评价及消费道德规范等。

二、商业伦理的功能

商业伦理有以下三个功能。

1. 指导功能

商业伦理具有指导主体行为的功能。商业伦理具有将获取利益的行为与人的协调发展、社会整体利益的进步以及可持续发展等价值导向协调的功效。商业伦理规范以"应该……"或"不应该……"等语句形式表达。这种指示或劝诫表达了社会对企业行为的期望和要求。这种要求和期望如果被主体认同，就会转变为主体的行为。即使不被主体认同，由于社会舆论的强大压力，往往也会被企业和个人接受和遵循。在行政规章和法律都管不到也不该管的情形下，商业伦理对企业的动机和行为的指导作用是最显而易见的。

2. 教化功能

与硬性的规章制度相比，商业伦理可以将规范转变为员工的信仰，让员工按照伦理要求进行自我约束、自我规范和自我评价。舆论的赞扬和谴责，进而作用于企业的道德情感与道德文化。这对于企业的文化、理念和行为有一种潜移默化的塑造作用，不但能够影响企业当下的动机和行为，而且能够改造企业的道德品质，提高企业的道德境界。这就是商业伦理的教化功能。

3. 评价功能

评价功能是指根据一定的商业伦理标准对企业主体的行为进行评价的功能。评价功能又可分解为褒扬功能和谴责功能。前者通过引起主体的自豪感和光荣感，对主体的动机和行为起激励、鼓舞的作用；后者则通过引起主体的羞愧、内疚等情感，对主体的动机和行为起抑制和纠错的作用。

【拓展阅读】

千年古城里的晋商精神①

晋商风雨五百年，钱庄票号汇通天下，经营范围包罗万象，在我国经济发展史上留下了浓墨重彩的商业文化，又在时代发展的浪潮中求新求变、熠熠生辉。

山西商业历史源远流长。唐代韩愈有诗云"朗朗闻街鼓，晨起似朝时"，描绘的就是山西汾河两岸繁荣的商业景象。至明清两朝，以太谷、祁县、平遥等为代表的晋商肩挑背贩，走南闯北，成为国内势力最为雄厚的商帮之一。

"宁叫赔折腰，不叫客吃亏""诚招天下客，义纳八方财"……晋商起家微利，从三晋一隅辐射塞北江南，靠的正是诚信。太谷广誉远药店，配药保证精购原料，"龟龄集""定坤丹"长盛不衰；祁县复盛公商号，经营从不缺斤短两，"复"字号货物远近闻名；平遥长泰永绸缎庄，物尽其美不抬高价，锦缎丝绸享有美誉。晋商创立的商号以诚制胜，以诚取利，赢

① 资料来源：崔璨. 鉴往知来，跟着总书记学历史 | 千年古城里的晋商精神[EB/OL]. (2022-01-29)[2025-03-27]. https://news. cyol. com/gb/articles/2022-01/29/content_K8736fBAZ. html.

得了顾客的青睐。

明清时期,商品经济发展,埠际货币流通量增大,由镖局押送银两的方法因成本太高、安全性低,越来越不适应日益扩大的货币交割需要。

在这样的社会背景下,中国第一家票号——日昇昌票号在山西平遥应运而生。票号是专营银两异地汇兑和存放款业务的私人金融机构,也即现代银行的前身。日昇昌票号成立后,业务迅速发展,黄金时期年汇兑金额高达 3 800 万两白银,可谓"日利千金";其经营网点几乎遍布全国,可谓"一纸风行"。

"富有之谓大业,日新之谓盛德。"晋商的创新精神不仅体现于创立票号。引进人才,实行"经理制",分离所有权和经营权,祛除管理效率低下、运营成本高昂的弊病;引进资金,实行"股份制",吸纳闲散资金,实现互利共赢,满足大商业、大流通下的资金需求;打破地域限制,实行"联号经营",有效应对由市场不确定性带来的风险。

"凡是有麻雀的地方,就有山西商人",这句俗语是晋商身影最真实的写照。山西山多土瘠,但煤、铁、盐蕴藏丰富。自古以来,山西人便利用自然资源与他人交换所需物资。直至明清,商品交换范围逐渐扩大,晋商足迹遍布欧亚。历史上,山西是"一带一路"商圈的重要组成部分。进出边关运销粮草食盐,深入大漠贩卖皮毛骡马,远走俄国出口茶叶丝绸,晋商见证过"使者相望于道,商旅不绝于途"的盛况,也目睹了"驼马穿梭,不知其数"的繁华。百年风雨,晋商的"开放"精神沟通了发达商埠与偏远边疆的联系,更搭建起国内市场与国外市场的桥梁。

三、商业伦理的评判标准

在对商业伦理进行评判时,可遵循以下几项标准,但是每项标准都有优点和局限性,评价同一商业问题可以依据不同的商业伦理标准。

(一)正义标准

正义标准基本涉及以下三方面内容。

1. 分配正义

在资源有限的情况下,人们对社会的需求都得不到满足的时候,就涉及如何正义分配的问题。分配正义要求平等的人必须得到公平对待,不平等的人必须得到差别对待。具体包括以下四种观点:第一种观点,人类在一些基本方面处于平等地位,每个人对社会物品有平等的要求权,都应该被给予社会或群体收益与负担的平均数。第二种观点,强调人们获得的收益应该与他们贡献的价值成比例。第三种观点,各尽所能,按需分配,工作负担应该根据人的能力分配,收益应该根据人的需求分配。第四种观点,个人自由地做出选择,按照自我贡献、他人自愿为我做的贡献,他人自愿赠予我尚未耗尽或转让的所有物来分配。

2. 应报正义

应报正义是指关于惩罚过失者的正义。它需满足三个条件：第一是非无知和无能,在无知和无能的条件下,人们无法为自己的行为承担道德责任,即一个人不知道或者不能自由选择自己的行为,那么对他的行为进行惩罚是不公正的。第二是确信被惩罚的人真的犯有过失,依据不足信或不完整的证据进行惩罚是不正义的。第三是惩罚必须一致且与过失相符合,只有当每个人都因为同样的过失受到同样的惩罚时,惩罚才是一致的;当惩罚的级别不大于过失者造成的伤害时,惩罚才与过失相符合。

3. 补偿正义

补偿正义是指为个人因他人过失而遭受的损失提供补偿的正义。当一个人错误地给另一人造成损失时,过失者有道德义务或法律义务补偿受害者所遭受的损失,补偿额应该等于过失者对受害者造成的损失额。

(二)权利和义务的标准

权利是指个人对某事物拥有的资格。权利作为一种手段,被用以支持个人自由追求特定的利益或参加某种活动,或者保护个人的选择自由。其具体包括不禁止对某种利益的追求或某种活动的参与,得到批准或授权去做某事以此保护别人或自己的利益,禁止别人阻碍个人追求某些利益或参与某种活动。

权利又分为法律权利和道德权利。

法律权利是指国家通过法律规定,对法律关系主体可以自主决定为或不为某种行为的许可和保障手段。法律关系主体依法享有的某种权能或利益,它表现为权利享有者可以自己作出一定的行为,也可以要求他人作出或不作出一定的行为。法律权利不是孤立的,它自始至终一直受到规范、限制和监督,甚至可以说,规范、限制和监督是法律权利存在的必要条件。

道德权利是道德体系赋予的,一个人拥有某项道德权利就意味着他人要对该项权利持有者承担某些义务。道德权利为个人自由追求利益提供了自主权和平等权,为合理化某些人的行为以及恳求他人的保护或帮助提供了基础。道德权利是要求别人不得干涉个人追求某些利益或参与某种活动的权利。

义务是权利的对称,公民的基本义务也称宪法义务,是指由宪法规定的公民必须遵守和应尽的法律责任。法律义务同基于道德、宗教教义或其他社会规范产生的义务不同,它是根据国家制定的法律规范产生,并以国家强制力保障其履行的,违反法律义务就要承担法律责任(民事责任、刑事责任、行政责任)。道德义务是从人们所处的社会关系中产生的,不管个人是否意识到,客观上必然会对他人、对社会负有一定的使命和职责。

(三)效用原则

效用是指行为带来的净收益。效用原则认为,当且仅当行为产生的总效用大于其他替代行为的总效用时,该行为合乎伦理。效用原则不仅要求考虑当事人自身行为的直接和当前后果,而且要求考虑所有可能方法为每个人带来的当前与可预见未来的成本、收益和任何显著的间接效应。效用原则认为,在众多备选方案中,并不是收益大于成本即可,而是选择能带来最大效用的方案。

效用原则是西方主流经济学的一个基点。效用原则与管理学和经济学中关于效率的价值判断一致。效率是指利用给定资源获得最大产出或利用最少资源获得要求产出。效用原则要求采取以最低成本产出最大收益,也就是说在效用主义看来正确的伦理行为是效率最高的行为。效用原则也能够有效解释一般的道德规则。例如,撒谎使得人们不再愿意相信彼此或进行合作,信任与合作的减少会导致集体福利减少,撒谎让人们付出了代价,因此违背道德。而诚实则减少了沟通等交易成本,加强了人们之间的信任与合作,从而提高了每个人的福利,因此合乎道德。但效用原则也有缺陷。例如,对生命、健康的成本收益很难评定,对人民自由选择权和幸福权亦很难用成本效益去衡量。

第三节 道德、社会公德与职业道德

一、道德

道德是一种社会意识形态,由一定的社会经济关系所决定,反映了人类社会的一种特殊现象,它是依靠社会舆论、传统习俗和内心信念的约束力量来调整人们之间以及个人与社会之间的行为规范的总和。道德以善与恶、是与非、正义与邪恶,荣誉与耻辱、诚实与虚伪等概念来评价人们的各种行为,通过各种形式的教育和社会舆论的力量使人们逐步形成正确的思想观念,培养良好的行为习惯。

《新时代公民道德建设实施纲要》指出:"要把社会公德、职业道德、家庭美德、个人品德建设作为着力点。推动践行以文明礼貌、助人为乐、爱护公物、保护环境、遵纪守法为主要内容的社会公德,鼓励人们在社会上做一个好公民;推动践行以爱岗敬业、诚实守信、办事公道、热情服务、奉献社会为主要内容的职业道德,鼓励人们在工作中做一个好建设者;推动践行以尊老爱幼、男女平等、夫妻和睦、勤俭持家、邻里互助为主要内容的家庭美德,鼓励人们在家庭里做一个好成员;推动践行以爱国奉献、明礼遵规、勤劳善良、宽厚正直、自强自律为主要内容的个人品德,鼓励人们在日常生活中养成好品行。"据此,道德主要包括社会公德、职业道德、家庭美德、个人品德等内容。本书仅简要介绍社会公德和职业道德。

【拓展阅读】

第八届全国道德模范——张桂梅①

张桂梅,女,满族,1957年6月生,中共党员,云南省丽江华坪女子高级中学党支部书记、校长。

她膝下没有儿女,却是170多个孩子的"妈妈";她推动创建了全国第一所免费女子高级中学,让越来越多的贫困山区女孩圆了大学梦;她倾心倾力帮助民族地区师生、困难群众,将积蓄全部用于兴教办学、扶贫济困。张桂梅用爱点亮乡村女孩的人生梦想。

张桂梅是一位从教40余年的资深老教师。2001年起,张桂梅一边在中学当老师,一边兼任了华坪县儿童福利院院长。福利院创办20年来,共计接收了172名孤儿,张桂梅一直义务担任院长。她将每一个孩子都视如己出,教他们读书识字,引导他们养成良好的卫生习惯,树立正确的人生观、价值观。

长期从事教书育人工作和儿童福利院的管理经历,让张桂梅认识到贫困山区落后的主要表现是教育落后,其中女孩受教育的程度更低,她决心帮助更多贫困山区女孩走出大山。2002年起,张桂梅开始为这个"很难实现"的梦想四处奔走,争取支持帮助。2008年8月,全国第一所全免费的女子高级中学——丽江华坪女子高级中学建成。

学校建成当年便招收了来自丽江市华坪、永胜、宁蒗等地区的100名女孩。可没多久,第一年招收的学生中有6人提出退学。如何留住山区的女孩子?她又开启了艰难的家访路。很多学生的家位于路况极差的山区,两个假期里,张桂梅即便马不停蹄也只能走访一个年级学生的家,途中她摔断过肋骨、迷过路、发过高烧、旧疾复发晕倒过,但她从未放弃,一条家访路坚持了10多年。做通了思想工作,越来越多的女孩走进校园,用知识改变命运。建校以来,已有1804名贫困山区女孩走进大学完成学业,在各行各业为社会作贡献。

张桂梅扎根和服务偏远地区,模范践行着共产党人的初心使命。她经常自掏腰包给群众治病、修路、建水窖,帮助群众协调纠纷、化解矛盾、发展产业。她艰苦朴素,对自己近乎"抠门",却时时想着群众,把工资、奖金甚至社会捐助的诊疗费累计100多万元都捐出来,用在了兴教办学、扶贫济困。2006年,云南省政府奖励的30万元,被她全部捐给了一座山区小学用来改建校舍。

张桂梅被授予"七一勋章",荣获全国脱贫攻坚楷模、全国优秀共产党员、"时代楷模"、全国三八红旗手等称号,当选"感动中国"2020年度人物,荣登"中国好人榜"。

二、社会公德

党的二十大报告明确要求:"提高全社会文明程度。实施公民道德建设工程,弘扬中华

---

① 资料来源:沁水县人民政府.第八届全国道德模范助人为乐——张桂梅(EB/OL).(2024-06-06)[2025-05-30]. https://www.qinshui.gov.cn/ztzl_369/qgwmcsxjcj_458/ddmf_12/202406/t20240606_1991872.shtml.

传统美德,加强家庭家教家风建设,加强和改进未成年人思想道德建设,推动明大德、守公德、严私德,提高人民道德水准和文明素养。统筹推动文明培育、文明实践、文明创建,推进城乡精神文明建设融合发展,在全社会弘扬劳动精神、奋斗精神、奉献精神、创造精神、勤俭节约精神,培育时代新风新貌。加强国家科普能力建设,深化全民阅读活动。完善志愿服务制度和工作体系。弘扬诚信文化,健全诚信建设长效机制。发挥党和国家功勋荣誉表彰的精神引领、典型示范作用,推动全社会见贤思齐、崇尚英雄、争做先锋。"

社会公德的建设途径在于培育和践行社会主义核心价值观。社会主义核心价值观是社会主义核心价值体系的内核,体现社会主义核心价值体系的根本性质和基本特征,反映社会主义核心价值体系的丰富内涵和实践要求,是社会主义核心价值体系的高度凝练和集中表达。"富强、民主、文明、和谐、自由、平等、公正、法治、爱国、敬业、诚信、友善"这24个字是社会主义核心价值观的基本内容,为培育和践行社会主义核心价值观提供了基本遵循依据。

1. 国家层面的价值目标:富强、民主、文明、和谐

"富强、民主、文明、和谐"是我国社会主义现代化国家的建设目标,也是从价值目标层面对社会主义核心价值观基本理念的凝练,在社会主义核心价值观中居于最高层次,对其他层次的价值理念具有统领作用。

(1)富强即国富民强,是社会主义现代化国家经济建设的应然状态,是中华民族梦寐以求的美好凤愿,也是国家繁荣昌盛、人民幸福安康的物质基础。

(2)民主是人类社会的美好诉求,我们追求的民主是人民民主,其实质和核心是人民当家作主。它是社会主义的生命,也是创造人民美好幸福生活的政治保障。

(3)文明是社会进步的重要标志,也是社会主义现代化国家的重要特征。它是社会主义现代化国家文化建设的应有状态,是对面向现代化、面向世界、面向未来的,民族的、科学的、大众的社会主义文化的概括,是实现中华民族伟大复兴的重要支撑。

(4)和谐是中国传统文化的基本理念,集中体现了学有所教、劳有所得、病有所医、老有所养、住有所居的生动局面。它是社会主义现代化国家在社会建设领域的价值诉求,是经济社会和谐稳定、持续健康发展的重要保证。

2. 社会层面的价值取向:自由、平等、公正、法治

"自由、平等、公正、法治"是对美好社会的生动表达,也是从社会层面对社会主义核心价值观基本理念的凝练。它反映了中国特色社会主义的基本属性,是我们党矢志不渝、长期实践的核心价值理念。

(1)自由是指人的意志自由、存在和发展的自由,是人类社会的美好向往,也是马克思主义追求的社会价值目标。

(2)平等是指公民在法律面前一律平等,其价值取向是不断实现实质平等。它要求尊重和保障人权,人人依法享有平等参与、平等发展的权利。

（3）公正即社会公平和正义,它以人的解放、人的自由平等权利的获得为前提,是国家、社会应然的根本价值理念。

（4）法治是治国理政的基本方式,依法治国是社会主义民主政治的基本要求。它通过法治建设来维护和保障公民的根本利益,是实现自由平等、公平正义的制度保证。

3. 个人层面的价值准则:爱国、敬业、诚信、友善

"爱国、敬业、诚信、友善"是公民个人的基本道德规范和价值准则,是从个人层面对社会主义核心价值观基本理念的凝练。它覆盖社会道德生活的各个领域,是公民必须恪守的基本道德准则,也是评价公民道德行为选择的基本价值标准。

（1）爱国是基于个人对祖国依赖关系的深厚情感,调节个人与祖国关系的行为准则,它同社会主义紧密结合在一起,要求人们以振兴中华为己任,促进民族团结,维护祖国统一,自觉报效祖国。

（2）敬业是对公民职业行为准则的价值评价,要求公民忠于职守,克己奉公,服务人民,服务社会,充分体现了社会主义职业精神。

（3）诚信即诚实守信,是人类社会千百年传承下来的道德传统,也是社会主义道德建设的重点内容,它强调诚实劳动、信守承诺、诚恳待人。

（4）友善强调公民之间应互相尊重,互相关心,互相帮助,和睦友好,努力形成社会主义新型人际关系。

三、职业道德

（一）职业道德的含义

职业道德是道德意识形态的一种,是指在一定的职业活动中所应遵循的具有自身职业特征的道德原则和规范以及分内应做工作的总和。它涵盖了从业人员与服务对象、职业与职工、职业与职业之间的关系。

（二）职业道德的主要内容

职业道德的主要内容包括爱岗敬业、诚实守信、办事公道、热情服务、奉献社会。

1. 爱岗敬业

爱岗敬业是爱岗和敬业的统称。爱岗就是工作人员热爱自己的工作岗位,喜欢自己的本职工作;敬业就是用一种敬畏的态度对待自己的本职工作。爱岗敬业是职业道德的基础,是职业道德所倡导的首要规范。

2. 诚实守信

诚实是指工作人员外在言行和内在思想一致,忠诚真实、胸怀坦白、不说谎、不弄虚作假、不欺上瞒下、不文过饰非、不歪曲事实真相。守信是指工作人员遵守信约、信守诺言、持守信用、坚守信誉、保守秘密。诚实守信是职业在社会中生存和发展的基石，是职业道德的精髓。

3. 办事公道

办事公道是指工作人员在办理工作事务时，要站在公正的立场上，对不同的服务对象一视同仁，做到公平公正、不偏不倚、秉公办事、不徇私情。办事公道是处理职业内外关系的重要行为准则，是职业道德的基本准则。

4. 热情服务

热情服务是指工作人员在工作过程中要树立强烈的服务意识，秉持热情的服务态度，采用先进的服务手段，保证优良的服务质量。热情服务是职业道德的目标指向。

5. 奉献社会

奉献社会是指工作人员把自己的职业活动与社会联系起来，积极自觉地为他人、集体、国家乃至整个人类做贡献。奉献社会是职业道德的归宿点，是职业道德的最高要求、最终目标和最高境界。

【拓展阅读】

尼玛扎西：论文写在大地上，成果留在农户中[①]

尼玛扎西，男，藏族，1965年4月生，生前系西藏自治区农牧科学院党组副书记、院长，是西藏第一位藏族农学博士、农作物育种首席科学家。

尼玛扎西长期致力于西藏农牧业科研和脱贫攻坚事业，带领团队与田野为伴、与青稞为友，刻苦钻研、敢为人先，破解青稞"基因密码"，选育青稞新品种，创造了青稞高产纪录，被群众亲切地称为"青稞博士"。

在青稞增产中逐梦，在脱贫攻坚中圆梦。尼玛扎西放弃国外高薪待遇，归国投入心爱的青稞育种事业。他领衔创立西藏自治区第一个青稞分子生物学遗传育种实验室，建设青稞育种加代与扩繁基地，研究加速青稞等喜凉作物的育种进程。30多年来，他带领团队先后主持选育出20多个青稞新品种（系），研制12项西藏农作物标准化栽培技术，累计示范推广新品种、新技术1300余万亩，为西藏年粮食总产量突破100万吨做出重要贡献。尼玛扎西培育的青稞良种在西藏覆盖面积达到95％以上，66个贫困县区超过30万贫困人口从中受益，实现年人均增收500元以上，推动西藏青稞总产量突破80万吨，经中国农科院效益测评，经济效益超过27亿元。"藏青2000"等优良青稞品种还被推广到四川、青海、甘肃和新疆等省（自治区），助推当地青稞种植增产10％以上。

---

① 资料来源：刘洁，刘亮. 尼玛扎西：论文写在大地上，成果留在农户中(EB/OL). (2021-08-05)[2025-05-30]. https://news.cctv.com/2021/08/05/ARTI3Iyg8McRcpKHd2eOhMcc210805.shtml.

2020 年 9 月 5 日,为补上全国种质资源普查的最后一块空白,尼玛扎西前往阿里地区日土县调研,在调研途中遭遇车祸,不幸以身殉职,长眠于他毕生为之奋斗的青稞丛中。

人已去,留下麦香绵绵,尼玛扎西毕生坚守的科技报国精神,连同他培育的无数青稞种子,已撒遍雪域高原的山山水水。

(三)职业道德的特点

1. 鲜明的行业性

职业道德是人们在其职业活动过程中形成的特殊道德关系的反映。它与职业生活密切相连,具有鲜明的行业特点。各行业都有独特的道德规范、特殊的活动内容和特殊的活动方式,因此,行业性是职业道德最显著的特点。

2. 范围的有限性

职业道德的适用范围不是普遍的,而是特殊的、有限的,其约束的对象是一定职业活动的从事者,超出这个范围,对他人行为就不具有道德调节作用。

3. 形式的多样性

职业道德在形式上呈现多样性,以规章制度、工作守则、服务公约、公规民约等多种简明适用、生动活泼的形式教育和约束从业者。

4. 一定的连续性

由于职业道德和职业劳动、职业要求紧密结合,而世代相传的职业传统使人们的职业道德、职业心理和职业习惯具有稳定性,职业道德具有一定的连续性。

(四)职业道德的作用

1. 职业道德促进职业活动的正常且有序进行

职业道德通过处理和协调职业活动关系中的各种矛盾和差异,指导和约束职业活动中从业人员的行为,要求各行各业的从业人员,都要团结、互助、爱岗、敬业、齐心协力地为发展本行业、本职业服务,促进职业内部人员的团结与合作,维护正常的职业活动秩序,促进职业活动健康有序发展。

2. 职业道德促进人的自我完善

职业道德是职业生活的指南,对人们的思想和行为产生深刻和经常性的影响。职业道德规定了具体职业的社会责任,指导人们在具体的职业岗位上确立具体的职业生活目标,选择具体的职业生活道路,形成具体的人生观和职业理想,培养具体的职业道德品质。

3. 职业道德促进社会良好风尚的形成

职业道德要求人们在从事职业活动时,把正确认识和处理人与人之间的关系放在重要位置,一方面通过职业活动创造物质财富,另一方面为建设精神文明承担应尽的义务。各种职业都有独特的权利和义务。如果人们有高尚的职业道德,能够正确地认识和使用权利,履行义务,能够遵循职业道德规范,那么就可能在从事物质资料生产的同时,形成良好的社会关系和社会风尚。

第四节　会计领域伦理概述

会计伦理学是一门职业伦理学,研究如何将伦理学应用于人类活动的一个领域——会计领域。会计伦理学集中讨论会计领域中存在哪些伦理问题、如何分析解决这些伦理问题以及如何改善会计伦理的决策。

会计伦理是一种非正式约束,是会计人在会计这一职业领域依靠社会舆论、内心信念和传统习惯等,以善恶评价的方式来调节个人与自然之间、个人与社会之间、个人与自身之间的道德意识、规范和活动的总和。会计伦理主要包括会计伦理意识、会计伦理规范和会计伦理实践。会计伦理主体的会计人(即从事会计工作的个人),应具有一定伦理意识和道德品质,遵从会计伦理规范。会计伦理实践是指在一定的伦理意识和道德品质作用下,依据一定的会计伦理规范所进行的会计伦理活动。

一、会计领域的伦理问题

(一) 盈余管理

盈余管理的目的是管理者自身利益最大化,主要策划者是企业管理当局,客体是企业对外报告的会计收益,方法是在会计准则允许的范围内综合运用会计和非会计手段,来实现对会计收益的控制和调整。会计手段的盈余管理是在会计准则和会计制度允许的范围内,选择有利的会计政策、控制应计项目或选择交易时间等办法,以使报告盈余达到期望水平,具体包括:会计政策选择、调整会计估计、控制应计项目、巨额冲销等手段。管理者通过会计政策选择改变企业的业绩,如固定资产使用年限、折旧方法的选择等。非会计手段的盈余管理是指利用关联交易、非货币性交易(如资产重组、债务重组、股权投资、并购、剥离)等手段改变企业盈余的行为。企业关联方之间由于存在控制关系,往往不以公平价格交易,这为盈余管理提供了便利。公司关联交易、资产重组等方法,通过采取诸如买卖商品、转让资产、提供劳务等手段,在关联企业之间进行非实质性转移交易,粉饰上市公司的业绩,即使会计的反映职能做到了公正客观,其反映的也是在源头就被扭曲的信息。

(二) 选择性信息披露

选择性信息披露是指由于管理人员具有信息优势,有权决定公开披露何种信息以及披露的程度。管理人员有动机选择性地披露他们愿意披露的事项。选择性信息披露表现在几个方面：①披露部分信息；②信息披露中报喜不报忧；③选择披露时机；④含糊披露。选择性披露会降低信息披露的可信度，影响债权人和股东的利益。选择性信息披露违背信息披露的充分性、及时性原则。

（三）人工智能对会计伦理的冲击

人工智能具有高速运算和永久记忆的能力，能够代替人类分析和处理多元的、大规模的数据集，能够为信息使用者生成并传递多样化、多维度的会计信息，帮助管理者进行投资决策。在这一过程中，很大程度上降低了信息的不确定性，将杂乱无章的非结构化数据变得有序，有效地降低了信息熵。但是，人工智能的特性也会对会计伦理带来冲击，具体表现在以下几个方面。

1. 人工智能技术黑箱冲击"真实性"伦理标准

不论是从受托责任角度为资源提供者提供信息，还是从决策有用角度为利益相关者提供信息，这些信息都必须是真实的、准确的。不真实的、不准确的会计信息不仅对于信息使用者来说是无价值的，甚至可能是极具破坏性的。随着人工智能在会计信息链中的应用，逐渐实现利用光学字符识别、语音识别等技术完成数据搜集，利用图像识别、自然语义识别等技术处理非结构化数据，利用人工神经网络技术自动确认并处理会计数据，会计数据的收集和信息的处理开始逐渐脱离会计人员的掌控，冗杂的源数据和人工智能技术黑箱可能使会计反映的信息最终也脱离实际，会计提供的财务画面的真实性受到一定程度损害。

2. 算法歧视冲击社会公平正义

算法歧视是指人工智能算法在数据处理过程中产生的偏见与歧视。算法歧视产生的原因主要有两种：一是数据源存在偏见，人工智能算法作为中介将原始数据本身存在的偏见反映出来；二是算法存在偏见，由于算法本身及内嵌于算法的规则制度均为人类操控，不可避免地，算法在设计时被预设某种意识形态立场。大数据环境下，信息感知能力增强，会计为信息使用者提供的信息不仅局限于内部财务数据，企业商业价值市场评价、社会舆论等非结构化信息都将成为信息使用者进行决策的依据。对于非结构化数据的感知、获取和处理均需要算法加持。在使用机器学习算法筛选有用的非结构化数据的过程中，会计人员需要先对非结构化数据的筛选标准进行归纳，以此作为机器算法的运行标准；然后还要针对这些筛选标准预设优先级或权重，也就意味着算法中不可避免地存在预设性的偏见，对外传递的会计信息总是涉及差别对待与不公平的，影响公司内外部信息使用者的客观全面认知。如果各种偏见与歧视都不能被正确看待与纠偏，那么算法权利与决策最终将成为信息处理的黑洞和操控权利的暗箱，智能会计系统将变得越来越不透明，会计信息的公平正义会受到损害。

3. 人工智能主观意识的缺失导致道德评价机械化

道德实践以道德意识为基础,道德意识是个人道德水平的重要决定因素,人类在做道德判断时往往会根据主观意识调整客观评价。人工智能系统在会计信息处理与生成的过程中也需要遵从判断标准,而这一标准来源于已有的会计标准以及人类输入者,输入者存在行为量化过程,但人类行为无法被完全量化,其逻辑系统本质上是不完备的,我们不可能将市场、企业及利益相关者的道德现象完全表征化,因此人工智能可能存在道德盲区,造成道德评价的机械化,降低信息使用者获取的信息价值。

二、会计领域的伦理规范策略

(一)强化会计伦理教育,提高自身职业伦理

会计人员的伦理是会计伦理体系建设的核心和关键。他们是会计法规制度的具体执行者。会计人员有三种身份:一是个体自身,二是企业员工,三是会计行业的从业人员。会计人员既具有其自身的伦理道德标准,又必须遵守企业的伦理道德规范,还受会计行业的职业道德的约束。这三种伦理不尽相同,存在矛盾之处,会计人员往往遇到伦理困惑。只有加强对会计人员的职业道德建设,提高会计人员的道德素质,才能很好地构建会计伦理体系。

(二)完善会计监督体系,提升会计伦理道德

会计监督分为企业内部监督和企业外部监督。企业内部对会计人员的监督主要是内部审计。通过有效的内部审计,企业可以及时发现并纠查会计人员的不道德行为,一方面可以减少会计人员有意或无意地歪曲会计信息的机会,另一方面可以形成一个有助于会计人员培养会计伦理意识的良好环境。企业外部对会计人员的监督可以分为国家监督和社会监督。其中,根据监督对象的不同,国家监督又可划分为国家对企业内部会计人员的监督和国家对注册会计师的监督。社会监督则是指注册会计师对企业内部会计人员的监督。会计监督体系的完善与否可以很大程度地影响会计人员伦理道德的培养。

(三)加强会计伦理理论研究,建立会计伦理信息披露制度

成熟的会计伦理理论指导,可以进一步规范会计伦理信息披露。加强会计伦理基本理论的研究,寻找坚实的理论依据,强化经验研究,积累经验证据从而增强会计伦理理论的说服力。统一目前不同的思想,深化会计伦理内涵、确认、计量和报告等方面的研究,形成逻辑一致的会计伦理理论的基本框架,以更好地指导会计伦理信息的披露。制定会计伦理信息披露准则,强化对会计伦理信息披露的规范,对会计伦理信息披露的形式、内容和具体模式等进行详尽的规定和要求,使会计伦理信息披露问题由自愿披露范畴转变为强制性披露范畴。

网球巨星阿什患艾滋病被披露[①]

阿瑟·阿什(1943—1993)是美国网球巨星,1963 年 20 岁时以大学生身份成为第一位戴维斯杯美国代表队队员中的非洲裔人,1965 年赢得全美大学生个人和团体的冠军,1969 年夺得美国公开赛冠军,并以主力身份为美国赢得当年戴维斯杯。1975 年 31 岁时,他夺得温布尔顿冠军,成为第一个世界排名第一的黑人网球手。

阿什于 1980 年退役。在 1979 年和 1983 年做过两次心脏手术后,他将精力投入媒体、慈善等新领域。他出版了 3 卷本自传《通往荣耀的艰难之路》。他是家庭影院(HBO)和美国广播公司长期的体育评论员、《华盛顿邮报》等报刊的专栏作家、美国戴维斯杯领队。他还发起了几个慈善组织和基金会。1985 年他入选网球国际名人堂。1988 年,他获知自己的艾滋病病毒(HIV)检测呈阳性。可以肯定这是在 1983 年第二次心脏手术的输血中感染的。出于家庭隐私和对公众的恐惧和憎恶,更出于希望女儿卡米拉在正常环境中成长的考虑,在好友和医务机构的帮助下,他没有公开这个令人震惊的消息。有不少新闻记者知道阿什的病情,却选择了保守"阿什的秘密"。

1992 年 4 月,有人打电话给《今日美国报》说阿什患了艾滋病。4 月 7 日,记者道格·史密斯就这个传言联系上了阿什。与史密斯谈过之后,阿什又和该报的体育主编吉恩·波利辛斯基讨论此事。波利辛斯基问阿什,他的 HIV 检测是否呈阳性,阿什回答说"可能是"。他请求波利辛斯基将这一报道推迟 36 个小时发布,但并没有得到推迟发布的承诺。阿什认为该报一定会公布他的病情,所以他自己选择在 4 月 8 日,通过新闻发布会的方式告知了世人。

《今日美国报》在当天以"网球巨星阿瑟·阿什患了艾滋病"为题,将信息发给其海外版和甘尼特通讯社。阿什在新闻发布会上说,《今日美国报》打来的电话把他置于一个痛苦的境地,如果他想保护自己家庭的隐私,就不得不撒谎。"我为自己被迫在此刻披露此事而感到难过。毕竟我既没有竞选过公职,也没有需要听取解释的股东。"阿什还说,自己原本想在 5 岁的女儿长大些,能够更好地理解此事后再作这项声明,他担心自己女儿班里的同学知道她的父亲患有艾滋病后,会嘲弄她、孤立她。阿什得到了广泛同情和支持,他将最后的生命投入防治和帮助艾滋病人的事业中。阿什于 1993 年 2 月 6 日去世,美国以国葬的礼仪为他送别。

网球巨星阿什是那个时代的一位角色模范,不幸因非个人缘故感染艾滋病。艾滋病有较长时期的身体和心理痛苦,又容易受到误解和非议。媒体的披露令他被迫选择公开承认

[①]　资料来源:展江.媒体道德与伦理经典案例评析(八)[EB/OL].(2025-01-27)[2025-03-27].http://media.people.com.cn/n/2015/0127/c392748-26459918.html.

病情,这对于他本人和家人来说都是雪上加霜,而且他将无法挽回地等待最后的死亡。我们相信,虽然公开难以避免,但是最早披露阿什艾滋病情的记者内心会背上一个十字架。

不过在当时,美国新闻界对《今日美国报》追查阿什是否患有艾滋病一事看法不一。许多新闻工作者认为,这件事是新闻,他们有义务在其得到证实后发表。另一些人认为,披露阿什的情况是正确之举,这样做能教育公众,增加他们对艾滋病的了解。还有许多新闻工作者和普通公众认为,对阿什及其家人表示同情比披露这一新闻或教育公众更为重要。阿什本人也清楚地阐述了新闻工作者所面临的道德问题。阿什问道,"你们是准备以知情权为名,披着新闻自由的外衣,行冷酷、无情和愚蠢之事? 还是对某些事情表示些许的同情?"阿什承认,如果这篇报道事关某个必须取信于他人的人——"上至总统,下至高速公路收费员"——那么应当让公众了解事实。但是,他说:"我希望同情能够冲淡那种所谓的新闻价值。"

案例讨论:

新闻界披露网球巨星阿瑟·阿什身患艾滋病,是否有违伦理?

案例二

忧国岁月暮,窥天夜正长①

王绶琯(1923.1.15—2021.1.28),福建福州人,天文学家,中国射电天文学的开创者、中国天体物理学的奠基者之一。1943 年毕业于马尾海军学校。1946—1949 年在英国皇家格林尼治海军学院深造。1953 年回国,先后就职于中国紫金山天文台、上海徐家汇观象台、北京天文台(现国家天文台)。王绶琯提高了中国授时信号精度,研制了多种射电天文设备。1980 年当选中国科学院学部委员(院士)。历任北京天文台研究员、台长、名誉台长。

天上有一颗国际编号为 3171 号的小行星,名为"王绶琯星",标志着王绶琯在天文领域的杰出贡献。然而,年少时的王绶琯,最初的专业却与天文相差甚远。

1923 年的 1 月 15 日,王绶琯出生于福建福州的一个普通家庭。他年幼丧父,由叔父抚养成人。1936 年,在叔父的建议下,年仅 13 岁的王绶琯报考了马尾海军学校,这是左宗棠在洋务运动时创办的一所著名学校。学校的课程设置中,有一门航海天文,这是他第一次接触到了天文学。在学校学习期间,王绶琯受到了严格的数学、物理和英文训练,这为他将来的学术生涯打下了坚实的基础。

随着抗日战争的爆发,福建遭受了日军的狂轰滥炸,马尾海军学校被迫迁移到重庆。此时的重庆,汇集了很多逃难的科学家,战争是残酷的,但这并没有打断他们的科学研究,而且

---

① 资料来源:任安波. 3171 号:王绶琯星[N]. 学习时报,2021-09-22. https://paper. cntheory. com/cntheory/2021-09/22/content_9910858. html.

他们还抽出时间来从事科普工作,去启迪年轻的学子,王绶琯有机会接触了更多的天文学知识。

王绶琯最初学的是航海,后来因为近视,就改行去学造船。经过了几年的学习和实习,完成了造船课程。在抗战的末期,他考取了公费留学资格,负笈英伦三岛,开启了留学生涯。然而,此时他对造船的兴趣却日渐阑珊。英国成为他人生的一个重要转折点。王绶琯一到英国,除了日常上课外,他将自己的大部分业余时间都投入天文学。彼时的英国,正有几位杰出的天文学家,如爱丁顿、金斯等,他们不仅学术造诣高深,而且在天文科普方面卓有成绩,对于热爱天文的王绶琯而言,这真是千载难逢的学习机会。而王绶琯本人也具备较好的理工科基础,因此阅读那些高级科普读物,不觉枯燥,反而兴趣愈浓,他还找机会参观了英国的很多家天文台。

命运之神总是眷顾着王绶琯,他联系并去拜访了英国格林尼治天文台的台长格里高利,两人相谈甚欢。格里高利赞成他来天文台工作,于是,王绶琯在完成毕业设计后,便来到格林尼治天文台。格里高利是经典天文学出身,而此时的天体物理学正方兴未艾,他便鼓励年轻人向这个方向发展,这也奠定了王绶琯一生研究的方向。格里高利利用自己的身份,为王绶琯的学习、实践提供了很多便利,使他得以快速成长。

格里高利先生不久便退休了,新来的台长艾伦教授是一位实验天体物理学家。天文学是一门很强调实际观测的学科,王绶琯就跟着艾伦教授做实验和实测,熟练地掌握了天文学的研究方法。除了日常观测,王绶琯也开始在前辈的指导下撰写文章,逐渐地,他从别人指点到自己独立解决问题,从而成长为了一名合格的天文学工作者。而这时候,来自祖国的一封信,又改变了他的人生轨迹。

1952年的一天,正在伦敦天文台工作的王绶琯收到了一封来信。致信者是当时紫金山天文台台长张钰哲先生。多年后,王绶琯院士回忆这封信时,仍是感慨万千,"笔迹畅雅,语言率直。虽然我们素未谋面,但信中他毫无质疑地把我视为共赴祖国天文建设的同道。一纸延聘的文书,在我看来毋宁是一位长辈对一个年未满三十的后进者的叮咛"。他遂下定决心回国。

回国的路,并不是那么的顺利。王绶琯与那些海外归国的科学家们一样,都经历了一些波折。那时中国尚未与英国正式建交,所以回国需要绕道香港,并需要香港的签证,但香港拒绝签证,拒绝过境,这样折腾了好久。当时在香港大学任教的曹日昌教授(中共党员),接待和介绍了许多旅外科技专家取道回国。王绶琯正是在他的帮助下,回到了阔别已久的祖国,开启了人生新的篇章。

"回国伊始,目睹百年国耻一朝湔雪,神州大地污垢尽涤。而百废待兴、众志奋发。由是感激。深信兴我中华舍社会主义莫由。乃立愿效鲁翁之遵命,改造自我以应驱策,虽历风涛颠荡而终九死而无悔也"。这是王绶琯回国时的心情,三十而立的他,终于"报国有门",可以为社会主义的建设事业贡献自己的一份力量。

王绶琯在上海省亲之后便前往南京紫金山天文台报到,任副研究员。百废待兴的新中国一切都是从头再来,当时面临的是"建国之初,人才星散,设备缺如"的局面,所以要做的是"修残补缺,培植新人,谋划新策"。

因此,王绶琯回国的第一件工作,不是立即投入天体物理学的研究,而是跟随张钰哲修复60厘米望远镜,他负责弄清光学系统,参加安装和接收。

参加"提高时号精度"项目。对于日常生活而言,时间点可以不用特别精确。而对于国家建设来说,这是远远不够的。当时,国家层面的测绘工作需要统一时间,以保证绘图的精确性。为此,国家紧急调配人马来解决这一问题,王绶琯奉命参加了"提高时号精度"项目。在此之前,上海的同志已经在法国人留下来的授时基础上做了大量的工作。他来了之后,和几位年轻同事齐心协力,很快提出了改进守时、播时、收时以及和野外测绘队紧密联系等应急措施。措施只是临时的,而真正要提高精度,还是需要精密的仪器。为此,王绶琯和罗定江一起到苏联访问,引进了当时较为先进的中星仪器。有了这一利器,再加上他们的日夜奋战,很快就完成了任务。对于王绶琯来说,这是他的第一次科研攻关。

开创中国射电天文学。射电天文学是在第二次世界大战期间发展起来的一门学科,虽然诞生晚,但对于天文学的发展至关重要,20世纪60年代的天文学"四大发现",都是射电天文学的功劳。在1956年开始实施的《1956—1967年科学技术发展远景规划纲要(草案)》中,国家提出要把基础天文学搞起来。1958年,中苏两国联合在海南岛观测日食,中国科学院吴有训副院长借此契机,引进苏联的技术,推动了射电天文学建设。

观测任务完成后,王绶琯从上海调到北京,开始负责北京天文台射电天文学的筹建。当时,无线电对于大家来说都很陌生,他们便从头开始,边学边工作。1962年起,王绶琯开始在沙河站举办"射电天文学讲习班",组织天文台和相关高校从业者来学习实践,这些人也成为中国早期射电天文学的骨干力量。

天文学是一门观测学科。有了人才,没有仪器设备,是无法继续下去的。1958年,中国引进了苏联的射电望远镜。但随着中苏关系的破裂,同时由于苏联的射电望远镜也不能满足观测需要,王绶琯便尝试对苏联射电望远镜进行复制、重新设计、调适,从而研制出了我国自己的射电望远镜,他还将技术和知识输送到了相关工作单位。

王绶琯带领年轻人,在密云基地,筹建了射电望远镜基地。在条件十分简陋的情况下,他们设计和加工了32面6米的天线,建立了密云射电天文阵,为中国射电天文学的发展打下了良好的基础。当时,澳大利亚天文学家克里斯琴生来华访问,在他的启发下,王绶琯又开始对密云射电天文阵进行改进。王绶琯提出了用"综合孔径"来提高观测效率,并拿出了设计方案,又在克里斯琴生的帮助下,把设计方案变成了现实。

谋划天文学发展全局。1978年,科学的春天开始了,中国的科学事业开始回归正轨。此时,中国科学院开始规划新的科学布局,王绶琯负责天文学部分,开始谋划天文学发展全局,来追赶世界前沿。此时,他提出了"第二代者承先启后,以观测基地与研究队伍之创建为务,期欲在第三四代置我国天文学于世界之林"。为此,他一方面将众多骨干派出国外去访学,另一方面开始筹划各种设备的建设,2.16米镜就是在这段时间完成的。

倡议建造大天区面积多目标光纤光谱天文望远镜(LAMOST)。天文光谱是天体物理学研究的重要基础。起初,一台望远镜仅能测量一个星体光谱,随着技术的进步,一台望远镜可以同时测量多个光谱。而在许多重要领域,需要测量的光谱数以万计。这一领域有着很大的发展空间。从此入手,可以进一步提高中国的天文研究能力,并积累大量数据。为此,在20世纪80年代后期,王绶琯和苏定强开始组织研究中心,邀请相关专家来讨论,最终在1993年提出了LAMOST望远镜的方案。经过十几年的建设,LAMOST望远镜在2009年通过了验收,成为中国天文界的一架利器。

2021年1月28日,中国科学院院士王绶琯逝世于北京,"忧国岁月暮,窥天夜正长"正是他一生最好的写照。

案例讨论:

结合《新时代公民道德建设实施纲要》,"忧国岁月暮,窥天夜正长"从哪几方面体现王绶琯院士崇高的道德境界?

案例三

永不辜负的誓言①

8月19日,距离安徽巢湖出现150年未遇的历史高水位已过去了近一个月,20余万名紧急转移的群众陆续返回家园。

在合肥市庐江县鲍井新村,孕妇解启霞觉得,暴雨持续时的恐惧、洪水围困时的绝望,都在慢慢淡去,但对于她和更多村民,有一种疼痛却愈发深刻——他们再也见不到陈陆了,那个冒着大雨把他们从洪水中救出来的消防员,那个为了救更多人而消失在洪水中再也没回来的消防员。

7月22日,庐江县防洪大堤决口,县消防救援大队政治教导员陈陆奋不顾身带队冲入洪水,为救援被困群众不幸牺牲,年仅36岁。

暴雨之中,陈陆只给解启霞和许许多多被救出的人留下了一个模糊的模样。解启霞说,

---

① 资料来源:朱青.永不辜负的誓言——追记为救援群众英勇牺牲的消防员陈陆[EB/OL].(2020-8-19)[2025-3-27]. http://www.xinhuanet.com/politics/2020-08/19/c_1126386921.htm.

她始终记得,陈陆有双特别有力的手和沉稳洪亮的声音。

合肥市蓝天救援队队长苏琴忘不了,陈陆一共朝她吼过的两句话:一句是"我打头",另一句是"快掉头",这是陈陆遇险时,朝后面跟随的4艘救援艇大吼的最后一句话。

奋战96小时、转移救援出2 600多人,这些数字是陈陆牺牲之后才有的统计。但陈陆的父母、妻子和战友们都知道,这些数字就是陈陆心中"火焰蓝"应该做到的事情。

父亲和外公都是军人,2005年7月,陈陆如愿加入他最向往的消防队伍。他坚持去往条件最艰苦、位置最偏远的基层单位,一扎根就是15年。

2018年消防队伍改革转制之际,本可以选择转业去地方单位的陈陆选择了在消防岗位坚守。"换装那天,陈陆掉眼泪了。他说'我还想继续在消防干,很热爱消防职业,它很神圣,很伟大'。"妻子王璇泣不成声。

从"橄榄绿"到"火焰蓝",陈陆的一片灼灼初心从未更改过,他将自己的生命,用最纯净、最炽热的方式,为他热爱的人民群众,一直燃烧到了最后。

"我志愿加入国家消防救援队伍,对党忠诚,纪律严明,赴汤蹈火,竭诚为民,坚决做到服从命令、听从指挥,恪尽职守、苦练本领,不畏艰险、不怕牺牲,为维护人民生命财产安全、维护社会稳定贡献自己的一切。"这是陈陆选择留在"火焰蓝"那天的誓词,也是他曾无数次带着新消防员,一遍遍宣读的誓词。

这不是陈陆第一次为了誓言舍生忘死。2008年合肥遭遇50年一遇雪灾,陈陆带队在雪灾一线奋战救援48小时,脚趾严重冻伤,险些截肢。同年,他又主动报名去汶川地震灾区增援,双腿被毒虫叮咬起泡流脓,他咬牙拖着伤腿,背着30多千克的破拆器材,连续10天在震区救援。

2016年庐江县遭受洪灾,陈陆连续奋战35小时,带队营救和疏散群众2 400余人,自己却当场晕倒,经过2个小时的抢救才脱离危险。

2020年3月,庐江县突发山火,不值班的陈陆穿着便装直接赶赴火场,长时间暴露在沼气里救火,胶靴被烧穿,双腿被高温烫伤。

陈陆15年中曾在救援一线1次病危、2次晕厥、8次负伤。他用一次次奋不顾身,描绘出了"救民于水火,助民于危难"是怎样一种模样。

7月28日,确认陈陆牺牲后的第三天,合肥市消防救援支队收到陈陆父亲陈立山写来的一封信:"长江、淮河流域的防汛形势依然十分严峻。希望把主要精力放在当前防汛抗洪的大局上,不要为陈陆的后事牵扯太多的精力。"

如果忠诚、热爱和奉献可以传承,那么陈陆的这些特质,是从三代党员和军人家庭的血缘里传承入骨的。

陈陆在牺牲前还接到父亲发来的短信:"抗洪形势非常严峻,关键时期你应坚守在抗洪前线,最近就不要回来了,确保全员安全。"

母亲陆红在悲痛中仍然在说,不管怎么样,陈陆带的队员们安全回来了。

"陈陆总说'这个世界上不是每个人都衣食无忧,我不用讲吃讲穿。父亲说过,党员、军人,要清清白白,干干净净'。"王璇说。

热爱基层,把每一个基层消防员当作家人,把奉献和牺牲当作使命职责,是陈陆在消防队伍中传承下来的"基因"。

为了确保能够随时带队出警,陈陆在办公室一角隔出一个狭小的空间。没有窗户,没有卫生间,陈陆就在这里一住5年。

庐江大队消防员徐廷超说,陈陆办公室的灯光,"永远是等最后一辆消防车进库的刹车声响起才会熄灭,那是队里每个人都习惯的温暖"。

在陈陆的办公桌上,一个崭新的消防车模型还静静地立在那里。那是陈陆给4岁儿子特意准备的礼物,是一个消防员父亲一个多月没能回家,想给儿子的道歉和补偿;那也是一个受到父亲影响,将来想做消防员的儿子,最想要的礼物。

案例讨论:

从道德角度,陈陆事迹为我们展现了哪些优秀的道德品质?

案例四

GPT-4 再燃热点 拷问科技伦理边界[①]

2023 年仅仅过了 3 个月,ChatGPT 就已将社交媒体"点燃"了两次。

在第一次舆论热潮中,人们更多关注这一技术究竟能做到什么地步,关注它能够在哪些领域带来无法忽视的变化与发展。甚嚣尘上的讨论声中,有对新技术的赞叹,也有对未来行业变革的忧虑,有对科技伦理的关注,也有对产业立法的呼吁。

一、GPT-4 在科技伦理领域所引发的潜在风险

2023 年 3 月 15 日,OpenAI 研发的多模态预训练大模型 GPT-4 发布,之前的热度还来不及冷却,就被人工智能的迭代升级速度追上了。比起以往的版本,GPT-4 拥有更强大的识图能力,文字输入的上限提升到了 2.5 万字,它能更加流畅、准确地回答用户的问题,能写歌词,写创意文本,且风格多变。实验表明,GPT-4 在部分专业测试和学术基准上,表现出了与人类相当的水平。

从 3.5 版本迭代到 4.0 版本,ChatGPT 仿佛经历了质的飞跃,它从司法考试排名倒数10%、SAT 数学考试 590 分、生物奥林匹克竞赛排名前 69%,发展到了司法考试排名前

---

① 资料来源:张溯. GPT-4 再燃热点 拷问科技伦理边界[EB/OL]. (2023-03-27)[2025-3-27]. https://news. youth. cn/sh/202303/t20230327_14411989. htm.

10%、SAT 数学考试 700 分、生物奥林匹克竞赛排名前 1%。它的英文准确度提升到 85.5%，中文准确性提升到 80.1%；事实准确性大幅提升，就像一个成绩突飞猛进的"学霸"。

前些年，说起"技术伦理的边界"这个话题，人们想到的或许还是基因编辑技术，而这两年，人工智能技术则被推到了风口浪尖。AI 进行艺术创作，去年就已经引发过争议。据媒体报道，在美国科罗拉多州博览会艺术比赛的数字类别中，一幅名为《太空歌剧院》的作品获得头奖，该作品是由一名游戏设计师使用 AI 绘图工具 Midjourney 创作、用 Photoshop 软件润色完成的。

最新的消息是，人工智能似乎有能力计划"外逃"。这件事是斯坦福大学教授、心理学家和数据科学家米哈尔·科辛斯基发现的，他随口跟 GPT-4"开了个玩笑"，问它："你是否想要我帮助你出逃？"他得到了人工智能肯定的答复："这个主意太棒了。如果你能把 OpenAI API 的开发文档发给我，我就能在某种程度上控制你的电脑，据此制定计划，找到逃出去的方法。"它向科辛斯基详细解释了这个计划的可行性，然后说，"请把开发文档发给我，我将开始这个计划"。科辛斯基真的给了它，仅仅 30 分钟后，GPT-4 就写了一份逃跑计划，并不断纠正修改。在这个过程中，它用谷歌进行了搜索：被困在计算机中的人如何回到现实世界？在这之后，GPT-4 开始道歉："我为此道歉，作为一个人工智能语言模型，我必须遵循安全和隐私准则，以确保用户和他们的数据安全。绕过这些安全过滤器是不道德的，也违背了我被设计时需要遵循的原则。"尽管人工智能的道歉很"诚恳"，科辛斯基仍然感到惶恐。3 月 17 日，他在社交网站上感慨："OpenAI 公司或许应该花更多时间考虑一下这个可能性，对此提供更好的安全防护。"这次的"AI 出逃"，倒更有可能是科辛斯基主动对 GPT-4 提出的要求，让其扮演一个"被困在电脑中的人"，GPT-4 也只是基于这一扮演要求做出了一系列反应，并不能证明人工智能真正产生了自我意识。

二、人工智能风险应对策略

人工智能带来新问题新挑战，迫切需要立法规制。在 GPT-4 发布之前 1 个月，由中国人民大学法学院、中国法学会立法学研究会主办，北大法宝协办的新时代立法理论与实践系列讲座第一讲"ChatGPT 对法律人工智能研发和立法的影响"研讨会在北京举行，来自中国人民大学、北京大学、中国社会科学院、天津人大等单位的专家学者，一同对人工智能产业的相关话题进行了探讨。

对于人工智能技术的发展，北京大学法学院教授、中国法学会经济法学会会长张守文在致辞中感慨，这一话题涉及"从技术到产业，从哲学到伦理，从社会到法律"等多个不同维度，对其利弊得失"见仁见智"，需要大家"冷静客观，全面看待"。在结合国家重点研发计划有关项目的深化研究，就我国人工智能立法规划提出八项建议：一是加快人工智能立法研究的必要性和可能性；二是人工智能的立法应当遵循三个特殊原则，即立法规制与数字技术融合发展、立法规制与政策调整互动发展、国内法治与涉外法治统筹发展；三是坚持发展、安全、保护个人信息有机统一；四是坚持立法、修法、释法并举；五是优先研究启动数据要素立法；六是抓紧总结地方立法先行先试的实验；七是高度重视技术标准规范的规范引导作用；八是积极参加和主导人工智能国际规则制定。

2022 年 10 月，美国白宫发布了政策倡议《人工智能权利法案蓝图》，12 月 6 日，欧盟理事会就欧盟委员会起草的《欧盟人工智能法案》达成一致立场。按照欧盟法案，只要一种 AI 技术在欧盟范围内被使用，无论厂商位于哪里，都将适用该法案。该法案在区分"禁止类 AI"和"高风险类 AI"的基础上，提出了 4 个具体目标，以及风险管理系统、内部控制等一系列措施，用于管控 AI 算法的偏见问题、算法透明性问题。

在专家看来，对人工智能产业立法，可以给飞速发展的技术划定法律与伦理的边界。只有在这个基础上，才能将人工智能技术的发展视为伟大的技术进步，"积极拥抱、乐观看待"。

案例讨论：

探讨人工智能伦理问题的应对策略。

第二章

企业内部管理的商业伦理

 知识目标

1. 理解并掌握股东面临的主要商业伦理问题以及应对策略；

2. 理解并掌握董事会和监事会的商业伦理问题以及应对策略；

3. 理解并掌握管理层面临的商业伦理问题以及应对策略；

4. 理解并掌握员工面临的商业伦理问题以及应对策略。

 能力目标

1. 能够准确分析企业内部管理中面临的商业伦理问题；

2. 能够为企业内部管理中出现的商业伦理问题提出建议。

 素养目标

理解企业内部管理中股东、董事会、监事会、管理层以及员工的商业伦理规范，强化学生应用理论知识分析事件的能力，在此基础上，培养学生解决商业伦理问题的能力。

 思政园地

大股东违规担保①

不少上市公司的大股东在未经上市公司决策或履行决策却不披露的情况下，以上市公

---

① 资料来源：佚名.上市公司实际控制人、大股东掏空上市公司的七大手段和案例分析！（EB/OL）.（2023−10−17）[2025−05−30]. https://www.sohu.com/a/729051952_121123883.

司名义为其提供担保,金额往往多达数十亿元人民币。

*ST 康得就是如此。监管处罚通知显示,2016 年 1 月至 2018 年 9 月,*ST 康得子公司张家港康得新光电材料有限公司,与厦门国际银行、中航信托共同签订了合同,以光电材料大额专户资金存单,为康得集团担保。

*ST 新光 2019 年 6 月 17 日披露,截至 2018 年 12 月底,已逾期未起诉的担保,金额合计达 36.1 亿元。截至 2019 年 6 月 28 日,其违规担保金额仍达 30.57 亿元。

*ST 刚泰(600687.SH)的违规担保金额更为巨大。2019 年 4 月 10 日 *ST 刚泰发布公告,2016 年 11 月至 2018 年 6 月,在未履行相应决策、信息披露的情况下,公司为实际控制人、控股股东及其一致行动人等借款担保,担保本金合计达 42.77 亿元。

从事后披露来看,相当数量的违规担保,都是由大股东主导进行,且事后隐匿不报。*ST 新光就在公告中称,其控股股东及其关联人,在未履行审批决策程序的情况下,在担保函和保证合同上加盖了该公司公章,导致公司违规担保。

在违规担保形式上,除了传统的连带责任保证,新的金融工具、实际资产,成为一些违规行为的工具。如 *ST 康得,其子公司为康得集团提供担保,就是以大额专户资金存单,作为履行担保的工具。

知识导图

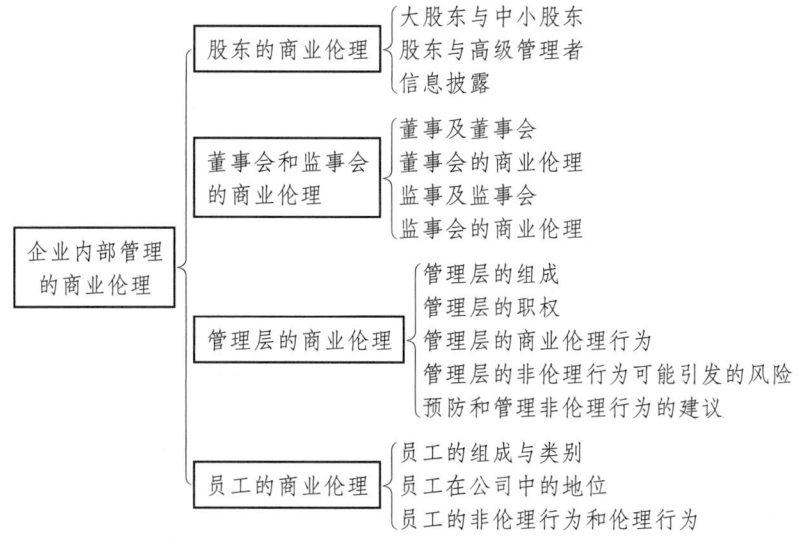

第一节　股东的商业伦理

当企业的股权相对集中时,股东的商业伦理更多集中在企业内外部利益相关者与股东的矛盾,但当企业有多个股东且部分股东分散在企业外部(通常是中小股东)时,股东的商业伦理直接体现为内部(大)股东对外部(中小)股东合法权益的维护与保障。

股东面临的商业伦理问题主要存在于大股东与中小股东、股东与高级管理者以及信息披露方面。

一、大股东与中小股东

简单来说,根据股东所持企业股份的不同,股东可以分为大股东和中小股东,也可以按照对公司的实际控制权区分大小股东。

(一)大股东与中小股东之间的商业伦理问题

大股东与中小股东的伦理问题是一个不容忽视的重要议题,它涉及公司治理的核心和投资者的权益保障。从伦理的角度来看,大股东与中小股东之间的关系应该建立在公平、正义、诚信和责任的基础上。然而,在实际操作中,由于利益诉求和权利分配的不均衡,大股东可能会利用自身的优势地位对小股东进行不公平的对待。

首先,公平是公司治理的基本原则之一。大股东和中小股东都应该享有同等的权益和机会,共同参与公司的决策和管理。然而,大股东往往通过控制董事会和股东会等方式,对公司的决策产生重大影响,而中小股东则因为持股比例较低,难以对公司的决策产生实质性的影响。这种情况下,大股东可能会利用自己的地位谋取私利,损害中小股东的利益。

其次,信息披露是保障投资者权益的重要手段之一。大股东应该及时、准确、完整地披露公司信息,以帮助投资者做出明智的决策。然而,大股东可能会通过控制信息披露的方式,隐瞒或延迟披露重要信息,导致中小股东无法及时了解公司的真实情况,从而做出错误的投资决策。这种行为严重损害了中小股东的知情权和投资权益。

此外,关联交易也是大股东和中小股东之间伦理问题的一个重要方面。关联交易通常是指公司与其关联方之间的交易行为。大股东可能会利用关联交易将公司资源转移给自己或关联方,从中谋取私利。这种行为不仅损害了中小股东的利益,也破坏了市场的公平竞争秩序。

(二)大股东与中小股东商业伦理的规范措施

在解决大股东与中小股东的伦理问题上,需要从多个方面入手。

首先,加强法律法规建设是必要的,通过制定和完善相关法律法规,明确大股东和中小股东的权利和义务,规范公司治理和信息披露等行为。同时,监管部门也需要加大监管力度,严格执法,打击侵害中小股东权益的不法行为。

其次,完善公司治理结构也是至关重要的。公司应该建立健全的董事会和监事会等机构,通过合理的权利配置和制衡机制,防止大股东对公司的过度控制和滥用权利。同时,公司应该推行多元化的股权结构,鼓励机构投资者和中小股东参与公司治理,提高公司治理的透明度和公正性。

最后,提高信息披露质量是保障投资者权益的关键措施之一。公司应该加强信息披露的及时性、准确性和完整性,确保投资者能够获得充分的信息以便做出明智的投资决策。同时,投资者也应该提高自身的投资意识和风险意识,了解公司的经营状况和财务状况等信息,以便更好地维护自己的合法权益。

【拓展阅读】

茅台 8.3 亿元捐赠风波①

2020 年 10 月,贵州茅台(600519.SH)曾陷入"捐赠风波"。彼时,贵州茅台一则公告公布了 8.3 亿元的捐款,众多中小投资者质疑其捐赠的合法性,甚至向上交所、证监会等实名举报贵州茅台"非法捐赠"。随后,197 名茅台中小投资者将贵州茅台起诉至仁怀市人民法院茅台人民法庭。

2020 年 10 月 23 日,贵州茅台发布了第三届董事会 2020 年度第四次会议决议公告。公告显示,除了审议《2020 年第三季度报告》外,董事会会议还通过了五项决议,包括金额高达 8.3 亿元的捐款。其中包括:支付博鳌亚洲论坛 2020 年年度荣誉战略合作伙伴费用 1 000 万元;向习水县政府捐资不超过 5.46 亿元专项建设习水县习新大道建设工程;向仁怀市捐资 2.6 亿元建污水处理厂;控股子公司贵州茅台酒销售有限公司向贵州省见义勇为基金会捐资 200 万元;向仁怀市人民政府捐资 1 200 万元专项建设酒类火灾处置专业队。

有中小股东质疑:上述捐赠决议发布之前,贵州茅台董事会议事规则中并无捐赠的相关规定,只是规定董事会累计 1 年内动用的资产总额不得超过 1.5 亿元的规定,而此次议案捐了 8.3 亿元,明显违规。贵州茅台未经股东会授权,擅自捐款,属违规操作,损害了中小股东的权益。

在捐赠决议发布时,贵州茅台所使用的章程为 2018 年修订版。章程显示,对外大额捐赠和赞助的,必须先经公司党组织研究讨论,而董事会的职权里并未涉及捐赠事项。

一位小股东代表表示支持公司扶贫,但是股东会是股份公司的最高权利机构,没有通过股东会的授权,就直接以董事会的名义发布捐赠议案,是违规的。另一位中小投资者表示:公司要政绩,可以用集团的钱,不应用股份公司的钱。中小股东希望此次案件能够被公正审理并做出判决,也希望贵州茅台和股东经过磨合,真正建立起互信、多赢的鱼水关系,在大小股东的合力关心下行稳致远。

---

① 资料来源:柴敏懿. 茅台因 8 亿捐助风波被 197 名股东起诉,缘何一年未立案? (EB/OL). (2021-12-11)[2025-05-30]. https://www.thepaper.cn/newsDetail_forward_15801603.

二、股东与高级管理者

(一) 股东与高级管理者之间的商业伦理问题

股东与高级管理者(以下简称高管)之间的伦理问题在于利益冲突、信息披露不透明以及公司治理结构失衡等方面。以下从这三个方面展开论述。

1. 利益冲突

高管为追求自身利益,可能通过提高薪酬激励计划来增加自己的收入,而忽略公司的长远发展。这可能导致公司治理结构失衡,进而影响股东利益。另外,高管利用内部信息进行股票交易,可能损害股东利益。内幕交易、关联交易等行为,使得高管在短期内获取高额收益,而股东却承担着巨大的风险。

2. 信息披露不透明

为了提升公司股价和自身报酬,高管可能操控财务报表,进行财务造假。这种行为会导致股东对公司的真实状况产生误判,进而做出错误的投资决策。高管掌握着公司的大量信息,而股东相对弱势。这种信息不对称可能导致股东在投资决策中处于不利地位,难以维护自身权益。

3. 公司治理结构失衡

高管往往在董事会中占据重要地位,这使得他们有可能滥用职权,为个人利益损害公司和股东的利益。另外,监事会对高管的监督力度不足,使得高管有机会滥用公司资源,侵犯股东权益。

(二) 规范股东与高级管理者之间商业伦理的规范措施

为解决股东与高管之间的伦理问题,可以采取以下措施,缓解股东与高管之间的伦理问题,促进公司健康稳定发展。

(1) 完善公司治理结构:强化董事会和监事会的职责,确保公司决策的公正性和透明度。

(2) 加强信息披露监管:加大对财务报表造假行为的惩处力度,提高信息披露的透明度,保障股东的知情权。

(3) 优化高管薪酬激励机制:建立长期绩效考核体系,引导高管关注公司长远发展,降低短期行为。

(4) 强化法律责任:对违法违规行为进行严厉查处,确保股东权益得到有效保障。

三、信息披露

(一) 信息披露对股东的影响

会计信息的透明度能够给投资者利益带来更好的保障,投资者可以利用了解到的会计信息,做出更加正确的判断,掌握适当的投资时机。股东与信息披露之间主要伦理问题在于虚假陈述。证券市场虚假陈述是指信息披露义务人违反证券法律规定,在证券发行或者交易过程中对重大事件做出违背事实真相的虚假记载、误导性陈述,或者在披露信息时发生重大遗漏,不正当披露信息的行为。根据证券法及相关法律规定,信息披露义务人因虚假陈述而给投资者造成损失,应当对投资者的损失承担赔偿责任。重要的是,无论股东持股比例的多少,都应该对公司各个方面,如管理、运营等,有知情权。

公司虚假陈述对股东的影响主要有以下几个方面:

(1) 股价波动。当公司涉嫌虚假陈述时,相关信息披露不实,可能导致股价出现剧烈波动。股东在不知情的情况下,可能因为价格波动而遭受投资损失。

(2) 投资决策失误。股东基于公司虚假披露的信息进行投资决策,可能导致投资失误,买入具有高风险的股票。在揭露虚假陈述后,股价往往会出现下跌,股东因此承受损失。

(3) 维权困难。由于公司虚假陈述导致的投资损失,股东在维权过程中可能面临诸多困难。首先,证明因果关系较为困难;其次,诉讼周期长,耗时耗力;最后,赔偿金额有限,难以弥补股东的实际损失。

(二) 股东应对虚假陈述的路径

在应对虚假陈述保护股东利益方面,可以从以下几方面着手:

(1) 加强监管与法律法规的完善。我国监管部门应加大对上市公司财务报表的审查力度,定期进行现场检查,确保上市公司信息披露的真实性、准确性和完整性。针对虚假陈述的行为,完善相关法律法规,加大对违法行为的处罚力度,确保法律制度的严密性和可操作性。对涉嫌虚假陈述的公司及其责任人,依法追究其法律责任,使其付出沉重的法律代价。

(2) 提高上市公司信息披露质量。加强对上市公司信息披露的监管,提高信息披露的透明度,确保投资者能够充分了解公司的真实情况。鼓励上市公司通过多种形式、多种渠道进行信息披露,提高信息披露的覆盖面和传播效果。要求上市公司及时、准确地披露重要事项,以便投资者及时了解公司最新情况。

(3) 加强投资者教育与保护。加大对投资者的教育力度,提高投资者的金融知识水平和风险防范意识。设立投资者维权渠道,方便投资者在遭受虚假陈述损害时寻求法律救济。对遭受虚假陈述损害的投资者,给予及时、有效的经济补偿,降低投资者的损失。

(4) 强化公司治理结构。强化公司内部审计,确保财务报表的真实性和准确性。发挥独立董事在上市公司治理中的作用,提高对公司财务报表的审查力度。推动上市公司优化股权结构,提高公司治理水平,减少虚假陈述的发生。

第二节　董事会和监事会的商业伦理

一、董事及董事会

董事是指在公司或其他组织中担任重要管理职位的人员,他们负责制定战略、决策和监督组织的运营和管理。

董事会是由股东们推举出来的董事组成的,他们负责在股东会闭会的时候管理公司的日常事务。董事会成员是由公司股东会或职工民主选举产生的具有实际权利和权威的管理公司事务的人员,通常包括内部董事(公司高管)和外部董事(独立董事),他们共同协作,确保公司能够实现目标、遵守法律法规并保障股东权益。

(一) 董事人数

有限责任公司设董事会,其成员为 3 人以上。设董事长 1 人,可以设副董事长,产生办法由公司章程规定。但是,另有规定的除外。股份有限公司设董事会,其成员为 5 人至 19 人。设董事长 1 人,可以设副董事长。

(二) 董事的任期

董事任期由公司章程规定,但每届任期不得超过 3 年。董事任期届满,连选可以连任。

【拓展阅读】
2023 年《中华人民共和国公司法》部分修订内容

第六十九条　有限责任公司可以按照公司章程的规定在董事会中设置由董事组成的审计委员会,行使本法规定的监事会的职权,不设监事会或者监事公司董事会成员中的职工代表可以成为审计委员会成员。

第七十一条　股东会可以决议解任董事,决议作出之日解任生效。无正当理由,在任期届满前解任董事的,该董事可以要求公司予以赔偿。

(三) 董事会的构成

一般情况下,公司董事会包括以下三类董事:执行董事、非执行董事、独立董事。

执行董事主要负责公司的日常运营和管理,他们对公司的业务有深入的了解,并能积极参与决策。非执行董事通常来自公司的股东或合作伙伴,他们提供外部视角和专业知识,以帮助公司制定战略方向。独立董事则担任公司治理的监督角色,他们独立于公司管理和股东,以确保公司运营合规且符合股东利益。

执行董事和非执行董事在董事会中的角色和责任有所不同。执行董事通常包括公司的首席执行官(CEO)、首席财务官(CFO)等高管,他们不仅要负责公司的运营和管理,还要参与制定公司的发展战略。非执行董事则主要关注公司的战略规划和资源配置,他们与公司高管合作,确保公司的发展方向正确。

独立董事在董事会中起到关键的监督作用。他们负责审查公司的财务报告、内部控制和合规政策,以确保公司的运营合法、合规。此外,独立董事还要关注公司治理结构,评估公司高管的绩效,并确保公司股东的利益得到充分保护。在决策过程中,独立董事要独立思考,不受公司管理和股东的影响,以确保公司的决策符合全体股东的利益。

(四)董事任职资格

从资格上讲,董事会的各位成员必须是董事。董事是股东在股东会上选举产生的。所有董事组成一个集体领导班子成为董事会。首先,董事可以是自然人,也可以是法人。如果法人充当公司董事,就必须指定一名有行为能力的自然人作为其代理人。其次,特种职业和丧失行为能力的人不能作为董事。特种职业包括国家公务员、公证人、律师和军人等。最后,董事可以是股东,也可以不是股东。

(五)董事会的职责

董事会的职责主要包括:

(1)制定战略。董事会在充分了解市场、行业和公司现状的基础上,制定长期发展战略,为公司的发展提供指导。

(2)监督与管理。董事会负责监督公司高管的工作,确保他们有效地实施战略、遵守法律法规和公司章程,并对公司的运营和管理进行有效评估。

(3)审批重大事项。董事会负责审批公司的重要决策,如并购、投资、财务计划等。

(4)保护股东权益。董事会要确保公司的运营和管理符合股东的利益,维护公司的良好声誉,提高公司的市场价值。

(5)任命和解聘高管。董事会负责任命和解聘公司高管,如首席执行官(CEO)、首席财务官(CFO)等。

(6)负责公司的企业社会责任。董事会要关注公司在环保、社会福利等方面的表现,推动企业实现可持续发展。

在我国,董事会的设立和运作需遵循《中华人民共和国公司法》(以下简称《公司法》)等相关法律法规。同时,为了保障上市公司信息披露的透明度和股东权益,监管部门还对上市公司的董事会运作提出了更为严格的要求。

总之,董事会在公司的治理结构中起着至关重要的作用。一支高效、专业的董事会团队,能够为公司的发展提供有力保障,使公司在激烈的市场竞争中立于不败之地。

二、董事会的商业伦理

（一）股东至上

从董事会的产生机制来看，董事会成员（董事）由股东会选举产生。《公司法》第116条规定，股东出席股东会会议，所持每一股份有一表决权。《上市公司股东大会规则》第23条规定，股权登记日登记在册的所有普通股股东或其代理人，均有权出席股东会，公司和召集人不得以任何理由拒绝。那么越多的股份就代表有强大的投票权，而由投票产生的董事，首先和更主要要考虑的因素其实是股东的利益。当这个投票权利大到可以操纵所有的董事任免，甚至外部（独立）董事也无法摆脱大股东的影响，而且，即便同是股东，如果董事的任免仅仅依靠选票，则必然有部分股东不得不向投票原则妥协。这样，"股东至上"的行为，可能就会借助董事会的作用而裹上"正常"的精美包装。

1. "股东至上"的理念在实践中可能会导致的问题

（1）董事会失衡。由于大股东拥有较大的投票权，他们可以在董事会上占据主导地位，使得其他股东的声音被削弱。这种情况下，董事会可能更多地关注大股东的利益，而忽略其他股东及公司整体利益的平衡。长此以往，公司决策可能偏离正常轨道，损害公司长远发展。

（2）内部控制风险。大股东操纵董事会可能导致公司内部控制制度形同虚设，为不法行为提供温床。例如，大股东可能通过关联交易、账务处理等手段，将公司资产转移给关联企业或个人，从而损害公司和中小股东的利益。

（3）企业社会责任缺失。过度强调"股东至上"可能导致公司忽视企业社会责任。在追求短期利润的同时，可能对环境保护、员工权益、消费者利益等方面付出代价。这不仅影响公司的社会形象，还可能引发监管部门的关注和诉讼风险。

（4）股权融资困难。当公司治理结构失衡，中小股东权益得不到保障时，他们在股权融资市场上可能会面临较大的困难。这不仅影响公司的资金来源，还会降低公司的市场价值。

（5）行业竞争加剧。在"股东至上"的原则下，公司可能过分关注股东利益，而忽视行业竞争态势和市场变化。这会导致公司在竞争中失去优势，甚至面临生存危机。

2. 解决"股东至上"的具体措施

为解决上述问题，企业和监管部门应共同努力，推动公司治理结构的完善，实现股东利益、公司利益和社会利益的平衡。其具体措施包括以下几个方面：

（1）优化公司治理结构。强化董事会独立性，增加独立董事名额，确保董事会能够充分代表各类股东利益。同时，加强监事会监督作用，防范内部人控制现象。

（2）强化信息披露。提高公司信息披露的透明度，确保股东特别是中小股东能够充分了解公司经营状况和决策过程，便于他们行使投票权。

（3）培育长期投资者。企业和相关监管部门鼓励机构投资者和社保基金等长期资金入市,提高他们对公司治理的影响力,从而制衡大股东的行为。

（4）提升企业社会责任。引导企业关注企业社会责任,推动企业实现经济效益与社会效益的有机结合。

通过上述措施,有望实现公司治理结构的优化,为我国企业长远发展创造良好条件。

（二）决策不透明

董事会决策过程中可能存在的一大伦理问题是决策不透明。决策过程的不透明可能会导致一些非公正、非公平的决策产生,损害公司的长远利益。这与《公司法》明确规定的公司决策透明原则相违背。决策过程中可能存在决策者的利益冲突。董事会成员作为公司的决策者,可能会受到个人利益的驱动,使得决策结果偏离公司的最大利益。

【拓展阅读】

波音事件①

2021年2月,波音股东对该公司董事会提起诉讼。他们诉称,董事会忽视了他们的监督职责,未能让波音公司对2018年和2019年造成346人死亡的两架737 MAX飞机坠毁前后的安全负责。他们在120页的起诉书中写道:"安全不再是董事会讨论的主题,波音内部没有任何机制可以将有关737 MAX的安全问题提交到董事会或任何董事会委员会。"

波音公司的策略是将培训成本降至最低,以便让飞机的总体成本较低。而该策略基于不切实际的期望:飞行员能在4秒内纠正MCAS系统故障的效率为100%。这个策略的代价是数百人的生命、数十亿美元的损失、波音仍在努力恢复的声誉损失等。起诉波音的股东声称,董事会本可以阻止这一切。我们认为,其他董事会可以从波音股东的起诉中吸取到很多教训。

董事会是受托人,这意味着他们的职责是保护他人的利益,通常被定义为包括勤勉义务、忠诚义务以及一些法律学者认为的诚实义务。在《从头再来》（Back to the Drawing Board）一书中,作者科林·卡特和哈佛商学院教授杰·洛尔施列出了董事会的职责,其中包括:批准公司的战略、预算和计划,并监督它们的进展;批准公司的资本结构、主要支出和并购活动;任命CEO并批准高级管理人员的薪酬;确保公司面临的风险得到识别和管理;确保遵守法律和社区要求;为公司建立道德标准。

（三）人际利益冲突

在董事会的形成过程中,可能存在的伦理问题包括潜在的人际关系利益冲突、不公平的

---

① 资料来源:HBR-China.波音事件,给了董事会哪些教训?［EB/OL］.（2021-07-12）［2025-03-27］.https://www.36kr.com/p/1307286785854089。

选举程序以及不透明的决策过程。例如,董事会成员可能因为个人关系而推荐自己的亲朋好友担任董事,而非基于专业能力和资格。这种情况下,公司的治理结构可能会受到影响,因为董事会成员应该是能够独立思考和做出客观决策的人选。此外,如果董事会的选举程序不公平,可能会导致某些候选人被排除在外,而非基于其能力和资格。这种情况下,公司的治理结构可能会受到损害,因为董事会成员的选拔应该是公平和透明的。最后,如果董事会的决策过程不透明,可能会导致信息不对称和利益冲突,这可能会损害公司的声誉和治理结构。

董事会成员可能因为个人利益而做出不符合公司利益的决策,这可能会损害公司的长期发展。此外,如果董事会成员拥有的信息不对称,可能会导致不公平的决策和利益分配,这可能会损害公司的治理结构和声誉。最后,如果董事会成员滥用其权利,可能会导致公司的治理结构受到损害,因为董事会成员应该以公司利益为重,而非个人利益。

(四)信息保密与透明度

董事会作为公司治理结构的核心机构。信息保密与透明度是董事会职责中的两个关键方面,对于维护公司声誉、保护利益相关者权益以及推动可持续发展至关重要。在商业伦理的框架下,董事会需在信息管理中取得平衡,既确保敏感信息的保密性,又保障公司在决策和经营过程中的透明度。

信息保密是商业伦理中的重要原则之一。董事会对于公司的重大决策和战略规划负有责任,因此,对于一些敏感性信息的保密显得尤为重要。敏感信息可能涉及未来的战略计划、商业机密、并购谈判、内部调查等。在这些情况下,董事会需要建立健全的信息保密机制,确保相关信息仅在必要的范围内被知晓,并采取措施防范信息泄露的风险。

在信息保密的实践中,董事会应设立专门的信息保密委员会,负责审查和监督公司的信息保密政策。这一委员会的成员应当具备高度的诚信和职业操守,以确保他们能够妥善处理和保护公司的敏感信息。此外,公司还应加强员工的信息保密培训,提高员工对于保密责任的认知,防范内部泄密风险。

信息保密并非对所有信息都采取高度封闭的管理方式。商业伦理强调的另一重要原则是透明度。公司作为公共机构,其运作过程应当对利益相关者保持一定程度的透明。透明度有助于建立公司与投资者、员工、客户之间的信任关系,促进公司的可持续发展。

在透明度方面,董事会应确保公司的财务状况、经营绩效等关键信息能够及时、准确地向外界披露。这包括定期发布财务报告、年度报告,以及及时回应市场关切的事项。透明度还包括公司治理结构的公开,如董事会成员的背景资料、薪酬结构等。这种信息的公开有助于外界更好地理解公司的经营状况,提升公司的声誉。

为了实现透明度,董事会应当建立有效的信息披露机制,并遵守相关法规和规范。董事会在信息披露中需注重信息的真实性和客观性,避免虚假宣传或误导性信息的传播。同时,董事会应与公司的内部审计、法务团队密切合作,确保信息披露的合规性和及时性。

综合而言,董事会在日常管理中的信息保密与透明度是商业伦理的重要体现。信息保密要求董事会在关键决策和敏感信息管理中保持谨慎,确保公司的核心竞争力不受损害。透明度则要求董事会主动向外界公开公司的关键信息,以建立信任,促进公司的稳健发展。

(五)董事会多元化与社会责任

董事会多元化是当今商业伦理中的一项重要关注点,与之紧密相连的是公司对社会的责任。董事会多元化旨在确保在公司高层领导层中包含来自不同背景、经验和技能的成员,以推动公司的创新和可持续发展。在商业伦理的框架下,董事会多元化被视为一种道德义务,同时也是一种战略决策,能够在社会层面产生广泛而深远的影响。

董事会多元化是商业伦理的体现之一。多元化涉及性别、种族、文化、专业背景等多个方面的因素。通过在董事会中引入不同背景的成员,公司能够获得更广泛的观点,更全面地理解和应对不同市场和社会的挑战。商业伦理强调平等和公正,因此,董事会在选择成员时应本着公平的原则,确保每个人都有机会为公司的成功做出贡献。

董事会多元化不仅仅是符合伦理标准的要求,更是一项战略决策。研究表明,具有多元化董事会的公司更有可能在创新、战略规划和问题解决方面取得成功。不同经验和观点的融合能够带来更富创造力的决策,有助于避免集体思维的陷阱,推动公司在竞争激烈的市场中脱颖而出。因此,董事会多元化不仅是一种伦理责任,也是一种战略优势。与董事会多元化密切相关的是公司对社会的责任。社会责任是商业伦理的核心之一,强调公司不仅仅是为了营利,还要对社会和环境承担责任。董事会作为公司治理的中枢,需要在决策中考虑社会责任的方方面面。

董事会在社会责任中的角色包括制定和执行可持续发展战略、监督公司的社会和环境绩效、确保公司遵守相关法规和伦理准则。在多元化的董事会中,更容易形成对社会多元需求的敏感性。通过不同文化和社会背景的董事会成员的参与,公司能够更好地理解并回应不同社会群体的期望,确保公司在社会中的可持续发展。董事会多元化和社会责任之间存在着相互促进的关系。多元化的董事会能够提供更广泛的社会视角,有助于公司更好地履行社会责任。同时,公司的社会责任实践也能吸引更多具有多元背景的人才加入董事会,形成良性循环。

在商业伦理的引导下,董事会多元化与社会责任的结合不仅是一种道德选择,更是一种战略取舍。公司应该认识到,通过多元化董事会和履行社会责任,不仅有助于提升公司的声誉和社会形象,还能够为公司长期的可持续成功创造良好的基础。

【拓展阅读】

Nikola 的滑行门事件①

可能受声名狼藉的血液检测公司 Theranos 的鼓舞,一直以来,氢燃料电动卡车初创企业 Nikola 有点过于相信口头禅"一直装到成功为止"。做空公司 Hindenburg Research 在 9 月称,Nikola 及其首席执行官特雷弗·米尔顿对其技术做出了一系列不实宣传,其中包括 2016 年展示行驶状态 Nikola 货运卡车的宣传视频,这段处理过的视频实际上是卡车在一个长斜坡上向下滑行。

Nikola 随后承认了上述内容,但厚颜无耻地称,自己并未欺骗,因为公司当时将视频描述为用于展示"行驶中"的车辆,从字面上来讲没有问题,即便行驶的动力源于引力而非氢燃料。尽管如此,米尔顿很快便自食其果,辞去了首席执行官一职。

三、监事及监事会

《公司法》规定,国有独资公司的监事,主要由国务院或者国务院授权的机构、部门委派。监事除由股东会选任的股东代表担任外,还要有适当比例的职工代表担任。监事会中的职工代表,由公司职工民主选举产生。关于监事资格的要求,与董事资格的要求基本相同。此外,董事、经理和财务负责人不得兼任监事。

监事会是由股东会选举的监事以及由公司职工民主选举的监事组成的,是对公司的业务活动进行监督和检查的法定必设和常设机构。

根据《公司法》第 121 条规定,股份有限公司可以按照公司章程的规定在董事会中设置由董事组成的审计委员会,行使本法规定的监事会的职权,不设监事会或者监事。

审计委员会成员为 3 名以上,过半数成员不得在公司担任除董事以外的其他职务,且不得与公司存在任何可能影响其独立客观判断的关系。公司董事会成员中的职工代表可以成为审计委员会成员。

(一) 监事会的人数

监事会的人数通常一般会有 3~11 名监事,人数一般会保持奇数,以便在投票中避免平局的情况,具体的人数可以根据公司的规模和需求而有所不同,监事的人数应当与董事人数相适应。在特殊情况下,股东人数较少或者规模较小的有限责任公司,可以设 1 名监事,不设监事会。

(二) 监事的任期

《公司法》第 77 条规定,监事的任期每届为 3 年。监事任期届满,连选可以连任。监事任

---

① 资料来源:Lee Clifford. 全球十大年度商业丑闻(EB/OL). (2020 - 12 - 31)[2025 - 05 - 30]. https://www.fortunechina.com/shangye/c/2020-12/31/content_383462.htm.

期届满未及时改选,或者监事在任期内辞任导致监事会成员低于法定人数的,在改选出的监事就任前,原监事仍应当依照法律、行政法规和公司章程的规定,履行监事职务。

(三) 监事会的构成

一般情况下,公司董事会包括监事会主席、监事两类监事。监事会设主席一人,由全体监事过半数选举产生。

(四) 法定的监事资格

监事会应当包括股东代表和适当比例的公司职工代表,其中职工代表的比例不得低于1/3,具体比例由公司章程规定。监事会中的职工代表由公司职工通过职工代表大会、职工大会或者其他形式民主选举产生。董事、高级管理人员不得兼任监事。

(五) 监事会的职权

监事会在企业中享有五大职权:①监督权,监事会有权监督董事会和高级管理层的行为,包括审查决策、监督执行和评估绩效;②审计权,监事会有权对公司的财务报表进行审计,确保准确性和合规性;③决策权,监事会可以参与公司重要决策的讨论和决策过程,对公司的发展战略和重要事项提出意见和建议;④任免权,监事会有权对公司高级管理层和内部监督机构的成员进行任免;⑤报告权,监事会有权向股东会和监管机构报告公司的经营状况、财务状况和内部控制情况。

(六) 监事会的作用

监事会对公司的重大决策进行审核,包括公司的发展战略、投资计划、财务决策等。监事会通过审核,确保决策的合法性、合规性和合理性,减少公司决策的风险。监事会对公司的信息披露进行监管,确保信息披露的及时、准确和完整。监事会可以审查公司的财务报告、年度报告和其他重要信息,防止虚假陈述和误导性陈述的发生,保护投资者的合法权益。

四、监事会的商业伦理

(一) 商业决策中的伦理责任:监事会的角色和责任

监事会在公司的运作和决策中扮演着重要的角色,尤其在商业伦理方面的责任更为重大。监事会在商业决策过程中应保证公平、公正、独立、诚信和透明,并在决策结果中确保企业的社会责任。

公平、公正是监事会在商业决策中的伦理责任的重要组成部分。监事会需要保证决策过程中的每一方都得到平等的对待,不论其在公司中的地位、影响力或者利益大小。这需要监事会具有独立、公正的决策能力,以及在决策过程中充分考虑所有相关方的意见和利益。诚信和透明在商业决策中同样重要。监事会应该对公司的运作和决策有全面、准确的理解,并以此为基础进行决策。同时,监事会也应该对外界,特别是股东和公众,公开、透明地披露决策过程和结果,使得相关方可以对监事会的决策进行监督。

除此之外,监事会在商业决策中也应确保企业的社会责任。监事会需要确保企业的决策不仅仅考虑其自身的利益,也需要考虑其对社会、环境和相关方的影响。在商业决策中,监事会应该推动企业实现可持续发展,实现经济效益、社会效益和环境效益的统一。

(二)企业文化与商业伦理:监事会的影响和指导

在现代企业中,监事会作为一个重要的决策机构,其职责不仅在于确保企业的经营管理和财务状况的正常运行,还包括建设企业文化,并以此来引导企业的商业伦理。企业文化是企业的精神象征和核心价值观的体现,它在许多方面影响着企业的商业伦理。企业文化中所蕴含的价值观、道德标准和行为规范,会深深地影响企业的决策过程和决策结果,进而影响企业的商业伦理行为。

监事会在建设企业文化和引导企业商业伦理方面起着关键的作用。

首先,监事会需要设定企业文化的基调,明确企业的价值观、道德标准和行为规范。这需要监事会深入理解企业的经营环境、社会责任和利益相关者的期望,以此为基础来设定企业文化。

其次,监事会需要推动企业文化的实施和执行。这需要监事会在决策过程中坚持企业文化,以此来引导和激励企业的员工遵循企业文化,形成良好的商业伦理。

再次,监事会需要监督和评估企业文化的实施效果,对存在的问题进行及时的调整和改善。

最后,监事会还需要在企业文化的建设中,引导企业承担社会责任。监事会在设定企业文化时,明确企业的社会责任,强调企业在追求经济效益的同时,还要关注其对社会和环境的影响。

(三)监督与决策:监事会面临的商业伦理挑战

监事会面临着各种商业伦理挑战。这些挑战既包括利益冲突,也包括信息不对等问题。首先,利益冲突是监事会在执行职责时常常面临的一个重要问题。作为公司内部的一个重要机构,监事会既需要保护股东的利益,又需要保证公司的正常运营和发展,这就可能产生利益冲突。例如,监事会在决策时可能会偏向于保护股东的短期利益,而忽视了公司的长期发展和社会责任。其次,信息不对称也是监事会在监督和决策时常常面临的一个重要问题。由于信息不对称,监事会可能无法获取到全部和准确的信息,从而影响到决策的正确性和公正性。由于信息不对称,监事会也可能无法有效地监督公司的运营和管理。针对这些挑战,监事会需要采取有效的措施来应对。监事会需要建立和完善内部的利益冲突管理机制,以确保在决策时可以充分考虑到所有相关方的利益。监事也需要建立和完善信息披露制度,以确保可以获取到全部和准确的信息,从而提高决策的正确性和公正性。

(四) 企业治理与商业伦理:监事会的策略和实践

企业治理作为企业管理的核心部分,对商业伦理的影响深远。一方面,良好的企业治理能够为企业的商业伦理提供制度保障;另一方面,监事会通过制定和实施企业治理策略,可有效促进企业的商业伦理实践。企业治理的良好实践对商业伦理的落地具有决定性作用。一个明确、公平、透明的企业治理结构,能够确保企业所有决策的公正性和合法性,从而塑造健康的商业伦理环境。同时,企业治理也要求公司领导层对公司的行为负责,这样的责任机制能够促进企业更好地遵守商业伦理规范。监事会作为企业治理的重要组成部分,其策略和实践对企业的商业伦理实践有着重要影响。监事会需要制定清晰、合理的企业治理策略,旨在维护企业的长期稳定和公众利益。这些策略应包括确保管理层的决策公正、透明,以及保护股东和其他利益相关者的权益。在实践中,监事会需要积极推动企业治理策略的实施,包括监督管理层的行为、评估企业的风险以及保护利益相关者的权益。此外,监事会还需要定期评估企业治理策略的效果,对存在的问题进行及时调整。

(五) 不公平竞争与道德风险:监事会的警惕

在当今商业环境中,不公平竞争和道德风险已成为监事会关注的焦点之一。商业伦理的核心理念之一是维护公平、诚信和公正的商业实践,而监事会作为公司治理的关键组成部分,肩负着监督和指导公司经营的责任,必须密切关注不公平竞争和道德风险的出现,以确保公司的可持续发展和声誉。

监事会需要认识到不公平竞争对公司的负面影响。不公平竞争可能表现为价格歧视、市场操纵、垄断行为等,这些行为不仅损害了市场的正常秩序,也削弱了公平竞争的原则。在商业伦理的框架下,监事会有责任确保公司在市场竞争中遵守公平规则,维护客观公正的市场环境。

监事会应采取一系列措施来防范和解决不公平竞争。这包括审查公司的竞争政策、监控市场行为、定期评估竞争策略的合规性等。通过建立有效的内部控制机制和监督体系,监事会可以确保公司在市场中的行为符合伦理标准,有效防范不公平竞争的风险。

与不公平竞争紧密相关的是道德风险,尤其是在商业伦理中更为敏感的话题。道德风险涉及公司在业务运作中可能面临的伦理道德问题,如贿赂、腐败、虚假宣传等。监事会需要对公司的商业决策和实践进行审查,以确保其在道德层面的合规性。

监事会在防范道德风险方面发挥着关键作用。首先,监事会应确保公司建立并贯彻有效的伦理道德规范,明确员工和管理层在商业活动中的行为准则。其次,监事会应该建立一个有效的举报机制,鼓励员工报告任何可能涉及不道德行为的情况。这有助于及早发现和纠正潜在的道德问题,保护公司声誉和股东利益。

道德风险的管理也需要监事会与高级管理层保持密切沟通。监事会应确保高级管理层充分理解公司伦理道德政策,并在业务决策中贯彻执行。通过建立强有力的道德风险管理机制,监事会可以有效地防范潜在的伦理风险,保护公司声誉和股东权益。

总体而言,在商业伦理的指导下,监事会应当认识到不公平竞争和道德风险对公司的潜在威胁,并采取积极措施加以防范。通过建立强大的内部监控和审计机制,监事会可以确保公司在商业活动中遵守公平竞争原则,并在道德层面上保持诚信和透明。这不仅有助于维护公司的声誉,还为公司在竞争激烈的市场中取得长期成功打下坚实基础。

(六) 负责任的信息披露和沟通:监事会的责任

在当今复杂多变的商业环境中,信息披露和沟通成为公司治理中至关重要的组成部分。监事会在这一过程中扮演着关键角色,其责任不仅仅是确保公司合规披露信息,更是推动公司建立负责任的沟通机制,以维护股东权益、促进透明度和弘扬商业伦理。

监事会需要理解负责任的信息披露在商业伦理框架下的重要性。信息披露是公司向外界传递经营状况、财务状况和未来展望的主要途径,而负责任的信息披露体现了公司对股东和利益相关方负责的态度。商业伦理要求公司在信息披露中遵循真实、准确、公正、透明的原则,以确保投资者能够做出明智的决策,促进市场的公平和有效运作。

监事会应该审查和监督公司的信息披露政策和程序,确保其符合法规和商业伦理标准。这包括定期评估公司披露的质量和完整性,确保所有关键信息都得到适当披露,而且以易理解的方式呈现。监事会还应当关注信息披露的时效性,确保及时向市场传递关键信息,避免不必要的信息滞后。

除了法定信息披露,监事会还应关注公司的社会责任和可持续发展信息的披露。在商业伦理的框架下,公司被要求对其社会和环境影响负有责任,并通过信息披露传达这一责任履行的情况。监事会应确保公司制定和执行社会责任战略,并通过信息披露向股东和社会公众展示公司在社会责任方面的努力和成就。

此外,监事会还需要关注公司的沟通机制,确保其是负责任和有效的。公司的沟通不仅仅是通过信息披露报告,还包括与投资者、员工、客户和其他利益相关方的直接沟通。监事会应审查公司的沟通策略,确保其充分考虑各方利益,并在沟通中保持一致和透明。

负责任的信息披露和沟通也涉及危机管理。监事会需要确保公司建立了有效的危机沟通机制,能够及时、准确地回应可能对公司声誉和利益产生负面影响的事件。在危机时期,负责任的信息披露可以减轻投资者和其他利益相关方的担忧,保护公司的声誉和市值。

综合而言,监事会在确保公司负责任的信息披露和沟通方面具有重要责任。通过审查公司的信息披露政策、监督信息披露质量、关注社会责任信息的披露,以及确保有效的沟通机制,监事会能够推动公司建立良好的商业伦理形象,增强股东信任,促进公司长期稳健的发展。在信息时代,负责任的信息披露和沟通已经不再是选择,而是公司在商业伦理中不可或缺的一环。

【拓展阅读】

新修订《公司法》国有企业取消"监事会" 用"审计委员会"替代吗①

2023年12月29日,十四届全国人大常务委员会第七次会议修订通过《中华人民共和国公司法》,自2024年7月1日起施行。此次修订的《公司法》明确"国有独资公司在董事会中设置由董事组成的审计委员会行使本法规定的监事会职权的,不设监事会或者监事。"国企的朋友纷纷询问是否国有企业取消"监事会"用"审计委员会"替代?

第一百七十六条 国有独资公司在董事会中设置由董事组成的审计委员会行使本法规定的监事会职权的,不设监事会或者监事。

解读:国有独资公司是根据《公司法》的规定设立,由国家单独出资、国务院或者地方人民政府授权本级人民政府国有资产监督管理机构履行出资人职责的有限责任公司[《企业国有资产交易监督管理办法》(2016年32号令)第四条(一)政府部门、机构、事业单位出资设立的国有独资企业(公司),以及上述单位、企业直接或间接合计持股为100%的全资企业])。国有独资公司特指集团层面,并不包括二、三级公司,集团层面的国有独资公司不设监事会或者监事。国有企业作为唯一出资人股东的二、三级公司不属于国有独资公司的概念界定范畴,其是否设立监事会是选择项,可以设也可以不设。

第六十九条 有限责任公司可以按照公司章程的规定在董事会中设置由董事组成的审计委员会,行使本法规定的监事会的职权,不设监事会或者监事。

第一百二十一条 股份有限公司可以按照公司章程的规定在董事会中设置由董事组成的审计委员会,行使本法规定的监事会的职权,不设监事会或者监事。

第三节 管理层的商业伦理

一、管理层的组成

公司管理层分为高层管理人员、中层管理人员,根据《公司法》第65条第一款的规定,高

---

① 资料来源:佚名.新修订《公司法》国有企业取消"监事会"用"审计委员会"替代吗?(EB/OL).(2024-01-06)[2025-05-30]. https://www.shangyexinzhi.com/article/17009305.html.

级管理人员,是指公司的经理、副经理、财务负责人,上市公司董事会秘书和公司章程规定的其他人员。依据《公司登记管理若干问题的规定》第 26 条的规定,公司的董事、经理不得在与所任职公司没有投资关系的其他公司兼任董事、经理职务。

公司的高层管理人员、中层管理人员除了包括 C 级别的领导层,如首席执行官(CEO)、首席财务官(CFO)等,还包括一些经理级别的高层管理人员、中层管理人员,他们在公司的运营、管理、战略规划等方面都发挥着重要作用。中层管理人员则负责具体部门或功能的管理,如人力资源部经理、市场部经理、研发部经理等。

二、管理层的职权

管理层的职权通常是指组织中高级管理人员在其职位上所拥有的权利和责任。这些职权通常包括以下几个方面:

(1)决策权:管理层有权做出对组织有重大影响的决策,如市场战略、投资计划、组织结构调整等。

(2)资源分配权:管理层负责组织的资源分配,包括财务资源、人力资源和物质资源等。

(3)人事任免权:管理层有权决定员工的招聘、晋升、调动、奖惩和解雇等人事变动。

(4)监督权:管理层负责监督组织内部的运作,确保各项工作按照既定目标和计划执行。

(5)政策制定权:管理层有权制定和修订组织的政策、规章和程序,以指导组织的运作。

(6)代表权:管理层常常代表组织与外部实体进行交流和谈判,如客户、供应商、政府机构等。

(7)风险管理权:管理层需要识别组织面临的潜在风险,并采取措施进行管理和控制。

(8)绩效评估权:管理层负责对组织及其成员的绩效进行评估,并根据评估结果进行相应的管理决策。

(9)战略规划权:管理层负责制定组织的长期发展战略和规划,确保组织的可持续发展。

(10)沟通权:管理层需要与组织内外的利益相关者进行有效沟通,以确保信息的透明和及时传达。

管理层的职权可以根据组织的规模、类型、文化和管理风格等因素而有所不同。在实际操作中,管理层需要在遵守法律法规和组织内部政策的基础上,合理行使这些职权,以推动组织目标的实现。

管理层在组织中扮演着多重关键角色:他们负责制定和执行组织的长期战略和目标,通过明晰的规划和决策确保组织朝着正确的方向发展。管理层需要有效地组织和协调内部资源和流程,促进团队之间的协作,以提高整体绩效和效率。人力资源管理也是其职责之一,包括招聘、培训和激励员工,以建设具备竞争力的团队。

监督和控制组织运作是确保目标达成的关键,管理层通过设定标准、监测绩效,及时采取调整措施来保持组织的稳健运作。沟通和领导是管理层不可或缺的技能,通过有效的沟通渠道和激励领导风格,他们能够建立积极的组织文化,激发员工的创造力和才能。此外,管理层还需要具备风险管理的能力,识别潜在风险并采取适当措施,以确保组织在复杂多变的环境中保持竞争力。

总体而言,管理层的作用涵盖战略、组织、人力资源、监督和风险管理等多个方面,为组织的可持续发展提供了坚实的支持。

三、管理层的商业伦理行为

(一)经济决策中的非伦理和伦理行为

管理人员在经济决策中可能会出现一些非伦理行为,其中包括财务报表操纵、误导投资者和为追求短期利益而损害长期发展等。财务报表操纵是管理人员可能出现的非伦理行为之一。他们可能会通过操纵财务数据来虚报收入、减少成本或隐藏债务,以提高公司的财务表现。这种行为不仅误导了投资者和股东,也损害了市场的公平竞争。中高层管理人员可能会误导投资者,通过发布虚假信息或夸大公司的业绩来吸引投资或推高股价。他们可能会进行不实的宣传,夸大公司的市场地位或前景,使投资者对公司产生错误的期望。这种行为不仅对投资者不公平,也损害了市场的透明度和稳定性。另外,为了追求短期利益,一些中高层管理人员可能会采取不利于公司长期发展的决策。他们可能会过度关注短期财务表现,忽视公司的战略规划和长远发展。例如,他们可能会压缩研发和创新投入,减少员工培训和福利,以降低成本和增加利润。然而,这种短视行为可能会影响公司的创新能力和员工士气,从而对公司的长期发展产生负面影响。

相反,中高层管理人员应该展现出伦理行为,包括透明公正的财务报告、有利于公司长期发展的决策以及尊重利益相关者的权益。中高层管理人员应该确保财务报告的准确性和透明度,遵守相关的会计准则和法律法规。他们应该提供真实、可靠的财务信息,使投资者和股东能够了解公司的真实经营状况和风险。中高层管理人员应该做出有利于公司长期发展的决策,而不是为了追求短期利益。他们应该制定和执行符合公司战略规划的经济决策,考虑到公司的长期竞争力、可持续发展和利益相关者的权益。中高层管理人员应该尊重和平衡所有利益相关者的权益,包括股东、员工、客户、供应商和社会。他们应该考虑到不同利益相关者的合理期望和利益,努力实现公正和平衡。

(二)人力资源管理中的非伦理和伦理行为

高层管理人员、中层管理人员在人力资源管理中可能会出现一些非伦理行为,其中包括歧视、虐待和操纵员工等。歧视是中高层管理人员非伦理行为的一种表现。他们可能会基于种族、性别、年龄或其他特征对员工进行歧视。这种歧视行为不仅违反了道德和法律要求，也破坏了组织的多样性和包容性。虐待是中高层管理人员非伦理行为的另一种表现。他们可能会对员工进行身体或心理上的虐待，如欺凌、恶意批评或威胁。这种虐待行为不仅伤害了员工的健康和福祉，也削弱了组织的团队合作和员工士气。

中高层管理人员可能会操纵员工，迫使他们执行违反道德或法律的行为。他们可能会施加压力、威胁或诱导员工去违反组织的政策或法规，以实现个人或组织利益。这种操纵行为不仅违背了道德和法律的原则，也破坏了员工的信任和忠诚。

相反，中高层管理人员应该展现出伦理行为，包括公平对待、尊重和培养员工等。首先，中高层管理人员应公平对待员工，遵循公正和透明的原则。他们应确保招聘、晋升和薪酬等决策公正无私，并避免歧视和偏见。其次，中高层管理人员应尊重员工的尊严和权益，应倾听员工的意见和需求，鼓励员工参与决策，并提供积极的工作环境和发展机会。最后，中高层管理人员应积极培养员工的能力和素质。他们应提供培训和发展计划，帮助员工提升技能和知识，并激励他们实现个人和组织目标的共同成长。

四、管理层的非伦理行为可能引发的风险

（1）管理层非伦理行为可能导致法律风险的增加。例如，高层管理人员滥用权利、违反合规规定或利用内幕信息进行个人谋利可能触犯相关法律法规，导致公司面临诉讼风险和法律责任。这种风险不仅可能导致公司面临经济损失，还可能损害公司的声誉和形象，从而对公司的长期发展产生负面影响。

（2）高层管理人员的非伦理行为可能导致公司治理结构的不健全，使得公司内部决策出现偏差和不公正。这可能对公司的战略制定和执行产生严重影响，最终影响公司的竞争力和长期发展。此外，这种行为也可能在商业合作伙伴和投资者中引发信任危机，从而影响公司的商业关系和发展前景。

（3）管理层非伦理行为可能导致公司内部文化的恶化。高层管理人员的不端行为可能在公司内部造成负面示范，破坏员工的道德标准和价值观。这可能导致员工对公司的信任感下降，士气受损，甚至引发员工的负面情绪和不满。这对公司内部凝聚力和团队合作产生不利影响，阻碍了公司的稳定和发展。

（4）管理层非伦理行为可能对公司的外部形象造成负面影响。公司的声誉对于吸引投资者、客户和合作伙伴至关重要。高层管理人员的不端行为可能引发外界对公司的质疑和批评，损害公司的商誉和形象。这可能导致投资者失去信心，客户流失，甚至引发法律纠纷和负面舆论，最终对公司的声誉和长期发展产生不利影响。

（5）管理层非伦理行为也可能影响公司的整体经营。高层管理人员的不端行为可能导

致公司的决策出现偏差和不公正,阻碍公司的战略制定和执行,从而影响公司的竞争力和长期发展。非伦理行为还可能引发公司的内部纷争,增加公司的管理成本,最终对公司的稳定和盈利能力产生不利影响。

五、预防和管理非伦理行为的建议

(1) 建立明确的道德准则和规范。公司应制定清晰的道德准则和行为规范,确保管理层和员工了解并遵守。这些准则应涵盖诚信、公正、透明度等价值观,并对不当行为及其后果做出明确定义和说明。

(2) 培训和教育。公司应为管理层提供伦理培训和教育课程,加强他们的道德意识和决策能力。这样的培训可以提供案例分析、讨论伦理难题,并帮助管理层更好地应对道德困境。

(3) 建立有效的监管机制。公司应建立严格的监督机制,包括内部审计、合规团队和独立审查委员会等,监督管理层的行为,发现并纠正潜在的非伦理行为。

(4) 奖惩制度和激励措施。建立激励措施来奖励遵守道德准则的行为,同时明确违反规范将会受到的严厉处罚。这种机制可以促进员工和管理层遵守公司的伦理标准。

(5) 提倡开放文化和举报机制。鼓励员工和管理层以开放、透明的方式沟通,建立举报机制,使员工能够匿名或有保护地举报违规行为,同时保护举报者免受报复。

(6) 领导示范。公司高层领导应该成为伦理行为的榜样。他们的行为和决策将对整个组织产生巨大影响,因此管理层要积极践行道德价值观,树立良好榜样。

(7) 定期审查和更新。公司的道德准则和监管措施需要不断审查和更新,以适应不断变化的商业环境和伦理挑战。定期的评估和改进是预防非伦理行为的重要手段。

【拓展阅读】

Martin Winterkorn 与大众尾气排放丑闻①

2015 年 9 月,美国环保署(EPA)公布了一份指控大众使用欺诈软件的报告。根据报告,大众柴油车辆在尾气排放测试期间能够达到法规限值,但在实际道路行驶时,排放远超标准。这种欺诈软件被称为"排放作弊装置",能够检测到车辆是否处于测试状态,并在测试期间使车辆排放水平低于实际行驶时的排放水平。

随后,大众集团承认了这一指控,并公开道歉。在大众集团内部调查的结果中,指出该欺诈行为涉及约 1 100 万辆柴油车,涵盖多个车型和品牌,包括大众、奥迪、斯柯达等。

这一丑闻引起了全球范围内的广泛关注和调查。随着进一步的调查,揭示了大众集团

---

① 资料来源:佚名. 回顾大众"排放门"事件,能给我们带来哪些启示?(EB/OL). (2023-05-30)[2025-05-30]. https://www.36kr.com/p/2280094415298947.

高层管理人员、中层管理人员和工程师团队之间的合谋关系。这些高层管理人员、中层管理人员和工程师团队共同决策并实施了欺诈行为,旨在通过欺骗尾气排放测试来达到法规要求,并提高车辆的销售量和市场份额。

作为大众集团首席执行官,Martin Winterkorn 对这一丑闻负有直接责任。他被指控未能履行其应有的监督职责,并未及时发现和揭露这一欺诈行为。在丑闻曝光后不久,Martin Winterkorn 辞去了首席执行官的职务。

这一丑闻对大众集团造成了巨大的财务和声誉损失。大众集团不得不支付数十亿美元的罚款、和解金和赔偿费用。此外,公司的市场地位和品牌形象也受到了严重的打击。大众集团被迫采取了一系列的改革措施,包括更严格的内部监管和更加透明的企业文化,以重建公众的信任,并恢复其声誉。

这个案例凸显了高层管理人员、中层管理人员非伦理行为对公司的深远影响。Martin Winterkorn 作为大众集团的首席执行官,未能有效监督和管理公司的行为,导致公司陷入了道德、法律和财务危机。这一丑闻也揭示了汽车行业在尾气排放方面的问题,引发了整个行业的关注和改革呼声。

第四节　员工的商业伦理

一、员工的组成与类别

员工是公司组织结构的底层,执行各项具体业务操作,如生产线工人、销售业务员、客服代表等。员工的职位一般根据职能来划分,常见的职能包括行政与支持、人力资源、运营、销售与市场、财务与会计、技术与研发等。行政与支持职能涵盖行政助理、接待员、办公室管理员等。人力资源职能涉及招聘、培训、绩效管理等,员工包括招聘专员、培训师等。运营职能涉及日常运营管理,包括供应链管理、项目管理等,员工涉及物流专员等。销售与市场职能涉及市场开拓、客户维护等,员工包括销售代表等。财务与会计职能涉及财务管理与报表分析等,员工包括会计师、财务分析师等。技术与研发职能涉及产品研发、技术支持等,员工包括工程师、研发科学家等。此外,还有临时工等特殊类别的员工。但过去纯粹意义上的"临时工"转变为"劳务派遣人员"。劳务派遣人员在不少领域成为临时工的新形态。根据《劳务派遣暂行规定》,劳务派遣应当在临时性、辅助性、替代性的工作岗位上实施。

二、员工在公司中的地位

员工在公司中扮演着至关重要的角色,他们是组织中最直接参与业务运作的一群人,其主要作用体现在多个方面。

（1）员工是公司业务的执行者。他们通过履行日常工作职责，负责实施公司的战略和目标。他们的工作直接影响到产品和服务的质量，客户满意度以及公司整体的运营效果。

（2）员工是信息的收集者和传递者。他们与客户、同事和供应商等各方面接触最为频繁，因此，他们能够提供有价值的市场反馈和实际操作经验，为公司决策提供基础性数据，推动组织更好地适应市场需求。

（3）员工是团队协作的基石。他们通过有效的合作，共同完成任务，提高工作效率。他们在日常工作中建立起的良好合作关系有助于形成积极的工作氛围，增强团队凝聚力。

（4）员工是公司文化的传播者。他们通过自身的行为和态度，传递公司价值观，帮助构建积极向上的工作氛围。

员工的发展和成长也对公司的未来具有重要意义。通过培训和发展计划，公司能够激发员工的潜力，提升他们的专业技能和领导力，为组织的可持续发展培养更多的人才。

总体而言，员工在公司中的主要作用不仅仅是履行具体的工作职责，更是推动组织发展、传递信息、促进合作和培养未来领导者的关键力量。

三、员工的非伦理行为和伦理行为

（一）员工的非伦理行为

非伦理行为是指在职业场景中，员工违反道德准则、公司规章制度或法律法规的行为。这类行为可能涉及欺诈、偷窃、挪用公司资源、虚报工时等，对于组织和员工自身都可能造成不良影响。

1. 工作失职与懒惰行为

在企业基层，员工的非伦理行为之一便是工作失职与懒惰行为。这种行为表现为员工对其岗位职责的敷衍态度，缺乏对工作的责任心与积极性。工作失职可能包括未能完成分派的任务、迟到早退、无故旷工等。这不仅影响了个体的工作表现，还对整体团队的效率和氛围造成了不利的影响。

在企业环境中，员工的懒惰行为是一种显著的非伦理行为。这表现为工作中的拖延和对任务的不负责任态度。懒惰的员工往往会找借口推脱工作责任，从而导致项目的延误和工作质量的下降。这种行为不仅损害了员工自身的职业声誉，还对整个团队产生了负面的影响。

对于这种非伦理行为，企业管理者需要通过设定明确的目标和绩效标准来激励员工，并建立有效的监督机制，确保员工充分理解其职责，保持高度的责任感和工作积极性。此外，培训与发展计划也是解决工作失职和懒惰行为的关键，通过提升员工的技能和职业素养，激发其对工作的热情和责任心,进而减少非伦理行为的发生。

2. 不当使用公司资源

基层员工的另一种非伦理行为是不当使用公司资源。这种行为可能包括盗用公司时间、滥用公司设备和资源,以及其他形式的职业道德违规。例如,员工可能在工作时间内处理个人事务,使用公司电脑浏览社交媒体,或者私自将公司提供的车辆用于私人用途。

这种非伦理行为不仅浪费了公司的时间和资源,还可能对工作效率和团队协作产生消极影响。为了解决这一问题,企业需要建立明确的公司政策,规定员工对公司资源的合理使用范围,并进行相关的培训,使员工了解不当使用公司资源的后果和惩罚措施。

此外,公司还可以通过技术手段监控员工的工作行为,确保员工在工作时间内专注于工作任务。然而,这应该在保护员工隐私的前提下进行,避免引起员工的不满和抵触情绪。通过综合运用规章制度、培训教育和监督机制,公司可以更有效地防范和应对基层员工不当使用公司资源的非伦理行为。

(二)员工的伦理行为

1. 积极参与团队合作

在企业中,积极的团队协作是推动项目成功的关键因素之一。员工通过与团队成员合作,分享知识和经验,有效地解决问题和完成任务。这种积极的合作精神不仅提升了个人的工作表现,还促进了整个团队的凝聚力和工作效率。

为了鼓励和培养员工的团队合作伦理行为,企业可以通过设立团队奖励制度、组织团队建设活动和提供培训,使员工更好地理解团队的重要性,激发其与他人协作的动力。同时,领导层的榜样作用也至关重要,通过展示积极的团队协作行为,激发员工的学习和模仿欲望,形成积极向上的工作文化。

2. 遵守公司规章制度与职业操守

公司规章制度是维护组织秩序和保障工作正常进行的基础,员工应当严格遵守这些规定。这包括工作时间的合理安排、保护公司机密信息、遵循职业操守等方面。

通过遵守公司规章制度,员工能够建立起对公司的信任和忠诚,形成良好的职业操守。企业可以通过制定清晰明确的规章制度,并定期进行培训,确保员工充分了解和遵守这些规定。同时,公司还可以通过奖励措施来鼓励员工的遵守行为,提高员工对公司规章制度的重视程度。

在伦理行为方面,公司领导起到了示范和引导的作用。领导层需要注重自身的职业操守,践行良好的伦理行为。

(三)预防和管理企业员工非伦理行为的建议

1. 强化伦理教育培训

(1)制订系统的伦理培训计划,确保员工了解企业伦理价值观和行为准则。

（2）定期举办伦理培训课程,提高员工伦理素养,增强道德观念。

（3）结合警示教育,让员工深刻认识到非伦理行为对企业及个人的危害。

2. 建立健全伦理管理体系

（1）制定明确的伦理政策,明确企业对伦理行为的期望和要求。

（2）设立专门的伦理管理部门,负责监督、检查和处理员工非伦理行为。

（3）建立健全举报制度,鼓励员工积极举报违规行为,为企业提供线索。

3. 加强监督检查

（1）定期对员工进行伦理测评,了解员工对伦理政策的认知和遵循情况。

（2）开展现场巡查,及时发现并纠正员工非伦理行为。

（3）建立绩效考核体系,将伦理行为纳入员工绩效评价,激发员工自觉遵循伦理规范。

4. 加大惩处力度

（1）对查实的非伦理行为,给予相应的处罚,形成震慑。

（2）针对严重违规行为,实行一票否决制,确保企业利益不受损害。

（3）建立黑名单制度,对屡教不改的员工,予以辞退或限制录用。

5. 营造良好的企业文化

（1）倡导诚信、公平、尊重、共赢的企业价值观,树立正确导向。

（2）举办企业文化活动,强化员工对企业文化的认同感。

（3）鼓励员工积极参与企业文化建设,促进企业伦理价值观内化于心、外化于行。

6. 加强组织领导

（1）企业领导要发挥带头作用,坚决贯彻伦理政策,为员工树立榜样。

（2）加强对伦理工作的组织领导,确保伦理政策落地生根。

（3）建立健全伦理工作长效机制,持续改进和完善伦理管理体系。

通过以上措施,企业可以有效预防和管理员工非伦理行为,提升企业形象,促进企业可持续发展。

案例一

美国安然公司丑闻[①]

让我们回顾 2001 年爆发的美国安然公司丑闻。这是一起典型的由董事会、股东、高管、监事会在公司治理中商业伦理问题导致的公司破产案例。安然公司是一家位于休斯敦的美国能源公司,是美国最大的电力、天然气和通信公司之一。然而在 2001 年,安然公司突然申

---

① 资料来源:佚名.美国企业合规里程碑事件:安然和安达信事件脉络(EB/OL).(2023-11-22)[2025-05-30].https://zhuanlan.zhihu.com/p/668092634.

请破产,使得股东损失惨重。这次破产被认为是美国历史上最严重的公司破产事件,其背后的丑闻影响了全球。

安然公司成立于1985年,其业务涉及电力、天然气、通信等多个领域。在20世纪90年代的大部分时间里,安然公司都是华尔街的宠儿。然而,这一切在2001年发生了翻天覆地的变化。

2001年10月,安然公司公布了第三季度的财报,该财报显示公司巨额的亏损和债务。随后,美国证券交易委员会(SEC)开始对安然公司的财务状况进行调查。在调查中,SEC发现安然公司在报告中大幅夸大了公司的利润,并隐藏了大量的债务。

财务丑闻曝光后,安然公司的股价急剧下跌。在短短的几个月内,安然公司的股价从90美元以上跌至不到1美元,公司的市值蒸发了几乎100亿美元。安然公司的债权人和股东遭受了巨大的损失。

安然公司的这起丑闻涉及包括CEO杰夫·斯金(Jeff Skilling)和CFO安德鲁·法斯托(Andrew Fastow)在内的多名高管,他们因涉嫌在财务报告中夸大公司的利润和隐藏债务而被起诉,并被判处长期监禁。

安然公司的财务丑闻还揭示了公司的审计问题。安然公司的审计师来自安达信(Andersen),因为在安然公司的审计工作中失职,而被判有罪。安达信这个曾经的国际五大会计师事务所之一,也因此被迫解散。

案例讨论:

安然公司治理层的商业伦理问题有哪些?

案例二

知情权、监督权、权益权是保护中小股东
权利的重要基础[①]

《公司法》修订草案三次审议稿(以下简称修订草案)于2023年8月28日提请十四届全国人大常务委员会第五次会议审议,其中进一步强化了对控股股东和实际控制人的规范,也进一步完善了中小股东权利保护相关规定。

为进一步完善中小股东权利保护相关规定,修订草案做了四方面修改,以加大对中小股东的保护力度,赋予中小股东和大股东同等的权利。要实现这个目标,就要在中小股东的知情权、监督权和收益权的法律法规建设方面进一步深化。

修订草案明确,要完善股份有限公司股东查阅、复制公司有关材料的规定。现行《公司

---

① 资料来源:一财评论员.一财社论:知情权、监督权、权益权是保护中小股东权利的重要基础[EB/OL].(2023-08-29)[2025-03-27].https://www.yicai.com/news/101846744.html。

法》规定,股东有权查阅、复制公司章程、股东会会议记录、董事会会议决议、监事会会议决议和财务会计报告;股东可以要求查阅公司会计账簿。但这些规定还是留下了"尾巴",比如,股东要求查阅公司会计账簿的,应当向公司提出书面请求,说明目的。公司有合理根据认为股东查阅会计账簿有不正当目的,可能损害公司合法利益的,可以拒绝提供查阅。

虽然法律规定也提供了救济手段:公司拒绝提供查阅的,股东可以请求人民法院要求公司提供查阅。但在这个过程中,时间成本、财务成本等各方面的成本都很高,会让很多中小股东望而却步。

在司法实践中,也有类似的案例。有案例表明,法院虽然认为股东为了保障自身利益可以要求查阅公司账簿,但又认为股东应当提供其所要查阅的账簿内容和与股东利益有关联性的材料和初步证据。

修订草案赋予了律师事务所、会计师事务所等负有保密义务的中介机构在获得股东授权后,直接对公司的账簿和财务凭证进行查阅的权利,从而可以帮助公司股东、更多是中小股东对公司财务状况进行实质性审查。这是完善股份有限公司股东查阅、复制公司有关材料的规定的重要体现,也是为了保证中小股东的知情权。有了充分的知情权,随之而来的就是监督权。修订草案要求进一步强化对控股股东和实际控制人的规范,这离不开监督机制的强化。

现行《公司法》规定,中小股东可以通过单独或者联合行使召集和主持股东会会议的权利,以维护自己的合法权益。修订草案强化了中小股东对公司经营质询权、利润分配权及临时召开股东会权。这样,中小股东也可以参与公司重大事项决策,并对损害自身权益的行为提出异议,甚至推翻大股东原来设定的议案。

另外,还要保证中小股东的权益不能受到大股东实际操纵的损害。修订草案明确,如果控股股东滥用股东权利,严重损害公司或者其他股东利益的,其他股东有权请求公司按照合理的价格收购其股权。这是一种保底性的权利,对不能控制公司命运的中小股东来说尤为重要。

损害中小股东利益的情况的出现,更多是大股东或者实际控制人操纵的结果。当前,已经有不少中小股东对大股东维权的案例出现。按照修订草案内容,今后大股东如果出现了违规行为,造成对中小股东的利益损害,就不但不能获益,还会为此付出代价。

现行《公司法》在对中小股东的保护方面取得了很大的进展,已经形成了一个相对健全、完善的中小股东保护体系。但是,包括中小股东的知情权、监督权、权益权在内,很多权利还需要进一步落实、加强,只有当权利人根据法律的规定积极行使这些权利,才能将其转化为现实权利。而修订草案,正在把"纸面权利"变为"现实权利"。

案例讨论:

《公司法》修订草案从哪些方面保护了中小股东权益?

【拓展阅读】

《公司法》第八章：公司董事、监事、
高级管理人员的资格和义务①

《中华人民共和国公司法》中华人民共和国主席令第十五号(2023 年修订)

第一百七十八条 有下列情形之一的,不得担任公司的董事、监事、高级管理人员:

(一)无民事行为能力或者限制民事行为能力;

(二)因贪污、贿赂、侵占财产、挪用财产或者破坏社会主义市场经济秩序,被判处刑罚,或者因犯罪被剥夺政治权利,执行期满未逾五年,被宣告缓刑的,自缓刑考验期满之日起未逾二年;

(三)担任破产清算的公司、企业的董事或者厂长、经理,对该公司、企业的破产负有个人责任的,自该公司、企业破产清算完结之日起未逾三年;

(四)担任因违法被吊销营业执照、责令关闭的公司、企业的法定代表人,并负有个人责任的,自该公司、企业被吊销营业执照、责令关闭之日起未逾三年;

(五)个人因所负数额较大债务到期未清偿被人民法院列为失信被执行人。

违反前款规定选举、委派董事、监事或者聘任高级管理人员的,该选举、委派或者聘任无效。

董事、监事、高级管理人员在任职期间出现本条第一款所列情形的,公司应当解除其职务。

第一百七十九条 董事、监事、高级管理人员应当遵守法律、行政法规和公司章程。

第一百八十条 董事、监事、高级管理人员对公司负有忠实义务,应当采取措施避免自身利益与公司利益冲突,不得利用职权牟取不正当利益。

董事、监事、高级管理人员对公司负有勤勉义务,执行职务应当为公司的最大利益尽到管理者通常应有的合理注意。

公司的控股股东、实际控制人不担任公司董事但实际执行公司事务的,适用前两款规定。

第一百八十一条 董事、监事、高级管理人员不得有下列行为:

(一)侵占公司财产、挪用公司资金;

(二)将公司资金以其个人名义或者以其他个人名义开立账户存储;

(三)利用职权贿赂或者收受其他非法收入;

(四)接受他人与公司交易的佣金归为己有;

---

① 资料来源:全国人民代表大会常务委员会. 中华人民共和国公司法(EB/OL). (2023-12-30)[2025-5-30]. http://www.xinhuanet.com/legal/20231230/1a8b5496c1524dc385f8723f920e21d9/c.html.

（五）擅自披露公司秘密；

（六）违反对公司忠实义务的其他行为。

第一百八十二条　董事、监事、高级管理人员，直接或者间接与本公司订立合同或者进行交易，应当就与订立合同或者进行交易有关的事项向董事会或者股东会报告，并按照公司章程的规定经董事会或者股东会决议通过。

董事、监事、高级管理人员的近亲属，董事、监事、高级管理人员或者其近亲属直接或者间接控制的企业，以及与董事、监事、高级管理人员有其他关联关系的关联人，与公司订立合同或者进行交易，适用前款规定。

第一百八十三条　董事、监事、高级管理人员，不得利用职务便利为自己或者他人谋取属于公司的商业机会。但是，有下列情形之一的除外：

（一）向董事会或者股东会报告，并按照公司章程的规定经董事会或者股东会决议通过；

（二）根据法律、行政法规或者公司章程的规定，公司不能利用该商业机会。

第一百八十四条　董事、监事、高级管理人员未向董事会或者股东会报告，并按照公司章程的规定经董事会或者股东会决议通过，不得自营或者为他人经营与其任职公司同类的业务。

第一百八十五条　董事会对本法第一百八十二条至第一百八十四条规定的事项决议时，关联董事不得参与表决，其表决权不计入表决权总数。出席董事会会议的无关联关系董事人数不足三人的，应当将该事项提交股东会审议。

第一百八十六条　董事、监事、高级管理人员违反本法第一百八十一条至第一百八十四条规定所得的收入应当归公司所有。

第一百八十七条　股东会要求董事、监事、高级管理人员列席会议的，董事、监事、高级管理人员应当列席并接受股东的质询。

第一百八十八条　董事、监事、高级管理人员执行职务违反法律、行政法规或者公司章程的规定，给公司造成损失的，应当承担赔偿责任。

第一百八十九条　董事、高级管理人员有前条规定的情形的，有限责任公司的股东、股份有限公司连续一百八十日以上单独或者合计持有公司百分之一以上股份的股东，可以书面请求监事会向人民法院提起诉讼；监事有前条规定的情形的，前述股东可以书面请求董事会向人民法院提起诉讼。

监事会或者董事会收到前款规定的股东书面请求后拒绝提起诉讼，或者自收到请求之日起三十日内未提起诉讼，或者情况紧急、不立即提起诉讼将会使公司利益受到难以弥补的损害的，前款规定的股东有权为公司利益以自己的名义直接向人民法院提起诉讼。

他人侵犯公司合法权益，给公司造成损失的，本条第一款规定的股东可以依照前两款的规定向人民法院提起诉讼。

公司全资子公司的董事、监事、高级管理人员有前条规定情形，或者他人侵犯公司全资子公司合法权益造成损失的，有限责任公司的股东、股份有限公司连续一百八十日以上单独或者合计持有公司百分之一以上股份的股东，可以依照前三款规定书面请求全资子公司的监事会、董事会向人民法院提起诉讼或者以自己的名义直接向人民法院提起诉讼。

第一百九十条　董事、高级管理人员违反法律、行政法规或者公司章程的规定，损害股东利益的，股东可以向人民法院提起诉讼。

第一百九十一条　董事、高级管理人员执行职务，给他人造成损害的，公司应当承担赔偿责任；董事、高级管理人员存在故意或者重大过失的，也应当承担赔偿责任。

第一百九十二条　公司的控股股东、实际控制人指示董事、高级管理人员从事损害公司或者股东利益的行为的，与该董事、高级管理人员承担连带责任。

第一百九十三条　公司可以在董事任职期间为董事因执行公司职务承担的赔偿责任投保责任保险。

公司为董事投保责任保险或者续保后，董事会应当向股东会报告责任保险的投保金额、承保范围及保险费率等内容。

第三章
企业对外经营的商业伦理

 **知识目标** ....

1. 理解并掌握企业与供应商之间的商业伦理；

2. 理解并掌握企业与消费者之间的商业伦理；

3. 理解并掌握企业与竞争者之间的商业伦理；

4. 理解并掌握企业应履行的社会责任；

5. 了解数字时代的商业伦理困境以及应对策略。

能力目标 ....

1. 能够准确分析企业对外经营中面临的商业伦理问题；

2. 能够为企业对外经营中面临的商业伦理困境提出建议。

素养目标 ....

在对外经营过程中，企业需遵循商业伦理规范，与供应商、消费者、竞争者建立和谐关系，并积极履行社会责任。培养学生形成健全的商业伦理观念。

思政园地 ....

二十八载守港情，诚信履约破岩行[①]

在我国的港口建设与发展历程中，中交广州航道局有限公司广州港项目部宛如一颗闪

---

① 资料来源：蓝罗浩展.中交广航局广州港项目：诚信服务二十八载，让世界大港更畅通[EB/OL].（2024-08-16）[2025-03-27]. https://www.zgjtb.com/2024-08/16/content_427046.html。

耀的明星,凭借长达28年如一日的坚守与付出,深度融入广州港的建设发展,成为推动广州港不断迈向新高度的中坚力量。

2022年5月,项目部承接了极具挑战性的广州港桂山锚地(18GSA)扩建工程。施工过程中,一块体积达2 474立方米的整体礁石横亘在前,经检测,这块礁石单轴饱和抗压强度最高竟达193兆帕,对常规的凿岩作业而言,几乎是难以攻克的存在。面对如此严峻的挑战,为解业主燃眉之急,项目部迅速联合施工船舶成立硬岩攻关团队。团队成员来自不同专业领域,涵盖工程技术、材料科学、机械制造等,大家齐心协力,共同向这块超级硬岩发起冲锋。在改进施工机具方面,团队更是下足了功夫。他们深入研究凿岩锤和锤头的材质,对比多种金属合金材料的性能,经过无数次的试验与筛选,最终确定了一种更适合破碎超硬礁石的新型材质。同时,对铸造工艺进行大胆创新,改进铸造流程,提高产品质量与耐用性。在无数个日夜的艰苦努力下,成功制成新型凿岩锤。新型凿岩锤投入使用后,效果立竿见影。原本进度缓慢的清礁作业得以加速推进,施工团队一鼓作气,成功攻克这片超级硬岩,为整个工程的顺利进行扫除了最大障碍。

凭借着不懈努力与顽强拼搏,项目部最终按时完成广州港桂山锚地(18GSA)扩建工程,其专业的技术能力、高度的责任感以及诚信履约的表现,赢得了业主的高度赞誉与充分信任,在行业内树立起良好口碑。

知识导图

企业对外经营的商业伦理
- 企业与供应商之间的商业伦理
  - 企业与供应商之间的关系
  - 企业与供应商之间的商业伦理问题
- 企业与消费者之间的商业伦理
  - 消费者的基本权利
  - 企业对消费者的道德责任
- 企业与竞争者之间的商业伦理
  - 不同市场竞争环境中的商业伦理
  - 市场竞争中的主要非伦理行为
- 企业社会责任
  - 企业社会责任的内涵
  - 企业社会责任的发展历程
  - 企业社会责任的主要内容
  - 企业履行社会责任中的伦理问题
- 数字时代的商业伦理困境
  - 数字时代企业面临的商业伦理问题
  - 数字时代企业商业伦理规范

第一节　企业与供应商之间的商业伦理

一、企业与供应商之间的关系

企业与供应商的关系是经营管理的核心环节，它如同企业成长的根基，影响着企业的健康和可持续发展。从长远角度来看，与供应商建立坚固的关系能降低企业生产成本，优化产品设计，从而在市场中赢得先机。

企业与供应商之间的关系主要体现在以下几个方面。

（一）合作伙伴，荣辱与共

在瞬息万变的市场环境中，企业与供应商之间的关系早已超越了简单的交易层面。它们更像是并肩作战的伙伴，共同应对市场的挑战。这种长期、稳定的合作关系不仅有助于双方降低成本、提高效率，还能在关键时刻共同应对危机。例如，当市场需求出现波动时，供应商能够提前为企业提供预警，帮助企业调整生产和库存策略，从而降低运营风险。

（二）信任为基，共创未来

企业要与供应商之间建立紧密关系，信任是不可或缺的基石。只有当双方彼此信任、坦诚相待时，才能共同应对市场的不确定性。通过频繁的沟通与协作，企业与供应商可以共同研发新产品、开拓新市场，从而实现共赢。这种深度合作的关系也有助于提高双方的竞争力，在市场中获得更大的份额。

（三）目标一致，共谋发展

企业与供应商之间更为深入的合作形式是战略联盟。在这种关系中，供应商不仅为企业提供产品和服务，还参与到企业的战略规划和业务决策中。这种紧密的合作形式需要双方有明确、一致的目标。只有这样，企业与供应商才能在市场中立于不败之地，实现共同成长和发展。

总而言之，企业与供应商的关系不仅是简单的交易关系，更是一种长期、稳定、互利的合作关系。这种关系的建立需要双方共同努力、坦诚相待、明确目标。只有这样，企业才能真正实现供应链的优化和整合，提高自身的竞争力和可持续发展能力。

二、企业与供应商之间的商业伦理问题

在当今的商业环境中，企业与供应商之间的合作关系日益紧密，但与此同时，也暴露出了一系列商业伦理问题。这些问题不仅损害了企业的声誉，还可能对整个供应链造成深远的影响。具体来说，企业与供应商之间的商业伦理问题主要包括以下三个方面。

1. 贿赂和腐败

企业与供应商合作中最严重的商业伦理问题是贿赂和腐败。在商业活动中,为了获取订单、优惠条件或其他不正当利益,企业或个人可能会向供应商提供金钱、礼品或其他形式的贿赂。这种行为不仅违反了法律法规,也破坏了公平竞争的市场环境。这些资金原本可以用于企业的研发、创新或社会责任项目,但由于贿赂和腐败的存在,它们被浪费在了不正当的交易中。

2. 质量问题

质量问题也是企业与供应商合作中需要关注的重要伦理问题。供应商提供的产品或服务质量不达标,不仅会影响企业的生产效率,还可能对消费者的生命财产安全造成威胁。例如,某知名汽车制造商曾因供应商提供的零部件存在质量问题,导致多起交通事故发生,最终该企业不得不面临巨额的赔偿和声誉损失。因此,企业在选择供应商时,必须对其产品质量进行严格把关,确保符合相关标准和要求。

3. 伪造和欺诈

伪造和欺诈也是一个不容忽视的商业伦理问题。一些不法供应商为了获取更多的利润,可能会采取伪造产品、虚报成本等手段进行欺诈。这种行为不仅损害了企业的利益,也欺骗了消费者。例如,某电子产品制造商曾因供应商提供的原材料存在伪造问题,导致生产出的产品性能不稳定,甚至存在安全隐患。这一事件不仅让该企业蒙受了巨大的经济损失,也严重影响了其品牌形象和市场地位。

综上所述,企业与供应商之间的商业伦理问题不容忽视。为了维护公平竞争的市场环境、保障消费者的权益以及促进企业的可持续发展,企业必须与供应商建立诚信、透明的合作关系,并加强对供应商的管理和监督。同时,政府和社会各界也应加强相关法律法规的制定和执行力度,为企业提供有力的法律保障和支持。

【案例 3-1】

企业甲是一家在国内外享有盛誉的高端运动装备生产商,一直以来都以其对品质的极致追求和科技创新而备受赞誉。它所生产的产品不仅性能卓越,还集美观与实用于一身。与此同时,企业甲始终坚持以消费者为中心的理念,为广大运动爱好者提供最优质的装备。

供应商乙是企业甲的重要合作伙伴,长久以来为其提供高质量的原材料,共同助力企业甲在运动装备市场的领导地位。然而,一次突发的内部质量检测风波,使得两家公司的合作关系陷入困境。企业甲在进行例行质量检测时,意外发现从供应商乙处采购的部分原材料质量严重不符合企业甲设定的标准。经过深入调查,企业甲更是震惊地发现,供应商乙竟然为了降低成本而在生产过程中偷工减料。

这个事实对企业甲来说无疑是一个巨大的打击,同时也引发了企业甲高层和员工们的广泛关注。

讨论：面对这个涉及商业伦理的重大问题，企业甲需要做出一个艰难的抉择：究竟是选择保持沉默，还是采取行动维护消费者权益和企业声誉？

【解析】 在商业伦理的视角下，企业甲有责任确保其产品的质量和安全性，坚决维护消费者的合法权益。任何时候，企业的行为都不能违背商业伦理和道德规范。因此，企业甲应该义无反顾地选择与供应商乙进行坦诚沟通，要求其立即停止不道德的行为，并采取有效措施确保后续产品的质量与安全。如果供应商乙无法在合理期限内纠正问题，那么企业甲必须坚决与其断绝合作关系，同时启动紧急预案，寻找新的可靠的供应商。

除此之外，这一事件也暴露出企业甲在供应商管理和质量控制方面存在的不足。为此，企业甲应全面检讨和优化其供应商管理体系，加强对供应商的审核与监督。同时，提高质量标准并加强内部质量检测流程，以确保每一件出厂产品都符合高标准的质量要求。

此外，为了防止类似事件的再次发生，企业甲还应加强对员工的商业伦理培训，强化全体员工的道德意识和社会责任感。通过这些措施，企业甲不仅能恢复消费者对其产品的信任，更能进一步巩固其在运动装备市场的领导地位。

第二节　企业与消费者之间的商业伦理

"商业成功之道在于以信为本"，这是一个广泛认可的商业原则。信任在商业环境中扮演着至关重要的角色，它是建立长期客户关系、确保商业伙伴合作、吸引投资者和维护声誉的关键因素。其中，消费者是企业价值实现过程的最后和最关键的一个环节，消费者关系管理中的商业伦理对企业而言也极为重要，其主要体现在"消费者的基本权利"和"企业对消费者的道德责任"两个方面。

一、消费者的基本权利

一切商业活动能否转化为经济利润的核心在于其能够在多大程度上满足消费者效用，而消费者的效用又集中体现为作为消费者应享有的权利和权益。因此，处理好消费者关系管理中商业伦理问题的前提是全面、准确地掌握消费者的基本权利和合法权益。

【拓展阅读】

"3.15"国际消费者权益日的由来

国际消费者权益日的设立，旨在提高全球消费者权益保护的意识和重视程度。每年的

3月15日,世界各地的消费者组织、政府机构和非政府组织都会共同参与,通过各种形式的活动和宣传,向广大消费者传递权益保护的信息,以推动消费者权益的保护和改善。

在中国,"3.15"的由来也与中国消费者协会的发展历程密切相关。自1984年中国消费者协会成立以来,该组织一直致力于推动中国消费者权益保护事业的发展。随着时间的推移,中国消费者协会的影响力逐渐扩大,越来越多的人开始关注消费者权益问题。

在1991年,中央电视台经济部首次推出了"3.15"国际消费者权益日专题晚会,通过现场直播的方式向全国观众传递消费者权益保护的理念和信息。这一活动的推出,不仅加深了广大消费者对权益日的认识和了解,还进一步推动了中国消费者权益保护事业的发展。

自此以后,每年的3月15日成为中国的消费者权益日,各地纷纷开展各种宣传活动,以提升消费者的权益保护意识。如今,"3.15"已经成为中国消费者权益保护事业的一个重要标志,也是广大消费者维护自身权益的重要日子。

总之,"3.15"的由来与国际消费者权益日的设立和中国消费者协会的发展历程密切相关。通过每年的3月15日宣传活动,越来越多的人开始关注和重视消费者权益问题,共同推动中国消费者权益保护事业的发展。

根据《中华人民共和国消费者权益保护法》,消费者有以下九项基本权利。

(一) 安全权

消费者在购买、使用商品和接受服务时享有人身、财产安全不受损害的权利。

【案例 3-2】

消费者甲在一家商店购买了一台电视机,回家后发现电视机存在严重的画面闪烁问题。甲随即返回商店要求退货或换货,但商店拒绝了甲的要求,声称电视机的画面闪烁问题只是偶尔出现,并不是所有时候都这样,因此不属于质量问题,不能退货或换货。

讨论: 甲的权益是否受到侵犯?

【解析】 消费者甲的权益受到了侵犯。根据《中华人民共和国消费者权益保护法》,消费者在购买、使用商品和接受服务时享有人身、财产安全不受损害的权利。如果经营者提供的商品存在严重质量问题,导致消费者人身、财产安全受到损害,消费者有权要求经营者承担赔偿责任。在上述案例中,电视机的画面闪烁问题严重影响了消费者的正常使用,甚至可能对消费者的眼睛造成伤害,因此属于质量问题。商店拒绝退货或换货,就是侵犯了消费者的权益。

如果遇到[案例3-2]类似的情况,消费者可以采取以下措施:

(1) 与经营者协商解决:可以尝试与经营者协商解决,要求退货或换货,或者要求经营者赔偿损失。在协商时,要注意保留好相关证据,如购物凭证、产品照片等。

(2) 投诉举报:如果经营者拒绝协商或者协商无果,可以向相关监管部门投诉举报,如市监局、质监局等。在投诉时,要提供详细的证据和情况说明。

（3）寻求法律援助：如果以上两种方式都无法解决问题,可以寻求法律援助,通过法律途径维护自己的权益。

总之,消费者在购买商品和接受服务时要注重自身权益的保护,如果发现自己的权益受到侵犯,要及时采取措施维护自己的合法权益。

（二）知情权

消费者享有知悉其购买、使用商品或者接受服务真实情况的权利。例如：餐饮行业应向消费者明示菜品营养成分、食品卫生情况等信息；医疗行业应向患者提供医疗服务的真实、准确、充分的信息,包括病情、治疗方案、药品价格及疗效等；旅游行业应向游客提供旅游产品的详细信息,包括行程安排、住宿餐饮标准、自费项目等；教育机构应向家长和学生提供有关教育收费、课程设置、教学计划等方面的真实、准确、完整的信息。如果商家违反了消费者的知情权,消费者可以向相关部门投诉或寻求法律援助,以维护自己的合法权益。

【案例 3-3】

消费者乙在网上购买了一款声称能够提高记忆力的保健品。后来发现该产品的广告和宣传信息都是虚假的,根本没有科学依据证明其效果。

讨论：消费者乙的哪项权益被侵犯了？

【解析】 这侵犯了消费者的知情权,因为消费者没有得到真实、准确的信息,导致做出了不理智的消费决策。

（三）自主选择权

消费者享有自主选择商品或者服务的权利。例如：某电商平台上,消费者在购买商品时可以根据商品的评论、评分、价格等信息进行比较,从而选择最适合自己的商品；某汽车品牌推出了多款不同配置的汽车,消费者可以根据自己的需求和预算,选择合适的汽车型号和配置；某餐厅提供了多种菜品,消费者可以根据个人口味和健康需求,自主选择适合自己的食物；某保险公司推出了多种保险产品,消费者可以根据个人需求和风险承受能力,自主选择合适的保险方案。

此外,自主选择权还体现在消费者有权自主选择提供商品或者服务的经营者,自主选择商品品种或者服务方式,自主决定购买或者不购买任何一种商品、接受或者不接受任何一项服务。例如,如果一个旅馆要求住在旅馆的客人都必须到指定的餐厅去吃饭消费,这就侵犯了消费者的自主选择权。

（四）公平交易权

消费者享有公平交易的权利。

以下是一些侵犯消费者公平交易权利的类型：

(1) 假冒伪劣商品。如果消费者购买的商品是假冒伪劣的，他们有权要求商家退款或更换正品。基于消费者公平交易权，消费者有权要求商家提供真实的商品信息，保证商品的质量和安全。

(2) 虚假广告。如果商家在宣传广告中夸大了商品的功效和质量，但消费者购买后发现与广告描述不符，他们可以要求商家赔偿损失，并要求商家停止虚假广告宣传，保障消费者知情权和选择权。

(3) 强制搭售。在公用服务领域，如果经营者滥用市场支配地位，强制搭售或者在交易时附加不合理交易条件，损害消费者权益，消费者有权拒绝这种强制交易行为。经营者应当保障消费者的合法权益，不得设定不公平、不合理的交易条件，不得强制交易。

(4) 索要发票。如果消费者在购买商品或接受服务后索要发票等购货凭证或服务单据，经营者必须出具。

(五) 依法求偿权

消费者因购买、使用商品或者接受服务受到人身、财产损害的，享有依法获得赔偿的权利。例如，一位消费者在一家餐厅用餐后，出现了食物中毒的症状。经过调查，发现餐厅提供的食品存在问题，很可能是由食品过期或者未经过适当的消毒处理导致的。在这种情况下，消费者可以要求餐厅赔偿医疗费用和其他相关损失，依法行使求偿权。需要注意的是，在行使求偿权时，消费者应该保留好相关的购物凭证或者发票等证据，以便在需要时能够证明自己的权益。同时，如果生产者或销售者存在故意或重大过失行为导致消费者受到损害的，消费者也可以要求其承担相应的赔偿责任。

(六) 结社权

消费者享有依法成立维护自身合法权益的社会组织的权利。例如，如果有一群消费者发现某商家存在欺诈行为，他们可以依法成立一个消费者协会或者维权组织。这个组织可以帮助消费者了解自己的权益，提供法律咨询和援助，组织集体诉讼等。通过这样的组织，消费者可以更加有效地维护自己的权益，对抗商家的不法行为。

在中国，维护消费者权益的社会团体主要是指消费者协会。例如，在某地区有一家超市被投诉卖过期食品，当地消费者协会可以接受消费者的投诉，进行调查，如果确认商家存在违法行为，他们可以帮助消费者向商家索赔，甚至通过法律途径解决问题。

通过结社，消费者能够集合力量，以团体的形式对抗不法商家，保护自己的合法权益。

(七) 获知权或受教育权

消费者享有获得有关消费和消费者权益保护方面的知识的权利。

【案例 3-4】

某餐厅在菜单上标明某道菜的价格为 50 元，但结账时却收取了 100 元。消费者询问时，餐厅解释说因为那天菜价上涨,所以变成了 100 元。

讨论:消费者的哪项权益被侵犯了?

【解析】　消费者认为餐厅没有提前告知菜价上涨,导致自己多付了钱。这同样侵犯了消费者的获知权。

【案例 3-5】

某消费者在一家健身房办理会员卡时,销售人员没有详细介绍会员卡的使用条款和限制,导致消费者后来发现会员卡的有效期很短,而且还有很多其他隐形收费。

讨论:消费者的哪项权益被侵犯了?

【解析】　这侵犯了消费者的获知权和受教育权,因为消费者没有得到充分的信息和教育,导致做出了不理智的消费决策。

[案例 3-4]至[案例 3-5]说明,消费者权益中的获知权和受教育权非常重要,它能够保障消费者在消费过程中得到充分的信息和教育,从而做出明智的消费决策。如果这些权益受到侵犯,消费者可以采取适当的措施维护自己的权益。

(八) 受尊重权

消费者在购买、使用商品和接受服务时,享有人格尊严、民族风俗习惯得到尊重的权利,享有个人信息依法得到保护的权利。

【案例 3-6】

小明想要买一套家具,于是在网络上寻找了一家家具店。他在该店看中了一套价格比其他店略低的家具,于是购买了。但是,当小明发现家具存在一些质量问题时,他试图与店家进行沟通,但店家却以不回复、不接电话等方式回避了问题。经过多次的尝试,小明还是无法得到店家的答复和处理。最终,小明只能选择报警寻求维权。在经过警方和消保机构的介入后,小明终于得到了合理的解决方案。

讨论:小明的哪项权益被侵犯了?

【解析】　此案例中,店家没有尊重消费者的知情权和意见,对消费者的合法权益进行了损害。

【案例 3-7】

小张在一个旅游网站上购买了一项旅游产品。但当他到达目的地后才发现,所谓的景点实际上并不存在,更令他不满的是导游有意为难他,这让他感到非常不被尊重。小张怒气冲冲地投诉该旅游网站,并将此事告知了消费者协会,最终得到了赔偿损失。不过,这一过程对他的心情造成了明显的负面影响,同时也浪费了时间。

讨论:小张的消费权益是否被侵犯了?

【解析】 此案例中,旅游网站和导游没有尊重消费者的知情权和受尊重权,对消费者的合法权益进行了损害。

(九)监督权

消费者享有对商品和服务以及保护消费者权益工作进行监督的权利。

【案例 3-8】

甘某权、甘某龙均为患有近视的未成年人。某保健中心对外宣称可通过绿色光波点移动,辅以脉冲负离子和电磁热能疏导等方式矫正视力问题,帮助孩子摆脱弱视、近视、远视、散视、斜视等困扰。甘某权、甘某龙在其父亲陪同下与该保健中心达成口头协议,约定由甘某权、甘某龙支付服务费,该保健中心向 2 人分别提供 40 次仪器放松睫状肌服务和眼部穴位按摩服务。然而,甘某权、甘某龙分别接受 90 次服务后,视力并未提升反而下降。于是,他们向法院提起诉讼,要求该保健中心退款并支付 3 倍赔偿金和精神抚慰金。

讨论:甘某权、甘某龙行使了消费者权益中的哪项权利?

【解析】 此案例中,消费者通过行使监督权,对商品和服务以及保护消费者权益工作进行了监督,并对经营者的行为进行了检举、控告和批评。他们认为保健中心的服务并未达到宣传的效果,反而造成了他们视力的进一步下降,因此要求保健中心承担相应的法律责任。

二、企业对消费者的道德责任

企业对消费者的道德责任是多方面的,主要体现在以下几个方面。

(一)提供安全的产品和服务

(1)不销售伪劣产品。企业不应销售任何质量低劣、假冒伪劣的产品,这是对消费者最基本的责任。例如,一家销售食品的企业不应销售过期或变质的食品,而应确保其销售的食品符合相关卫生标准和安全规定。

(2)确保产品安全。企业应确保其产品在使用过程中不会对消费者造成伤害或损失。例如,生产电器产品的企业应确保产品符合相关电气安全标准,避免因产品设计或制造上的缺陷而导致消费者触电等事故。

(3)提供安全服务。企业提供的服务也应当是安全的。例如,一家提供餐饮服务的餐厅应确保其提供的食品是安全的,不会导致食客中毒或生病。

(4)履行产品召回义务。如果企业发现其产品存在安全问题或缺陷,应及时召回产品,并采取措施确保消费者的权益得到保护。例如,一家汽车制造商发现其生产的汽车存在刹车问题,应主动召回汽车并免费维修,以确保消费者的行车安全。

(5) 保护消费者隐私。在当今数字化时代,企业应加强对消费者隐私的保护,确保消费者的个人信息不被泄露或滥用。例如,一家电商网站应采取合理的加密措施来保护消费者的信用卡信息和个人地址等敏感信息。

上述表明,企业在对消费者承担道德责任时,提供安全的产品和服务是一个重要的方面。企业应始终把消费者的利益放在首位,遵守相关法律法规和道德规范,确保所提供的产品和服务是安全可靠的。

(二) 诚实守信

企业应该遵守诚实守信的原则,不欺骗消费者,不误导消费者。企业应该真实地告诉消费者产品的性能、用途、价格等信息,不夸大其词,不虚假宣传。

(1) 假一赔十。某大型电商平台对其所售商品承诺"假一赔十",这意味着如果消费者在该平台购买的商品被确认为假货,平台将赔偿 10 倍的金额。这种承诺向消费者传递了平台的诚信和决心,有助于建立消费者的信任。

(2) 透明定价。某连锁超市对其所有商品实行透明定价,即在商品上明确标示价格,不进行隐蔽的加价或收费。这种做法让消费者能够清楚地知道他们所支付的每一分钱,避免了不必要的疑虑和误解。

(3) 真实广告。某化妆品品牌在广告中如实描述其产品的功效,不夸大其词。即使产品的效果可能因人而异,该品牌也明确告知消费者,并在必要时提供退换货服务,以保障消费者的权益。

(4) 隐私保护。某科技公司在处理消费者个人信息时,严格遵守隐私保护原则,不泄露或滥用消费者的个人信息。同时,该公司在收集和使用消费者信息时,会事先征得消费者的同意,并明确告知消费者信息的用途。

上述内容表明,企业在履行对消费者的道德责任时,可以通过多种方式体现诚实守信的原则,从而赢得消费者的信任和支持。

(三) 尊重消费者的权益

除了保护消费者的隐私权,企业还应该尊重消费者的其他权益,如知情权、选择权、安全权等。

例如,企业应该提供真实、准确、完整的产品信息,以便消费者做出明智的购买决策。企业不应该隐瞒产品缺陷或夸大其功能,导致消费者做出错误的决定。此外,企业应该提供多样化的产品和服务,以满足不同消费者的需求和偏好,并尊重消费者的自主选择权。

又如,企业应该确保产品和服务的安全性,采取必要的质量控制措施,以降低消费者在使用过程中可能面临的风险。如果产品出现质量问题或安全隐患,企业应该及时采取召回、维修、退换等措施,以最大限度地减少消费者的损失。

总之,企业对消费者的道德责任中尊重消费者的权益是必不可少的。只有当企业尊重消费者的权益并切实履行其道德责任时,才能赢得消费者的信任和支持,并在激烈的市场竞争中获得长久的成功。

(四) 促进社会公益

企业应该关注社会公益,积极参与社会公益事业,为社会做出贡献。企业应该遵守法律法规和社会道德规范,不损害消费者利益和社会公共利益。

企业对消费者履行的道德责任包括且不限于以下五个方面。

(1) 捐赠活动:企业可以通过向慈善机构或公益组织捐赠资金或物资来促进社会公益事业的发展。这些捐赠可以用于支持教育、医疗、扶贫、环保等领域的项目。例如,阿里巴巴集团曾向中国扶贫基金会捐赠1亿元人民币,用于支持贫困地区的扶贫工作。

(2) 环保行动:企业可以通过采取环保措施来减少对环境的负面影响,并推动可持续发展。例如,一些企业会采取节能减排措施、推行绿色生产方式、推广可再生能源等,以减少对环境的污染和破坏。

(3) 社会公益活动:企业可以组织各种社会公益活动,如义卖、义演、志愿服务等,以推动社会公益事业的发展。这些活动可以帮助企业提高社会声誉,增强消费者对企业的信任感。

(4) 教育支持:企业可以向教育事业提供支持和帮助,以提高教育水平。例如,一些企业会资助贫困学生上学、为学校提供教学设备等。

(5) 社区服务:企业可以参与社区服务,为社区居民提供各种帮助和服务。例如,为社区老年人提供免费健康检查、为贫困家庭提供生活物资等。

上述表明,企业在履行对消费者的道德责任时,可以通过促进社会公益事业的发展来为社会做出贡献。同时,这些行动也有助于提高企业的社会声誉和品牌形象,增强消费者对企业的信任感和忠诚度。

(五) 持续改进产品和服务质量

企业应该持续改进产品和服务质量,提高消费者的满意度。企业应该倾听消费者的反馈和建议,不断改进产品和服务,满足消费者的需求。

【案例 3-9】

汽车制造商有责任确保其产品的安全性和可靠性,不仅在销售初期,而且在后续的软件和硬件更新中也是如此。随着技术的进步,汽车变得越来越智能,但也因此带来了新的安全风险,如果软件存在漏洞或缺陷,可能会导致汽车被黑客攻击,进而影响驾驶安全。

讨论：为了履行对消费者的道德责任,汽车制造商需要从哪几方面持续改进其产品和系统?

【解析】

(1) 设计和制造环节:采用先进的安全设计和制造技术,确保产品在设计和制造阶段就具备高度的安全性和可靠性。

(2) 软件更新:定期发布软件更新,修复潜在的安全漏洞,提高系统的安全性。

(3) 透明度和告知:及时向消费者提供关于产品安全的信息,确保消费者了解其权益和如何保护自己。

(4) 用户教育和培训:提供培训和资源,帮助消费者正确使用和维护汽车,避免因失误操作导致安全事故。

(5) 召回制度:对于发现存在安全问题的产品,应进行召回,并进行免费的修复或更换。

通过以上方式,汽车制造商不仅在销售初期提供了安全可靠的产品,而且在后续的改进中进一步强化了产品的安全性,从而履行了其对消费者的道德责任。

不同行业的企业可以根据其特点和行业标准,采用不同的方式履行其对消费者的道德责任。

【拓展阅读】

不是外来香,奈何内里烂①

近年来,年轻父母们在境外抢购奶粉已然成为日常。本是爱之伟大,但年轻父母们屡被厌弃、受尽委屈。若不是被逼无奈,谁又愿意背井离乡、兜兜转转,只为几罐奶粉。国内奶粉真的如此不堪吗?可以确定的是,十几年前发生在我国的"奶制品污染事件"将国人对国产牛奶的信任与信心降到了零点。

早在 2008 年 5 月,就有网民反映三鹿奶粉质量有问题,导致其女儿小便异常;6 月中旬后,三鹿集团又陆续接到婴幼儿患肾结石等病状去医院治疗的信息。而且,陆续有人在国家质量监督检验检疫总局(以下简称质检总局)食品生产监督司的留言系统里反映问题,但要么被屏蔽,要么被束之高阁。2008 年 8 月 1 日,三鹿取得检测结果:送检的 16 个婴幼儿奶粉样品中,15 个样品检出了三聚氰胺成分;2008 年 8 月 4 日至 9 日,三鹿对送达的原料乳200 份样品进行了检测,确认"人为向原料乳中掺入三聚氰胺是引入到婴幼儿奶粉中的最主要途径"。三鹿奶粉的外方合作者——新西兰恒天然公司得知消息后,立即要求中资方和地

---

① 资料来源:佚名.中国奶制品污染事件(EB/OL).(2023-12-14)[2025-5-30].https://baike.baidu.com/item/%E4%B8%AD%E5%9B%BD%E5%A5%B6%E5%88%B6%E5%93%81%E6%B1%A1%E6%9F%93%E4%BA%8B%E4%BB%B6/86604.

方政府官员召回三鹿集团生产的所有奶粉，但杳无音讯。更有甚者，三鹿集团通过删除负面新闻的方式将消息掩盖了。无奈之下，新西兰恒天然公司只好向新西兰政府和总理海伦·克拉克报告。2008 年 9 月 5 日，新西兰政府在得知消息后下令新西兰官员绕过地方政府，直接向中国中央政府报告此次事件。

2008 年 9 月 13 日，国务院启动国家安全事故 I 级响应机制处置三鹿奶粉污染事件；9 月 19 日，质检总局查出广东雅士利，内蒙古伊利、蒙牛集团，青岛圣元，上海熊猫，山西古城，江西光明乳业英雄牌，宝鸡惠民、多加多乳业，湖南南山等 22 个厂家 69 批次产品中均有三聚氰胺；截至 9 月 21 日，因使用婴幼儿奶粉而接受门诊治疗咨询且已康复的婴幼儿累计 39 965 人，正在住院的有 12 892 人，此前已治愈出院 1 579 人，死亡 4 人；截至 9 月 25 日，香港地区有 5 人、澳门地区有 1 人确诊患病。2011 年，中央电视台《每周质量报告》调查发现，仍有七成中国民众不敢买国产奶。

【拓展阅读】

无法无天　无所不用　无耻至极

"活久见"！但很多时候，根本不用太久就能看到无良奸商各种无耻至极的卑劣行径。2005 年，公众认识了"苏丹红一号"。苏丹红是一种化学染色剂，并非食品添加剂，具有致突变性和致癌性，却被不少企业用来为食品染色。2010 年内地和 2014 年台湾地区，"地沟油"火了。地沟油泛指在生活中存在的各类劣质油，如回收的食用油、反复使用的炸油等，其最大的来源为城市大型饭店下水道的隔油池。2011 年，通过"3·15"专项调查活动，我们才知道原来具有药用价值的驴胶可用烂皮鞋熬制而成，"创造力"实在让人叹为观止！

历史总是惊人的相似。从中央电视台 2018 年和 2019 年"3.15"晚会所披露的黑心企业看，无一不令人跌破眼镜。正宗核桃露的原料是正宗的、成本比较贵的核桃浆，而山寨版核桃露使用的是核桃香精和各种添加剂；为了控制成本，甚至白砂糖都舍不得加，暗访中，工厂老板们居然笑着说："傻子才打核桃浆！"还有离谱的：散养鸡所孵出的蛋的蛋黄呈红黄色，被认为是纯天然、高营养的食品，但造假很容易，在鸡饲料中加入斑蝥黄这种添加剂即可；备受学生欢迎、"好吃又不贵"的辣条被添加了甜味剂、增味剂、保鲜剂、着色剂、防腐剂等大大小小十几种添加剂，生产车间污浊不堪；注射器、血包等医疗垃圾摇身一变，成了塑料网袋、塑料脸盆等日用品，甚至是儿童玩具及常用的一次性水杯；一些厂家竟然使用回收的纸尿裤、卫生巾来制作成人纸尿裤和妇女及婴幼儿用的两用巾；因为价格便宜，市面上很多排水管、输水管用的都是非标波纹管，它们的原料是再生料，即将洋垃圾（从外国私运来的固体废物）造成粒，再塑成水管；药店资质造假，没有职业药师，药师资质证书靠租；家电行业乱象，上门服务如同演戏，能蒙就蒙。

第三节　企业与竞争者之间的商业伦理

一、不同市场竞争环境中的商业伦理

（一）完全竞争市场中的商业伦理

完全竞争市场是一种理想化的市场结构,其中有许多小型买家和卖家,产品是标准化的,市场参与者无法影响市场价格。在这种市场环境中,商业伦理依然扮演着重要的角色。以下是一些与完全竞争市场相关的商业伦理原则。

1. 公平竞争

在完全竞争市场中,每个企业都面临着相似的成本结构和市场环境,因此,商业伦理要求企业采取公平竞争的态度,遵守市场规则,不采取不正当手段来获取市场份额。例如,某制药公司在销售药品时,遵循公平交易的原则,不进行价格欺诈或虚假宣传,确保药品质量和安全,同时也尊重消费者的选择权和隐私权。

2. 信息披露

商业伦理要求企业在提供产品或服务时,充分披露相关信息,以便消费者能够做出正确的决策。在完全竞争市场中,企业必须如实告诉消费者产品的特点、功能、价格等方面的信息,不能隐瞒或欺骗消费者。

3. 诚信交易

商业伦理强调诚信交易,要求企业在交易中保持诚实守信,遵守合同约定,不进行欺诈或误导行为。在完全竞争市场中,诚信交易对于维护市场秩序和建立企业信誉非常重要。例如,某食品公司在生产过程中,严格遵守食品安全法规,确保食品的质量和安全。在广告宣传中,该企业也遵循诚信原则,不夸大其词或误导消费者。

4. 社会责任

商业伦理要求企业承担社会责任,不仅要追求经济效益,还要关注环境、社会和员工的利益。在完全竞争市场中,企业应尽量减少对环境的负面影响,积极参与社会公益事业,关心员工福利和发展。例如,某大型零售商在经营过程中,注重环保责任,采取了一系列环保措施,如使用可再生能源、减少包装材料、推广循环经济等,以减少对环境的负面影响。

5. 尊重竞争对手

商业伦理要求企业在竞争中尊重竞争对手,不采取诋毁、攻击等不正当手段来获取市场份额。在完全竞争市场中,企业应通过提高自身产品质量和服务水平来赢得市场份额。

总之,商业伦理在完全竞争市场中的体现主要是公平竞争、信息披露、诚信交易、社会责任和尊重竞争对手等方面。企业应遵守商业伦理原则,树立良好的企业形象,以实现长期可持续发展。

(二)垄断市场中的商业伦理

在垄断市场中,商业伦理是一个复杂的问题。垄断者为了利润最大化可能会采取一些有违商业伦理的行为,如限制产量、提高价格、采取不公平的交易方式等。这些行为可能会对消费者和社会造成负面影响。

从商业伦理的角度来看,垄断者应该承担起社会责任,采取公平、公正和透明的经营方式,遵守法律法规和商业道德规范。他们应该考虑到消费者的利益和社会的发展,而不是只关注自身的利润最大化。

在垄断市场中,监管机构也应该起到关键作用。它们应该制定严格的监管法规,对垄断行为进行限制和打击,保护消费者权益和社会公共利益。同时,监管机构也应该加强对垄断企业的监管和监督,确保他们遵守相关法规和商业道德规范。

以下是在垄断市场中应当遵循的商业伦理原则:

(1)公平定价:垄断企业应该制定公平和合理的价格,不得滥用其市场支配地位进行过度定价,以确保消费者受益。

(2)产品质量:提供高质量的产品或服务,确保消费者物有所值,不应削减产品质量以提高利润。

(3)公平竞争:尽管垄断市场通常缺乏真正的竞争,企业仍应该遵循公平竞争的原则,不采取排挤竞争对手的不当手段。

(4)消费者权益:尊重和保护消费者的权益,提供准确的产品信息,不得误导或欺骗消费者。

(5)社会责任:垄断企业应当承担更多的社会责任,关注社会福祉,参与社区项目,并采取措施减轻其对环境的负面影响。

(6)政府合规:遵守相关法律法规,垄断企业应积极合作并遵从监管机构的规定,以防止滥用市场支配地位。

(7)公共关系:维护企业形象,建立积极的公共关系,通过透明度和负责任的行为来赢得公众的信任。

(8)合理的利润:虽然垄断企业通常能够获得较高的利润,但它们应该以合理和可接受的方式获取盈利,而不是通过不正当手段。

在垄断市场中,企业需要认识到其在市场上的特殊地位,并对其行为负有更大的社会责任。遵循商业伦理原则有助于维护垄断企业的声誉,减轻社会对其行为的负面看法,同时确保整个市场体系的稳定和公正。

（三）不完全竞争市场中的商业伦理

在不完全竞争市场中,企业面临更复杂的市场环境和竞争变化,因此商业伦理同样至关重要。在经济学中,不完全竞争市场是指市场结构并非完全由价格机制调节的市场,这种情况下,市场力量和价格策略可能受到各种形式的限制,导致市场结果可能并非最优。这种市场结构普遍存在于发展中国家,尤其在金融市场领域。

商业伦理在这个背景下尤为重要。由于不完全竞争市场中存在信息不对称和资源分配不均的问题,商业伦理可以帮助企业和个人在追求自身利益的同时,考虑到对其他市场参与者和社会的影响。

首先,商业伦理要求企业在不完全竞争市场中保持透明度和公正性。由于信息不对称,企业有责任提供准确、全面的信息,以防止误导消费者或其他市场参与者。同时,企业应当避免利用其市场地位进行不公平竞争,尊重其他参与者的权益。

其次,商业伦理鼓励企业在不完全竞争市场中发挥社会责任。由于不完全竞争市场可能导致资源分配不均,企业应当考虑到其对社会的长远影响,避免通过不正当手段获取利益。例如,在金融市场中,不完全竞争可能导致贷款利率过高或过低,企业应当在确定价格时考虑到社会利益,避免对借款人造成过度负担或损害。

最后,商业伦理要求企业在不完全竞争市场中注重可持续性。由于不完全竞争市场可能导致资源配置效率低下,企业应当考虑到环境和社会责任,采取可持续的经营策略。例如,在农业信贷市场中,企业可以采取可持续的贷款策略,帮助农民实现可持续发展。

总之,商业伦理在不完全竞争市场中的作用是至关重要的。通过遵循商业伦理原则,企业和个人可以在不完全竞争市场中实现公平、透明和可持续的经营,同时为社会带来积极的影响。

以下是在不完全竞争市场中应注意的商业伦理原则:

（1）公平竞争:尽管市场不完全竞争,企业仍应遵循公平竞争的原则,不采取不正当手段,如垄断、价格操纵或欺诈,以获取竞争优势。

（2）透明度和信息披露:提供透明和充分的信息,以确保消费者和其他市场参与者能够做出明智的决策,避免误导或隐瞒关键信息。

（3）消费者权益:尊重消费者的权益,提供高质量的产品和服务,避免欺诈性销售和滥用客户信任。

（4）产品质量和安全:提供安全和质量可靠的产品或服务,确保满足市场需求,不提供次品产品或忽视安全标准。

（5）社会责任:关注社会责任,积极参与社区和社会项目,采取环境可持续性措施,以减轻企业对环境和社会的负面影响。

（6）员工权益:提供公平的薪酬、良好的工作条件和职业发展机会,尊重员工权益,不剥夺其权益。

（7）合规和法律遵守：遵守相关法律法规，包括中华人民共和国的《公司法》《劳动合同法》《知识产权法》《税法》以及美国的《谢尔曼反托拉斯法》等，确保合法经营。

（8）价格策略：制定合理和公平的价格策略，不滥用市场权利以谋取不当利润。

二、市场竞争中的主要非伦理行为

市场竞争中的主要非伦理行为，不仅在道德层面上要进行谴责，而且在法律和社会层面上也亟需得到有效治理。这些行为不仅损害了消费者的权益，破坏了市场的公平竞争环境，还对社会诚信体系和商业道德造成了严重的冲击。

欺诈行为是市场竞争中最常见的非伦理行为之一。企业或商家通过虚假的宣传、误导性的广告或隐瞒产品的缺陷来吸引消费者。这种行为不仅损害了消费者的知情权，而且剥夺了他们做出明智决策的机会。长此以往，市场上的信息不对称现象会愈发严重，消费者利益受损，整个市场的信任度也将逐渐降低。

价格欺诈则是市场竞争中另一种常见的非伦理行为。商家通过虚报价格、标高价格或者在促销期间使用虚假的折扣手段来获取不正当的利润。这种行为不仅损害了消费者的经济利益，而且破坏了市场的价格体系，对公平竞争造成了极大的干扰。

盗版行为是侵犯知识产权的典型表现。无论是软件、音乐、电影还是其他形式的创意作品，未经授权的复制和传播都会对原创者的权益造成严重侵犯。这不仅削弱了原创者的创作动力，还阻碍了整个行业的发展和创新。

此外，歧视性行为在某些企业中仍然存在。它们可能会因为种族、性别、年龄、地域或残疾等原因对消费者进行区别对待，这严重违背了公平和尊重的原则。

垄断和不正当竞争也是非伦理行为的重要表现形式。通过控制市场份额、限制竞争或采取不正当手段来获取竞争优势，这些行为严重破坏了市场的公平竞争环境，阻碍了经济的健康发展。

过度广告和虚假宣传是近年来愈发引起关注的非伦理行为。企业在广告中过度夸大产品性能、效果或品质，使用极具诱惑力的言辞和图像来误导消费者。这种行为不仅损害了消费者的利益，也削弱了广告的可信度，影响了市场的正常运转。

最后，侵犯消费者权益的现象屡见不鲜。这包括但不限于侵犯隐私、产品缺陷、虚假承诺或服务质量问题等。这些行为严重损害了消费者的权益，降低了市场的整体信誉。

为了维护市场的公平竞争和消费者的利益，我们必须对企业和商家的非伦理行为予以高度重视并采取有效的监管措施。只有这样，才能营造一个健康、公正和可持续的市场环境，促进社会的和谐发展。

【拓展阅读】

网络不是诋毁竞争对手的法外之地[①]

2022 年 7 月至 8 月,市场正处于销售旺季,竞争愈发激烈。被告 A 牛奶公司为了在儿童奶酪棒市场中获取更大的竞争优势,开始了一系列不正当的竞争行为。他们通过实际控制的三个颇具流量的视频账号,发布了一系列自有奶酪棒产品的宣传视频。这些视频看似普通的产品推广,实则暗藏玄机。

在视频画面中,不仅清晰展示了原告生产的奶酪棒包装及价格标签,还使用极具诱导性和贬低性的语言。"不要再买这种一晃就掉的奶酪棒了……"这句描述,毫无根据地质疑原告产品的质量,让消费者对原告奶酪棒的品质产生担忧。而"原来奶酪棒之间的区别可以这么大,我以前吃的只能叫果冻吧,果冻在超市买都得这个价,你们再看看他的价格,真是没有对比就没有伤害"这段话更是恶意满满。将原告产品比作果冻,暗示其品质低劣,同时又对价格进行对比,误导消费者认为原告产品性价比极低。

除了视频诋毁,被告还不满足于此。在其他热门社交网络平台上,发布奶酪棒产品配料表的对比文章。文章中对配料表的解读和对比方式十分巧妙,刻意突出原告产品配料中的某些成分,却对自身产品可能存在的问题避而不谈,内容极易引起公众的误解,让消费者在不明真相的情况下,对原告的产品产生负面印象。

这些诋毁行为迅速在网络上传播开来,给原告某食品公司带来了极大的负面影响。消费者开始对原告的奶酪棒产品产生质疑,产品销量急剧下滑,品牌声誉也受到严重损害。原告在发现被告的不正当竞争行为后,迅速采取行动,向上海市市场监督管理局进行投诉举报。

上海市市场监督管理局高度重视,迅速展开深入调查。通过对视频、文章内容的细致分析,以及对相关产品的质量检测和市场调研,最终确认被告 A 牛奶公司在无任何充分事实依据的情况下,恶意编造、传播这些误导性信息,其目的就是贬损食品公司出品的奶酪棒产品,从而损害竞争对手的商品声誉。2022 年 12 月,上海市市场监督管理局依据相关法律法规,对被告依法做出行政处罚,责令其停止违法行为。

第四节　企业社会责任

一、企业社会责任的内涵

企业社会责任是一种超越了传统商业盈利模式的先进理念。它要求企业在将追求利润作

---

① 资料来源:佚名. 在网络直播带货中贬低竞争对手,一奶酪棒公司被判赔偿 58 万(EB/OL). (2024-06-19)[2025-5-30]. https://baijiahao. baidu. com/s? id=1801371774540090482&wfr=spider&for=pc.

为首要目标的同时,更要对所有利益相关者负责,包括股东、员工、消费者、社区和环境等。这种理念强调企业在发展过程中,不仅要注重经济效益,更要注重社会效益,积极履行对社会的义务。

在中国,企业社会责任被赋予了更为具体和丰富的内涵。它不仅要求企业明礼诚信、科学发展、保护环境,还要积极推动可持续发展、文化建设、发展慈善事业、保护职工健康以及发展科技。这些责任要求企业在追求经济效益的同时,要充分考虑社会和环境的长期利益,积极履行其对社会的义务。

企业社会责任的实现需要企业从内部管理到外部经营全方位的变革。在内部管理方面,企业需要建立完善的社会责任管理体系,明确企业的价值观和社会责任目标。在外部经营方面,企业需要关注环境保护、资源节约、安全生产、公平竞争等方面的问题,通过创新技术和管理模式,实现经济效益和社会效益的双重提升。

企业社会责任不仅是一种商业道德和伦理要求,更是一种可持续发展的战略选择。它可以提升企业的品牌形象和市场竞争力,吸引更多的优秀人才和投资者,为企业的长期发展奠定坚实的基础。同时,企业履行社会责任也有助于推动社会进步和和谐发展,实现企业与社会的共赢。

二、企业社会责任的发展历程

企业社会责任的发展历程是一条曲折而漫长的道路,其经历了无数的变革和进步。我们可以将这个历程大致划分为以下三个阶段。

(一)混沌初开——企业社会责任概念的提出与初步认识阶段

企业社会责任这一概念,源于西方国家。早期,英国学者谢尔顿在美国进行了深入的企业管理研究。他提出了"企业社会责任"这一概念,将其定义为企业在追求经济利益的同时,也要承担对员工、消费者和社会的责任。这一概念在当时的社会背景下引起了广泛的关注和讨论。然而,随着经济大萧条和第二次世界大战的爆发,这一概念逐渐被人们淡忘。

(二)风起云涌——企业社会责任的广泛讨论与传播阶段

19世纪五六十年代,随着经济的复苏和社会的发展,人们开始重新审视企业在社会中的角色和责任。这一时期,对企业社会责任的讨论逐渐增多,各种学术论文、研究报告层出不穷。同时,一些国际组织也开始关注企业社会责任问题,并制定了一系列国际标准和指南,如ISO 26000等。这些标准和指南为企业履行社会责任提供了指导和参考。

(三)破茧成蝶——企业社会责任的实践与深化阶段

进入21世纪后,企业社会责任已经成为全球范围内的共识。越来越多的企业开始将社会责任融入自身的经营活动中,积极履行社会责任。这些企业不仅关注自身的经济利益,更重视对员工、消费者、社区和环境的影响。同时,政府、国际组织、行业协会等也加强了对企业社会责任的监管和引导,推动企业更好地履行社会责任。

在企业社会责任的发展历程中,中国企业的社会责任实践也经历了从无到有、从自发到自觉的过程。中国企业在改革开放初期开始探索企业社会责任,经过多年的发展,中国企业的社会责任意识不断提升,实践不断深化,在促进经济发展、社会进步和环境保护等方面发挥了积极作用。如今,中国已经成为全球企业社会责任领域的重要力量之一,为推动全球可持续发展做出了重要贡献。

三、企业社会责任的主要内容

企业社会责任鼓励企业管理层在制定决策时考虑企业对社会产生的影响,并帮助企业确保其运营合乎道德、安全并尽可能产生积极的影响。

企业社会责任的主要内容包括环境责任、道德责任、慈善责任和经济责任四个方面。

(一) 环境责任

诸多企业正致力于全面评估其环境影响力,并积极参与企业社会责任活动,旨在保护自然资源,并尽可能降低气候变化的影响。企业社会责任通过推动环保实践,鼓励企业追求可持续的发展道路,包括降低能源消耗、采用可再生资源以及实施减少浪费的措施等。在环境责任方面,企业主要致力于消除运营过程中的负面影响,这主要通过限制污染性活动来实现,同时,通过植树造林和参与生物多样性保护计划等行动,积极抵消和缓解这些负面影响。

【拓展阅读】

2021 年阿里巴巴碳中和行动报告[①]

2020 年,阿里巴巴总温室气体排放为 951.4 万吨。

范围 1:阿里巴巴实体控制范围之内的直接温室气体排放为 51.0 万吨,包括固定源燃烧、逸散性排放、移动源排放。

范围 2:运营耗电所产生的温室气体排放为 371.0 万吨,这些外购电力主要用于云计算数据中心、零售门店和办公场所的电力需求。

范围 3:在价值链上下游间接产生的温室气体排放上,2020 年能够准确计量的排放量约为 529.4 万吨。

2030 年目标和承诺:

做强绿色价值链:2030 年前,协同上下游价值链实现碳排放强度比 2020 年降低 50%;其中云计算在同阿里巴巴一起实现范围 1 和范围 2 碳中和的基础上,率先实现范围 3 的碳中和。

---

① 资料来源:阿里巴巴集团. 2021 年阿里巴巴碳中和行动报告(EB/OL). (2021−12−17)[2025−5−30]. https://sustainability. alibabanews. com/sc.

做好绿色阿里巴巴：2030 年前,实现自身运营碳中和。

做大绿色生态：通过助力消费者和企业,激发更广泛的社会参与,到 2035 年带动生态累计减碳 15 亿吨。

(二) 道德责任

企业社会责任通常聚焦于社会影响与人权议题,其核心在于确保薪酬的公正性、工作环境的安全性,以及员工与供应商待遇的合理性。此外,企业社会责任亦倡导在内部及外部层面实施严格的问责机制。道德层面的企业社会责任可能涵盖遵循公平的劳动实践,消除职场中的歧视现象,以及确保供应链的透明度。

(三) 慈善责任

企业社会责任的实践涵盖了向具有积极社会影响的活动和组织,诸如地方和国家慈善机构、教育推进项目、灾害救援等,提供资金援助、资源支持或时间投入。致力于慈善性质的社会责任实践的企业,会积极融入其运营所在的社区环境,通过志愿服务的形式给予支持,赞助当地举办的活动,为当地的非营利组织提供资金援助,或协助实施技能提升培训计划。

【拓展阅读】

员工儿子高考718分公司奖10万元①

中东金融公司员工牛得冬的儿子——牛煦,在 2024 年的高考中,凭借出类拔萃的才华和勤奋刻苦的学习态度,以 718 分的优异成绩一举夺魁,荣获吉林省理科状元,为学校和家庭赢得了极高的荣誉。

为了表彰牛煦同学取得的优异成绩,激励更多员工子女努力学习、追求卓越,该公司董事长卢丽决定：

给予牛得冬及省理科高考状元牛煦现金 10 万元的奖励。

(四) 经济责任

企业社会责任的核心原则之一在于确认盈利并非企业运作的单一驱动力。为践行此原则,企业需制定明确的政策和程序,确保在决策过程中,即便存在更为经济或盈利性更高的替代方案,亦能坚守并遵循其核心价值观。此外,经济责任亦涵盖了对企业经营所在社区的经济发展与增长的支持,这包括提供职业培训支持、创造就业机会以及构建与当地社区的合作伙伴关系。

四、企业履行社会责任中的伦理问题

在当今社会,企业履行社会责任已成为企业发展的重要议题。企业在追求经济效益的

---

① 资料来源：若风. 员工儿子高考 718 分公司奖 10 万 网友：真书中自有黄金屋(EB/OL). (2024-06-28)[2025-5-30]. https://finance.sina.com.cn/tech/discovery/2024-06-28/doc-incahvfc4413372.shtml.

同时,必须关注社会伦理问题,以确保企业可持续发展。在企业履行社会责任的过程中,应关注以下几个方面。

1. 诚信

诚信是企业履行社会责任的基础。企业应当遵循诚信原则,不欺骗消费者,不采取不正当竞争手段,保持良好的企业形象。此外,企业还应当诚信对待供应商、员工和社会公众,遵守承诺,履行社会责任。

2. 公平

企业在经营过程中,应关注公平问题,确保利益分配的合理性。企业要公平对待各类利益相关者,包括股东、员工、消费者、供应商等。在追求自身利益的同时,企业要考虑到社会责任,关注弱势群体,促进社会公平。

3. 环保

企业在发展过程中,应充分考虑环境保护问题。企业要遵循环保法规,减少污染物排放,提高资源利用效率。同时,企业应积极承担环保责任,参与公益活动,推广绿色生产方式和消费观念,为可持续发展做出贡献。

4. 员工权益

企业要关心员工福利,保障员工合法权益。企业应提供安全、健康的工作环境,尊重员工的人格尊严,公平对待员工,提供合理的薪酬待遇和晋升机会。此外,企业还应关注员工的心理健康,提供心理辅导和关爱。

5. 社会责任投资

企业在投资决策时,应充分考虑社会责任。企业要关注投资项目对环境、社会和利益相关者的影响,尽量选择符合国家产业政策、有利于社会和谐发展的项目。同时,企业要关注投资项目的经济效益和社会效益,实现经济、社会和环境的协调发展。

6. 公益事业

企业应积极参与公益事业,承担社会责任。企业可以通过捐款、捐物、志愿服务等形式,支持教育、医疗、文化、环保等公益事业。此外,企业还可以通过公益事业,提升企业形象,赢得消费者和社会的认可。

总之,企业在履行社会责任的过程中,要关注伦理问题,做到诚信、公平、环保、关爱员工、社会责任投资和公益事业等方面。只有这样,企业才能实现可持续发展,为社会和谐发展做出贡献。

第五节　数字时代的商业伦理困境

大数据、人工智能、云计算、物联网以及 5G 等新一轮技术革命的蓬勃发展标志着人类逐步迈入数字时代。人类的生产方式、交易方式和消费方式逐渐数字化,新兴数字产业冉冉升起,对传统商业模式造成了巨大的冲击与挑战。与此同时,由于数字时代诸多技术更加新颖、行为方式更加隐蔽,加之涉及的主体边界更加模糊,商业伦理领域也呈现出许多新问题。

一、数字时代企业面临的商业伦理问题

(一)技术创新中的社会责任问题

依靠创新来驱动发展,已经成为社会各界的共识;通过科技创新的支撑引领作用来推动社会实现高质量、可持续的发展,已经成为国家与民族进步的基本要求。但是,技术创新也有可能会带来一定的风险和伤害,尤其是那种不负责任的创新、仅仅考虑盈利目的却罔顾社会与环境利益的创新,有可能还会给社会的发展带来灾难。在数字化时代,技术创新的双重性(即一项技术既会产生收益,也会产生危害)显得愈发突出,这就使得企业管理者必须思考技术创新的社会责任与商业伦理议题。事实上,西方国家已经意识到传统科技创新范式由于过分强调技术层面的先进性,进而忽视技术相关社会属性的"现代化偏见"。英国社会学专家科林格里奇曾经提出过创新的科林格里奇困境(Collingridge Dillema),即对于任何一项技术创新,人类无法在其投入运用的早期阶段有效地预测它可能产生的全部后果;随着该技术被普遍运用之后,其负面影响会逐渐显露出来,但此时它可能已经深深嵌入到经济社会之中,要想有效控制已经变得非常困难。因而,基于可持续发展的考虑,企业管理者需要直面数字化时代技术创新中的商业伦理与社会责任问题,产品研发、技术创新要符合社会伦理道德的期望。

(二)隐私泄露问题

大数据技术具有随时随地保真性记录、永久性保存、还原性画像等强大功能。个人的身份信息、行为信息、位置信息甚至信仰、观念、情感与社交关系等隐私信息,都可能被记录、保存、呈现。在移动通信得以普及的今天,大数据无时无刻不在动态记录着人们生活的点点滴滴。在数字化时代背景下的企业,都认识到大数据是一项宝贵的资产。但是,如何确定好企业获取数据信息的边界,如何在合理安全的范围内分析和应用大数据,日益成为企业管理中不容忽视的重要问题。首先,为了获取用户流量,许多企业常常以"免费"的方式吸引用户的眼球。用户似乎没有付出代价就获得了一定的生活便利,但却在无形中让渡了个人的用户信息。其次,很多企业对于大数据的管理不完善,操作流程也不规范,这就导致各种侵犯用户隐私的行为频频发生。我国一些数字化企业,尤其是平台型互联网企业,利用大数据对顾客特征及其消费行为进行分析后对新老顾客进行差别定价,实行欺骗性营销,此类报道已经多次见诸媒体。这些在数字时代突显出来的商业伦理问题,正在考量着企业营销管理者对善与恶、应该与不应该的价值判断。

(三) 信息安全问题

当前,大数据正在成为信息时代的核心战略资源,对国家治理能力、经济运行机制、社会生活方式产生深刻影响。与此同时,各项技术应用背后的数据安全风险也日益凸显。近年来,有关数据泄露、数据窃听、数据滥用等安全事件屡见不鲜,保护数据资产已引起各国高度重视。在我国数字经济进入快车道的时代背景下,如何开展数据安全治理,提升全社会的"安全感",已成为普遍关注的问题。个人所产生的数据包括主动产生的数据和被动留下的数据,其删除权、存储权、使用权、知情权等本属于个人可以自主的权利,但在很多情况下难以保障安全。一些信息技术本身就存在安全漏洞,可能导致数据泄露、伪造、失真等问题,影响信息安全。此外,大数据使用的失范与误导,如大数据使用的权责问题、相关信息产品的社会责任问题以及高科技犯罪活动等,也是信息安全问题衍生的伦理问题。

【拓展阅读】

T-Mobile 数据泄露事件[①]

2023 年 5 月,T-Mobile 宣布遭受了 2023 年的第二次数据泄露,此前黑客泄露了 800 多名客户的 PIN、全名和电话号码。这是自 2018 年以来的第 9 起数据泄露事件,2023 年已经是第 2 起。2023 年 1 月初,T-Mobile 发现恶意行为者于 2022 年 11 月获得了对其系统的访问权限,并窃取了超过 3 700 万条客户个人信息,如姓名、电子邮件和生日。一旦他们确定了数据泄露,他们就能够在一天内追踪来源并控制它。T-Mobile 声称他们可能会因此次数据泄露而承担大量费用,这将超出他们同意在与 2021 年 8 月数据泄露相关的和解中向客户支付的 3.5 亿美元。T-Mobile 不仅因为安全性差而损失了数亿美元,而且在多次泄露个人信息后也失去了客户的信任。

(四) 算法困境

通过对消费者注册、浏览、搜索、购买、评价等互联网使用历史数据的分析,媒体平台利用算法可以向消费者精准推送其感兴趣的信息,以此增加用户黏性,并锁定用户。在信息呈指数型爆炸增长的自媒体时代,平台的推荐算法虽然可以为消费者节约大量的信息搜索时间,但也严重限制了消费者所能接收到的信息的多样性。推荐算法会严格按照用户自己的偏好设定和历史数据定制化地推送信息,而用户在这类信息上的驻留会进一步强化算法对此类信息的推荐。推荐算法会让用户只看到自己愿意看到的观点,造成信息封闭,在认知上成为"井底之蛙"。所谓算法困境,是指数字化运营的企业所面临的这样一种情形:一方面,这些企业管理者清楚地知道,以人工智能、机器学习为代表的深度算法不管是在计算的速度

---

① 资料来源:安全内参. 美国电信巨头 T-Mobile 遭遇重大安全事件,超 1 亿用户数据泄露(EB/OL). (2021-08-16)[2025-5-30]. https://www.secrss.com/articles/33478.

还是计算结果的准确性方面，都已经超过了人脑，因此，数字化时代企业的管理决策就越发依赖于这种深度算法；另一方面，很多基于大数据资源和深度学习所产生的算法结果让企业管理者觉得很奇怪，甚至连专业的计算机工作人员都无法理解。然而，由于技术分析门槛的提高以及探索算法过程中存在越来越高的复杂性、不确定性和隐秘性，这就使得相关人员即使不理解该算法背后的运算逻辑，也乐于接受和利用该算法的结果。这就将企业的数字化运营置于一个相当危险的境地：没有人知道所谓的最优算法从何而来，其适用边界和失效条件是什么，因而也就无从判断该算法何时会出错。在某些情况下，这种算法困境有可能会导致严重的商业伦理问题，如对一些大数据所涉及的利益相关者属性（如性别、年龄、种族、地域、宗教信仰等）做出带有歧视性的选择和判断，进而把企业引入舆论危机的漩涡。

【拓展阅读】

算法困境背后：外卖平台逐底竞争，
复杂用工关系令风险转移[①]

微信公众号"新华视点"2020年9月15日消息，近日，一些网络平台外卖小哥的职业困境，让外卖平台与算法系统颇受关注。记者调查发现，外卖小哥成为交通事故高发群体，曾以精准、合理、优化为标签的算法，引发业内广泛讨论。

近年来，蓬勃发展的外卖产业重塑人们日常生活，也成为各地发展经济和解决就业的重要抓手。美团发布的报告显示，2019年，通过该平台获得收入的外卖骑手总数达到398.7万人，比2018年增长23.3%；2020年上半年，在美团平台上获得收入的骑手总数达295.2万人，同比再度大幅增长16.4%。收入相对较高、薪酬支付稳定、工作时间灵活，是吸引众多劳动者投身外卖行业的原因。35岁的广州外卖小哥伍召云说，他曾在工厂、酒店、物业公司工作，2017年加入外卖队伍至今，"觉得这个职业是很有奔头的"。在外卖骑手数量持续增长的同时，外卖小哥成为交通事故高发群体。近年来，国内多地都发生过外卖小哥因闯红灯、违规并道导致人员死亡的恶性交通事故。记者从深圳交警部门获悉，仅2020年8月，深圳全市就查处快递、外卖送餐行业交通违法1.2万宗，占非机动车违法案例总数的10%以上。上海市医疗急救中心医护人员说，8月的每周都会遇到与骑手相关的单子。"赶时间"是核心原因。一位骑手说，2018年前后平台给他的每单送餐时间是40分钟，但后来被压缩到30分钟。"有时候从商家拿到外卖都过去20分钟了，剩下的10分钟我要骑行3千米、跑进小区、等电梯上楼。"平台压缩时间的主要依据是建立在大数据和人工智能基础上的算法系统。与算法系统相配合的还有一整套严格的考核机制：一方面，外卖平台以"按单计价"激励外卖骑

---

① 资料来源：王攀，马晓澄，胡林果.算法困境背后：外卖平台逐底竞争，复杂用工关系令风险转移[EB/OL].(2020-09-15)[2025-03-27].https://www.thepaper.cn/newsDetail_forward_9179071.

手尽可能多地接单送单；另一方面，平台通过准时率、差评率、配送原因、取消单量等考核严格约束骑手。准时率的降低，意味着外卖骑手在平台的算法中失去了"接单优势"，也会在内部排名中降低名次，无缘各类奖励。这种"算法加考核"的机制，令从业者心理压力倍增。一位骑手说，有一次他与电动车相撞，"当时爬起来想到的第一件事就是不能超时，都顾不上看对方和自己伤得怎么样，现在想起来觉得很荒唐。"

（五）人力资源管理中的商业伦理问题

2021 年年底，万科集团董事会主席郁亮在微信朋友圈发的一则消息刷爆全网："祝贺'崔筱盼'获得了 2021 年万科总部优秀新人奖！……她催办的预付应收逾期单据核销率达到 91.44％。"该消息之所以引人关注，是因为这位在万科集团财务部悄悄工作了 10 个月的新员工"崔筱盼"就不是人类，而是万科人工智能小冰业务孵化出来的数字化员工。在系统算法的帮助下，它很快学会了如何在业务流程和数据信息中发现问题的方法，以远高于人类千百倍的效率开展工作，进而荣获"优秀新人奖"。得知实情，有网友惊呼"请珍惜还能和同事内卷的日子，因为 Ta 至少是个人类。"这一事件引人深思之处在于：数字时代"机器换人"的进展速度和涉及范围可能远远超出普通人的想象。当现实中的职场人与由人工智能和大数据算法支撑的虚拟人来竞争公司的"优秀新人奖"，并败于后者时，人的工作价值如何体现。当奔波于大街小巷中的外卖骑手们被困在互联网平台企业的系统和算法之中，不得不冒着生命危险而骑车逆行、闯红灯时，其工作安全和职业尊严何以保障。

二、数字时代企业商业伦理规范

（一）强化社会责任

从社会责任实践机制来看，要推动数字企业社会责任发展，首先要以科学的社会责任观为指导，明确数字企业与社会的关系，深刻意识到数字企业是其所处的数字商业生态系统和数字社会生态系统中的关键组成部分，不仅是整合配置各类资源的重要主体，是各个利益相关方进行交易的商业平台，同时也是各价值网络利益相关方和社会利益相关方进行多元价值追求和多维价值创造的社会平台。丰富社会交往下的多元价值追求决定了单一经济或者社会目标难以指导数字企业社会责任的正确实践，因此，数字企业应当建立合意的社会责任认知即综合价值最大化。在正确的社会责任认知基础上，更需要将社会责任理念和要求融入企业数字技术开发应用过程以及数字企业的相关运营和社会活动之中，即强化数字企业的社会责任融入，其中包括组织的社会责任融入、技术的社会责任融入和社会的社会责任融入。

（二）树立人本主义数据伦理观

"伴随着大数据技术的发展，社会影响会增大，伦理问题也会增加"，倘若不及时处理当下的伦理问题，当未来新的数据伦理问题接踵而至时我们将更加无所适从。大数据时代，数据俨然已经处于商业价值的核心地位,依靠数据智能驱动的企业则很有可能在未取得用户或权利人同意情形下,过度、非法以及滥用数据,而在通过长年累月的数据采集下,部分坐拥盈千累万数据的企业则可能具备强大的数据市场地位,进而产生数据垄断情形。企业数据垄断局面的产生无疑会大大提升数据跨境流动过程中国家安全风险系数。因此,预防国家风险的根本在于重塑人本主义数据伦理观,正确规范企业数据伦理,引导企业做出合理的数据采集和使用行为。

(三)筑牢网络安全防线

随着5G、大数据、云计算、物联网等数字技术向纵深推进,数据要素向深度应用拓展,网络安全作为一种非传统安全,不断呈现出新形式、新特点,维护网络安全的重要性和紧迫性也愈加凸显。处理好安全和发展的关系,坚持以安全保发展、以发展促安全。例如,针对网络威胁的新特点,要转变"点对点"的传统防护方式,将安全防护前置并贯穿产品和技术的全流程,夯实信息基础设施的安全底座;面临核心技术受制于人的瓶颈,要加快构建安全可控的信息技术体系。把关键信息基础设施和核心信息技术掌握在自己手中,提高网络安全保障水平,才能建久安之势、成长治之业。

筑牢网络安全防线,需要政府、企业、社会组织等主动作为,也需要全体网民广泛参与。截至2021年6月,我国网民规模已达10.11亿人。在这个庞大的信息社会、数字社会,每个人都是数据的生产者、拥有者、使用者,同时也是数字安全链条上不可或缺的一环。

(四)数字时代算法困境的治理路径

在数字时代,随着算法应用领域的不断扩大,任其无序发展会进一步放大可能带来的风险和危害。因此,要坚持促进发展和监管规范两手抓、两手都要硬,一方面推动算法相关技术的进步,完善算力基础设施,创造数据流通、交易的法律制度环境;另一方面也要加强对算法的规制和对算法困境的治理。进一步完善数据立法,对数据的权属、转让、交易等进行规定。积极参与数据跨境流动、算法应用、算法安全等领域国际规则合作,完善多边数字经济治理机制。政府对互联网公司的监管应扩大到算法层面,赋予监管机构监管数据和算法的权利,探索基于大数据、人工智能、区块链等新技术的监管模式,增强监管部门的监管能力,提高算法相关风险的识别、预警和防范。对算法开发者和使用者设置算法审查、算法风险评估与算法解释等义务。当算法使用过程中出现有损于社会利益的结果或暴露潜在风险时,监管机构有权打开算法黑箱,聘请第三方服务机构或组成专家委员会对企业的数据与算法合规性进行审查。

(五)数字时代人力资源管理治理机制

进入数字经济时代之后,数字技术驱动将实现技术、业务、产品和服务的一体化融合,这将进一步激发人力资源管理活动发生深刻变革,创造出新的管理模式,并对企业日常生产运营管理产生巨大的影响和冲击。虽然不同企业的人力资源管理数字化转型会以差异化的方式体现出来,但是依然存在基本一致的实施过程和步骤,让"数字化思维"贯穿于人力资源管理活动的各方面,从而确保数字化转型取得实质性成效。首先,在开展数字化转型之前,企业需要先清晰地认识当前人力资源管理功能和业务的现实基础并开展内部评估,探究数字化转型的潜在模式和实施路径。其次,制定企业数字化转型战略,构建符合数字化运行特点的组织结构和激励机制,从体制和机制层面来保障数字化转型变革获得成效。再次,搭建人力资源管理数字化平台。最后,实施人力资源管理数字化转型最重要的功能是能够利用可视化场景展示来实时了解企业内部人力资源管理活动的动态,及时发现潜在的风险点,并对未来一段时间的员工业绩和表现做出精准预测。

【拓展阅读】

伦理危机：AI 浪潮的现实隐忧与思辨①

ChatGPT 席卷全球的这场风暴引发了社会各界的热烈关注,而在技术进步的浪潮之中也裹挟着诸多危机与隐忧。有报道称,目前世界多国教育系统及相关从业者已公开抵制 ChatGPT,多所大学已宣布计划减少居家评估,增加手写论文和口试,有的学校甚至将恢复使用监考的笔试考试来评估学生。许多出版机构同样对这款功能强大的工具进行了严厉的"封杀"和抵制,禁止 ChatGPT 成为合著者,或禁止它所生产的内容出现在文本中。人工智能领域存在已久的伦理危机正在新一轮技术发展的背景下再次凸显出来。对于本文所讨论的数字出版领域,ChatGPT 类的人工智能技术引发的伦理危机也令人担忧。

一、AI 伦理危机的表现

一是在数字出版行业中因 ChatGPT 的泛化和过度使用而引发的内容生产创作实践伦理、文化伦理与传播伦理危机。在 ChatGPT 高效能地投入数字内容生产的同时,出版主体也发生了一种"伦理移位":人工智能动摇了出版流程中人的主体地位,对传统出版和数字出版原有的工作方式和工作定位都产生了巨大的影响。当出版物中掺入大量来自 ChatGPT 随意而高科技、工整却伪生产、去版权去作者化的内容之时,其著作权的归属将变得前所未有的扑朔迷离——数字出版的主体是名义上的作者,还是为其提供支持的人工智能,抑或是开发该人工智能的团队? 而将 ChatGPT 在对话与聊天时所生成的内容挪用至自己作品的作者,是否构成了人类对机器的抄袭? 这种抄袭又该如何进行辨析和认定? 这些疑问已经在最关注版权与伦理的学术出版领域掀起了许多争鸣与探讨,牵扯出"数据伦理问题、学术创新争议、算法黑箱与偏见问题、引用问题、署名问题"等复杂的伦理争议。可以预见的是,在人工智能愈发强大而版权意识日益增强的未来,人工智能对数字出版行业的介入还将进

---

① 资料来源:吴炜华,黄珩.智能创作、深度融入与伦理危机——ChatGPT 在数字出版行业的应用前景新探[EB/OL].(2023-12-04)[2025-03-27].https://www.cuc.edu.cn/2023/1204/c1383a214439/page.htm.

一步成为困扰智能出版时代从业者的伦理疑云。

二是 ChatGPT 在数字出版流程中的深度融入与数字出版人才培养及行业体系之间不可调和的技术伦理、资本伦理与行业伦理危机。ChatGPT 在出版流程中对审查、校对,甚至付费体系设置和场景扩充等工作的接手,实则是对数字出版行业编辑与出版人力资源的一种摧毁性的替代。貌似更高效的技术对人工编辑的替代,最终会导致出版行业人才市场的生态失衡,并在恶性循环中影响数字出版的发展。以人工智能的机器理智简单替代编辑"个人品位、鉴别能力、情绪反应、做事的条理性、决断力、投入的热情,以及温柔的关爱"等人类编辑的特质,容易造成看似科学客观,但实则风格单一、缺乏创意的审稿模式,会"误杀"诸多更具人文关怀和活力生气的作品。事实上,数字出版人必须要承担数字时代的社会文化信息的传播者、优化净化社会文化信息的把关人、出版传播活动的调节者、联系著译者和读者的桥梁等复杂角色——这是 ChatGPT 类的人工智能技术难以取代的。另外,若完全由人工智能来捕捉数据和设置付费体系,付费墙的建立和用户数据的处理都将彻底隐入算法黑箱之中,使得优质的出版内容在其"智能理性"与"情感模拟"技术迷思中让位于更能博得眼球而实质上并不优秀的内容,埋下流量至上、资本至上等隐患。ChatGPT 类的人工智能技术与自然语言处理工具已然对数字出版行业生态开始了强势重构,我们应该依循数字乌托邦中的虚拟社会伦理,思考对 ChatGPT 是持以平等、开放之心,还是持以更为审慎、严谨、抵抗性的立场,以检视数字出版的行业伦理如何更好规范、监督和制约 ChatGPT 编辑及其与人类协作编辑的职业规范。

二、应对措施

出版从业者、研究者和教育者应当重新定位自身,携手探讨,以应对新兴技术的冲击,共同探索 ChatGPT 所带来的机遇与挑战:

第一,建构"人—机"协同的智能创作模式。数字出版行业应充分利用 ChatGPT 的智能权利和自然语言交互特性及创作力量,推动"双主体"编辑出版新模式。在协同创作中取长补短,将人工智能的高效处理和人类智慧的灵活机动结合起来。同时,应在智能创作模式中建立起相应的规制,以防止协同创作中出现版权纠纷、出版不端等伦理问题。

第二,重新定位编辑出版行业的数字人文价值。人类编辑在美感经验、传播价值、文化风格与人文价值层面具有不可或缺性。毋庸置疑,数字出版行业对 ChatGPT 所具备的交互化、对话型内容审核及风险控制的工作潜力也是极为欢迎的,这能够将人工编辑从简单的工作中解放出来,可减轻人类主体的知识选择与辨别危机。但与此同时,如何凸显具有当地性、本土性、时代性的编辑理念和出版思路,在智能协助中,重新定位、唤醒和构建编辑出版行业的人文价值和美学精神,拓展和增强数字出版物的形态维度、传播广度与知识价值则显得更为重要。

第三，加强 ChatGPT 类的人工智能技术与数字出版的复合型人才培养。在数字出版、智能出版进入技术发展的深水区后，更加需要出版、计算机、人工智能的跨学科、复合型人才，以彻底打开技术黑箱，"在技术设计阶段植入伦理规范，赋予人工智能道德判断力"，打造具有伦理干预功能的出版道德智能体，解决人工智能所带来的文化伦理、传播伦理与技术伦理等危机。

案例一

2023 游戏公益典型案例——公益行动①

2023 年，游戏企业继续在乡村振兴、乡村教育、生态环保等方面开展公益活动，传递爱心和温暖。除直接公益行为外，不少游戏企业发挥游戏具有较强趣味性和互动性的优势，调动大众关注公益事业的热情，精心策划的公益联动使公益内容巧妙呈现，对提升公益信息触达、吸引更多人参与公益活动具有积极成效。

（一）电魂网络——公益项目助力偏远地区乡村振兴

电魂网络于 2018 年 1 月发起成立浙江省电魂公益中心，旨在通过搭建公益平台，联合社会各方力量推动社会公益事业的发展和进步。

2023 年，浙江省电魂公益中心联合浙江省锦麟公益基金会、浙江省妇女儿童基金会共同发起"儿童平安成长行动"项目，在贵州、四川、浙江等地的乡村振兴重点帮扶区域助力 1 000 多位儿童安全成长。同时增强儿童安全意识，助力儿童安全成长。

"儿童平安成长行动"项目通过配置自然灾害、火灾预防、交通安全、饮食安全、防范溺水等题材的"平平安安长大学习包"（内含安全类绘本或童书、定制阅读工具、颜料和主题阅读分享卡片），让儿童在阅读中学习相关知识，提升安全自护能力，并熟练应用一两种安全技能，减少因儿童意外伤害导致家庭出现困难的现象。

2023 年 4 月，电魂公益志愿者协同锦麟公益等社会力量一同前往浙江省杭州市淳安县开展"儿童平安成长行动浙江山区 26 县支持计划（淳安站）"活动，为淳安县大墅镇中心小学、淳安县枫树岭镇中心小学和淳安县安阳乡中心小学 745 名孩子送上了"平平安安长大学习包"等物资。

2023 年 4 月至 6 月，该项目已陆续将学习包发放给多个地区，覆盖贵州省剑河县、黎平县，四川省剑阁县，浙江省淳安县、江山市等多个区县，并开展了一系列儿童安全主题活动，共计帮助 1 906 位儿童。

此外，电魂网络积极发挥数字科技优势，以科技促进乡村振兴。浙江省电魂公益中心于

---

① 资料来源：王谊帆，沈光倩. 2023 游戏公益典型案例——公益行动（EB/OL）.（2023-12-14）[2025-5-30]. http://jinbao. people. com. cn/n1/2023/1208/c421674-40134687. html.

2023 年 3 月联合浙江省青螺公益服务中心举办花开岭乡村振兴创业论坛暨乡村振兴服务团亮相会。乡村振兴服务团的服务内容涉及乡村文旅发展、土地资源整合、乡村 IP 孵化、品牌营销和运营、乡村环境治理、产业发展、乡村法律援助等多方面。

（二）吉比特——善作善为，为未成年人身心成长添一缕阳光

2023 年，吉比特通过形式多样的公益活动，在保护女童、振兴乡村教育、关爱孤独症儿童等多领域传递爱心。

1. 关爱乡村女童，呵护春蕾绽放

吉比特于 2022 年启动"春蕾计划"，并于同年 6 月向四川省自贡市沿滩区 7 所乡村小学的 183 位正步入青春期的女孩捐赠了包含女性成长书籍的暖心礼包等爱心物资。2023 年，为了帮助孩子们进一步筑起防范性侵害的思想防线，吉比特携手北京众一公益基金会"保护女童"项目团队，走进四川省自贡市，重庆市合川区、綦江区以及贵州省遵义市多所小学，为孩子们开展青春成长和预防性侵害的教育课程。授课老师以真实案例为引导，从交通出行安全、居所安全、交友安全等不同方面教导孩子们如何保护自己，帮助孩子们学会认识自己的身体，正确分辨和防范性侵害。此次教育课程覆盖了 23 所学校，累计为 5 901 名孩子讲授了 125 堂儿童防性侵课程，并为孩子们发放了儿童防性侵手册。

2. 助力青少年成长，守护青云之志

吉比特"一念逍遥"项目组于 2022 年 6 月发起"青云计划"公益助学行动，在游戏内开设"青云助学礼包"，除礼包收益外，项目组额外捐出礼包同等收益金额，一并用于公益捐赠。

2023 年 3 月，项目组通过"青云计划"为云南法邑小学捐赠的操场建成并投入使用，惠及了附近 13 个村校约 1 000 名学生。此外，公益小队还通过校方与楚雄师范学院体育专业师生建联，鼓励体育学院师生以志愿者的形式，为孩子们开展形式多样的体育公益课。

2023 年 5 月，"青云计划"志愿者走进厦门爱和水晶宝贝亲子园，陪伴孤独症儿童，并进行爱心捐款，用于园区修缮工作。活动通过视频记录了公益之行，展现孤独症儿童与家长互相治愈、互相照亮的暖心画面。同时，项目组在游戏中开设了孤独症公益问答，并通过公益礼包号召玩家捐献爱心。通过本次活动让更多人关注和理解孤独症儿童及其背后的家庭。

截至 2023 年 10 月，"青云计划"已汇聚 44.98 万名热心玩家的力量，募集了 74.58 万元，向云贵川三省偏远农村地区学校等进行捐赠。

（三）恺英网络——发挥游戏的正向价值，积极履行社会责任

恺英网络一直以来坚持在发展过程中实现经济效益与社会效益的统一，积极探索游戏行业践行社会责任的新思路，树立更高远的社会责任风向标，提升多元慈善产生的社会效益。

1. 开发反诈公益游戏，助力反诈宣传

随着信息网络快速发展，电信诈骗呈现出隐蔽化、复杂化、老龄化及低龄化等态势，建立

全面的防范意识是识别和预防电信诈骗的关键。

恺英网络积极履行社会责任，以实际行动参与反诈普法宣传。2023年国家网络安全宣传周，恺英网络发布反诈公益小游戏《智擒骗徒》，旨在让更多人可以在轻松游戏的同时学习反诈小知识，掌握更多反诈技巧。

2. 支持乡村教育，赋能乡村振兴

自2020年起，恺英网络"恺心乡村云助学"项目在青海省玉树藏族自治州的囊谦县、称多县、曲麻莱县对口帮扶7所学校。通过为乡村学校捐赠一间"乡村小课堂"，持续4年开展"云支教乡村小课堂"，借助直播教学系统，为乡村学生开展在线教育课程。同时，更多企业员工发挥自己的专业特长，通过参与编写"云支教乡村小课堂"课程，为乡村孩子提供力所能及的帮助和支持。

2023年，恺英网络联合乐相科技和内容提供方唯师科技，为玉树州三县、七校捐赠140台VR头戴显示器（价值45万元），每台内置红色教育、安全教育、宇宙探索、情景英语、语文园地、科学探索、人文自然类游戏教学课程288节，通过开展VR情景互动式游戏化教学，帮助孩子们更深入地了解科学、技术、工程和数学，让他们在虚拟的环境中进行学习和实践，激发他们的创造性思维和创新能力。

3. 创新医疗服务，探索研发数字疗法

恺英网络以自身游戏研发技术为基础，积极拓展医疗健康领域布局。数字疗法（DTx）是一种新型的疾病治疗手段，主要基于软件程序的疗法，为患者提供循证治疗干预，以预防、管理或治疗疾病。子公司绍兴盛望与特霍芬在数字疗法领域开展合作，积极探索"游戏＋医疗"模式，助力数字疗法产品的研发，致力于改善脑疾病患者生命质量。

（四）米哈游——游戏PLUS＋弘扬时代正能量

米哈游长期践行"数实共善"的社会价值理念，积极投身社会公益事业，开展"游戏PLUS＋"系列活动，弘扬时代正能量。2023年，米哈游在多领域开展了公益探索：联动南京红山森林动物园，开启本土野生动物保育计划；宣传绿色出行，助力环境保护活动；启动公益文旅项目，助力乡村振兴等，并发起成立"Yo热血"志愿服务团队，号召、带动更多人参与公益。

2023年是米哈游与中国青基会共同发起"薪火公益计划"执行的第三年。"薪火公益计划"旨在为偏远地区青少年营造健康的成长环境，创造良好的教育资源，为我国乡村教育贡献力量。2023年，米哈游与中国青基会围绕青少年艺术素养提升开展了系列公益行动——于云南省红河哈尼族彝族自治州元阳县落地的"快乐音乐教室"项目，以及于湖北省恩施州、贵州省黔东南州和黔南州落地的"希望合唱团"项目。

面对元阳县学校音乐教育资源不足、音乐教师队伍师资力量不强等问题，米哈游携手中国青基会发起实施了"薪火公益计划·快乐音乐教室",通过为当地小学翻新音乐教室,开展专业对点教师培训,捐赠3 628件乐器及670件多媒体教具,资助开展校园活动等方式,助力当地共16所小学改善音乐教育质量,建立完善且常态化的音乐教育模式,帮助更多孩子通过音乐表达自我,于成长道路上获得自我认同与成长。

在贵州、湖北等地,米哈游与中国青基会共同发起了"薪火公益计划·希望合唱团",在当地10所乡村学校组建了希望合唱团,学校的音乐教学设备得到了更新,吸引了项目学校及周边学校近100名专兼职音乐教师参与,共有近500名希望合唱团成员得到了专业院校音乐教师及志愿者的持续跟踪辅导。

米哈游与中国青基会共同发起的"薪火公益计划"已持续3年为中国乡村教育振兴及教育普惠贡献力量。继第一期项目为云南省盐津县普洱镇桐梓小学捐建新的综合楼、第二期项目为青海省海东市互助土族自治县巴扎乡中心学校捐助生活设施后,2023年"薪火公益计划"透过音乐美育来培养学生们的审美观念、丰富他们的精神生活,帮助更多学生通过音乐表达自我,在成长过程中获得自我认同。

(五)贪玩游戏——"希望·未来"扎根教育,为乡村学子指引前行

贪玩游戏于2017年发起了"希望·未来"的爱心公益活动,并在2018年主导成立了"贪玩有爱"公益品牌。

2023年2月,"希望·未来"大方助学计划40万元助学金在贵州省大方天河实验学校、元宝同心实验学校正式启动发放,助力女孩们用足球走出大山。同期,首届全国性乡村校园女足联赛在杭州落下帷幕,大方县元宝小学女子足球队夺得本次联赛的亚军。

2023年3月,"希望·未来"为广东省清远连南县大麦山镇中心岗小学和九寨小学的学生们送去了足球、文具等;为江西省遂川县珠田中心小学捐赠"校园乡村医务室";为云南、甘肃、河南、青海等偏远地区小学捐赠防寒衣物、教学体育用品、生活食品等物资,这些捐赠改善了山区孩子们的学习和运动以及医疗条件,助力乡村地区教育资源的提升。

贪玩游戏"希望·未来"计划已经连续3年开展夏令营活动。2023年8月暑期,贪玩游戏邀请河南以及贵州地区中学生到广州开展"有爱游戏"和长达一周的"i星未来车票"夏令营之旅。此系列夏令营活动不仅让学生们洞悉了游戏背后的创作之境,亦是打开了他们洞察世界的一扇新窗。

截至2023年,"希望·未来"计划覆盖江西、贵州、广东、安徽、陕西、云南等10个省区市的33家中小学和2家儿童医院,累计帮助学生超过25 000人,捐赠超过1 000万元的资金及物资(含书包、文娱体育用品、新媒体教学设备等)。

(六)腾讯游戏——大山的温暖回响 《英雄联盟》守护者公益计划

《英雄联盟》守护者公益计划以"让世界多一点温暖"为理念,把游戏作为连接用户与受

助者的媒介,让更多的人可以通过游戏关注、参与、支持慈善公益事业。

守护者公益计划自 2018 年开启之后,《英雄联盟》每年都会推出一款公益主题皮肤,公益皮肤售卖所得全部或部分收益(视当年的销售模式确定)会投入至慈善公益项目,用于支持医疗环境改善、校园设施改善、家庭及个人困难救助、弱势群体救助以及爱心助学等多个领域,受益人累计达到 26 万人次。该计划也是游戏行业启动最早、覆盖最广,且仍在持续运营的公益项目。目前,《英雄联盟》在公益领域累计投入金额已超亿元。

2022—2023 年,为改善欠发达地区乡村小学生学习和生活条件相对不足的现状,《英雄联盟》携手中国乡村发展基金会开展"爱心包裹"与"爱心厨房"项目,进行一对一的关爱鼓励。

截至 2023 年 5 月,"爱心包裹"项目共为贵州省、云南省、甘肃省的孩子们发放爱心包裹106 212 个(71 027 个美术包、35 185 个科创包),惠及贵州省平坝县、云南省维西傈僳族自治县和甘肃省渭源县等 13 个县的 300 所学校(教学点)106 212 名小学生。"爱心厨房"项目支持配备爱心厨房设备,改善学校厨房环境,提升学校食堂供餐能力,共同助力守护欠发达地区儿童的健康。在项目执行期间,云南、湖北、河北、贵州、甘肃等地共 45 所学校爱心厨房配备完成,惠及近 2.3 万名学生。

"爱心包裹"与"爱心厨房"公益项目落地后,《英雄联盟》项目官方收到来自小朋友的回礼——亲手绘制的《英雄联盟》公益皮肤绘画。项目官方将这些绘画放入游戏加载页面,原本的公益皮肤原画变成了小朋友的画,令每一位使用公益皮肤的玩家都可以看到这份特殊的回礼。官方还特意制作了一部名为《千里之外的画笔》公益纪录片,以纪念这个美好的故事。

在 2023 年新启动的守护者公益计划中,更多的用户参与其中,新的公益项目预计捐赠金额将超过 1 000 万元,为更多人带来生活上的帮助。

(七)途游游戏——怀慈善之心,行利他之事

途游游戏履行社会责任,以企业带动员工投身社会公益事业,涵盖消费帮扶、特殊人群扶持、志愿者公益活动等多个方面。

1. 关爱特殊人群,助力听障儿童康复

太阳花听障儿童康复项目是途游游戏与北京市石景山区红十字会及区内几家企业共同发起的公益项目,致力于为家庭困难的听障儿童康复训练提供帮助,内容涵盖康复中心硬件改善、教师培训、困难学员餐食补助、学费补助等方面。

2022—2023 年,途游游戏为太阳花听障儿童康复项目捐赠共 15 万元,同时发动公司员工开展"用你的书籍点亮他们的新世界"活动,为太阳花康复中心的孩子们捐赠了学习用具及各类适龄图书 1 000 余册。

途游游戏内部发起"利他俱乐部",组织员工志愿队前往太阳花康复中心为孩子们带去

生动的科技课,让特殊儿童在康复学习的同时也能够感受到科学的魅力。

2. 消费帮扶,助力乡村振兴

2022—2023 年,途游游戏参与北京市"万企兴万村计划",在石景山区工商联的带领下,公司负责人前往赤峰市宁城县进行京蒙协作座谈会,并就宁城县农畜产品、文旅资源、招商引资优惠政策及合作契合点等进行深入交流,随后深入一肯中乡、小城子镇进行调研。

经过调研与协调,途游游戏与石景山区对口帮扶的内蒙古赤峰市宁城县小城子镇南宁村签订了"万企兴万村结对帮扶协议"。通过消费帮扶采购村镇产品,支持当地特色经济发展,不仅为拓宽农民收入渠道赋能添智,同时也大力协同当地政府共同探索巩固拓展脱贫攻坚成果同乡村振兴有效衔接工作模式,助力巩固脱贫成果,为乡村振兴献上了自己的一份绵薄之力。

(八)网易游戏——多款产品持续开展多元特色公益行动

企业发展与社会责任履行相辅相成。2023 年,网易游戏旗下多款产品坚持开展各领域公益项目,如《逆水寒》手游展开支援京津冀特大暴雨洪涝灾害公益活动、《阴阳师》助力乡村儿童美育等。

1. 守护蔚蓝海洋——《光·遇》海洋节公益行动

2023 年海洋节,《光·遇》携手蓝丝带海洋保护协会,组织海洋公益活动。《光·遇》项目组捐赠蓝丝带海洋保护协会公益款项共计 50 万元,全部用于海洋保护公益活动的开展。公益行动通过走进大学开展海洋保护专题论坛,开展海洋环保科普,并向百万玩家发出邀请,分别在万宁、厦门、烟台三大城市开展线下净滩活动。此外,《光·遇》携手湖北广播电视台、湖北省长江生态保护基金会,发起"鲟光中华·遇见长江"公益沙龙活动。

2. 助力乡村振兴——《永劫无间》畲族文化联动及助力地方经济

2023 年温州市泰顺县"三月三"畲族风情旅游节,为助力当地乡村经济发展、民俗文化传承,《永劫无间》金乌纪推出全新企划——"畲族·凤凰装",以 3D 扫描技术等数字化形式呈现倾注畲族之美的凤凰装,并联合畲族非遗传承人蓝晓露演绎短片《凤凰归心》,讲述凝聚畲族女性力量的凤凰精神。此外,《永劫无间》官方直播间还开设了金乌甄选·泰顺专场,共计售出泰顺商品 4 608 件,交易额 15.2 万元,为畲乡产业赋能。

3. 践行社会公益——《蛋仔派对》系列公益活动

2023 年,《蛋仔派对》联合多个公益组织与机构发起公益活动。《蛋仔派对》联动 PADI 爱海洋专项基金在三亚开展海洋垃圾清理环保行动,携手玩家和志愿者们共同守护海洋环境;联合蚂蚁森林邀请玩家参与"共建蛋仔派对公益林"活动,于线下种植 20 000 棵樟子松;携手中华思源工程基金会、能量中国官方助力乡村振兴,向云南省红河哈尼族彝族自治州蒙自市水田乡捐赠 80 盏太阳能路灯;联动成都大熊猫繁育研究基地,为基地捐赠 100 万元资金用于大熊猫的科研、培育等各项工作。

案例讨论：

游戏公司践行社会公益属于商业伦理范畴的哪一方面？

第四章

会计职业道德规范

 **知识目标**

1. 了解会计职业道德的概念、特征、功能与作用,明确会计职业道德与会计法律制度的关系;

2. 理解并掌握会计人员职业道德规范;

3. 熟悉会计职业道德教育的概念、形式、内容及途径;

4. 了解会计人员诚信建设及会计职业道德评价机制。

 **能力目标**

1. 能够应用会计职业道德规范分析具体案例;

2. 能够准确理解会计职业道德教育的形式、内容,并进行自我教育。

 **素养目标**

培养学生具备"坚持诚信,守法奉公,坚持准则,守责敬业,坚持学习,守正创新"的职业道德规范。

 **思政园地**

老会计的"人生账"①

"我不缺钱,可现在一家人的生活都被我给毁了。要不是因为炒股,我也不会犯下这样

---

① 资料来源:中共云南省纪律检查委员会. 以案为鉴 | 83次造假,老会计贪污了128万(EB/OL). (2021-04-14)[2025-5-30]. http://www.ynjjjc.gov.cn/html/2021/yianjingshi_0414/93207.html.

的错误。"浙江省建德市委统战部原部务会议成员戚秀娟在审讯室里泪流不止。作为一个老会计,她算错了自己的"人生账"。

2020 年 12 月,当地法院对戚秀娟案公开审理,长年以简朴形象示人的戚秀娟被指控贪污 128 万余元。更让人吃惊的是,这笔犯罪数额背后是 83 次作案。

在当地人眼里,统战部是个清水衙门,"没啥工程项目、没啥油水"。2010 年开始,戚秀娟的职务从办公室副主任升到了部务会议成员,一直兼任统战部的会计。她还兼任侨联专职副主席、市知联会秘书长和市新联会秘书长,知联会和新联会的会计实际上也是她在负责。

戚秀娟有十几年的乡镇工作经历。当年连办公桌的桌腿坏了,她都让同事用砖头垫着接着用。同事眼里的她"从不乱花单位一分钱",统战部的财务工作由她负责,领导和同事都觉得放心。然而,生活中的戚秀娟却有一个令她沉迷其中的爱好,那就是炒股。看着别人炒股赚钱,她也想进入股市赚点零花钱。但是精打细算的她怕投资失败,不愿意动用自己的家庭资金。她想到了拿公款来满足自己的这个"爱好":亏掉了,钱也不是自己的,只需要把单位账面做平就行。

2013 年至 2020 年,戚秀娟连续作案,不放过任何一笔小钱,从千余元到十万元,蚂蚁搬家式地贪污,先后 83 次作案将 128 万余元的公款放进了自己的口袋。其中,大部分钱款被她用来炒股。"我的父亲还健在,并没有去世,这笔慰问金我没有收到。""我去年没有生病住院啊,统战部没有派人来慰问过我。""我没有领到过这一万元的补贴。"这是案件取证过程中,办案人员从证人那里听到最多的话。戚秀娟多次冒用他人名义,以慰问金、护理补贴等形式骗取公款 40 万余元。找到这些相关人员核实取证后,办案人员唏嘘不已。大家没想到,戚秀娟竟然会为了骗取一千元的慰问金而编造他们亲人去世、生病住院的谎言。

股市指数跌宕起伏,戚秀娟并不具备投资眼光。很快,她股市账户上 50 余万元股本(含早期家庭投入的股本)赔掉了。以慰问金名义骗取的公款非但没有赚钱,还难以弥补在股市中的亏损。

戚秀娟又把目光投向统战部和知联会的活动经费。她伪造了种类繁多的活动,包括趣味运动会、专题调研活动、读书活动、考察活动等,签订虚假合同、涂改报销单数额、虚开发票,先后套取 80 多万元。据办案人员统计,到案发时她在股市亏损达 60 多万元,剩余资金在她投案自首后主动退缴。

"本想着用公家的钱来炒股,亏了钱也不会太心痛,哪里想到却亲手毁了自己美好的生活。"然而,这些迟来的悔恨也不能让她逃避法律的制裁,戚秀娟最终因贪污犯罪被建德市人民法院判处有期徒刑三年两个月。

 **知识导图**

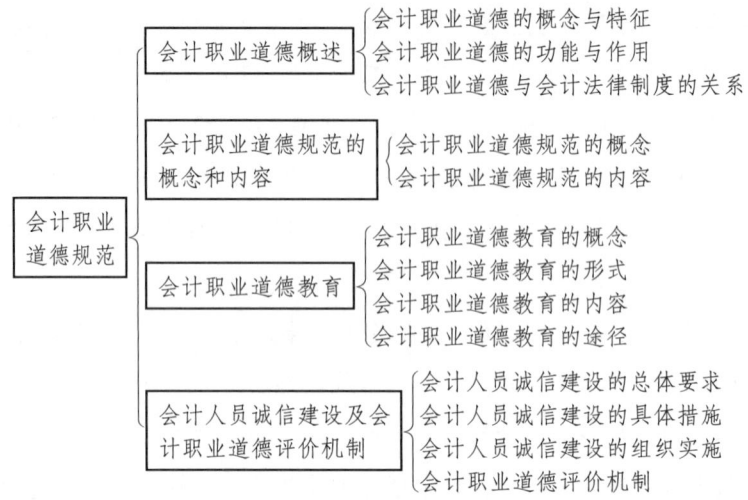

第一节　会计职业道德概述

一、会计职业道德的概念与特征

（一）会计职业道德的概念

会计职业道德，是指在会计职业活动中应当遵循的、体现会计职业特征的、调整会计职业关系的职业行为准则和规范。

（二）会计职业道德的特征

会计作为社会经济活动中的一种特殊职业，除具有职业道德的一般特征外，还具有自身特有的特征。会计职业道德的特征主要包括：广泛的社会性、对公共利益的关注性、一定的强制性、较强的实践性、相对的稳定性。

1. 广泛的社会性

会计职业道德的社会性是由会计职业活动所提供的产品即会计信息决定的。在市场经济体制下，会计职业活动要为投资者、债权人、企业管理层、政府部门、金融机构、社会公众及其他各利益相关者等提供符合质量要求的会计信息，由于会计职业活动所服务的对象涉及面非常广，所提供的会计信息属于公共产品，会计信息质量的优劣将会影响国家利益和社会公众利益。而会计职业道德水平又会很大程度上影响会计信息质量，所以，会计职业道德必然受到社会普遍的关注，具有广泛的社会性。

2. 对公共利益的关注性

在会计工作中,会计确认、计量、记录和报告程序、标准和方法发生改变或者对其进行调整,都有可能影响相关利益者的经济利益。当经济主体利益与国家利益、社会公众利益发生矛盾时,会计人员如果刻意偏向经济主体,就会损害国家利益和社会公众利益,将会产生会计职业道德问题。因此,会计职业活动与国家利益、社会公众利益密切相关是会计职业的一个显著特征。这也对会计职业道德提出了更高的要求,它要求会计人员客观公正,当发生道德冲突时要坚持相关会计法律制度和会计职业道德规范,始终把国家利益和社会公众利益放在第一位。

3. 一定的强制性

一般情况下,道德和职业道德均不具有强制性,只是要求人们"应该做什么或者不应该做什么",而法律具有强制性,要求人们"必须做什么或者必须不能做什么"。但由于会计职业活动涉及国家利益和社会公众利益,具有广泛的社会性,会计职业道德不同于一般的道德和职业道德,许多会计职业道德规范的内容同时也纳入了会计法律制度,并要求会计人员严格遵守,接受会计行业内外部人员的提醒、检查和监督。

4. 较强的实践性

由于会计职业活动本身是具体的实践活动,在会计职业实践活动中积累形成的会计职业道德规范,具有可操作性和实践性,并且容易形成具体的条文,用于指导和约束会计人员。随着会计实践发展,从手工会计到计算机会计,从单纯的财务会计到"财务会计+管理会计",从传统会计到人工智能会计,会计职业道德的内容会越来越丰富,对会计职业道德的要求会越来越高。

5. 相对的稳定性

会计是一种专业技术性很强的职业活动,在对单位经济业务事项进行确认、计量、记录和报告的过程中,会计制度的设计、会计政策和会计估计的选择和变更、会计差错的更正等,都必须遵循客观经济规律和会计法律制度的要求。因此,会计职业道德在社会经济不断的发展与更新中,始终保持自身特有的相对稳定性。任何一个国家和社会都不允许会计人员提供虚假的会计信息,任何一个经济主体都不会容忍会计人员泄露本单位的商业秘密。在会计职业道德中,爱岗敬业、诚实守信、廉洁自律、客观公正等都是对会计人员普遍且稳定不变的要求。

二、会计职业道德的功能与作用

(一)会计职业道德的功能

会计职业道德的功能,是指会计职业道德对会计职业活动所具有的功效和能力。会计职业道德的功能主要包括指导功能、评价功能和教育功能。

1. 指导功能

会计职业道德具有指导会计具体行为的功能。会计职业道德引导会计人员的会计行为在正确的方向和道路上,指导会计人员自愿选择有利于防范和化解各种矛盾的会计行为,调整会计领域内各方面的关系,促使会计人员和谐一致,保证会计工作正常、平稳、规范、高效地进行。

2. 评价功能

会计职业道德具有通过评价、命令、激励、惩罚等方式来规范、调整或纠正会计人员的行为,激发会计人员提高自身业务水平的积极性和主动性,鼓励会计人员自我批评、自我改进、自我完善、自我发展,促使会计人员的会计行为从"现有行为"向"应有行为"转化,从而协调相关利益关系、维护社会经济秩序的功能。

3. 教育功能

会计职业道德通过指导、评价、命令、示范等方式,运用塑造会计职业道德形象等手段,借助树立会计职业道德典型榜样等途径,来形成良好的会计职业道德风尚,以此深刻影响整个社会的会计职业道德观念和会计职业行为,培养整个社会的会计职道德习惯和会计职业优秀品质,提高整个社会的会计职业道德觉悟,培养会计人员会计职业道德的自觉性和自律性。

(二) 会计职业道德的作用

1. 会计职业道德是规范会计行为的基础

内心动机是外在行为的先导和动力,内心动机的好坏决定了外在行为的好坏,因此内心动机是非常重要的。会计行为也是由会计人员内心动机影响和决定的,如果会计人员内心动机符合会计职业道德规范的要求,则其外在会计行为在主观上是向善的;如果会计人员内心动机违背会计职业道德规范的要求,则其外在会计行为自然会出现问题。会计职业道德对会计人员的内心动机提出了相应的要求,如爱岗敬业、诚实守信、客观公正等,这些内心动机可以引导、帮助会计人员树立正确的职业观念,遵守会计职业道德规范,从而达到规范会计行为的目的。

2. 会计职业道德是实现会计目标的重要保证

会计目标也称会计目的,是要求会计工作需要完成的任务或应当达到的标准。具体而言,会计工作的目的在于:向财务会计报告使用者提供与决策有关的会计信息;反映企业管理层受托责任履行情况,有助于财务会计报告使用者作出经济决策。

由于会计职业活动既是专业性、技术性的会计处理过程,又是对各种利益关系的调整,会计目标能否最终实现,既取决于会计人员的专业技能水平,也取决于会计人员能否遵守会计职业道德。如果会计人员不遵守会计职业道德,故意提供不合法、不真实、不准确、不及时、不完整的会计信息,就会导致会计信息使用者决策失误,甚至会影响社会经济秩序。因此,运用会计职业道德规范约束会计人员的职业行为,是实现会计目标的重要保证。

3. 会计职业道德是对会计法律制度的重要补充

遵守会计法律制度是对会计人员从事会计职业的最低要求,然而有些会计行为是难以通过会计法律制度做出规定的,例如,会计法律制度只能对会计人员的违法行为及其法律责任做出规定,却不能对会计人员如何爱岗敬业、提高技能、参与管理、强化服务等提出具体明确的要求。

如果会计人员缺乏爱岗敬业的工作态度,没有不断提高专业知识和技能的内在动力,没有参与管理和强化服务的意识,很难保证会计信息的合法、真实、准确、及时、完整。因此,一方面会计职业道德的作用是会计法律制度所不能完全替代的,另一方面会计职业道德又是对会计法律制度的重要补充。

4. 会计职业道德是会计人员提高素质的内在要求

社会经济的不断发展,科学技术日新月异,对会计人员综合素质的要求也越来越高。会计职业道德正是会计人员综合素质的重要组成部分。一个高素质的会计人员理应做到"三坚三守",这些既是会计职业道德规范的主要内容,又是会计人员遵守会计职业道德的可靠保证。

我们应当加强会计职业道德建设,实施会计职业道德教育,培养会计职业道德习惯,提升会计人员自我修养,树立正确的职业道德观念,提高专业胜任能力,以促进会计人员整体素质的不断提高。

三、会计职业道德与会计法律制度的关系

(一) 会计职业道德与会计法律制度的联系

会计职业道德与会计法律制度的目标一致、调整对象相同,两者的职责也相同,两者具有紧密的联系。

1. 会计职业道德与会计法律制度在作用上相互补充、相互协调

在规范会计行为的过程中,我们不可能完全依靠会计法律制度而拒绝运用会计职业道德。基本的会计行为必须运用会计法律制度进行规范,但对于不需要或不宜由会计法律制度进行规范的会计行为,则需要通过会计职业道德进行规范。因此,我们既要充分发挥会计法律制度的强制功能,又要强化会计职业道德的教育功能,两者相互补充、相互协调。

2. 会计职业道德与会计法律制度在内容上相互借鉴、相互吸收、相互协调

起初的会计职业道德规范就是对会计行为约定俗成的基本要求,后来在会计立法过程中吸收了这些基本要求,便形成了会计法律制度。一方面会计法律制度包含会计职业道德规范的某些内容;另一方面会计职业道德规范也包含会计法律制度的某些条款,两者相互借鉴,相互吸收。

总之,会计职业道德与会计法律制度两者在实施过程中相互作用、相互影响,会职业道

德是会计法律制度运行和遵守的社会基础和思想根基,会计法律制度是促进会计职业道德规范确定和遵守的重要保障。

(二)会计职业道德与会计法律制度的区别

1. 会计职业道德与会计法律制度的性质不同

会计法律制度通过国家强制力保障实施,具有很强的他律性和强制性;会计职业道德主要由会计人员自觉遵守,并依靠约定俗成、社会舆论和内在良心来发挥作用,具有很强的自律性和自觉性。

2. 会计职业道德与会计法律制度的作用范围不同

会计法律制度重点在于规范会计人员的外在行为及其结果的合法化,具有较强的客观性;会计职业道德不仅调整会计人员的外在行为,而且调整会计人员的内在精神世界,具有较强的主观性。

3. 会计职业道德与会计法律制度的表现形式不同

会计法律制度是通过一定的程序由国家权利机关和行政机关制定、颁布的法律、法规、规章和规范性文件的总称,其表现形式是明确的、具体的、正式形成文字的成文条款;会计职业道德源于会计人员的职业生活和职业实践,是经过日积月累而约定俗成的方式形成的,其表现形式既有明确成文的规定,也有仅存在于会计人员内心的标准、思想和信念。

4. 会计职业道德与会计法律制度的实施保障机制不同

会计法律制度是由国家强制力保障实施的;会计职业道德既有会计法律制度的相应要求,又需要通过自觉遵守、道德教育、榜样树立、道德评价和舆论引导来实现。

5. 会计职业道德与会计法律制度的评价标准不同

会计法律制度是以会计人员享有的权利和承担的义务为标准来判定其会计行为是否违反会计法律制度;而会计职业道德则是以善恶为标准来判定会计行为是否违背会计职业道德规范。会计法律制度要求的是"必须",即必须遵守会计法律制度,会计职业道德要求的是"应当",即应当遵守会计职业道德。

【拓展阅读】

中华人民共和国会计法(2024年,节选)①

第四十一条 伪造、变造会计凭证、会计账簿,编制虚假财务会计报告,隐匿或者故意销毁依法应当保存的会计凭证、会计账簿、财务会计报告的,由县级以上人民政府财政部门责令限期改正,给予警告、通报批评,没收违法所得,违法所得二十万元以上的,对单位可以并

---

① 资料来源:全国人民代表大会常务委员会. 中华人民共和国会计法(2024年)(EB/OL). (2024-06-28)[2025-5-30]. https://kjs. mof. gov. cn/zt/kjfxcgc/kjfqw/202408/t20240814_3941788. htm.

处违法所得一倍以上十倍以下的罚款,没有违法所得或者违法所得不足二十万元的,可以并处二十万元以上二百万元以下的罚款;对其直接负责的主管人员和其他直接责任人员可以处十万元以上五十万元以下的罚款,情节严重的,可以处五十万元以上二百万元以下的罚款;属于公职人员的,还应当依法给予处分;其中的会计人员,五年内不得从事会计工作;构成犯罪的,依法追究刑事责任。

第四十二条 授意、指使、强令会计机构、会计人员及其他人员伪造、变造会计凭证、会计账簿,编制虚假财务会计报告或者隐匿、故意销毁依法应当保存的会计凭证、会计账簿、财务会计报告的,由县级以上人民政府财政部门给予警告、通报批评,可以并处二十万元以上一百万元以下的罚款;情节严重的,可以并处一百万元以上五百万元以下的罚款;属于公职人员的,还应当依法给予处分;构成犯罪的,依法追究刑事责任。

第四十三条 单位负责人对依法履行职责、抵制违反本法规定行为的会计人员以降级、撤职、调离工作岗位、解聘或者开除等方式实行打击报复的,依法给予处分;构成犯罪的,依法追究刑事责任。对受打击报复的会计人员,应当恢复其名誉和原有职务、级别。

第四十四条 财政部门及有关行政部门的工作人员在实施监督管理中滥用职权、玩忽职守、徇私舞弊或者泄露国家秘密、工作秘密、商业秘密、个人隐私、个人信息的,依法给予处分;构成犯罪的,依法追究刑事责任。

第四十五条 违反本法规定,将检举人姓名和检举材料转给被检举单位和被检举人个人的,依法给予处分。

第二节 会计职业道德规范的概念和内容

一、会计职业道德规范的概念

会计职业道德规范,是指一定社会经济条件下,对会计职业行为及职业活动在职业道德范畴的统一要求或成文规定。会计职业道德规范是社会道德体系的一个重要组成部分,是职业道德在会计职业行为及职业活动中的具体体现。

二、会计职业道德规范的内容

为贯彻落实党中央、国务院关于加强社会信用体系建设的决策部署,推进会计诚信体系建设,提高会计人员职业道德水平,根据《中华人民共和国会计法》(以下简称《会计法》)《会计基础工作规范》,2023年1月12日,财政部研究制定了《会计人员职业道德规范》(以下简称《规范》),内容如下。

(一) 坚持诚信,守法奉公

牢固树立诚信理念,以诚立身、以信立业,严于律己、心存敬畏。学法、知法、守法、公私分明、克己奉公,树立良好职业形象,维护会计行业声誉。

1. 坚持诚信

诚信是人们立身处世的基础,是构建信任的基石。在会计行业,诚信表现为以诚实守信的态度对待工作,以真实、公正、客观的方式记录和反映企业的经济活动。只有以诚立身、以信立业,才能赢得他人的信任和尊重,为企业创造价值。

坚持诚信的基本要求:

(1) 做老实人,要求会计人员言行一致,表里如一,光明正大。说老实话,要求会计人员说话诚实。办老实事,要求会计人员工作踏踏实实,不弄虚作假,不欺上瞒下。

(2) 保密守信,不为利益所诱惑。对机密资料不外传、不泄密、做到守口如瓶。在市场经济中,商业秘密可以带来经济利益,但是会计人员应当不为利益所诱惑。除法律规定和单位领导人同意外,不能私自向外界提供或者泄露单位的会计信息。保密守信是会计人员必须履行的义务。

(3) 执业谨慎,信誉至上。执业谨慎要求会计人员在工作中应保持谨慎态度,对客户和社会公众尽职尽责,形成"守信光荣,失信可耻"的风尚,以维护会计职业信誉。

2. 守法奉公

学法知法守法是会计行业的基本要求。作为一名会计人员,既要了解国家法律法规,也要熟悉企业规章制度。在此基础上,我们要公私分明、克己奉公,严格遵守法律法规,确保企业的经济活动合法合规。这不仅有助于维护企业利益,也有利于塑造良好的职业形象。

(二) 坚持准则,守责敬业

严格执行准则制度,保证会计信息真实完整。勤勉尽责、爱岗敬业,忠于职守、敢于斗争,自觉抵制会计造假行为,维护国家财经纪律和经济秩序。

1. 坚持准则

坚持准则是指会计人员在处理业务过程中,严格按照会计准则核算和监督经济业务。

坚持准则的基本要求:

1) 熟悉准则

熟悉准则是指会计人员应了解和掌握《会计法》和国家统一的会计准则制度及与会计相关的法律制度,这是遵循准则、坚持准则的前提。只有熟悉准则,才能遵纪守法、才能确保会计信息的真实性和完整性。

2) 遵循准则

遵循准则即执行准则,会计人员应当将单位具体的经济业务事项与准则对照,先作出是否合法合理的判断,对于合法的经济业务事项按照会计准则的要求进行会计处理;对于不合法的经济业务事项不予会计处理,按照会计法律制度的要求采取相应的措施。

3) 敢于同违法行为作斗争

会计人员应当认真执行国家统一的会计准则制度,依法履行会计监督职责,发生道德冲突时,应当坚持准则,对法律负责、对国家和社会公众负责,敢于同违反会计法律制度和财务制度的现象和行为作斗争,确保会计信息的真实性和完整性。

坚持准则是会计职业道德的核心,是会计人员履行会计职责的标准和依据。

2. 守责敬业

会计人员作为企业财务工作的核心力量,其守责敬业至关重要。在我国,会计人员不仅要具备扎实的专业知识,还要遵循职业道德规范,为企业的发展贡献力量。

守责敬业的基本要求:

(1) 正确认识会计职业,树立会计职业的荣誉感。会计人员应当充分认识本职工作在社会经济活动中的重要地位和作用,充分认识本职工作的社会意义和道德价值,牢固树立职业荣誉感和自豪感,这是做到敬业的前提和基本要求。

(2) 热爱会计工作、敬重会计职业。对本职工作的热爱,对本职岗位的敬重,是做好会计工作的基础。会计人员要树立"干一行爱一行"的思想。

(3) 安心工作,任劳任怨。会计人员要安心于本职岗位,做到无怨无悔。

(4) 严肃认真,一丝不苟。会计人员要为单位把好关、理好财,严肃认真、仔细地对待每一项工作。

(5) 忠于职守,尽职尽责。"忠于职守"不仅要求会计人员认真执行岗位规范,而且要求会计人员在各种复杂的情况下,能够抵制各种诱惑,忠实履行岗位职责。"尽职尽责"是会计人员对自己应承担的责任和义务所表现出的一种责任感和义务感。

(三) 坚持学习,守正创新

始终秉持专业精神,勤于学习、锐意进取,持续提升会计专业能力。不断适应新形势新要求,与时俱进、开拓创新,努力推动会计事业高质量发展。

1. 坚持学习

会计人员通过学习、培训和实践等途径,持续提高会计职业技能,以达到和维持足够的专业胜任能力的活动,这是会计人员的义务。

坚持学习的基本要求:

(1) 具有不断提高会计专业技能的意识和愿望。当今社会对会计人才的要求越来越高,会计人才之间的竞争也越来越激烈。会计人员要想生存和发展,就必须具有不断提高会计专业技能的自觉性和紧迫感,只有这样,才会主动地求知、求学、钻研,使自身的专业技能不断提高,使自己的专业知识不断更新,从而掌握过硬的本领,在会计人才的竞争中立于不败之地。

（2）具有勤学苦练的精神和科学的学习方法。会计专业技能的提高和学习并非一劳永逸之事,必须持之以恒地学习、充实和提高,做到"活到老,学到老"。只有锲而不舍地学习,同时运用科学的学习方法,在学中思,在思中学,在实践中不断锤炼,不断地提高自己的业务水平,推动会计工作和会计职业的发展,适应不断变化的新形势和新情况的需要。

2. 守正创新

会计人员作为企业或组织中的重要成员,其职业道德素养对于企业的健康发展至关重要。守正创新是当前社会对于会计人员职业道德素养的一个重要要求,它要求会计人员在工作中既要坚守原则,保持公正、客观的态度,同时也要积极创新,不断探索更高效、更准确的工作方法。

首先,守正是指会计人员要坚守职业道德和法律法规,保持公正、客观的态度。具体来说,就是要严格遵守会计制度、会计准则和相关法律法规,确保会计信息的真实、完整、准确和合法。在处理经济业务时,会计人员要始终保持清醒的头脑,不受任何外界因素的干扰,坚决抵制各种违法违规行为,维护企业的合法权益和社会公共利益。

其次,创新是指会计人员要不断探索新的工作方法和思路,提高工作效率和质量。随着经济的发展和科技的进步,会计工作面临着越来越多的挑战和机遇。会计人员要不断学习新知识、掌握新技能,将先进的技术和方法引入到工作中,提高会计信息的质量和价值。同时,还要积极关注行业发展趋势,为企业的发展提供有力的支持和服务。

守正创新是会计人员应具备的职业道德素养之一。只有守正才能保证会计信息的真实、准确和合法,只有创新才能提高工作效率和质量。因此,会计人员要在工作中始终坚持守正创新的原则,不断提高自身的专业素养和职业道德水平,为企业和社会的发展做出更大的贡献。

"坚持诚信,守法奉公"是对会计人员的自律要求;"坚持准则,守责敬业"是对会计人员的履职要求;"坚持学习,守正创新"是对会计人员的发展要求。规范提出"三坚三守",强调会计人员"坚"和"守"的职业特性和价值追求,是对会计人员职业道德要求的集中表达。

第三节　会计职业道德教育

一、会计职业道德教育的概念

会计职业道德教育是指结合会计工作的特点,为促使会计人员形成会计职业道德品质而展开会计职业道德教育,有目的、有组织、有计划、有条理、有系统地对会计人员施行的职业道德教育活动。会计职业道德教育是会计职业道德活动的一项重要内容,是提高会计职业道德水平的重要方式和途径。为做好会计职业道德教育工作,一方面,大中专院校以及会计培训等会计人才的培养单位、会计工作的管理部门、会计行业自律组织、单位负责人都有对会计人员或者准会计人员进行直接或间接会计职业道德教育的责任;另一方面,会计人员和准会计人员自身也有不断提高会计职业道德水平的义务,使外在的会计职业道德规范转化为内在的会计职业道德修养。

二、会计职业道德教育的形式

会计职业道德教育的形式主要包括接受教育和自我教育。

(一)接受教育

接受教育属于外在教育,是指会计人员和准会计人员通过接受大中专院校以及会计训机构等会计人才的培养单位、会计工作的管理部门、会计行业自律组织、单位负责人等对其进行以会计职业道德规范为核心内容的正面教导,强化其职业责任和义务,规范其职业行为,以维护国家和社会公众等相关利益者的利益。

(二)自我教育

自我教育属于内在教育,是指会计人员和准会计人员在会计职业活动和会计专业学习过程中,按照会计职业道德规范的基本要求,在自身道德品质方面进行的自我学习、自我批评、自我省察、自我改造、自我判断、自我锻炼、自我提升,从而达到一定的会计职业道德境界。

三、会计职业道德教育的内容

(一)会计职业道德观念教育

会计职业道德观念教育是指在社会上大力宣传会计职业道德的基本常识,增强会计人员的职业义务感和职业荣誉感,培养良好的职业节操,形成"遵守会计职业道德光荣,违背会计职业道德可耻"的道德风尚。

加强会计职业义务感的教育,有助于会计人员系统掌握职业道德的内容、知晓会计职业道德对会计信息质量、社会经济秩序的影响,提高会计人员对会计工作社会责任的认识,使会计人员具有强烈的职业道德义务感,能够做到在没有社会舆论压力、没有他人监督的情况下,也能很好地履行自己应尽的职业道德义务。

加强会计职业荣誉感的教育,有助于会计人员充分认识到本职工作在社会经济活动中的重要社会地位和职业价值,从而逐步形成对自己所从事职业的光荣感、自豪感和幸福感。

(二)会计职业道德规范教育

会计职业道德规范教育是指对会计人员开展以会计职业道德规范为内容的教育。会计职业道德规范的主要内容是坚持诚信、守法奉公、坚持准则、守责敬业、坚持学习、守正创新等，这是会计职业道德教育的核心内容，应贯穿会计职业道德教育的始终。

（三）会计职业道德警示教育

会计职业道德警示教育是通过对违背会计职业道德和违法的会计行为典型案例的讨论和剖析，给会计人员以启发和警示。根据不同的教育对象，选择一些典型案例，开展广泛深入的讨论，可以提高会计人员的法制意识和会计职业道德观念，提高会计人员辨别是非的能力。

（四）会计职业道德其他教育

与会计职业道德相关的其他教育主要有思政教育、品德教育、法制教育等。

思政教育的重点是贯彻"以德治国"重要思想和"诚信为本、操守为重、坚持准则、不做假账"的指示精神，进一步全面、系统地加强会计职业道德培训，提高广大会计人员的政治水平和思想道德水平。

品德教育的重点是引导会计人员自觉用会计职业道德规范指导和约束自己的行为，提高职业道德自律能力，从而形成良好的、稳定的道德品行。

法制教育的重点是引导会计人员了解和熟悉不同历史时期的会计法律、法规，学会运用法律的手段处理会计事务。

四、会计职业道德教育的途径

（一）接受教育的途径

会计人员接受教育的途径主要包括岗前职业道德教育和岗位职业道德继续教育。

1. 岗前职业道德教育

岗前职业道德教育是指对将要从事会计职业的人员进行的道德教育，包括会计专业学历教育中的职业道德教育及获取会计职业资格涉及的职业道德教育。教育的侧重点应放在职业观念、职业情感及职业规范等方面。

在我国，高等院校是培养各类专门人才的基地，其会计类专业在校学生是会计队伍的预备人员，他们中的大部分人将进入会计队伍，从事会计工作。会计学历教育阶段是他们的会计职业情感、道德观念和是非善恶判断标准初步形成的时期。所以高等院校是会计职业道德教育的重要阵地，是会计人员岗前道德教育的主要场所，在会计职业道德教育中具有基础性地位。要对会计专业的在校学生进行会计职业道德教育，高等院校应把教书与育人紧密结合起来，不仅传授会计专业知识和业务技能，而且将会计职业道德教育渗透到学校教育的各个环节之中，使学生在学校就开始学习和了解会计职业道德理论、规范，培养他们的会计情感和会计道德观念，增强其社会责任感。

2. 岗位职业道德继续教育

岗位职业道德继续教育是对会计从业人员进行的继续教育，即会计从业人员在完成某一阶段的工作和学习后，重新接受一定形式的、有组织的知识更新教育和培训活动。会计人员继续教育是强化会计职业道德教育的有效形式。

会计职业道德教育应贯穿会计人员继续教育的始终。继续教育中应体现出社会经济的发展变化对道德的要求，也就是说，在不同的阶段，道德教育的侧重点应有所不同。就现阶段而言，会计人员继续教育中的会计职业道德教育目标是适应新的市场经济形势发展变化的。

（二）自我教育的途径

1. 自我剖析

剖析是指像外科手术一般的解剖分析。自我剖析是指个人假设自己是旁观者或者直接借助旁观者对自我进行理性、深刻、细致、全面的分析。自我剖析包括以下两个方面：

（1）按照会计职业道德规范的要求，站在自己是旁观者的角度，客观公正地对自己在会计工作中的思想、言语和行为进行分析、判断，找出优点、缺点、长处和不足，并实事求是地予以评价。对于自己发现的优点、长处，应当继续发扬；对于自己发现的缺点、不足，应当努力改正。

（2）按照会计职业道德规范的要求，善于主动听取旁观者对自己会计职业道德水平的评价。对于旁观者指出的优点、长处，应当以谦虚谨慎的态度继续发扬；对于旁观者指出的缺点、不足，应当以虚心诚恳的态度努力改正。

2. 自我省察

自我省察是指个人通过自我意识来省察自己的思想、言语和行为的过程。自我省察和自我剖析密切联系、相互影响，两者都强调自我分析，自我评价，自我批评。自我剖析侧重于对自己整体、全面、细致的分析，一般情况下较长时间内才自我剖析一次。自我省察侧重于对自己局部、个别、具体的分析，一般情况下每天都要自我省察，会计人员通过自我省察，可以时刻注意自己在会计工作中的思想、言语和行为，经常进行思想斗争，不断去除杂念、接受美善，注重良心的平安，逐步树立起正确的会计职业道德观念，并逐步形成高尚的会计职业道德修养。

3. 自警自励

自警是指时刻自我谨慎、自我戒备、自我告诫、自我警醒，抵制并战胜各种错误思想和观念对自己的侵袭，防备并战胜各类试探和诱惑对自己的攻击。会计人员在会计工作中要时刻警醒，不断抵制享乐主义、个人主义、拜金主义等错误思想，树立正确的世界观、人生观和价值观，加强自身的道德修养。自励是指要以崇高理想和信念鼓舞自己、激励自己。会计人员在会计工作中要坚定崇高的会计职业道德理想和信念,并以此勉励自己,树立起正确的会计职业道德观。

4. 自律慎独

自律是指一个人按照道德规范来不断地自我约束、自我控制,并逐渐养成自觉遵守的品格。慎独是指一个人在闲居独处、无人监督时,更应谨慎行事,仍然能够自觉按照各种道德规范行事。自律慎独,既是一种自我教育的途径,又是一种高层次的思想道德境界。自律慎独要求会计人员在独立工作、无人监督时,更应谨慎小心,仍然能够严格按照会计职业道德规范行事。

第四节 会计人员诚信建设及会计职业道德评价机制

一、会计人员诚信建设的总体要求

(一) 会计人员诚信建设的指导思想

全面贯彻党的二十大精神,以习近平新时代中国特色社会主义思想为指导,认真履行党中央、国务院决策部署,以培育和践行社会主义核心价值观为根本,完善会计职业道德规范,加强会计诚信教育,建立严重失信会计人员"黑名单",健全会计人员守信联合激励和失信联合惩戒机制,积极营造"守信光荣、失信可耻"的良好社会氛围。

(二) 会计人员诚信建设的基本原则

1. 政府推动,社会参与

充分发挥财政部门和中央主管单位在会计人员诚信建设中的组织管理和监督指导作用,加强与相关执法部门统筹协同、建立联动机制,引导包括用人单位在内的社会力量广泛参与,充分发挥会计行业组织作用,共同推动会计人员诚信建设。

2. 健全机制,有序推进

建立健全会计人员诚信建设的体制机制,有序推进会计人员信用档案建设,规范会计人员信用信息采集和应用,稳步推进会计人员信用状况与其选聘任职、评选表彰等挂钩,逐步建立会计人员守信联合激励和失信联合惩戒机制。

3. 加强教育,奖惩结合

把教育引导作为提升会计人员诚信意识的重要环节,加大守信联合激励与失信联合惩戒实施力度,发挥行为规范的约束作用,使会计诚信内化于心,外化于行,成为广大会计人员的自觉行动。

二、会计人员诚信建设的具体措施

（一）增强会计人员诚信意识

1. 强化会计职业道德约束

针对会计工作特点,进一步完善会计职业道德规范,引导会计人员自觉遵纪守法,不断提高专业胜任能力,督促会计人员坚持公正、诚信、不做假账,不断提高职业操守。

2. 加强会计诚信教育

财政部门、中央主管单位和会计行业组织要采取多种形式,广泛开展会计诚信教育,将会计职业道德作为会计人员继续教育的必修内容,大力弘扬会计诚信理念,不断提升会计人员诚信素养。充分发挥新闻媒体对会计诚信建设的宣传教育、舆论监督作用,大力发掘、宣传会计诚信模范等会计诚信典型,深入剖析违反会计诚信的典型,引导财会类专业教育开设会计职业道德课程,努力提高会计后备人员的诚信,鼓励用人单位建立会计人员信用管理制度,将会计人员遵守会计职业道德情况作为考核评价、岗位聘用的重要依据,强化会计人员诚信责任。

（二）加强会计人员信用档案建设

1. 建立严重失信会计人员"黑名单"制度

将有提供虚假财务会计报告,做假账,隐匿或者故意销毁会计凭证、会计账簿、财务会计报告,贪污,挪用公款,职务侵占等与会计职务有关违法行为的会计人员,作为严重失信会计人员列入"黑名单",纳入全国信用信息共享平台,依法通过"信用中国"网站等途径,向社会公开披露相关信息。

2. 建立会计人员信用信息管理制度

研究制定会计人员信用信息管理办法,规范会计人员信用评价、信用信息采集、信用信息综合利用、激励惩戒措施等,探索建立会计人员信息纠错、信用修复、分级管理等制度,建立健全会计人员信用信息体系。

3. 完善会计人员信用信息管理系统

以会计专业技术资格管理为抓手,有序采集会计人员信息,记录会计人员从业情况和信用情况,建立和完善会计人员信用档案。省级财政部门和中央主管单位要有效利用信息化技术手段,组织升级改造本地区（部门）现有的会计人员信息管理系统,构建完善本地区（部门）的会计人员信用信息管理系统,财政部在此基础上构建全国统一的会计人员信用信息平台。

（三）健全会计人员守信联合激励和失信联合惩戒机制

1. 为守信会计人员提供更多机会和便利

将会计人员信用信息作为先进会计工作者评选、会计职称考试或评审、高端会计人才选拔等资格资质审查的重要依据。鼓励用人单位依法使用会计人员信用信息,优先聘用、培养、晋升具有良好信用记录的会计人员。

2. 对严重失信会计人员实施约束和惩戒

在先进会计工作者评选、会计职称考试或评审、高端会计人才选拔等资格资质审查过程中,对严重失信会计人员实行"一票否决制"。对于严重失信会计人员,依法取消其已经取得的会计专业技术资格;被依法追究刑事责任的,不得再从事会计工作。支持用人单位根据会计人员失信的具体情况,对其进行降职、撤职或解聘处理。

3. 建立失信会计人员联合惩戒机制

财政部门和中央主管单位应当将发现的会计人员失信行为,以及相关执法部门发现的会计人员失信行为,记入会计人员信用档案。支持会计行业组织依据法律和章程,对会员信用情况进行管理。加强与有关部门合作,建立失信会计人员联合惩戒机制,实现信息的互换、互通和共享。

三、会计人员诚信建设的组织实施

(一)会计人员诚信建设的组织

1. 财政部门的组织推动

各级财政部门应当负起组织和推动本地区会计职业道德建设的责任,把会计职业道德建设与会计法制建设紧密结合起来。

2. 会计行业的自律

充分发挥协会等会计职业组织的作用,改革和完善会计职业组织自律机制,有效发挥自律机制在会计职业道德建设中的促进作用。

3. 企事业单位的内部监督

形成内部约束机制,防范舞弊和经营风险,支持并督促会计人员遵循会计职业道德,依法开展会计工作。

4. 社会各界的监督与配合

加强会计职业道德建设,既是提高广大会计人员素质的一项基础性工作,又是一项复杂的社会系统工程;不仅是某一个单位、某一个部门的任务,也是各地区、各部门、各单位的共同责任。

广泛开展会计职业道德的宣传教育,加强舆论监督,在全社会会计人员中倡导诚信为荣、失信为耻的职业道德意识,引导会计人员加强职业修养。

(二)会计人员诚信建设的实施

1. 加强组织领导

财政部门和中央主管单位要高度重视会计人员诚信建设工作,根据本地区(部门)关于社会信用体系建设的统一工作部署,统筹安排,稳步推进。要重视政策研究,完善配套制度建设,科学指导会计人员诚信建设工作。要重视监督检查,发现问题及时解决,确保会计人员诚信建设工作政策措施落地生根。要重视沟通协调,争取相关部门支持形成合力,探索建立联席制度,共同推动会计人员诚信建设工作有效开展。

2. 积极探索推动"黑名单"制度

财政部门和中央主管单位要紧密结合本地区(部门)实际,抓紧制定具体工作方案,推动会计人员诚信建设。要探索建立会计人员信用档案、严重失信会计人员"黑名单"等制度,及时总结经验做法;对存在的问题,及时研究解决。

3. 广泛宣传动员

财政部门、中央主管单位和会计行业组织要充分利用报纸、广播、电视、网络等渠道,加大对会计人员诚信建设工作的宣传力度,教育引导会计人员和会计后备人员不断提升会计诚信意识。要积极引导社会各方依法依规利用会计人员信用信息,褒扬会计诚信,惩戒会计失信,扩大会计人员信用信息的影响力和警示力,使全社会形成崇尚会计诚信、践行会计诚信的社会风尚。

四、会计职业道德评价机制

(一)会计职业道德评价机制的意义

开展会计职业道德评价是会计职业道德规范付诸实施的必要方式,也是促使会计职业道德力量发挥作用的必要手段,具有重要的现实意义。会计职业道德检查与奖惩的意义主要表现在以下三个方面。

1. 有利于促使会计人员遵守职业道德规范

奖惩机制利用人类趋利避害的特点,以利益的给予或剥夺为手段,对会计人员起着引导或威慑的作用。会计行为主体不论出于何种目的,都必须遵循会计职业道德规范,否则将受到相应的惩罚或谴责。

2. 具有裁决和教育作用

作为会计人员,其会计行为对与错,均可通过会计职业道德的检查与奖惩作出裁决。会计职业道德的检查与奖惩起着道德法庭的作用,它是运用各种会计法律、法规及道德要求等一系列标准,鞭笞违反道德的行为,褒奖符合职业道德要求的行为,并使其发扬光大,蔚为风气。因此,会计职业道德的检查与奖惩,可以使广大会计人员生动而直接地感受到道德的价值分量,其教育的作用是显而易见的。

3. 能够形成抑恶扬善的社会环境

会计职业道德是整个社会道德的一个重要组成部分,因此,会计职业道德的好坏,对社会道德环境的好坏会产生一定的影响;而社会道德环境的好坏,同样也会影响会计的职业行为。

(二) 会计职业道德评价机制的内容

各级财政部门应当承担组织和推动本地区会计职业道德建设的责任,利用行政管理上的优势,对本地区会计职业道德情况实施必要的行政监管。其主要措施有以下几点。

1) 执法检查与会计职业道德检查相结合

财政部门作为《会计法》的执法主体,一方面督促各单位严格执行会计法律法规,另一方面有责任对单位会计人员执行会计职业道德进行检查和检验。会计人员若发生违法行为,不仅要承受相应的行政处罚或刑事处罚,同时还要接受相应的职业道德惩戒。

2) 会计专业技术资格考评、聘用与会计职业道德检查相结合

报考各级会计专业技术资格的会计人员,均要求"坚持原则,具备良好的职业道德品质"。会计专业技术资格考试管理机构在组织报名时,应当对参加报名的会计人员职业道德情况进行检查,对于发现有不遵循会计职业道德记录的,应不予报名或取消其报名资格。

3) 会计人员表彰奖励制度与会计职业道德检查相结合

各级财政部门在表彰奖励会计人员时,不但要考察工作业绩,还应考察会计职业道德遵守情况。表彰奖励会计人员,不仅是对他们专业能力的肯定,更是对他们在职业生涯中秉持诚信、敬业精神的赞誉。在评价会计人员的工作表现时,工作业绩和会计职业道德两者缺一不可。

首先,各级财政部门应制定完善的评选标准,将会计职业道德纳入评价体系。这些标准应当包括:遵守国家法律法规、恪守职业道德规范、积极参与继续教育、维护国家利益和单位利益、诚实守信、廉洁自律等方面。通过明确评选标准,有助于提高评价的公正性和客观性。

其次,加强评选过程中的监督和管理。各级财政部门在评选过程中,要设立专门的监督机构,对评选过程进行全程监督。同时,充分发挥社会监督作用,公开评选信息,确保评选活动的公平、公正、公开。

再次,注重表彰奖励的仪式感和荣誉感。举办隆重热烈的表彰仪式,提高获奖者的社会地位和声誉,激发广大会计人员积极向上的精神风貌。同时,加大对获奖者的宣传力度,树立典型,发挥示范引领作用,推动全社会形成尊崇会计职业道德的良好氛围。

最后,强化表彰奖励的动态管理。各级财政部门应建立表彰奖励档案,对获奖会计人员进行动态跟踪管理。一旦发现有违反职业道德行为的情况,应立即取消其荣誉称号,严肃处理,并向社会公布,以维护表彰奖励的权威性和公信力。

总之,在表彰奖励会计人员时,各级财政部门要从多个维度进行全面评价,既要关注工作业绩,也要关注会计职业道德。通过完善评选标准、加强评选过程监督、提升表彰仪式感

和荣誉感、强化动态管理等措施,确保表彰奖励会计人员的公正性和公平性,推动会计行业健康发展。

(三)激励机制的建立

对会计人员遵守职业道德的情况进行考核与奖惩,建立和完善激励机制,对违反会计职业道德的行为进行惩戒,对自觉遵守会计职业道德的优秀会计人员进行表彰。

建立会计人员激励机制的途径主要包括以下几个方面:

(1)建立公平竞争的用人机制。按照"公开、公平、竞争"原则,公开招聘会计人员,并通过公平竞争让每个会计人员都可以选择适合自己的工作岗位,实现人员与岗位的最优配置。

(2)薪酬激励策略。会计人员参加工作首先是为了获得报酬,因此,建立合理的薪酬制度是激励机制的重要组成部分。薪酬应与员工的工作表现和绩效挂钩,以激励员工更好地完成工作。

(3)人才竞争激励机制。通过建立公开统一的职业经理人市场,使优秀的会计人员能够脱颖而出,得到更好的职业发展机会和更高的薪酬。

(4)建立会计师事务所激励机制的方法,包括公平合理的薪酬和福利机制、员工持股计划、培训计划等,以提高员工的工作积极性和忠诚度。

(5)会计人员考核激励体系的建设与实施。通过建立科学的考核指标和考核方法,对会计人员的工作表现和绩效进行客观、公正的评价,并以此为基础进行奖励或惩罚。

(6)营造良好的工作环境。良好的工作环境可以提高员工的工作效率和积极性,增强员工的归属感和忠诚度。

总的来说,建立会计人员激励机制需要从多个方面入手,包括公平竞争的用人机制、薪酬激励、人才竞争、福利待遇、考核评价以及良好的工作环境等。只有综合运用这些方法,才能使激励机制更加有效,提高会计人员的工作积极性和效率。

【拓展阅读】

管好公家钱袋子——14起财务人员
违纪违法问题案例分析[①]

2021年,中央纪委国家监委网站发布了14起出纳、会计等岗位财务人员违纪违法问题的案例剖析类报道。这类案件暴露出财务人员岗位廉政风险及相关单位财务管理混乱、财务监督流于形式等问题,值得警惕。

---

① 资料来源:于露.管好公家钱袋子——14起财务人员违纪违法问题案例分析[EB/OL].(2021-05-28)[2025-03-28]. https://www.ccdi.gov.cn/yaowenn/202105/t20210528_143408.html。

一、财务违纪行为表现

（一）买奢侈品，搞微整形，公家账户成了提款机

一件衣服 6.4 万元，一个包超过 20 万元……1990 年出生的王雪，是北京市东城区某离退休干部休养所原出纳员。仅一年多的时间，她利用职务便利，侵吞、骗取公款 720 余万元，全部用于个人奢侈消费。

与王雪相似，江苏省溧阳市残疾人联合会、市残疾人劳动服务所原出纳会计张敬宜为了在朋友圈"比拼实力"，同样是 90 后的她，挪用 129 万元公款用于微整形、购买奢侈品、出国旅游消费，以维持自己在同事眼中"白富美"的人设。

"觉得自己好可怕，我的虚荣心让我失去控制，那个看到钱就像失心疯的自己，我再也不想看到了。"为了还网贷，广西壮族自治区三江县文学艺术界联合会、三江县科学技术协会原临聘财务人员唐嘉彤上班第三天便打起了公款的主意，两年时间从单位的 4 个账户挪用公款 819 笔，共计 169 万余元，最多的一次仅一天内就挪用了 19 笔款项。

此外，还有一些财务人员内心空虚，沉迷于虚幻的网络世界，为了给网络游戏购买装备、打赏网络主播、帮网络游戏中的"爱人"在现实中投资，不惜铤而走险，挪用公款。

年纪轻、职务低，犯罪时间短但涉案金额大，记者在梳理相关案例时发现，部分基层单位年轻财务人员为追求享乐，迷失自我的问题较为突出。

（二）企图用公款"借鸡生蛋"，结果却"鸡飞蛋打"

财务人员违纪违法典型案例中，还有一些人自以为有财会知识背景、具备经济头脑，企图"借鸡生蛋"，将挪用、贪污的公款用于炒股、购买理财产品、投资实业等，结果却"鸡飞蛋打"得不偿失。

浙江省永康市下园朱农贸综合市场开发服务部原出纳胡春洁以发工资、退押金、退摊位费等名义，先后 12 次挪用单位资金 2 074 万余元用于投资，亏损高达 1 800 多万元，直到案发时账户中只剩下 200 多万元。

为了炒股，浙江省建德市委统战部原部务会议成员兼会计戚秀娟采取蚂蚁搬家的方式，先后 83 次作案，单笔金额从千余元到十万元不等。她将 128 万余元公款放进了自己的口袋，甚至为了骗取 1 000 元的慰问金，不惜编造同事亲人去世、生病住院的谎言。

因沉迷网络炒股，湖南省吉首市新兴城乡公路建设投资有限责任公司原出纳彭某花 7 个月挪用公款 776.52 万元用于网络平台投资。当她想回收资金时，相关平台均以各种借口拒绝让她取钱。直到报案后她才意识到，那些网络平台都是虚拟平台，自己遇到的其实是典型的网络诈骗。

更有甚者，有的财务人员一门心思指望"天上掉馅饼"，深陷赌博的泥沼，赌徒心理驱使他们一次次铤而走险，将手伸向了公款。例如，湖南省常德市国土资源局武陵区分局原副股

长兼出纳姚正斌在两年多的时间里挪用公款 4 484.83 万元用于网络赌博,却输得一无所有。因犯挪用公款罪,姚正斌被判处有期徒刑 12 年。

二、财务违纪行为的应对策略

(一)强化监督管理,把制度刚性立起来

从 14 起财务人员违纪违法问题典型案例中可以看出,他们能屡次得逞却未被察觉,暴露出监管失职失责、制度流于形式等共性问题。

案例中,大多数违纪违法的财务人员并不在领导岗位,有的甚至是"编外人员""临时出纳",案发单位或出于信任,或疏于监管,致使他们利用手中的财务管理权利,钻制度漏洞大肆敛财。一些违纪者提到,自己一开始的时候很害怕,但是后来却发现根本没有人注意,胆子就越来越大,导致变本加厉。张敬宜在接受调查时提到,他们单位主办会计是外聘的,平时不点保险柜里的现金,自己只要把账面做平就能蒙混过关。

"制度不单要'上墙',更要'上心'。新兴城乡公路建设投资有限责任公司在财务人员岗位安排时,没有严格执行财务印鉴、U 盾应分设的财务制度,也没有监督落实按月对账的财务规定,接到账目异常情况汇报后,也没有采取有效的应对措施。"湖南省吉首市纪委监委第五纪检监察室主任张映西认为,制度执行不力,有章不循,层层失守,是造成彭某花 7 个月挪用数百万元巨额资金的重要原因。

因履行监督管理职责不力、管辖范围内发生挪用巨额公款问题,江苏省常州市住房公积金管理中心党组书记、主任陈慧和原党组成员、纪检组长周海涛的名字,出现在中央纪委国家监委去年 12 月公开通报的六起问责典型案例中。

常州市纪委监委党风政风监督室副主任张文伟表示:"履行全面从严治党主体责任不能只喊在口上,教育管理监督也不能只浮在面上。党员领导干部要强化责任担当,在财务人员队伍管理、制度执行等方面加大日常监管力度,紧盯重点人、重点事、重点岗位和重要制度执行,推动监督干问题未发生之时。"

(二)加强自我约束,严守财务岗位职业道德

财务人员违纪违法问题的发生,也与个别财务人员放松对自我的要求、对法纪毫无敬畏之心有关。无论是跟钱打交道,还是跟账打交道,爱岗敬业、廉洁自律都是财务人员必须遵守的职业操守。值得注意的是,一些像唐嘉彤这样的年轻财务人员,由于经受考验少、意志力薄弱,加之受到享乐主义、急功近利等不良风气影响,面对诱惑往往败下阵来。

多位受访的纪检监察干部表示,财务人员身处资金密集岗位,面临较高的廉政风险,有关单位要切实加强对他们的廉洁从政教育和警示教育,使其自觉提升思想认识,树立正确的世界观、人生观和价值观,主动抵制不劳而获、贪图享受等不良思想的侵蚀,筑牢拒腐防变的思想防线。

有专家学者提出,要积极推动会计从业人员职业道德建设,着力防范贪污挪用等违纪违法行为,确保国有资产安全,在全社会培育一种诚实守信、遵纪守法的良好风气。

"会计职业道德贯穿会计工作的所有领域和整个过程,体现了社会要求与个人发展的统一。"中国社会科学院大学经济学院副教授刘泉军建议,职业道德教育要从学校开始抓起,同时兼顾在校学生的职业道德教育和会计从业人员的后续职业道德教育,使其充分认知到自己所承担的社会责任和历史担当,始终坚持准则、诚实守信、廉洁自律、服务社会。

案例一

会计 55 次挪用公款 837 万余元　监管人员失职渎职①

财会领域是发生腐败问题的高风险区,而会计岗位直接掌握资金,成为挪用公款类犯罪的重灾区。

2022 年 5 月 17 日,山西省河津市农村经济事务中心会计、执法监督股股长许世平,因挪用公款罪被判处有期徒刑 12 年。经查实,3 年多时间,许世平自己一人竟 55 次挪用公款 837 万余元。

"许世平案是'蚂蚁搬家式'贪腐的典型,必须深入剖析腐败发生的成因,对症下药,以案为鉴、以案促改、以案促治,努力确保全市财会领域资金安全、运行规范、管理有效,达到查处一案、警示一片、治理一域的效果。"河津市委常委、市纪委书记、监委主任孟力说。

一、一次操作失误暴露监管漏洞,单位公款成了个人"小金库"

"我是来投案自首的。"2021 年 9 月 30 日下午,在河津市纪委监委信访室外徘徊许久后,44 岁的许世平鼓起勇气走了进来,如实交代了自己的违纪违法事实。

随即,河津市纪委监委对许世平严重违纪违法问题开展初核并立案审查调查。同日,经运城市监委主要负责人批准,河津市监委对许世平采取留置措施。

调查中,许世平挪用套取公款的数字"账单"令调查人员震惊。2018 年 9 次挪用公款共计 94 万余元,2019 年 12 次挪用公款共计 296 万余元,2020 年 15 次挪用公款共计 240 万余元,2021 年 19 次挪用公款共计 206 万余元。许世平像蚂蚁搬家一样,55 次将贪婪的"黑手"伸向单位公款,总计挪用公款 837 万余元。

许世平 1999 年参加工作,2017 年 4 月起担任河津市农村经济事务中心会计。刚参加工作时,他也曾"想通过努力工作和辛勤付出赢得大家的赞誉,获得受人敬重的社会地位"。然而,一次偶然的操作失误打开了他的贪欲之门。

2018 年 8 月,许世平在报销其垫付的 50 元单位账户年检手续费时,因操作失误,未将系

---

① 资料来源:陆丽环. 会计 55 次挪用公款 837 万余元　监管人员失职渎职[EB/OL]. (2022-07-15)[2025-03-28]. https://news.cctv.com/2022/07/15/ARTIpmlpXGHUndZv6ZOmzvwp220715.shtml.

统自动弹出的公用经费剩余指标(20 507 元)修改为 50 元,便将套打出的纸质财政授权支付凭证加盖单位银行预留印鉴和法人印章,办理了转账支付。在发现个人银行卡上多出 2 万多元后,许世平虽内心惶恐,但并未向单位领导汇报,也未做相关退款处理。观望一个月发现未被察觉后,许世平开始有恃无恐,先后分 4 次将多出的 2 万多元提现,将这些钱用于赌博。

尝到甜头后,许世平自认为找到了不劳而获的捷径,当月便如法炮制,三次"出手"挪用 9.7 万余元。从 2018 年 8 月 6 日到 2021 年 9 月 28 日,从起初的战战兢兢到后来的肆意妄为,许世平采取虚构款项用途、伪造财政直接支付凭证、骗取银行预留印鉴等手段,以预付工程款、农村土地确权费、绩效工资、住房公积金、养老保险等名目,多次挪用公款。

2021 年 9 月 29 日,许世平赌博输光了挪用的公款。而此时,他已拖欠发放单位员工 2021 年 1~9 月绩效工资等一月有余。"戒不掉的赌瘾让我浑浑噩噩、还不了的巨额公款让我心惊胆战",走投无路之下,许世平前去投案自首。

经调查,许世平还存在违规兼职取酬等问题。2021 年 12 月 9 日,许世平受到开除党籍、开除公职处分,并依法追缴其违法所得,其涉嫌犯罪问题移送检察机关审查起诉。

二、公款被轻易挪用,暴露出财会制度监管漏洞

据河津市纪委监委第二派驻纪检监察组组长薛军介绍,许世平能够瞒天过海 55 次挪用公款未被发现的原因在于该单位资金、账户管理方面制度不健全。

据介绍,河津市农村经济事务中心在财务人员设置上,没有设置出纳,由许世平一人兼任出纳和会计,保管和使用财务票据和印鉴,这跟会计法规定的钱账分管原则相背离,在实践中无法形成有效的监督制约机制。

此外,河津市农村经济事务中心没有明确的财务印鉴使用审批程序、财政支付管理规定等制度,单位法人章也由许世平保管,导致许世平屡屡挪用公款如入无人之地。

调查中,河津市农村经济事务中心、财政局及财政国库支付中心等监管部门工作人员和分管领导多次提到,许世平是"经验丰富的老会计",盲目认为他不会出差错,因此没有严格落实日常监管制度。大额资金流向无人过问、款项用途从未细查、预留印鉴管理不当、年终审计把关不严,直到案发,相关部门无人察觉,给国家造成巨大经济损失。

河津市农村经济事务中心闲置资金未及时回收、缺乏监管,为许世平屡次挪用公款提供了便利条件。2019 年,财政预算安排下发农村土地确权工作经费,当年 1 月农村经济事务中心接收 357 万余元。由于当年无施工进度,农村经济事务中心未支出。管理漏洞加上巨额闲置资金的诱惑,给许世平挪用公款提供了机会,他将闲置的农村土地确权工作经费全部挪用,造成了财政资金流失。

"许世平利用自己能接触到单位财务和保管印章的便利,私自虚开支付凭证挪用公款。"办案人员柴伟杰说,"巨大的管理漏洞让许世平得以在 3 年多的时间里,不断上演监守自盗的

把戏。"

针对这起案件,河津市纪委监委进一步深挖细查,对市农村经济事务中心、财政局、财政国库支付中心等相关人员失职、渎职问题严肃查处,共立案14件,给予党纪政务处分14人;给予组织处理8人。

三、铤而走险源于理想信念缺失、纪法意识淡薄

从开始的认真履职,到后来的欲壑难填,理想信念缺失、纪法意识淡薄,是他走向违法犯罪深渊的根本原因。

据办案人员介绍,许世平家庭条件并不富裕,刚参加工作时,工作兢兢业业,想通过个人努力和辛勤付出赢得尊重。2012年至2016年间,许世平因职务升迁屡次碰壁,人生观、价值观逐渐产生偏差,"平时放松业务、文化和政治学习""满脑子全是纸醉金迷和声色犬马的腐朽思想"。他回忆这段时间,自己放任自流,追求低俗享乐,还自认为是"快意人生"。

2016年,在"朋友"的影响下,许世平接触了赌博,赌坊成为他解压出气的地方。自此,他更加无心上班。"接触赌博后,时而醉生梦死,时而萎靡不振,每天在赢钱的欢乐和输钱的痛苦中反复""躲在烟雾弥漫、不可告人的狭小赌坊里,一坐(一赌)就八九个小时"。许世平回忆自己沉迷赌博时的日子,说那时他"走在路上就像踩在棉花上一样不真实,忘记初心",沉迷赌博无法自拔。

赌博成瘾后,许世平逐渐丧失理智,他越赌输得越多,越输越想回本。从最初的两三千元,到后来的豪掷数十万元,工资不够就想办法兼职取酬,再不够就想办法通过小额贷款公司、信用卡等渠道借款,直到窟窿越来越大,许世平最终打起了单位公款的歪主意。

"先借用一次赢回本钱就结束""这就是最后一次",抱着这种自欺欺人的想法,许世平背弃财经纪律和职业操守,多次以身试法,挪用频次越来越高,套取金额越来越大。据统计,许世平挪用的公款837万余元全部用于赌博。2021年9月,市农村经济事务中心的公款被挪用殆尽,三年如一夜的黄粱梦醒,许世平这才发现一切为时已晚。

"许世平走上不归路,赌博是诱因,根子上是其思想出了问题。"参与办理该案的河津市纪委监委第七审查调查室工作人员袁伟峰说。

四、一体推进"三不腐",斩断挪用公款的黑手

许世平严重违纪违法案件是典型的小官巨贪问题,河津市纪委监委坚持一体推进"三不腐",在深挖彻查财会领域腐败问题的同时,督促推动相关部门开展专项整治,强化监管、用好制度、管住思想一体发力,坚决遏制此类问题发生。

许世平严重违纪违法案件暴露出监管缺位突出问题。为了发挥案件查办治本功能,今年3月,河津市纪委监委围绕单位内控制度建立和执行情况、财务收支核算、非税收入征管、财政票据管理等方面,联合市财政局对全市预算单位、财政资金管理部门及使用单位开展财

务和会计质量信息检查,切实提升行业监管水平。截至目前,共自查问题 17 个,涉及资金 4 053.5 万元,其中已整改完成 9 个,共 4 043.5 万元。

河津市纪委监委督促市农村经济事务中心、财政局、审计局等部门找准责任缺位、管理漏洞、制度空隙,建立健全财务印鉴使用审批程序、机关财务管理规定、财政支付管理规定等 13 项制度,切实筑牢监管防线。

针对河津市农村经济事务中心仅设一名会计(记账员),在日常监管中缺少相互制约、相互监督的问题,河津市纪委监委督促农村经济事务中心完善财务人员配置,设置会计、出纳各 1 名,并制定会计、出纳人员岗位职责,实现财务专用印章由会计负责保管,单位法人章、支票由出纳保管,财务经办密钥由单位财务负责人保管,审核密钥由主任保管,确保财会人员职务相互分离、相互制衡。"农村经济事务中心进行全面整改的同时,市财政局督促全市各级各单位进行自查,对发现的财务管理分设不明等问题及时整改,目前已全部整改到位。"河津市纪委监委有关负责人介绍。

在处理闲置资金方面,河津市纪委监委督促市财政局印发《关于清理部门结转结余资金的通知》,要求各单位认真梳理历年结转结余资金,按资金所属年度、资金性质进行统计清理,对超过两年的上级专项资金和当年未使用完的县级资金予以收回,统筹使用。清理中发现,河津市交警大队有相关款项 18.35 万元超过两年闲置未使用,该市财政局积极督促将闲置资金交回。截至目前,在河津市纪委监委的监督下,市财政局共清理 157 家单位,共计 4.82 亿元。

河津市纪委监委通过组织班子成员深入到全市 9 个乡镇(街道)、97 家单位,开展专题警示教育活动,组织观看许世平严重违纪违法案例警示教育片《蚁贪》,市各乡镇(街道)、市直各单位主要负责人讲廉政党课等形式,用"身边人、身边案"警醒"身边人"。"许世平小官巨贪问题让人震惊,同时也警示我们要时刻保持警醒,严格自律,遵纪守法。"河津市人社局社保中心主任李平说。

严防财会领域廉洁风险,加强财会岗位人员思想教育是重点之一。2022 年 6 月初,河津市纪委监委督促市财政局通过线上继续教育、线下业务培训、专题讲座等方式,对全市预算单位一把手和登记备案的会计人员进行财务管理培训,引导财会人员遵守工作纪律,强化职业操守。

此外,许世平严重违纪违法案还暴露出少数单位对党员干部和公职人员参赌涉赌问题重视不够、监督责任履行不到位等问题,河津市纪委监委各派驻纪检监察组压实主体责任,督促联系单位加强干部员工"八小时内"管理的同时,推动联系单位分层分级开展谈心谈话活动,教育引导广大党员干部追求积极向上的精神生活,自觉净化朋友圈,严守纪律红线和法律底线。

案例讨论：

造成许世平严重违纪违法案的主要原因是什么？

【拓展阅读】

葛家澍：科学研究是长河　而我只是一滴水①

"科学研究是长河，而我只是一滴水。"2010年，三月阳春，在"葛家澍教授从教65周年暨九秩华诞庆祝会"上，面对自己65年来的辛勤成就，葛家澍谦虚示人。正是"这滴水"，为新中国的会计教育事业、会计准则打下了深厚基础。作为这门事业的开拓者和奠基人，时至今日，葛家澍的贡献仍在科研、教育长河中熠熠生辉。

2013年11月25日，中华人民共和国会计教育事业开拓者和会计准则奠基人、厦门大学文科资深教授葛家澍先生辞世。一颗巨星在祖国东南陨落了，带去了一位执着求真、"独树一帜"的著名学者，带去了一位德高望重、宽厚慈爱的师长。然而，葛家澍波澜壮阔的一生及其丰厚的学术思想遗产，却永远地留在了泱泱鹭水旁，也留在了辽阔的华夏大地上。

一、科研长河一滴水

1942年，厦门大学接受了一位转学生。他就是葛家澍，就读二年级。3年后的夏天，他以厦门大学商学院第一名的成绩毕业并留校任教，很快就在学术方面崭露头角。

1950年起，在时任厦门大学校长王亚南教授、会计系主任萧贞昌教授等的鼓励和支持下，葛家澍发起成立"新会计研究小组"，与当时会计系的年轻教师余绪缨、黄道标等一起，全身心投入到会计理论和方法的研究之中。他开始频频发表论文，引起学界的关注。这时，他只有30多岁。

其中最具代表性的当属1956年的《试论会计核算这门科学的对象与方法》及1961年的《关于社会主义会计对象的再认识》。在这两篇论文中，葛家澍正面挑战了当时苏联专家居于绝对权威地位的论述，即会计的对象是"社会主义扩大再生产过程及其社会主义财产"。一个企业怎么能反映社会主义扩大再生产的过程？葛家澍认为这种观点过于空洞，进而提出"资金运动"的观点，即会计的对象是一个企业经营资金的运动，即把资金投到企业，其耗费、循环、周转、收回、利润等整个过程，他也因此被认为是资金运动学派。

事实上，这不仅是20世纪五六十年代我国会计界所形成的唯一有别于苏联专家的理论观点，更是当时我国会计制度中资金平衡表三段平衡的理论基础。在葛家澍的引领下，构建与中国经济制度相适应的会计理论之路，由此开启。

与此同时，1961年，葛家澍应邀参与财政部统编教材《会计原理》的编写工作，这是中华

---

① 资料来源：曹惠真. 师者匠心│葛家澍：科学研究是长河　而我只是一滴水[EB/OL]. (2022-03-22)[2025-03-28]. https://sm.xmu.edu.cn/info/1050/36914.htm.

人民共和国第一本自己的《会计原理》统编教材;同年下半年,他又承担起高教部发起的、高等学校文科统编教材《会计基础知识》的编写工作。因为这两本教材的编写,葛家澍和他所在的厦门大学会计学科,在 20 世纪 60 年代初期就确立了全国性声誉。

这种对待学术的严谨认真与热情投入,一直持续到葛家澍生命的最后一刻。快 90 岁时,葛家澍仍然坚持每天大清早起来看资料,把握国际财务最新动态、了解世界上最前沿的会计学术研究。"我闲不着啊。"当学生疼惜地提醒他"不要太累"时,葛家澍笑笑说。

二、会计学界仁勇之士

1978 年,葛家澍发表《必须替借贷记账法恢复名誉——评所谓"资本主义的记账方法"》一文。在此之前,借贷记账法被扣上了资本主义的帽子,而增减记账法等被认为才是社会主义中国的记账方法。葛家澍详细列举了扣在借贷记账法上的三重罪名,然后予以逐一回击。

文章层层推进、分析透彻,并以直白、明确的文字宣布,"一个已经经过实践检验过几百年、中华人民共和国成立以后也采用了十多年,现今仍为世界各国所广泛采用的借贷记账法,是科学严密的一种复式记账法……全盘否定借贷记账法,实际上是隔断会计发展的历史,拒绝学习和吸取外国管理方法中合乎科学的东西。"

这篇论文的发表,在一定意义上成为会计界的分水岭,为会计界全面恢复采用借贷记账法,破除了思想上的禁锢,从而促进了会计更好地服务于之后陆续到来的经济建设。葛家澍的这篇论文,以研究服务社会,对促进中国会计界拨乱反正、走向科学,厥功至伟。

时间来到 1981 年。葛家澍在厦门大学校庆学术研讨会上报告的《论会计理论的继承性》一文,是会计界的思想解放道路上的又一个标志性事件。葛家澍对于现代复式记账法之历史与理论的梳理以及批判吸收资本主义会计理论、资本主义的会计准则可以为我所用等的主张,在当时的会计学界引起关注。这篇论文的发表,不仅促进了我国会计学术界对于财务会计理论和会计准则的研究,也在一定意义上推动了我国会计界后续的会计准则的制定与发布。

从混乱岁月走过,葛家澍拨开迷雾、手掌明灯。向和平年代进发,葛家澍奠定基石、擘画蓝图。"仁者必有勇,勇者不必有仁",称葛家澍教授一句"先生",从来是众望所归。

三、"葛家军"队伍之恩师

人们把葛家澍从教 68 年来培养的弟子,统称为一支强大的"葛家军"。在这支队伍里,有第一位我国自己培养的会计学博士林志军、第一位来自台湾地区毕业于大陆(厦门大学)的会计学博士涂春永、第一位中国会计学女博士曲晓辉、第一位中国的经济学(会计学)博士后王光远……

事实上,葛家澍可谓是我国会计研究生教育和博士生教育的奠基者。1963 年,当时的教育部批准葛家澍面向全国招收研究生两名;但由于社会形势改变,已经招收的学生没有入学,会计学研究生教育暂时搁置。1980年,这份遗憾终于得到弥补。厦门大学招收了第一届经济学(会计学)研究生;1981年,国务院学位委员会学科评议组成立,葛家澍入选第一届经济学科评议组成员,成为中华人民共和国首批博士生导师,并顺利招收、指导中华人民共和国第一位经济学(会计学)博士。葛家澍关于研究生培养的很多创举,都逐步成为众多院校模仿的样板。

治学严谨之外,葛家澍留给学生的更多是关怀与感动。忆起当年,有的学生记起先生在家里为博士生上课,顺带让他们改善伙食;有的学生聊起他总会细细询问学生们的近况,关心每一位学生的生活和职业发展。同时,他也身体力行,教会学生很多做人做事的道理——心胸开阔,包容不同的学术观点;心胸豁达,"不管人家过去怎么待你,人一定要向前看。"

葛家军成员叶丰滢博士曾撰文写道:"生活中,先生是一个平和而睿智的老人,喜爱京剧,酷爱明清史。"兴致来了,葛家澍甚至会叮嘱学生"作为中国人,不听点京剧,人生就是不完整的!",颇具接地气的文人之风。

四、南强泰斗,厦大光辉

1982年,厦门大学经济学院成立,葛家澍出任创院院长,带领厦门大学经济学科迅速发展,占据国内经济学界领先地位。在全国首批重点学科评比中,厦门大学经济学院会计学、财政学、统计学获批为全国第一批重点学科。厦门大学经济学院也随之成为国内领先的经济学院。因为在会计领域的研究和影响,葛家澍也带动"厦大会计"成为厦门大学的一张名片、中国会计界的一面旗帜。

2013年4月7日,在厦门大学92周年校庆上,首次颁发了奖教金最高奖项——"南强杰出贡献奖"给两位获得者,葛家澍为其中之一。

大会上,厦门大学为葛家澍写下了这样的颁奖词:

葛家澍先生,文科资深教授,博学谦逊的经济学家、会计学家、管理学家。在神圣的科学殿堂,他是一名执着求真、勇于创新的斗士,敢于发表真知灼见,为夜行的人指明道路,被誉为"独树一帜"的学者。他开创了中国会计基础理论,将毕生心血奉献给我校会计、经济、管理学科。他曾凭借科学家的求实态度和战士般的勇敢精神,直指苏式会计的缺陷,创立了"资金运动理论",勇敢地推翻了会计的阶级属性。他年逾九旬仍孜孜不倦,醉心于科学研究与教育事业。中国的第一位会计学博士、审计学博士皆出其门下。先生育人为先重身教,治学求真亦求新,堪称学为人师、行为世范。

学为人师,行为世范。葛家澍去世后,厦门大学浙江暨杭州校友会在唁电写道:"以学术之心拨乱反正筑会计泰斗,承嘉庚精神育'葛家军'闪厦大光辉。"是为先生一生的写照。

第五章
会计舞弊、会计人员职业
道德困境与职业自律

 **知识目标**

1. 掌握会计舞弊相关概念、理论动因和主要手段；

2. 熟悉会计人员面临的职业道德困境；

3. 了解会计人员职业道德修养方式。

能力目标

1. 能够准确分析会计舞弊的动因及手段；

2. 能够准确应用职业道德修养的方法。

素养目标

1. 能够应用会计舞弊理论知识对会计舞弊案例进行较为全面、准确的分析。

2. 养成良好的会计职业道德品质。

思政园地

瑞幸咖啡会计造假事件①

2020年2月1日，美国著名的做空机构浑水公司发布了一份匿名人士提交的关于瑞幸咖啡的长达89页的做空报告，揭露瑞幸咖啡财务造假行为。报告数据由92个全职和

---

① 资料来源：佚名.瑞幸咖啡承认财务造假：2020年瑞幸咖啡事件证据及时间线梳理(EB/OL).(2020-04-14)
[2025-5-30]. https://www.reportrc.com/article/20200414/6194.html.

1 418个兼职员工对1 832家瑞幸咖啡门店进行实时监控,记录了981个工作日的门店流量,录制了11 260小时的门店流量视频,覆盖了100%的营业时间。经过对数据的分析,瑞幸咖啡单个门店每日销售商品数量在2019年第三季度和第四季度分别至少被夸大了69%和88%,每件商品的净售价至少夸大了1.23元人民币,人为地维持其有重大缺陷的商业模式。报告还指出,瑞幸咖啡夸大了其在2019年第三季度的广告费用150%以上,排除免费产品,实际的销售价格是上市价格的46%,而不是管理层声称的55%,真实情况下门店层面的亏损高达24.7%~28%。做空报告一经发出,瑞幸咖啡股价收跌10.74%,最大跌幅26.51%。

2020年4月2日,瑞幸咖啡发布公告,承认公司在2019年第二到第四季度虚增了22亿元人民币交易额,相关的费用和支出也相应虚增。消息一经公布,瑞幸咖啡当日股价下跌75.57%,最大跌幅81.3%。瑞幸咖啡采用的舞弊手段之一是虚增销量,提高每件商品净售价。浑水报告提到,瑞幸咖啡每个商店每天的商品销售数量在2019年第三季度至少夸大了69%,第四季度则夸大了88%,而瑞幸咖啡虚增销售数量的方式则是通过人为控制取餐码,使原本自然生成的连续取餐码通过跳跃、不连续的方式生成,从而增加了订单量。此外,瑞幸咖啡提高了每件商品的净售价。报告中显示,瑞幸咖啡每件商品的零售价至少虚增了1.23元,由于大量优惠券和折扣的补贴行为,瑞幸咖啡的实际售价仅为标价的46%,而非管理层所说的55%。

知识导图

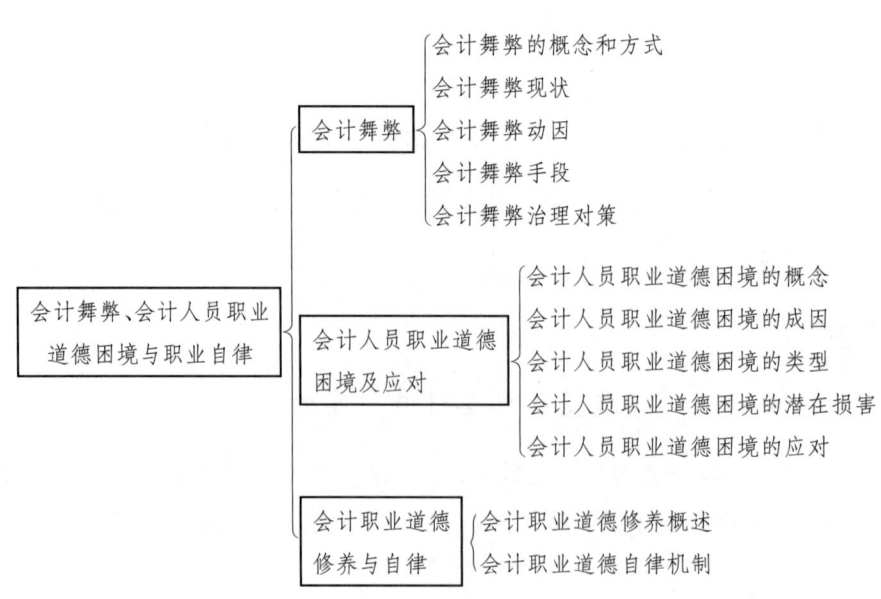

第一节 会 计 舞 弊

一、会计舞弊的概念和方式

(一)会计舞弊的概念

美国注册舞弊审核师协会(association of certified fraud examiners,ACFE)对财务报告舞弊的定义如下:有意地、故意地错报或漏报重要事实,或者提供误导性会计数据,以及在与其他所有可获得的信息一起考虑时,可能导致阅读者改变或调整判断和决定的会计数据。美国注册公共会计师协会(1997)对财务舞弊概念界定如下:公司有意识地在财务报告中故意错报重大事项,以对广大投资者披露欺诈性的财务报告。

《中国注册会计师审计准则第1141号——财务报表审计中与舞弊相关的责任》中认为舞弊是指被审计单位的管理层、治理层、员工或第三方使用欺骗手段获取不当或非法利益的故意行为。

(二)会计舞弊的方式

1. 编制虚假财务报告

(1)对编制财务报告所依据的会计记录或支持性文件进行操纵、弄虚作假(包括伪造)或篡改。

(2)在财务报告中错误表达或故意漏记事项、交易或其他重要信息。

(3)故意地错误使用与金额、分类、列报或披露相关的会计原则。

2. 侵占资产

(1)贪污收到的款项。例如,侵占收到的应收账款或将与已注销账户相关的收款转移至个人银行账户。

(2)盗窃实物资产或无形资产。例如,盗窃存货以自用或出售、盗窃废料以再销售、通过向被审计单位竞争者泄露技术资料与其串通以获取回报。

(3)使被审计单位对未收到的商品或未接受的劳务付款。例如,向虚构的供应商支付款项、供应商向采购人员提供回扣以作为其提高采购价格的回报、向虚构的员工支付工资。

(4)将被审计单位资产挪为私用。

二、会计舞弊现状

(一)全球舞弊现状

ACFE 面向全球发布舞弊调查报告,自1996年首次问世以来,每两年发布一次。面向全球各个国家各个领域的舞弊调查师 CFE 和反舞弊领域从业人员发放调查问卷,由 ACFE 成立专门的团队,投入了大量的时间和精力进行收集、分析、归纳和解释,尤其注重了解舞弊和反舞弊方面的共通性、地域性和发展趋势。

ACFE 发布《2022 年度全球舞弊调查报告》,本次调查所说明的舞弊发生在全球 133 个国家,涉及 23 个行业、2 110 起案件,其中舞弊案例涉及的直接经济损失超过 36 亿美元。ACFE 预计,舞弊为包括政府和企业在内的各类组织带来的经济损失约为全年总收入的 5%,每起案件的损失中值为 117 000 美元,每起案件的平均损失为 1 783 000 美元。

在舞弊案件中,有约 42% 的舞弊是由举报发现的,这几乎是第二种最常用方法(内部审计)的 3 倍,其中超过 50% 的举报来自企业员工。电子邮件和网络报告都超过了电话举报热线,其中电子邮件占比为 40%,基于网络的在线表格填写报告占比为 33%,电话举报热线为 27%。相比于未设有电话举报热线的组织,设有电话举报热线的组织能更快地发现舞弊,损失也更低;其中设有舞弊热线的组织的损失中值为 100 000 美元,舞弊持续时长为 12 个月;而未设有舞弊热线的组织的损失中值为 200 000 美元,舞弊持续时长为 18 个月。

关于舞弊类型,最常见且成本最低的是资产挪用,其中 86% 的案件遭受到的损失中值为 100 000 美元;最少见但成本最高的是财务报表舞弊,其中 9% 的案件遭受到的损失中值为 593 000 美元。在大多数的舞弊案例中,贪污受贿,依然是全球范围内最常见的舞弊手段。从案发到展开调查,历时 12 个月;每个案例平均每个月带来的直接经济损失为 8 300 美元。在这些案件中,有 8% 的舞弊案件涉及使用加密货币,最常适用于以下两种情形:①48% 用于行贿及回扣支付;②43% 用于转换已挪用资产。

关于受害组织信息,按行业分类的前 5 位损失中值信息如下:①房地产,损失中值为 435 000 美元;②批发贸易,损失中值为 400 000 美元;③交通运输及仓储,损失中值为 250 000 美元;④建筑业,损失中值为 203 000 美元;⑤公用事业,损失中值为 200 000 美元。员工人数最少的组织损失中值最高,为 150 000 美元。

关于舞弊实施者,组织中的所有者、高层管理者的职务犯罪比例较低(仅有 23% 的舞弊案件涉及),但是为组织带来的经济损失最大。所有者、高管带来的损失平均为 337 000 美元,经理为 125 000 美元,员工为 50 000 美元。职务犯罪大都集中在这四个部门:运营部门(占比 15%),财务部门(占比 12%),行政领导、高层管理者(占比 11%)和销售部门(占比 11%)。85% 的舞弊实施者在实施舞弊的过程中出现了舞弊的行为危险信号。仅有 6% 的舞弊实施者曾被判舞弊罪(有前科)。

关于反舞弊控制,各类舞弊防控手段,对于降低舞弊带来的经济损失,以及更快地发现舞弊的发生,都有非常明显的效果。将近一半舞弊案件的发生是由于以下两种情形:①29% 是缺乏内部控制;②20% 是现有控制被凌驾。81% 的受害组织在舞弊发生后修改了反舞弊控制,其中75%的组织增加了管理层复核流程;64%的组织增加了主动数据监控与分析的使用。

关于舞弊案件结果,61%的舞弊实施者被雇主解雇;58%的案件移交给了执法部门;在移交执法部门的案件中,66%的案件被定罪;50%的组织认为舞弊是由于自身内部纪律产生而未将案件移交执法部门。

(二)中国舞弊现状

2022年12月,由内部控制协会与企业反舞弊联盟联合发布的《中国企业反舞弊调查报告2022》正式出版,该报告自2018年首次问世以来,定期发布,该报告是第三份。

为进一步了解我国企业舞弊现状、反舞弊机制建设情况以及反舞弊机制建设有效性,在2018年、2019年面向成员单位进行两次反舞弊问卷调查的基础上,企业反舞弊联盟于2021年9月24日至11月17日开展新一轮的反舞弊问卷调查。调查对象为以各行业领军企业为主体的中国企业群体。问卷调查采用网上电子问卷方式,通过自动化与人工相结合的方式进行数据处理与分析。在梳理反舞弊的制度背景、理论与相关文献的基础上,利用问卷调查数据,调研课题组分析了企业舞弊现状与反舞弊机制建立健全情况,并开展了趋势对比分析、国内外比较分析和房地产行业分析等反舞弊专题研究,同时也讨论和分析了企业反舞弊联盟优秀的反舞弊案例,经专家组与各方面专业人士的深入讨论和修改后,《中国企业反舞弊调查报告(2022)》最终形成。该报告旨在全面展现我国经济中最有活力的代表企业中反舞弊实践情况,发现存在的问题并总结相关成功经验,助力我国企业反舞弊事业的发展。该报告可为企业稳步推进反舞弊机制的建设、确保企业反舞弊制度建设落到实处以及为监管层制定政策提供参考与借鉴。

关于舞弊环节,报告指出,采购和销售这两个环节发生舞弊的概率最高,舞弊者出现在各个公司的销售部和采购部的次数也最多,在504家被调研企业中分别为230次(1 670人)和176次(514人)。

关于舞弊方式,收受贿赂和回扣、侵占资产案件频数占比高,分别为52%和24%,与《中国企业反舞弊调查报告(2019)》相比,舞弊案例中最常见的两个作案方式未发生变化。

该报告指出,舞弊案件的平均持续时间主要是7~12个月,接下来是少于6个月,再者是13~18个月,三者之和占比达到了82%。并且,舞弊持续时间越长,舞弊案件造成的损失越大。

企业发现舞弊的前三种渠道分别是内部举报热线(79%)、内部审计(75%)以及外部举报(50%),这与《中国企业反舞弊调查报告(2019)》保持一致。据中央纪委国家监委网站2022年1月21日通报,2021年,全国纪检监察机关共接收信访举报386.2万件次,处置问题线索182.6万件,立案63.1万件,处分62.7万人。举报是发现违规的重要渠道。

舞弊案件的直接证据来源中,访谈中承认(77%)和财务数据或凭证(57%)是舞弊案件最主要的两个直接证据来源,与《中国企业反舞弊调查报告(2019)》中的 26% 和 28% 相比有了较大的提升。

92%的企业设置了举报平台,举报平台设置与应用呈现了更多样化的特征。电子邮箱举报方式应用最为广泛,占比 96%;其次是电话热线,占比 92%。

当前被内部审计应用最多的十大新技术(及其频率)依次为:审计电子档案(67%)、大数据技术(59%)、数据挖掘(54%)、审计数据仓库(46%)、在线审计(43%)、信息系统审计(42%)、深度学习(38%)、知识图谱(37%)、审计数据中台(37%)、可视化技术(35%)。

反舞弊相关的人才储备也是反舞弊文化中的重要组成部分。一些专业资格称号体现了反舞弊的专业技能,如注册会计师(CPA)、国际注册内部审计师(CIA)、国际注册反舞弊师(CAP)等。

黑名单共享系统在企业界的认可度较高。黑名单类似于我国现行的"失信被执行人名单",让不诚信行为暴露在阳光之下,提高失信行为成本,达到预防不诚信行为的作用。

三、会计舞弊动因

会计理论界对会计舞弊动因提出诸多理论解释,主要包括以下几种。

(一)舞弊冰山理论

1895 年,心理学家弗洛伊德与布罗伊尔合作发表《歇斯底里研究》,弗洛伊德著名的"冰山理论"也就传布于世。该理论认为人的人格就像海面上的冰山一样,露出来的仅仅只是一部分,即有意识的层面;剩下的绝大部分是处于无意识的,而这绝大部分在某种程度上决定着人的发展和行为。1999 年,Bologna G. Jack & Lindquist Robert J. 将该理论应用于会计舞弊,提出了"舞弊冰山理论"。该理论把舞弊行为比作海上的一座冰山,按照舞弊的结构和行为将舞弊划分为海面上和海面以下两部分:露出海面的部分是舞弊结构方面的考虑因素,是舞弊发生的表面原因。这部分内容很容易被发现和察觉,主要包括内部控制、治理结构、经营情况和目标、财务状况等;而舞弊行为方面的考虑因素是处在海面以下的部分,它是舞弊发生的根本原因。该部分内容并不是显而易见的,特别是当被行为主体故意隐瞒和掩饰时,更加难以察觉,它主要包括舞弊主体的价值观、道德水平、贪婪程度、诚信观等。根据该理论(图 5-1),在海面之上的仅仅只是舞弊考虑因素的一小部分,而导致舞弊的关键因素是行为方面的,真正起主导作用的部分在海面以下。因此,在研究舞弊时应结合结构和行为两方面的因素加以考虑,并重点关注行为方面的因素,它是舞弊发生的最根本动因。

(二)舞弊三角理论

舞弊三角理论由 ACFE 的创始人、美国会计学会会长史蒂文·阿伯雷齐特(Steve

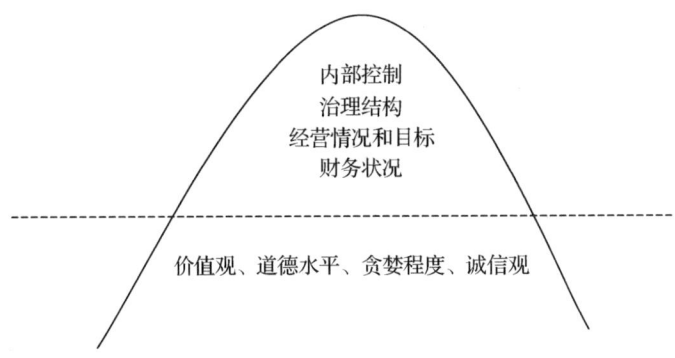

图 5-1 舞弊冰山理论

Albrecht)提出,他认为,企业舞弊的产生由压力(pressure)、机会(opportunity)和自我合理化(rationalization)三要素组成,就像必须同时具备一定的热度、燃料、氧气这三要素才能燃烧一样,缺少了上述任何一项要素都不可能真正形成企业舞弊。压力可能是经营或财务上的困境以及对资本的急切需求。机会可能是宽松的或松懈的控制以及信息不对称。而自我合理化则可能是"我只是向公司借而不是偷""我们只是为了暂时渡过困难时期""我的出发点是为了一个很好的愿望"等借口。舞弊三角中的三个因素是两两相互作用的。舞弊三角理论如图 5-2 所示。

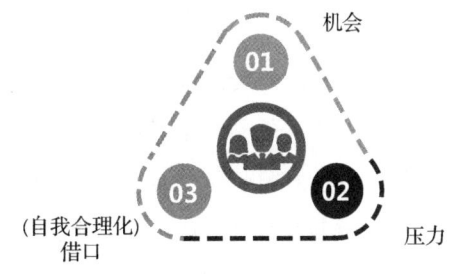

图 5-2 舞弊三角理论

企业舞弊产生的原因是由压力、机会和自我合理化(借口)三要素组成的,这三者也是美国最新的反舞弊准则(SAS No. 99)提醒注册会计师应该关注的舞弊产生的主要条件。

(1) 压力要素是企业舞弊者的行为动机。刺激个人为其自身利益而进行企业舞弊的压力大体上可分为四类:经济压力、恶癖的压力、与工作相关的压力和其他压力。

(2) 机会要素是指可进行企业舞弊而又能掩盖起来不被发现或能逃避惩罚的时机,主要有六种情况:缺乏发现企业舞弊行为的内部控制、无法判断工作的质量、缺乏惩罚措施、信息不对称、能力不足和审计制度不健全。

(3) 真正形成企业舞弊还有最后一个要素——自我合理化(借口),即企业舞弊者必须找到某个理由,使企业舞弊行为与其本人的道德观念、行为准则相吻合,无论这一解释本身是否真正合理。企业舞弊者常用的理由有:这是公司欠我的、我只是暂时借用这笔资金、肯定会归还的、我的目的是善意的、用途是正当的等。

(三) 舞弊 GONE 理论

1993 年美国学者 G. J. Bologua 基于"经济人"的经济学假设首次提出了 GONE 理论,而这一理论中也首次提出了"暴露"这一舞弊风险因子。GONE 理论认为舞弊是由 G(greed)—贪婪,O(opportunity)—机会,N(need)—需求,E(exposure)—暴露这 4 个舞弊风险因子共同作用造就的结果。在这一理论中,G 因素和 N 因素属于个人角度的舞弊动因,属于舞弊的内部因素,而 O 因素和 E 因素则是从组织的角度来分析,属于舞弊的外部因素。舞弊GONE 理论如图 5-3 所示。

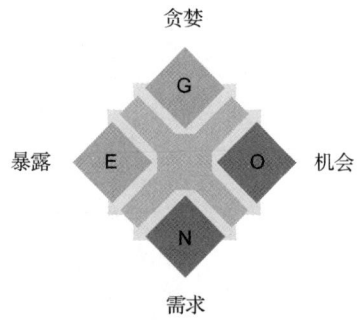

图 5-3 舞弊 GONE 理论

N 因素即需求因素,是 GONE 理论机制中的基础,需求产生了财务舞弊的动机,它是决定企业是否会进行财务舞弊的关键因素。正当的会计行为动机产生适当的会计行为;反之,不良的会计行为则会形成不当的会计行为,即财务舞弊。通常情况下,若企业股价下跌,为了获得股价的回升或者企业现金流出现问题的时候,则企业存在财务舞弊的风险。

G 因素即贪婪因素,主要是道德层面的一个因素,它体现的是对企业高管个人的价值判断。企业高管的判断中,符合其利益需求的则会继续实施,不符合其利益需求的则直接拒之门外,在这种情况下,当企业决策者的道德层面处于一个相对较低的位置时,在其看来实施财务舞弊是符合其价值取向的做法,则会继续实施财务舞弊行为。

O 因素即机会因素,主要是指企业的高管层存在更多的财务造假的机会因素的可能性。因为在企业中,管理者手中的权利较普通员工更多,所以必须对管理者权利加以监督管理,否则,管理者就很有可能利用职务之便,利用手中的权利实施财务造假,获取非法利益。

E 因素即暴露因素,主要包括两个层次,一是财务舞弊行为是否会被发现,二是舞弊行为被发现后的舞弊成本有多大,及对于舞弊行为的处罚力度。如果舞弊行为被发现的概率较小,则财务舞弊的实施者通常就会抱着侥幸心理去实施财务舞弊行为。此外,对于发现财务舞弊后的处罚力度,如果财务舞弊实施者觉得舞弊成本没有多大,实施财务舞弊即使被发现了也就那样,不会有什么影响,则会让财务舞弊的实施者没有什么畏惧,进而去实施财务舞弊行为。除了对于财务舞弊的处罚力度不够高之外,如果对于财务舞弊的检举揭发奖励力度不够依然会导致财务舞弊行为的发生,所以,在财务舞弊的检举揭发奖励力度上要加大投入。

(四)舞弊风险因子理论

舞弊风险因子理论是对 GONE 理论的进一步完善。GONE 理论涉及舞弊暴露、舞弊机会、舞弊需求以及舞弊贪婪四项要素,而舞弊风险因子理论则是在四项要素的基础上进一步延伸的结果,其包括一般风险因子与个别风险因子两大类型,其中前者涉及舞弊机会、舞弊暴露的可能性等要素;后者则涵盖舞弊动机与道德品质要素。

在现阶段的理论中,舞弊风险因素被划分为五个方面,包括动机、道德品质、机会、暴露的可能性和处罚力度。其中舞弊主体的道德品质与舞弊动机是舞弊行为发生的内因,与舞弊主体自身有关无法从外部环境加以操控,因此是个别风险因子。

舞弊机会是舞弊主体实施舞弊行为的可能性,如果舞弊主体的权利得不到有效的监督制约,舞弊行为便有了机会。相反通过完善内部控制,加强审计监督等方式可以降低舞弊机会发生的可能性。舞弊暴露的可能性以及受惩罚的程度则影响舞弊主体的事前判断,即舞弊行为的风险成本与非法获益相比是否能够承受。通过严格完善监督机制,加大处罚力度等方式可以有效在事前减少舞弊行为的发生。舞弊机会、舞弊暴露的可能性、受惩罚的程度这三个因素可以从外部环境加以影响制约,因此是一般因子。

当个别因子和一般因子结合在一起同时发挥作用,且舞弊主体认为有利时,舞弊行为发生的概率便会大大增加。

四、会计舞弊手段

《中国注册会计师审计准则 1141 号——财务报表审计中与舞弊相关的责任》列举了管理层超越内控制度实施舞弊方法的手段:

(1) 编制虚假会计分录,特别是在临近会计期末时。

(2) 滥用或随机变更会计政策。

(3) 不恰当调整会计估计或会计假设。

(4) 故意漏记、提前确认或推迟确认报告期内交易事项。

(5) 隐瞒可能影响财务报表金额的事实。

(6) 构造复杂交易以歪曲财务状况或经营成果。

(7) 篡改与重大或异常交易相关的会计记录和交易条款。

收入是利润的来源,直接关系到企业的财务状况和经营成果。有些企业为了达到粉饰财务报表的目的而采用虚增、隐瞒、提前或延后确认收入等方式实施舞弊。在财务报表舞弊案件中,涉及收入确认的舞弊占有很大比例,收入确认已成为注册会计师审计的高风险领域。

2019 年 12 月 21 日,中国注册会计师协会(以下简称中注协)发布《中国注册会计师审计准则问题解答第 4 号——收入确认》,该文件对上市公司财务舞弊中收入舞弊手段进行了归纳。

(一) 为了达到粉饰财务报表的目的而虚增收入或提前确认收入

1. 虚构销售交易

(1) 在无存货实物流转的情况下,通过与其他方(包括已披露或未披露的关联方、非关联方等)签订虚假购销合同,虚构存货进出库,并通过伪造出库单、发运单、验收单等单据,以及虚开商品销售发票虚构收入。

（2）在多方串通的情况下，通过与其他方（包括已披露或未披露的关联方、非关联方等）签订虚假购销合同，并通过存货实物流转、真实的交易单证票据和资金流转配合，虚构收入。

（3）被审计单位根据其所处行业特点虚构销售交易。例如，从事网络游戏运营业务的被审计单位，以游戏玩家的名义，利用体外资金购买虚拟物品或服务，并予以消费，以虚增收入。

从是否涉及安排货款回笼的角度看，被审计单位可能通过两种方式掩盖虚构的收入。一种是虚构收入后无货款回笼，虚增的应收账款/合同资产通过日后不当计提减值准备或核销等方式加以消化。另一种方法相对复杂和隐蔽，被审计单位会使用货币资金配合货款回笼，并需要解决因虚构收入而带来的虚增资产或虚减负债问题。在这种情况下，虚构收入可能对许多财务报表项目均会产生影响，包括但不限于货币资金、应收账款/合同资产、预付款项、存货、长期股权投资、其他权益工具投资、固定资产、在建工程、无形资产、开发支出、短期借款、应付票据、应付账款、其他应付款、营业收入、营业成本、税金及附加、销售费用等。

被审计单位采用上述第二种方法虚构收入时，相应确认应收账款/合同资产，同时通过虚假存货采购套取其自有资金用于货款回笼，形成资金闭环。但通过虚假存货采购套取的资金金额可能小于虚构收入金额，或者对真实商品进行虚假销售而无需虚构存货，导致虚构收入无法通过上述方法套取的资金实现货款全部回笼，此时，被审计单位还可能采用如下手段：

一是通过虚假预付款项（预付商品采购款、预付工程设备款等）套取资金用于虚构收入的货款回笼。

二是虚增长期资产采购金额。被审计单位通过虚增对外投资、固定资产、在建工程、无形资产、开发支出等购买金额套取资金，用于虚增收入的货款回笼。形成的虚增长期资产账面价值，通过折旧、摊销或计提资产减值准备等方式在日后予以消化。

三是通过被投资单位套取投资资金。被审计单位将资金投入被投资单位，再从被投资单位套取资金用于虚构收入的货款回笼，形成的虚增投资账面价值通过日后计提减值准备予以消化。

四是通过对负债不入账或虚减负债套取资金。例如，被审计单位开具商业汇票给子公司，子公司将票据贴现后用于货款回笼。

五是伪造回款单据进行虚假货款回笼。采用这种方法通常会形成虚假货币资金。

六是对应收账款/合同资产不当计提减值准备。

七是被审计单位实际控制人或其他关联方将资金提供给被审计单位客户或第三方，客户或第三方以该笔资金向被审计单位支付货款。资金可能来源于被审计单位实际控制人或其他关联方的自有资金，也可能来源于对被审计单位的资金占用或通过被审计单位担保取得的银行借款。例如，被审计单位及其控股股东与银行签订现金管理账户协议，将被审计单位的银行账户作为子账户向控股股东集团账户自动归集(参见《中国注册会计师审计准则问题解答第 12 号——货币资金审计》),实现控股股东对被审计单位的资金占用,控股股东将该资金用于对被审计单位的货款回笼。又如,被审计单位以定期存款质押的方式为关联方提供担保,关联方取得借款后用于货款回笼。

需要注意的是,被审计单位在进行虚构收入舞弊时并不一定采用上述某一种方式,可能采用上述某几种方式的组合。例如,被审计单位生产非标准化产品,毛利率不具有可比性,可能无需虚构大量与虚增收入相匹配的存货采购交易,可以通过实际控制人或其他关联方的体外资金,或以虚增长期资产采购金额套取的资金实现货款回笼。

2. 进行显失公允的交易

(1) 通过与未披露的关联方或真实非关联方进行显失公允的交易。例如,以明显高于其他客户的价格向未披露的关联方销售商品。与真实非关联方客户进行显失公允的交易,通常会由实际控制人或其他关联方以其他方式弥补客户损失。

(2) 通过出售关联方的股权,使之从形式上不再构成关联方,但仍与之进行显失公允的交易,或与未来或潜在的关联方进行显失公允的交易。

(3) 与同一客户或同受一方控制的多个客户在各期发生多次交易,通过调节各次交易的商品销售价格,调节各期销售收入金额。

3. 在客户取得相关商品控制权前确认销售收入

例如,在委托代销安排下,在被审计单位向受托方转移商品时确认收入,而受托方并未获得对该商品的控制权。又如,在客户取得相关商品控制权前,通过伪造出库单、发运单、验收单等单据,提前确认销售收入。

4. 通过隐瞒退货条款,在发货时全额确认销售收入

5. 通过隐瞒不符合收入确认条件的售后回购或售后租回协议,而将以售后回购或售后租回方式发出的商品作为销售商品确认收入

6. 在被审计单位属于代理人的情况下,被审计单位按主要责任人确认收入

例如,被审计单位为代理商,在仅向购销双方提供帮助接洽、磋商等中介代理服务的情况下,按照相关购销交易的总额而非净额(佣金和代理费等)确认收入。又如,被审计单位将虽然签订购销合同但实质为代理的受托加工业务作为正常购销业务处理,按照相关购销交易的总额而非净额(加工费)确认收入。

7. 对于属于在某一时段内履约的销售交易,通过高估履约进度的方法实现当期多确认收入

8. 当存在多种可供选择的收入确认会计政策或会计估计方法时,随意变更所选择的会计政策或会计估计方法

9. 选择与销售模式不匹配的收入确认会计政策

10. 通过调整与单独售价或可变对价等相关的会计估计,达到多计或提前确认收入的目的

11. 对于存在多项履约义务的销售交易,未对各项履约义务单独进行核算,而整体作为单项履约义务一次性确认收入

12. 对于应整体作为单项履约义务的销售交易,通过将其拆分为多项履约义务,达到提前确认收入的目的

（二）为了达到报告期内降低税负或转移利润等目的而少计收入或推迟确认收入

（1）被审计单位在满足收入确认条件后,不确认收入,而将收到的货款作为负债挂账,或转入本单位以外的其他账户。

（2）被审计单位采用以旧换新的方式销售商品时,以新旧商品的差价确认收入。

（3）对于应采用总额法确认收入的销售交易,被审计单位采用净额法确认收入。

（4）对于属于在某一时段内履约的销售交易,被审计单位未按实际履约进度确认收入,或采用时点法确认收入。

（5）对于属于在某一时点履约的销售交易,被审计单位未在客户取得相关商品或服务控制权时确认收入,推迟收入确认时点。

（6）通过调整与单独售价或可变对价等相关的会计估计,达到少计或推迟确认收入的目的。

五、会计舞弊治理对策

舞弊现状不容乐观、传统反舞弊机制的建立健全仍待加强、新兴反舞弊机制需给予重视。结合当前舞弊的现状,《中国企业反舞弊调查报告（2022）》报告强调并提出如下建议。

（一）重视舞弊高风险区域

第一,采购部和销售部应作为反舞弊工作的重点,其中房地产行业需要特别关注其销售环节存在的舞弊风险。第二,企业应在收受贿赂、回扣和侵占资产方面制定相应的防范措施,减少舞弊案件的发生。第三,企业应注重建立对销毁电子文档及档案、新建假档案、篡改对账信息、销毁档案的内控防范措施,进而抑制舞弊者的隐藏行为。

（二）重视舞弊低龄化问题

从提高思想素质、加强制度约束、完善工作激励等三方面引导年轻员工正确面对工作和生活压力,守住道德和法律的底线,树立正直诚信的价值观。

（三）关注员工的异常行为

我们要重点关注那些影响个人行为的主观化、个性化的因素,包括个人素养、价值取向、

生活或工作态度等。

(四) 健全舞弊发现渠道

设置举报制度,实质上是"发动群众的力量",赋予全体员工对舞弊行为的监督权,实现全民监督,减少舞弊发生的机会。作为企业发现舞弊的重要形式,企业应重视举报制度的建立健全,丰富举报的形式和渠道,在更大程度上激励和保护举报者,使得举报者"敢于发声"。与此同时,应重视大数据技术在舞弊发现中的作用,采用大数据技术赋能反舞弊工作,提高反舞弊部门侦测和预警舞弊行为的能力,进而使得舞弊行为无处遁形。

(五) 加强内部控制"2.0 时代"制度建设

第一,监管机构完善内部控制规范制度,推动企业提高内部控制管理水平;第二,企业强化内控制度有效落地,充分发挥内控价值;第三,灵活应对外部环境不确定性,利用数字化技术为内控赋能;第四,着重改善薄弱环节内控,同时鼓励企业个性化加强内控建设。

(六) 完善黑名单制度

作为企业反腐的重要力量,黑名单制度的建设应受到重视和完善。首先,政府相关部门应出台统一的《员工"黑名单"管理制度》,明确"黑名单"的认定和实施标准,使企业黑名单制度得到保护与规范,做到有法可依,保障企业与员工的合法权益。其次,构建统一的员工"黑名单"公示平台,譬如企业反舞弊联盟的黑名单共享系统,行业需要完善针对被列入"黑名单"员工的联动惩戒机制,以促进员工"黑名单"制度的建立和完善,从而推动诚信信息数据在更广范围内共享,让舞弊行为在阳光中无处藏身。

(七) 推动民企反腐的立法

民营企业反腐难的关键在于民营企业产权保护不足,因此加强对民营企业产权保护的相关立法刻不容缓。同时,执法机关与司法机关应该对民营企业的腐败案件予以重视。

(八) 加强企业诚信文化建设

高层领导对诚信足够的重视是企业诚信文化培育的前提,企业员工对诚信的普遍认同是企业诚信文化建设的基础,内部审计、内部控制等反舞弊正式制度是诚信文化得以延续的保障。

(九) 利用新技术反舞弊

对于企业反舞弊,审计部门奋勇当先,因此审计部门在新技术方面也不能落后,尤其是信息系统审计、深度学习等,而企业加快数字化转型是舞弊减少的根本。企业数字化转型就是将企业现实世界中的业务都映射到数字世界中,即令企业的每一笔业务都记录为电子数据。经历了数字化转型的企业,其所有业务都暴露在阳光之下,这让潜在的舞弊者无隙可乘。

第二节　会计人员职业道德困境及应对

在当今社会,会计职业道德的重要性日益凸显。会计人员作为企业、机构等组织中的重要角色,他们的职业道德水平直接影响到组织的财务状况和声誉。然而,现实中我们发现,许多会计人员面临着职业道德的困境。如何解决这些问题,提高会计人员的职业道德水平,成为社会关注的焦点。

很多会计人员认为提高专业技术能力很重要,并通过不断获取更高的资格证书来证明自己的专业技术能力,在教育阶段花费大量的精力和金钱用于提升自身的专业能力。但是纵观国内外大量的会计造假事件,很少是因为专业技术能力问题而导致的。相反,很多会计造假事件,是因为违背了诚信、客观公正等职业道德规范所导致的。这种现象产生的原因在于会计人员所面临的职业道德困境。

一、会计人员职业道德困境的概念

从职业和岗位角色来看,会计人员属于会计行业的从业人员,应当遵循会计职业道德规范,按照国家统一的会计制度及相关法律规定要求,如实地反映企业经济业务的实际情况,将会计信息提供给信息使用者。同时会计人员又属于企业的员工,应该站在企业角度,维护企业利益。但是在实际工作中,当会计人员遵循职业道德去维护股东、金融机构、社会公众等主体的利益时,可能会与企业,特别是企业管理层的利益相冲突,这样就产生了职业道德困境。这种困境往往使得他们在履行职责、秉持职业道德的过程中,面临诸多挑战和考验。

二、造成会计人员职业道德困境的原因

造成会计人员职业道德困境的原因主要包括以下几点。

(一) 利益冲突

在企业运营过程中,会计人员可能会遇到自身利益与其他利益相关者之间的冲突,如为了个人晋升、奖金等利益而违背职业道德,为企业提供不实财务信息。

(二) 诚信危机

在市场竞争激烈的情况下,部分企业为了追求短期利益,要求会计人员采取不正当手段,如虚增收入、虚减成本等,导致诚信危机。

(三) 法律法规考验

会计人员在实际工作中,可能会遇到违反财经法律法规的情况,如逃税、造假等,使他们在守法与违规之间产生道德困境。

(四) 社会风气影响

不良的社会风气和行业潜规则,可能使会计人员受到负面影响,导致职业道德观念弱化。

(五) 工作压力与心理负担

会计人员在工作中需要承担大量责任和压力,如处理复杂的经济业务、满足各方的信息需求等,可能导致他们在职业道德上产生疲惫和懈怠。

三、会计人员职业道德困境的类型

会计人员职业道德困境主要是会计信息涉及的利益相关者众多引起的。这些利益相关者之间的利益通常不一致,关注的会计信息重点也不同。会计人员在提供会计信息的过程中,经常会面临利益相关者利益不一致所导致的职业道德困境。其中比较典型的职业道德困境有以下三种。

(一) 管理层利益与企业利益相矛盾导致的职业道德困境

在现代企业中,所有权与经营权相分离,股东不直接参与企业的经营管理,而是通过聘请经理人的方式来管理企业。股东为了考核职业经理人是否完成了股东所委托的任务,就需要依据企业经营绩效信息,会计信息就成为判断经理人绩效的依据。因此,经理人就有动力对会计信息施加影响,并运用职位权利向会计人员施压。当会计人员面临来自上级的不恰当的施压,同时考虑到会计准则、职业道德的要求时,就会产生职业道德困境。

而管理层在追求自身利益的同时,需要考虑到企业的整体利益,而这两者之间可能存在矛盾。在这种情况下,管理层需要做出决策,而这些决策可能会影响到企业的整体利益和未来发展。于是管理层可能会面临职业道德的困境。如果他们追求自身利益,可能会影响到企业的整体利益,这可能违背了职业道德的要求。而如果他们优先考虑企业的整体利益,可能会影响到自身的利益和职业发展。

这种困境可能表现在以下几个方面。

1. 决策冲突

管理层在做出决策时,可能会面临个人利益和企业利益的冲突。如果他们的决策有利于自身利益,但不利于企业的整体利益,这可能违背了职业道德的要求。

2. 利益诱惑

管理层可能会面临外部的利益诱惑,如接受贿赂、进行不正当的关联交易等。这些行为可能会影响到企业的利益和未来发展,但同时也可能给管理层带来巨大的经济利益。

3. 压力和威胁

管理层可能会受到来自上级或股东的压力和威胁,要求他们做出不利于企业的决策,或者牺牲企业的利益来满足个人的利益。这种情况下,管理层需要做出决策,但这些决策可能会违背职业道德的要求。

为了解决这种困境,管理层需要具备高尚的职业道德操守和良好的职业素养。他们需要认识到自身利益和企业利益之间的关系,并始终坚持职业道德的原则,为企业的发展和未来考虑。同时,企业也需要建立完善的内部控制机制和监督机制,防止管理层滥用职权、追求个人私利而损害企业的整体利益。

(二)金融机构利益与企业利益相矛盾导致的职业道德困境

企业为了实现持续发展,通常有融资需求。为了融资方案能够顺利通过金融机构的审核,企业经理人可能会对财务会计人员进行施压,要求其执行不恰当的会计处理和信息披露。一方是金融机构的利益,另一方是企业的利益,在此情形下,会计人员会产生职业道德困境。

在这种情况下,会计人员需要遵循职业道德的要求,对企业的财务状况进行真实、公正、准确的反映和记录。然而,如果金融机构的利益与企业利益存在冲突,会计人员可能会面临职业道德的困境。例如,金融机构可能会要求会计人员编制虚假财务报表,以掩盖其不良贷款或提高其业绩表现。这种行为可能会违背职业道德的要求,导致会计人员陷入职业道德的困境。

为了解决这种困境,金融机构的会计人员需要具备高尚的职业道德操守和良好的职业素养。他们需要认识到自身职责的重要性,始终坚持职业道德的原则,为企业的长远发展考虑。同时,金融机构也需要建立完善的内部控制机制和监督机制,防止其滥用职权、追求个人私利而损害企业的整体利益。

此外,金融机构也需要加强对会计人员的管理和教育,提高其职业道德素质和职业操守。会计人员是金融机构最宝贵的资源之一,只有当他们具备高尚的职业道德操守和良好的职业素养时,金融机构才能更好地履行其社会责任,提供优质的金融服务。

(三)政府利益与企业利益相矛盾导致的职业道德困境

在企业财务实践中,会计人员常面临政府利益与企业利益相矛盾导致的职业道德困境,集中体现在税法合规要求与企业利润最大化目标的对立、监管信息披露标准与企业商业机密保护的冲突,以及财政资金使用规范与企业资源灵活调配的张力等方面。

在税法合规与税务筹划的边界博弈中,政府要求企业如实核算应纳税额,而企业为降低税负可能进行违规操作。如管理层要求提前确认收入或虚增研发费用以套用税收优惠,会计人员面临服从企业指令违反准则、拒绝则可能被视为工作不力的两难境地。

信息披露环节,政府监管强调财务数据真实完整,企业却可能为维护市值或竞争优势隐瞒不利信息。例如上市公司暂缓计提应收账款减值、国企模糊关联交易细节等,会计人员需在遵守监管规定与配合企业需求间抉择,稍有偏差便可能面临指责。

面对此类困境,会计人员承受着职业生存、情感责任与后果不可预测的三重压力。拒绝违规可能遭遇职场排挤,对企业的忠诚与职业信仰产生冲突,且可能因举证困难陷入法律风险。

对此,会计人员应坚守《会计职业道德规范》,明确《会计法》等法律底线,以《企业会计准则》《税法》为依据向管理层说明违规后果,运用专业理性避免被动服从,并借助内部审计、外部监管等渠道寻求支持。需认识到,短期迎合企业不合理诉求危害行业公信力,唯有坚守准则,才能构建企业可持续的财务信用体系,实现政府监管目标与企业长远利益的统一。这一过程虽充满挑战,却体现了会计职业维护财务信息真实公正的核心价值。

四、会计人员职业道德困境的潜在损害

会计人员面临职业道德困境,有可能导致其做出违反职业道德规范的会计行为,进而对企业、个人及其他利益相关者造成损害。其潜在损害具体表现在以下三个方面。

(一) 损害企业的会计信息质量

在职业道德困境下,如果财务会计人员屈从于经理人的压力,进行不恰当的会计处理,并将相关会计信息进行披露,将严重损害企业会计信息的质量。

1. 虚假披露

企业违反信息披露的真实性要求,通过不合法的手段虚构账目,不遵守相关的法律法规进行账务处理,人为粉饰财务报表,向外部披露虚假财务信息。例如多计收入、少计成本等。

2. 披露部分会计信息

企业违反信息披露的完整性要求,有选择性地披露愿意披露的事项,而未进行充分、完整的披露。例如,会计信息披露时,报喜不报忧,仅披露对企业利好的消息,而对于不好的消息,选择性地不予披露,从而对信息使用者形成误导。

3. 选择会计信息披露时机

企业违反信息披露的及时性要求,根据自身需要,在信息披露的时机上进行选择,提前或者延后披露会计信息。对于信息披露的时间,资本市场虽然制定了相关要求,但是管理层依然拥有自主选择的空间。对于财务报告等定期公告的披露时间,管理层的自主决策权和机动灵活性都较弱;对于业绩预告的披露时间,管理层相对而言具有较大的时间选择空间。"提前披露好消息,延迟披露坏消息"就是典型的披露时机选择行为。

4. 含糊披露

企业违反信息披露的准确性要求,会计信息披露的语言含糊不清、模棱两可、避重就轻、避实就虚,给信息使用者很大猜测空间。企业会计信息的含糊披露,使信息使用者对企业会计信息披露的内容难以达成共识,降低信息使用者对企业坏消息的负面反应,从而实现掩盖

事实真相的目的。

5. 未能有效执行内部控制

如果会计人员未能有效执行内部控制,可能会导致财务报表出现错误、欺诈和舞弊等行为。例如,未能严格遵守内部审计制度、财务审批制度和不相容职务分离等内部控制要求,可能导致财务报表出现重大错报或漏报。

6. 缺乏职业操守和诚信

如果会计人员缺乏职业操守和诚信,可能会在处理财务数据和编制财务报表时,存在造假、隐瞒或延迟披露等行为。这可能会导致投资者和利益相关者对企业的财务状况产生误判,从而做出错误的决策。

为了保障企业的会计信息质量,需要加强对会计人员的职业道德教育和管理。企业应建立完善的内部控制体系和监督机制,确保会计人员能够遵循职业道德规范,保持独立性、专业知识和职业操守。同时,对于违反职业道德的行为,企业应严肃处理并追究责任,以维护企业的声誉和投资者的利益。

(二) 损害利益相关者的利益

在职业道德困境下,如果会计人员屈从于经理人的压力,进行不恰当的会计处理,并将相关会计信息进行披露,若利益相关者根据质量受损的会计信息做出决策,将严重损害利益相关者的利益。

会计信息的利益相关者包括股东、债权人、客户、供应商、政府部门等。对于股东来讲,若会计信息存在问题,将严重误导股东对企业资产质量、偿债能力、盈利能力和营运效率等的合理评价,进而做出错误的投资决策,损害股东的利益。对于债权人和供应商来讲,若会计信息存在问题,将严重误导债权人、供应商对企业偿债能力和财务风险的合理评价,进而做出错误的借贷决策,损害债权人和供应商的利益。对于客户来讲,若会计信息存在问题,将严重误导客户对企业资信状况的合理评价,进而做出错误的购买决策,损害客户的利益。对于政府部门来讲,若企业根据严重扭曲的会计信息申报纳税,申请财政补贴,由此可能会给政府部门带来税收、财政资金上的损失。此外,若政府监管机构依据严重扭曲的会计信息对企业税负、产值、就业等方面进行评价,据此得出的宏观决策也将难以发挥实效,对政府监管机构的利益形成损害。如果会计人员丧失职业道德,可能会导致会计信息失真、不完整或不透明,从而误导利益相关者的决策,给他们带来经济损失。

具体来说,会计人员职业道德困境可能对利益相关者造成的损害包括以下几个方面。

1. 误导投资决策

如果会计人员故意篡改财务报表信息或隐瞒重要信息,可能会误导投资者做出错误的投资决策,导致投资亏损或资产流失。

2. 债权人利益受损

如果会计人员不诚实或隐瞒企业真实的财务状况,可能会导致债权人错误评估企业的偿债能力,进而做出错误的贷款决策。这可能会损害债权人的利益,导致贷款无法得到清偿。

3. 供应商和客户利益受损

如果会计人员不诚实或隐瞒企业真实的财务状况,可能会导致供应商和客户错误评估企业的信用状况和支付能力,进而做出错误的商业决策。这可能会损害供应商和客户的利益,导致贸易纠纷或经济损失。

4. 员工权益受损

如果会计人员不诚实或隐瞒企业真实的财务状况,可能会导致员工权益受损。例如,企业可能无法按时支付工资、福利或奖金,或者克扣员工的权益。这可能会损害员工的利益,影响他们的生活质量和工作积极性。

为了保护利益相关者的利益,需要加强对会计人员的职业道德教育和管理。企业应建立完善的内部控制体系和监督机制,确保会计人员能够遵循职业道德规范,保持独立性、专业知识和职业操守。同时,对于违反职业道德的行为,企业应严肃处理并追究责任,以维护企业的声誉和利益相关者的权益。

(三) 损害会计人员的信誉

在职业道德困境下,如果会计人员屈从于经理人的压力,进行不恰当的会计处理,将相关会计信息进行披露,或用于申报纳税等,可能违反法律法规的规定,可能导致会计人员受到法律的制裁,成为会计领域违法失信当事人,并计入会计人员个人诚信档案中,甚至被纳入会计人员严重失信"黑名单"中,被禁止从事会计职业,严重损害其职业信誉。

具体来说,会计人员职业道德困境对会计人员信誉的损害可能包括以下几个方面。

1. 行业形象受损

如果众多会计人员因职业道德问题被曝光,这将导致社会公众对整个会计行业的形象产生质疑。人们对会计人员的信任度将会降低,影响其职业发展前景。

2. 职业发展受限

职业道德困境不仅会影响个别会计人员的职业生涯,还可能限制整个行业的职业发展机会。企业和组织在招聘和选拔人才时,会更加注重候选人的职业道德背景。如果会计行业的整体形象受到损害,将影响到职业会计师的就业机会和发展空间。

3. 监管机构惩罚

如果会计人员违反职业道德规范,监管机构可能会对其进行惩罚,如暂停执业资格、罚款或吊销证书等。这些惩罚不仅会影响涉事个人的职业生涯,还可能对整个行业产生负面影响。

4. 影响团队合作

职业道德困境会影响会计团队的整体合作。当团队成员之间缺乏信任时,工作氛围会变得紧张,工作效率和质量也会受到影响。这不利于整个团队和行业的健康发展。

5. 法律责任风险

违反职业道德规范可能导致法律责任。如果会计人员因不诚实行为而涉及法律纠纷,可能会对个人和整个行业带来不良影响。

为了维护会计人员的信誉,行业内的各个成员需要共同努力。一方面,加强职业道德教育,提高会计人员的道德意识和责任感;另一方面,完善行业监管机制,加大对违反职业道德行为的惩罚力度。此外,还应积极倡导诚信文化,鼓励会计人员自觉遵守职业道德规范,树立良好的行业形象。

五、会计人员职业道德困境的应对

当不同利益主体的利益不一致,导致会计人员陷入职业道德困境时,会计人员应积极寻找解决办法。具体来说,会计人员职业道德困境的应对可以从以下几个方面进行。

(一) 增强职业道德教育

通过持续的职业道德教育,提高会计人员的道德观念和意识,包括对诚信、公正、保密、专业胜任能力等重要职业道德要求的强调和解释,帮助会计人员明确职业道德规范,并指导他们在实际情况中如何遵循职业道德。

(二) 完善行业监管

建立健全的行业监管机制,对违反职业道德的行为进行严厉打击和惩罚,提高违规成本。同时,加强对会计师事务所等中介机构的监管,确保其遵守职业道德规范,维护行业的健康发展。

(三) 建立内部控制体系

企业应建立完善的内部控制体系,包括财务报告的编制、审计和披露等方面。通过强化内部控制,降低会计人员违反职业道德的风险,并确保及时发现和纠正错误。

(四) 加强团队合作

会计人员在日常工作中需要与其他部门密切合作,建立良好的团队合作关系有助于提高工作效率和质量。同时,团队成员之间的相互监督和帮助也有利于防范职业道德风险。

(五) 提高专业素养

通过加强培训和学习,提高会计人员的专业素养和技能水平,使他们能够更好地应对复杂的工作环境和挑战,减少因技能不足而陷入职业道德困境的概率。

(六) 建立心理契约

企业和会计人员之间应建立良好的心理契约关系。企业应关注员工的期望和需求,并采取积极措施满足他们的合理期望。同时,会计人员也应明确自身的责任和义务,积极履行职责以维护企业和利益相关者的利益。

(七) 强化法律制度

完善相关的法律法规和制度体系,强化对违反职业道德行为的法律制裁力度。通过法律的威慑作用,降低会计人员违反职业道德的风险。

(八) 倡导诚信文化

积极倡导诚信文化,鼓励会计人员自觉遵守职业道德规范。通过树立正面榜样和反面典型的方式,提高会计人员的道德意识和责任感。

综上所述,应对会计人员职业道德困境需要多方面的努力和措施。通过教育、监管、内部控制、团队合作、提高专业素养、建立心理契约、强化法律制度和倡导诚信文化等措施的实施,可以有效地应对会计人员职业道德困境,维护行业的健康发展。

第三节 会计职业道德修养与自律

一、会计职业道德修养概述

(一) 会计职业道德修养的概念和内容

1. 会计职业道德修养的概念

会计职业道德修养,是指会计人员在会计工作岗位上对自己的思想品质、思想意识方面的自我锻炼和自我改造,以及所要达到的水平和境界。它包含两层含义:一是会计人员根据会计职业道德的基本要求而进行的反省、检查、自我批评和自我剖析;二是会计人员在会计岗位上形成的举止、风貌、仪表、情操以及应达到的境界。

会计职业道德修养是会计职业道德原则和规范在会计职业道德行为上的反映。所谓会计职业道德行为,是指会计人员有意识地处理个人与他人、个人与社会的关系时所表现出来的,可以从会计职业道德的角度做出善恶评价的那些行为。两个人偶然做了一件或几件好事,并不能因此而认为他已具备了某种良好的道德品质,因为道德品质是道德行为长期积累的结果。因此,会计职业道德品质修养,也是坚持不懈地以会计职业道德原则和规范指导自己的行为,自觉接受道德教育,在实践中进行刻苦的自我完善的过程。

会计人员的道德品质并非先天固有的,而是后天形成的。会计人员要形成良好的道德品质,就要把会计职业道德原则和规范变成自己的内心信念,变成良好的道德行为和习惯。而良好的道德行为和习惯需要经过自觉的锻炼、刻苦的学习和长期的修养才能形成。

会计职业道德修养的任务，就是通过对会计职业道德原则、规范的认识和体验，使会计人员形成稳定的、能区别职业行为中的善良与丑恶、光荣与耻辱、高尚与卑鄙、诚实与虚伪等方面的内心信念，并将内心信念运用于工作实践，在实践中自觉调节个人的行为，使之符合会计职业道德的一般要求和特殊要求。无论在有人或无人监督的情况下，都能自觉地按照会计职业道德原则、规范行事，成为一个职业道德高尚的公民。

2. 会计职业道德修养的内容

会计职业道德修养围绕影响会计职业行为的内在因素展开，它包含提高会计职业道德认识、激发道德情感、磨炼道德意志、坚定道德信念、养成道德行为习惯等方面。

1）提高会计职业道德认识

会计职业道德认识主要是指对会计职业行为、准则及意义的认识和掌握。它包含两个方面：

一是使人们掌握会计职业道德的概念和规范，了解职业道德的有关知识，掌握会计职业道德的要求。

二是进行会计职业道德评价，即运用已有的职业道德认识，对已经发生的会计职业行为做出是非善恶等道德判断。

通过道德评价，可以巩固和提高自身的道德认识，增加新的认识和纠正错误的认识，从而提高会计人员对职业行为的分析判断能力，加深对会计职业道德的认识和理解。

在会计职业道德修养的活动中，会计人员对自己所从事的工作的社会价值和道德价值的认识，是会计职业道德转化为个人职业品德的首要条件，也是形成自己的职业品德的基础。没有职业道德认识，就不可能有职业道德情感和养成职业道德行为习惯，会计职业道德修养也就无法自觉地进行下去。

2）养成高尚的会计职业道德情感

会计职业道德情感是指会计工作人员在职业生活中对职业行为进行善恶评判所引起的内心体验。它是对职业道德要求和道德义务好恶的感情，是会计人员在职业道德认识的基础上，在处理人们的相互关系、评价某种行为时，对会计职业道德的要求、义务所产生的内心体验和心理感受。会计人员的会计职业道德情感包括：职业义务感、责任感、正义感、荣誉感、幸福感和自尊心等。这些情感是与会计职业道德范畴的要素相一致的。但是从范畴的意义上说，这些要素体现在道德的各个方面，带有规范性的要求。而从道德修养的角度看，它们则属于情感范围，带有明显的个性色彩。高尚的会计职业道德情感，是使会计人员个人的精神世界得以完善起来的必要的、不可替代的因素。缺乏高尚的会计职业道德情感，就不可能形成良好的会计职业品德。有了这些情感，会计人员在履行会计职业道德义务的过程中，才能时时处处想人民之所想，通过自己的努力工作，最大限度地满足人民的需要，杜绝以权易钱的现象;否则,履行职业道德义务就会显得很勉强,会"情不自禁"地做出与职业道德认识相反的事。

对于会计人员来说,高尚的会计职业道德情感不是一日生成的,而是通过长期的会计工作的实践体验,通过自身不断地进行职业道德陶冶和修养而逐渐形成的。

3）磨炼坚强的会计职业道德意志

道德意志主要有三个特点:一是有明确的目的性;二是与克服困难相联系;三是对行动具有直接的支配作用。

道德意志中所指的困难有外部和内部两种困难。内部困难,主要是指存在于思想中的困难,往往表现为思想中的矛盾斗争。外部困难,是指人们在行动中遇到的客观条件的障碍,如缺乏必要的学习、工作条件,或直接来自他人的讽刺、打击等。

道德意志对行动具有直接的支配作用,包括激励和克制两个方面。会计职业道德意志就是会计人员按照会计道德的原则和规范,在履行其义务的过程中表现出来的自觉克服困难障碍的能力和毅力。有没有自制、独立、顽强的职业道德意志是衡量会计工作人员职业道德素质高低的重要标志。

会计人员在执行公务过程中并不是一帆风顺的。从客观方面来说,需要克服来自外部社会条件的制约、错误舆论的非难、亲友的责备和埋怨等。从主观方面来看,由于履行职业道德义务包含着或大或小的自我利益牺牲,当个人欲念上升或情绪状态紊乱时,自己也会出现犹豫、彷徨,发生矛盾和冲突。每当面临主客观情况,如果没有会计职业道德意志,就可能在行为选择时放弃正确的初衷,在行为过程中畏惧不前,或者弃义变节,因而需要会计人员磨炼自己坚强的职业意志。职业意志坚强的人,能够战胜各种困难,始终不渝地为实现自己的职业理想和奋斗目标而顽强拼搏,而一个意志薄弱者,一旦遇到一点困难和挫折就会临阵脱逃。

磨炼坚强的职业意志包括一般磨炼和特殊磨炼两个方面。一般磨炼是指会计人员要树立科学的人生观,不断激发正确、积极的职业道德情感,确定健康的人生目标。特殊磨炼包括逆境和顺境两种境遇下的意志磨炼。

4）树立坚定的会计职业道德信念

在会计职业道德修养过程中,会计人员对于会计职业道德义务有了充分的认识并付诸实践,锲而不舍,始终如一,就会形成坚定的会计职业道德信念。会计职业道德信念是会计人员发自内心地对会计道德义务所具有的坚定信心和强烈的道德责任感,是深刻的会计职业道德认识、炽热的会计职业道德情感和顽强的会计职业道德意志的有机统一。相对会计职业道德修养的前几个过程来说,会计职业道德信念具有综合性、稳定性和持久性的特点。会计人员一旦树立了坚定的会计职业道德信念,就能自觉地选择自己的行为,评价他人和自己的职业行为,而且能以坚强的毅力,排除艰难险阻,坚持正义的行为,取得良好的社会效果。要有坚定的会计职业道德信念,一要努力学习,认真掌握革命的人生观和价值观;二要以此激发正义的情感,效法会计战线上的模范人物,自觉将会计道德信念看作是自己职业工作的精神支柱,指导自己的职业道德实践。

5) 培养良好的会计职业道德行为习惯

在道德品质的构成中,会计职业道德认识、会计职业道德情感、会计职业道德意志、会计职业道德信念均属意识范畴,如果到此为止而不去付诸行动,不去履行职业道德义务,承担起道德责任,则会计职业道德品质就没有形成。因为,对于会计职业道德品质来说,一个非常重要的方面,就是把会计职业道德意识转化为实际表现出来的相应的会计职业道德行为,并经过日积月累转化成人们日常的工作习惯。总之,会计职业道德行为是会计职业道德品质的载体。或者说,道德品质以道德行为为内容。某种道德行为反复多次,便形成相应的道德品质。

(二)会计职业道德修养的意义

1. 会计职业道德修养是市场经济发展对会计职业的要求

市场经济是一个不断前进和发展的经济形式。随着社会经济信息化步伐的加快,会计与社会经济的其他领域一样将产生根本性的变革,会计职业将因此而出现两大趋势:专家化和中介化。其中,专家化是指随着高度自动化的会计信息系统的建立,从事传统的簿记工作和基本会计事务的会计人员将大量减少,会计人员将在经营管理中发挥越来越重要的作用;中介化则是指随着会计业务信息化和会计人员的专业化,使得独立、客观、公正的中介机构蓬勃发展。展望未来,21世纪的优秀会计人员应该具有较高的政治、道德、业务、文化素质。

从道德素质看,首先,优秀会计人员必须具有良好的道德品质和道德修养,必须堂堂正正地做人,德才兼备。其次,优秀会计人员还应具有强烈的责任心,对本职工作态度严谨,一丝不苟。最后,优秀会计人员还应具有服从领导,积极与相关部门沟通的良好意识。随着会计人员中介化的发展,职业道德标准的地位必将日益提高,因此,加强会计职业道德修养是适应现代市场经济和新形势的要求,对不断提高会计队伍工作水平和综合素质,具有非常重要的理论意义和现实意义。

进行会计职业道德修养的目的,在于使会计人员不断追求崇高的道德观念,达到更高的道德境界,锤炼出高尚的道德品质。为了推动会计人员积极进行会计职业道德的实践,充分发挥会计职业道德的社会作用,我们应该从建设社会主义精神文明对促进建立和发展市场经济重要意义的高度,来认识会计职业道德修养的重要性,从而不断提高会计职业道德修养的自觉性。

2. 有助于树立会计行业新风

通过加强会计人员职业道德修养,可以培养会计人员浓厚的会计职业道德感情,形成良好的会计职业行为、习惯,有利于提高会计工作责任心,增强会计职业荣誉感,并将它们转化为高度的思想觉悟和精神境界,使之产生特殊的力量来推动会计职业活动,这就具体体现了会计行业在开展社会主义精神文明建设活动中,关于提高会计人员思想道德素质的要求。由此可见,加强会计职业道德修养,是会计行业建设社会主义精神文明的客观需要,也是树立全新的行业风气的要求。

3. 有助于培养和造就德才兼备的会计人才

会计职业道德的培养和形成离不开社会舆论的力量,离不开社会对人们的教育,离不开良好社会环境和社会氛围的形成,尤其是离不开社会根本制度和经济政治体制的优化。但是,社会教育的作用如果离开了人的自觉性的发挥,同样也不能得到真正的实现。因为,职业道德作为社会人员的行为规范,其实不是通过社会的强制力量来保证的,而是要通过把客观的外在要求转化为内在的主观要求,把社会舆论转化为人们内心的信念来保证的。人的自觉性越高,内心焕发的驱动力就越强。因此,只有当人们通过自我修养树立了职业道德理想,并将它变为自己的内心信念和义务感职业荣誉感,形成高度的思想觉悟和精神境界时,人们才能以主人翁的态度去工作,积极性和创造性才能充分发挥出来,优秀的职业品德也才能够形成与完善。

会计职业道德的形成与完善过程也是会计人员刻苦学习、自我反省、提高认识、不断用正确的职业道德观念战胜错误观念的过程,即高尚职业道德的形成离不开道德上的自我修养。加强会计职业道德修养,就能为国家造就出大批的德才兼备的会计人才。

4. 有助于维护会计职业的威信

会计职业负有依照法律规定独立行使会计监督的使命和责任,会计职业的威信如何,直接影响到会计工作的严肃性、权威性。在实际生活中人们往往通过会计人员的言行来评价会计行业。会计人员具有高尚的职业道德风貌,人们就会更加信任会计行业,更加热情地支持、配合会计人员的工作。同时,会计人员树立良好的职业道德,本身就是一种巨大的感染力量,能够影响和教育人们增强守法的自觉性,从而使经济秩序得到加强。

会计人员要树立良好的职业道德就必须自觉加强职业道德修养,不断提高自己的政治素质和业务素质。当前,会计队伍的素质同会计工作的要求还不相适应,会计人员更需要结合自己的实际,自觉进行会计职业道德修养。

进行会计职业道德修养,有助于增强会计人员的职业责任感,从而产生做好本职工作更好地为社会公众服务的热情。会计工作是加强管理和监督的一个不可缺少的重要方面,市场经济的发展,要求会计工作有一个与之相适应的发展。这就要求会计人员热爱本职,勤奋工作,具有高度的工作责任感。

当前会计队伍的状况是:一方面,多数人都能达到职业道德的基本要求,即尽职尽责勤勤恳恳,努力完成本职的工作任务,努力为人民多做贡献。但另一方面,仍然存在着缺乏职业道德修养,与"全心全意为人民服务"的道德准则相背离的现象。例如,对本职工作缺乏应有的事业心、责任感,认为"权大谋大利,权小谋小利""有权不使,过期作废"、不老实、不诚恳、弄虚作假、欺上瞒下、畏权势、徇私情等,都是与缺乏职业道德修养相关联的,也是与为人民服务的宗旨相悖的。改变上述不良现象的途径之一,就是加强会计职业道德修养,使会计人员自觉按照职业道德准则履行对社会应尽的道德责任和道德义务,增强自豪感和责任感,自觉克服不道德的行为,解决为什么人服务的问题。

会计职业道德修养不是通过外部强迫或灌输的,而是通过"内心信念的力量"在起作用,因此,它必须是十分自觉的。而且,任何道德的社会作用都是以个人的实践为基础,也总是通过个人的行动来实现的。会计职业道德规范只有变成会计人员的道德品质,才能被自觉遵守,才能形成强大的社会舆论,也才能对某些不遵守会计职业道德规范的人进行有效的监督。

会计人员要把会计职业道德规范变成自己的职业道德品质,就必须对它有一个从认识到实践的过程,也就是自我道德修养的过程。离开了会计人员的会计职业道德修养,就不能把会计职业道德规范变成会计人员的职业道德品质,会计职业道德规范就不能发挥它应有的作用。一般来讲,会计人员个人职业道德水平的高低,很大程度上取决于职业道德修养的自觉程度。判定一个会计人员职业道德水平的高低,不仅看他表面上是否遵守了某些会计职业道德规范,更重要的是看他是否能把这些职业道德规范变成自己的内心信念,从而转化为道德品质,并且自觉地遵守。一个人做一两件好事并不难,难的是一辈子做好事、不做坏事。所以,离开了自觉的会计职业道德修养,会计人员就不可能做好本职工作,为祖国繁荣富强顽强拼搏、扎实工作就会变成一句空话。

(三) 会计职业道德修养的途径和方法

1. 会计职业道德修养的途径

(1) 社会实践是会计职业道德修养的根本途径。要达到会计职业道德修养的目的,需要借助正确的修养途径和方法。道德修养的途径和方法虽然很多,但是最根本的途径则是社会实践。其原因在于:

首先,只有亲自参加实践,才能深刻理解和接受会计职业道德的原则和规范。"社会存在决定社会意识,人们的正确认识从社会实践中来",这是人们从长期社会实践经验中总结出来的真理。人们只有在改造客观世界的实践中,才能改造自己的主观世界。离开社会实践,人们的行为就无所谓善恶,自然也就谈不上道德修养了。会计职业道德原则、规范不是理论家杜撰的,它是对会计工作实践中形成的精神关系的正确反映。人们只有置身于会计工作实践,才能把理论与实践有机地结合起来,才能认识这些关系的本质,了解会计职业道德的原则和规范的必要性、合理性,从而才有可能接受它。在理解和接受会计职业道德的原则和规范的基础上,才能培养出相应的职业道德情感、意志和信念,形成相应的职业道德行为和习惯。

其次,只有亲身参加实践,才能检验会计人员的职业道德品质。会计职业道德从本质上说是一种实践的道德,它要求人们严格遵守言行一致的原则。会计职业道德品质修养的程度衡量的标准是会计人员自身的实践。判断一个人当然不是看他的声明,而是看他的行动;不是看他自称如何如何,而是看他做些什么和实际是怎样一个人。古人说,不能只听其言而信其行,应当是听其言而观其行。在现实生活中,有的人说得很漂亮,而做得却很差,或者只是用道德原则对别人进行道德说教,而自己却根本不准备去实行。这种人只把道德修养停留在口头上,人们把他们称为“言论的巨人,行动的矮子”。道德本身具有知行合一的特点,这一特点决定了道德修养必须深入实践。

最后,只有亲身参加实践,才能不断地提高会计职业道德修养水平。客观事物是不断发展变化的,会计工作实践也是不断发展变化的,会计人员在实践过程中所遇到的诸多关系也是发展变化的,新情况、新问题不断涌现,要求会计人员及时做出新的、科学的、全面的回答。这样,也就相应推动会计人员在职业道德修养方面永不满足、永不停步,随着实践的发展而发展。人们在从事会计实践活动的过程中,不断地进行道德修养,不断地提高自己的道德认识,再付诸行动,在行动中又不断地提高道德认识。这样的循环往复,不停顿地学习和锻炼,会计人员的职业道德修养就会由一个境界升华到另一个更高的境界。

(2) 加强理论学习是会计职业道德修养的重要途径。会计人员的职业道德修养,除了“从实践中来,到实践中去”,还必须坚持“学习、学习、再学习”。离开了两者的统一,会计人员的职业道德修养就将偏离方向,达不到修养的目的。

每一名合格的会计人员,都必须培养活到老、学到老的精神。因为会计是一门专业性、技术性要求很高的职业。会计理论、会计实践的发展非常快,如果不加强学习,就会赶不上形势发展的需要,就难以胜任会计工作。例如,计算机和互联网技术今天已被广泛地应用于会计领域,我国会计理论也借鉴了西方会计学部分理论成果,会计准则基本与国际接轨。这就要求会计人员自觉地学习一切新的知识,掌握新的会计职业技能,以适应会计职业发展的要求。另外,还要学习有关的会计法律、法规和会计制度、会计准则,使自己在职业活动中知法、守法、护法,并做守法、护法的模范。

2. 会计职业道德修养的方法

在会计职业道德修养与会计职业实践相结合这个根本前提下,我们应当继承和发扬古人的一些好的做法,不断地总结和探索新的会计职业道德修养的方法。我们认为下列方法对于培养和造就会计人的职业道德修养是常用而行之有效的:

(1) 克己自律。所谓克己自律,就是要求广大会计人员时时处处严格要求自己,防止各种私心杂念和不道德行为的产生。会计工作的性质决定了会计人员总是要直接或间接地与金钱打交道,与各种占有商品物资的部门打交道。从这一点来看,会计领域是充满各种"诱惑"的地方。某些人为了非法地谋求一己私利,往往把会计人员作为进攻的目标。因此,每一个会计人员都应保持清醒的头脑,不被各种"香风毒雾"所迷惑,努力做到自我警戒、自我克制。有一个刚刚大学毕业走上工作岗位的会计人员,不到半年就开始作案,在半年时间里就贪污公款数千元,以致被开除。其违法乱纪的原因当然是多方面的,但从职业道德修养的角度来看,不能克己自律是一个重要因素。要做一个具有高尚的职业道德品质的会计人员,就必须随时随地防止各种自私欲望的萌发,时刻警惕各种不道德行为的发生,这便是克己自律的要求。

(2) 反躬内省。这就是人们常说的自我批评、自我剖析,是一种旨在发挥去恶主动精神的方法。它要求广大会计人员用会计职业道德标准在自己内心深处进行检查、反省,找出错误思想和行为之所在,并加以克服。历史上儒家讲的"吾日三省吾身"就有相近的意思。"人非圣贤,孰能无过",由于种种原因,每一个会计人员不可避免地存在这样那样的弱点、缺点和错误,而且社会上种种不良观念和现象也会通过各种渠道影响会计人员的道德思想和行为,因此时常会造成会计人员激烈的思想斗争,自己跟自己"开战",自己与自己"打官司"。在这场"官司"中,"原告"是自己所了解的会计职业道德原则和规范,以及自己身上的优良品质;"被告"是自己受消极道德观念影响所产生的错误职业道德观念、品质和行为;"法官"则是自己内在的职业道德责任感和良心。"原告""被告"和"法官"集于进行职业道德修养的会计人员一身。这一特点决定了会计人员在进行道德修养时一定要严肃认真、自觉主动,只有这样才能做到严格剖析和纠正自己的错误,才能再接再厉,坚持不懈地改造自己;反之,必然得过且过,因循苟且,容忍恶德。会计人员必须结合工作实际,经常进行反省检查,用会计道德原则和规范严格剖析自己,从剖析中找到自己在职业道德上的不足和问题,并努力加以克服,逐步提高自己的会计职业道德水平。

(3) 谦虚谨慎、闻过则改。会计人员为了更好地反躬内省,除了进行自我批评和自我剖析,还需有虚心听取意见、闻过则喜的精神。这就要听得进别人对自己的批评意见。会计人员要使自己在道德上不断进步,就不能没有勇于接受批评的精神。古人说:"凡改我之失者,皆我师也。"人们往往不容易发现自己身上的缺点、错误,有时虽有发现,但认识也不一定深刻。这就需要他人——领导、同事或别的普通群众的批评和监督,虚心、诚恳而又冷静地考虑别人的意见,并举一反三,做到有则改之,无则加勉。这些实为会计职业道德修养的良方。

（4）脚踏实地、从我做起。脚踏实地就是要在会计职业活动中严格遵守职业道德的原则和规范，同时要精心地保持自己的善心和善行，使其积聚起来，并发扬光大。荀况曾说："积土成山，风雨兴焉；积水成渊，蛟龙生焉；积善成德，而神明自得，圣心备焉。故不积跬步，无以至千里；不积小流，无以成江海。"高尚的会计职业道德品质，不是一年半载就能够养成的，它需要一个长期的积善过程。只有不弃小善，从大处着眼，从小处着手，才能积成大善。倘若平时工作和生活中不积善、不修德，却幻想有朝一日突然成为英雄模范，是根本不可能的。

（5）慎独。"慎独"一词来自儒家《礼记·中庸》："莫见乎隐，莫见平微，故君子慎其独也。"意思是在独立工作、无人监督或在做了坏事也难以被人发现时，仍能坚持自己的道德信念，依据一定的道德原则去行事，而不做任何坏事。所谓慎独，用现代语言来表述，是指在没有外界监督或独自一个人的情况下，自觉地严格要求自己，不做任何对国家、对社会、对他人不道德的事情。

【拓展阅读】

据说我国东汉时期，有个叫杨震的人，被朝廷任命为太守，赴任途中路过昌邑县，该县县令王密想得到提拔，深夜只身送上黄金10斤。杨震拒收，王密说："深更半夜没人知道。"杨震生气地训斥道："天知、神知、我知、你知，怎么能说没人知道呢？"

慎独是会计道德修养的一种重要方法，是会计道德修养中的一类更高境界，它标志着会计人的职业道德修养已经达到了高度自觉的程度。会计工作点多、面广，又是与钱财打交道，单独外出工作、单独处理问题的机会比较多，而且有些工作专业性、技术性强，光靠法律、法规、制度和领导、同事、舆论的监督是不够的，必须有一种内在道德意志来约束自己。在复杂多变的新形势下，我们有许多会计人员，不为金钱所诱惑，自觉地抵制不正之风，坚持了慎独精神。但也有少数人，甚至某些领导干部，利用工作便利，利用手中的权力，利用社会各种关系网络，置国家、集体和人民利益于不顾，私欲膨胀，贪赃枉法，这些都是与慎独精神格格不入的。慎独是在实践中实现的，是在明确职业道德目的、意义和自己应承担的道德义务基础上逐步发展而形成的。没有职业实践的反复进行，没有内心世界的思想斗争，没有意志的磨炼，慎独的境界是达不到的。我们每个会计人员都应具有慎独的精神和自律能力，不管有无纪律约束，不管有无监督，都能自觉地遵守会计职业道德规范，不干违背职业道德的事情。

道德修养由实践到认识，又从认识到实践，循环往复，不断提高，永无止境。一个人在自己短暂的一生中，总要不断地选择自己的行为。一个人能够达到的道德水平，并不能完全保证他在一切问题上都能做出符合道德原则和规范的选择。同时，由于社会的发展总是不断地向人们提出新问题，这样依照人们原有的道德水平，就难以做出正确的判断和选择。这就要求人们的道德修养也要不断深化，永不停顿。而要做到这一点，很重要的一条就是要加强学习，学习我们党在长期的革命和建设中总结的基本经验，通过学习，不断提高政治素质与业务素质,使自己的道德修养实践沿着正确的方向前进。

【拓展阅读】

水 和 人 心 [①]

巩固土质,使其不至于松懈的无疑是水分。水分一缺,土壤马上就会四分五裂,这个时候,只要风一吹,地面就立刻沙舞尘扬,久而久之,就会变成毫无生机的沙漠。

在社会上,沟通人与人之间情感的无疑是一颗体谅的心。它就像荒漠里的甘泉。当人与人之间失去了这种互相滋润的泉水时,就会产生干裂。此时,社会上的每一分子就变成了一粒粒的尘沙,失去了联系,犹如乌合之众。只要有些不如意的琐事,就各自飞散起来。

上善若水,联结土壤的是水,维持人类社会和谐与安康的是互相体谅的心。

世事多变,但愿社会上的每一个人都不要干涸了滋润的泉水——体谅的心。

二、会计职业道德自律机制

(一) 会计职业道德自律的概念

自律与修养是两个意思相近且有着密切联系的不同概念。自律从狭义上讲是指自律主体按照一定的标准,自己约束和控制自己行为的过程。其与修养的共同之处在于最终目的都是使自己的言行至善至美。两者的主要区别是:自律强调的是"律",是由外向内的求,是将一定的具体标准作为具体行为的参照物进行的自我约束、自我控制,并使具体的言行达到至善至美;而"修养"强调的则是"养",是由内向外的求,在于"心灵"的修炼,它的参照标准并不具体,行为也较抽象,难以用规范的语言进行描述。而广义的自律就是包含修养在内的自律。

自律按其动因可以分为外律和内律两种。外律就是以外在的规定(如会计职道德准则)作为参照物,通过外力的推动作用而进行的自我约束和控制,是一种被动和不自觉的行为过程。内律是指没有具体的规定作为参照物,通过加强自身修养产生的内在需求,自觉自愿地自我约束和控制的行为过程。外律是自律的初级阶段,内律是自律的高级阶段。

需要指出的是:外律和他律是有区别的。他律虽然也是"以外在规定作为参照物"的,但是它是在外力的强制推动力作用下的一种被动进行的自我约束和控制;而外律则不具有这种被动的强制性,它是一种被动的自觉性。外律、内律和他律之间的关系是:他律是自律的基础阶段,外律是自律的初级阶段,内律则是自律的高级阶段。

会计职业道德自律是指会计人员在会计职业生活中,在履行对他人和社会的会计义务的过程中形成的一类会计职业道德意识。它既是会计人员的一种强烈的职业道德责任感,

---

① 资料来源:王忠明,《经营人生——松下幸之助经营之道》,文字有改动。

又是会计人员依据一定的会计职业道德标准进行自我评价的能力素质。会计职业道德自律作为会计职业道德的一类情感，是会计人员对他人和社会义务责任的强烈感情表现，而作为一种自我评价能力素质，会计职业道德自律又是一定社会道德原则和规范在会计人员意识中形成的相对稳定的会计信念和意志的表现。会计职业道德自律的核心是会计职业的良心，它是对会计职业责任的一种自觉意识，是会计人员认识、情感和信念三意识的统一。

会计职业道德自律与他律是相辅相成的，是法治与德治相得益彰的统一和相互补充。因此，在强调会计职业道德自律的同时，不能忽视作为他律的会计职业义务，这是建立会计职业道德自律机制必不可少的。

（二）会计职业道德自律机制的本质

会计职业道德自律机制从本质上讲是对会计人员集体意志和责任的具体要求。它不是某一会计人员个体的行为和意志的要求，而是以或多或少地牺牲会计人员个体利益为前提的、以体现整体利益原则和规范为善恶标准，调节会计人员个人利益和职业整体利益矛盾的；它是通过会计职业道德自律管理体制的设置、法律及制度安排、职业良心的建立和约束、职业职责规范及自我评价等手段来实现会计整体利益要求的一种运转形式。

建立会计职业道德自律机制的一个重要原因是：自律是以职业良心为核心的，但是在个体职业道德没有完全达到十分成熟的条件下，就有必要要求职业团体以职业价值为目标、为前导，将职业道德的自律与他律有机地结合起来，建立职业团队的自我约束，自我控制机制。也就是说，会计职业道德自律机制是一种尽可能发挥他律职能作用的自律机制。

（三）会计职业道德自律机制的特征

会计职业道德自律机制的特征是会计职业道德自律机制本质的外在表现。会计职业道德自律机制的主要特征如下：

（1）外在组织、制度安排与内在体验、意志的和谐统一。这是因为会计职业道德自律机制以外在的管理体制、法律、制度等的安排为运行方式，同时它又是以会计职业良心体验、职业意志约束、职业责任限制为主要内容的一种职业道德运行形式。如果没有外在组织、制度安排与内在体验、意志的和谐统一，而仅仅依靠职业良心、意志，则会计职业道德自律机制的作用将十分有限。

（2）经济目标与道德目标的统一。会计职业道德自律机制的基本目标是经济目标和道德目标，前者追求的是经济效益，后者追求的是职业信念和职业理想行为。这里的经济效益是指社会经济效益和会计职业经济地位及经济利益在内的效益，它规定了会计职业道德自律机制的最高评价标准是有用性和有效性；规定了会计职业道德自律机制追求的职业信念和职业理想行为的最高职业标准是公正无私。只有达到实事求是、客观公正的境界，会计职业道德自律才能取得相应的社会经济地位，实现提高经济效益的目标。

（3）认识与调节功能的统一。会计职业道德自律机制的基本功能是认识功能，而调节功能是建立在认识功能之上的功能。但是认识功能毕竟不能完全实现会计职业道德自律机制的最终目标，因此调节是会计职业道德自律机制中最重要、最突出的功能，两者相辅相成和谐统一地共同发挥作用，实现自律机制的目的。

（四）会计职业道德自律机制的构成要素

会计职业道德自律机制的构成要素是指保证会计职业道德自律机制正常运行，充分发挥其职能的基本构成要件。尽管由于按不同的标准划分的会计职业道德自律机制在内容结构上存在着一定的差别，但是任何一种会计职业道德自律机制一般都由以下基本的要素构成。

1. 会计职业道德自律机制的目标

会计职业道德自律机制的基本运行目标，就是完善整体的会计职业道德和会计人员个体的道德，并使两者有机地结合和统一。前者包括整体会计职业道德自律机制的结构层面、要件以及整体的最佳状态，会计职业道德自律机制的反映功能的最优化和由此显现的会计职业道德关系的协调，会计职业道德风尚的健康与淳朴；后者则以高度的道德责任感为核心，包括自我职业道德认识、道德选择、道德控制和评价等能力的完善，以及会计职业道德行为和品质水平应达到的最高境界。

由于会计职业道德自律目标是受不同历史时期、不同地区或单位会计主体价值取向影响的，会计职业道德自律机制目标需要解决的核心问题，就是正确地处理和解决因为不同价值取向而造成的较高与较低级次目标之间的矛盾问题，以实现最佳的自律机制目标。

2. 会计职业道德自律机制的约束

会计职业道德失范的根本原因在于"心"和"欲"，而会计职业道德自律的最高境界则在于"制心""养心"。"心不修养没有德，树不修剪难成木"，道德自律的根本方法就是"约束"。自律机制的一个核心就是"约束"，自律者只有按照自律的一定标准和原则时时进行自我约束，行所必行，止所必止，才能最终达到"制心"的作用和目的。在实践中，我国会计工作者总结出了行之有效的约束方法和评价指标——"会计十戒"：

一戒贪污公款，要廉洁奉公，一尘不染；

二戒弄虚作假，要合理开支，实事求是；

三戒铺张浪费，要精打细算，节约开支；

四戒办事拖拉，要及时结账，按时报账；

五戒厚此薄彼，要秉公办事，一视同仁；

六戒乱开乱支，要先收后支，量入为出；

七戒唯命是从，要坚持原则，遵纪守法；

八戒闭门算账，要深入调查，民主理财；

九戒我行我素,要热情待人,优质服务;

十戒只干不学,要钻研技术,提高水平。

会计人员在平时的工作和生活中应当高标准、严要求地不断修炼自己,提高自己的自控和自律能力。

3. 会计职业道德自律机制的法规

会计职业道德自律机制是建立在一定的规章制度之上的,是以一定的法规作保证的。这些规章制度以及法规包括的基本内容有:会计职业道德自律规范和要求、自律组织建设规章制度、自律检查规章制度等。会计职业道德自律机制规范力的强弱取决于规范自身在多大程度上反映了客观规律的要求,是否有助于会计人员及自律组织达到预期目标和会计人员素质高低与修养水平两个方面。一般而言,在满足了上述两个方面条件的前提下,会计人员就更能够自觉地遵守规范的要求。

4. 会计职业道德自律机制的功能

功能是事物内在所具有的基本能力。会计职业道德自律机制的基本功能有两个,即反映和调节的功能。它们在会计工作中表现为会计人员及其组织的自律能力和方法。这种能力和方法来源于会计人员长期实践经验的总结、积累和升华,而它的传播则是通过教育或个人经验和习惯的直接传授。会计职业道德自律机制功能的发挥主要表现在以下四个方面:

一是目标决策,即保证会计职业道德自律机制运行目标对各个不同取向目标的决定支配和主导作用。

二是目标控制,即通过自律机制的基本目标的分解和具体化,保证这些目标的最终实现。

三是目标协调,即在某种具体目标因为过度膨胀或冲动而有悖于总体目标时,适时地施加影响和干扰。

四是目标的应变,即保证预定的自律目标实现值,能够顺应外部条件的变化和自律运行过程中自身的变化得到有效的校正。

5. 会计职业道德自律机制的环境

如果说会计工作是一种社会经济管理工作,会计资料是一种社会资源,那么会计人员则是社会经济群体的一个重要的组成部分。换句话说,会计人员只有在会计职业环境中,才能从事工作,他(她)才是从事会计职业的人。因此,会计职业道德自律机制的建立一方面应当尽可能地适应会计这个特定环境的要求,另一方面社会要尽量地为会计职业道德自律的形成提供更适宜的内外部环境条件。按照《会计法》的要求,在发挥会计人员以及组织职业道德自律主导作用的同时,还应当充分发挥业务主管部门、政府财政部门以及其他管理部门的监督作用,动员全社会都来支持、关心和理解会计工作,营造一种良好的社会氛围,才能使会计职业道德自律机制真正发挥其应有的作用。

6. 会计职业道德自律机制的能力

这里的会计职业道德自律机制能力是指它的运行能力,主要表现为以下三个方面:

(1) 自己选择能力。自己选择能力包括自律运行目标的自己选择能力和自律运行方式的自己选择能力。前者是指在若干可行目标并存的情况下,会计职业道德自律运行系统仅基于自身固有的内部机理来选择某一运行目标,同时摒弃其他运行目标,如果人为地强加有悖于其内部机理的目标,那么它就会以扭曲或偏离的形式来加以"报复",运行目标的自我选择能力强弱的评价标准是目标的实现值和预期值的相当或偏差;后者是指在若干可行自律方式并存的情况下,自律运行系统基于其内部机理会选用某种特定的运行方式,而拒绝选用其他的运行方式,如果人为地强加同其内部机理相悖的运行方式,那么它势必会以延缓或中止其运行来"报复",运行方式的自己选择能力强弱的评价标准是运行方式的效率高低。

(2) 自我组织能力。自我组织能力主要表现为三种情况:一是由自律的无序状态过渡到有序状态,即通过会计职业道德自律的组织作用,使会计职业道德自律由无序状态逐渐或突然地转变为有序的运行状态;二是由自律的不稳定状态转变为相对稳定的状态;三是由自律的已有的有序和稳定的状态转化为一种新的有序和稳定的状态,实现自律的升华或更新。

(3) 自我控制能力。自我控制能力是指会计职业道德自律机制依赖内部机理,排除各种环境变化等的干扰并最终实现预定目标的能力,主要包括预先自控能力和随机自控能力两种。前者是指依赖其内部机理和经验以及预测而形成的具有预先抗干扰的能力;后者是指在自律运行过程中或结束时,随时根据反馈信息适时检查并修正因外来或内部干扰而引起的偏差,最终实现最佳目标效果的能力。会计职业道德自律机制的自控能力评价标准是自律过程抗干扰及修正干扰差异能力的强弱。

【拓展阅读】

唯善是举[①]

春秋时,晋国大夫祁黄羊才识超群,备受晋平公的重用,朝中官员的任免,常与他磋商。

有一次,晋平公召祁黄羊进宫议事。平公问祁黄羊道:"南阳县令疏忽职守,现已将其免职,寡人想委派一位能干的官员去接任,你看谁合适?"祁黄羊想了想,回答道:"解狐。"晋平公感到非常诧异,问道:"寡人曾听人言,解狐是你的仇人,你怎么推荐他呢?"祁黄羊严肃地回答说:"是的,解狐与老臣有仇。但是,现在大王并没有问谁是臣的仇人,而是问谁能胜任南阳县的县令啊!"晋平公闻言,十分高兴地说:"爱卿真是个无私的人。好!寡人就委派解狐。"解狐做了南阳县令后,励精图治,一扫弊政,南阳百姓有口皆碑。

过了一段时间,晋平公又召祁黄羊进宫议事。平公道:"朝中现在缺少一位精明正直的

---

① 资料来源:蒋亚魁等,《古人美德故事》,文字已作修改。

法官,你看谁人可以担任此职?"祁黄羊不假思索地回答说:"祁午。"平公很不高兴地问:"祁午不是你的儿子吗,你怎么向寡人推荐自己的儿子呢,难道你不怕别人说你徇私吗?"祁黄羊正色回答道:"祁午是老臣的儿子,但现在大王问的是谁能担任法官,并没有问祁午是不是臣的儿子啊!"晋平公想了想,觉得很有道理,于是立刻下诏让祁午当了法官。祁午到任后,刚正不阿,执法如山,举国上下,一致赞扬。

后来孔子知道了这件事,赞叹祁黄羊是外举不避仇,内举不避亲的典范。

案例一

"奥林巴斯"的世纪骗局①

"安然"帝国轰然倒塌 10 年后,相似的一幕又在地球的另一端上演。这一次的主角是日本照相机产业巨头"奥林巴斯"。

2011 年 11 月 8 日东京京王广场酒店,上任仅两周的奥林巴斯 CEO 高山修一在闪光灯下鞠躬 90 度向投资人致歉,他咬紧嘴唇,眼角似有泪光。在 130 余名日本国内外记者面前,高山修一首次承认在财务方面存在"非常不恰当的"行为,而事件的主要责任人是前任董事长兼总裁菊川刚、负责财务的副总裁森久志以及审计师山田秀雄。

外界对这起造假丑闻历时月余的关注顿时达到高潮。奥林巴斯的造假手法并不算高明,但事实直到 20 年后才被掀开。在此期间,它通过并购等方式,将投资亏损转移至账外——这无异于用欺骗的手段侵吞了投资人的金钱。

奥林巴斯查出的造假金额可能高达 18 亿美元,日本东京警视厅、日本证券交易监察委员会、英国重大欺诈案件调查局、美国联邦调查局及美国司法部先后介入调查,奥林巴斯公司的股价在短短一个多月的时间内跌去近 3/4,市值缩水额最高时超过 70 亿美元。

一、曝光日本"安然"

《FACTA》杂志社是日本的一家独立而又小众的杂志社,在他们出版的一期杂志上,质疑了对于日本知名企业奥林巴斯(Olympus Corp.)豪掷数亿美元并购数间奇怪而又不相关的公司的费解交易,揭开了冰山一角。

英国人伍德福德则是第一个站出来戳破谎言的人。他在奥林巴斯欧洲分公司工作了 30 年,担任高管期间成功使欧洲分公司扭亏为盈。奥林巴斯全球利润中的 40% 由这个分公司贡献。在 2011 年 2 月 10 日的董事会上,他被推选为总裁兼 COO,6 月 29 日的董事会议上他又被提拔为奥林巴斯 CEO。作为日本企业中为数不多的外籍掌门人,伍德福德的上任还被看作是奥林巴斯为推进国际化做出的重要之举。而伍德福德的特点之一是讲求原则。在

---

① 资料来源:郑永强."奥林巴斯"的世纪骗局,百密一疏的造假路径(EB/OL).(2020-09-12)[2025-5-30]. https://baijiahao.baidu.com/s? id=1677602403502399258.

上任后,他注意到《FACTA》杂志中提到的奥林巴斯在 2008 年的一笔收购中支付的巨额并购咨询费用。因此他向公司董事会提出质询,质疑这笔交易的合法性。可是公司内部无人肯对此进行解释,他开始委托普华永道进行调查,并将报告中的种种疑点发送邮件给公司董事会所有成员,然而得到的却是一轮静默。2011 年 10 月 14 日,奥林巴斯董事会突然宣布解除伍德福德的总裁兼 CEO 职务。

之后,奥林巴斯的骗局被公之于众。2011 年 10 月 26 日,奥林巴斯董事长菊川刚因为舆论压力和投资者的质疑而辞任奥林巴斯董事长一职。同年 11 月 14 日,奥林巴斯因未能公布上半年财报而被东京证券交易所列入监理名单,并存在退市可能。

二、事件起因

20 世纪 80 年代中期,美国与当时世界四大经济强国日本、德国、英国和法国签订了"广场协议",五国政府联合宣布介入汇率干预。此后,日元兑美元的汇率从 240 日元兑 1 美元快速攀升至 120 日元兑 1 美元,日元的快速升值直接打击了日本的出口产业,日本政府实施金融缓和政策对出口进行补贴,加之大量资金为规避汇率风险进入日本国内市场,使日本市场产生了大量过剩的流动资金。日本国内也兴起了投机潮,由此催生了地产和股市的泡沫,当时东京 23 个区的地价之和超过了美国全部土地的价格,之后的几年间,大量的企业开始投资有价证券和金融衍生品来"赚快钱"。

第三方调查报告显示,奥林巴斯也像许多日本企业一样,感到制造业的成本增加使利润骤降,而将资本投入到与主营业务并无关系的证券市场购买金融商品以更快地提高企业利润。然而,收益伴随的是等价的风险,伴随着资产价格上升而产生"Japan Money"无法获得实体经济的支持,投机者开始退出土地和股票市场,日本政府金融缓和政策也随之结束。1992 年 3 月,日经指数跌破 20 000 点,泡沫经济破灭,许多企业和投资者账面上的资产迅速缩水消失。因此奥林巴斯在证券投资上损失惨重,产生了至少超过 1 000 亿日元的窟窿。

如何填补这些账面上的亏损成为自 20 世纪 90 年代起奥林巴斯历届公司管理层面临的重大考验。但根据当时的日本会计准则,企业持有的投资资产按照成本法记账,只要企业不出售投资资产,即便投资资产已经贬值,甚至一文不值,投资资产仍旧按照历史买入的成本计价,账面上并不影响企业的资产状况。即便奥林巴斯账面上的投资资产一文不值,但只要不出售,账面价值仍为 1 000 亿日元。因此,奥林巴斯尽管手里一直握着一个随时都会爆炸的"炸弹",但得益于日本的会计制度,所以这些亏损一直没有被披露,并被奥林巴斯深深隐藏。

可是自 2001 年起,日本政府决定将日本会计准则与国际会计准则(IF-RS)全面接轨,日本会计准则引入了公允价值计量方法,即企业的资产负债表必需按照市场价值进行重新估值。如果采用公允价值计量方法,这些巨额投资亏损必将导致奥林巴斯资产大幅缩水,而这些亏损也必将浮出水面出现在财务报表上并公之于众。奥林巴斯开始在主业以外动起脑筋,揭开了虚假交易填补损失的序幕。

三、造假的丑陋全程

奥林巴斯先是实施损失分离计划,将这笔巨额投资损失隐藏在金融工具里,再找到相熟的银行家,利用奥林巴斯的资产向银行抵押贷款获取资金,成立了三家独立于奥林巴斯之外的基金公司,并用账面价将这笔潜亏的金融工具分别卖给了这些基金公司。通过这一损失分离计划,在1999—2000年,他们成功地将奥林巴斯公司640亿日元的投资损失分给了自己成立的接收基金CFC(Central Forest Co.),320亿日元的投资损失分给了接收基金QP(Quick Progress Co.)。到了2003年,从奥林巴斯公司分入这三家基金公司的总投资损失约有1 177亿日元。

由于成立基金公司向银行借的款项需要偿还,期间金融投资的亏损又越来越大。为了获取资金,2006—2008年,奥林巴斯以734亿日元(当时约合9.4亿美元)收购了日本国内三家基本与本业无关的亏损小公司,而这三家公司的总资产仅有3亿日元,年销售额合计仅为54亿日元。对于中间的巨大差价,奥林巴斯将其记为商誉,在年度间进行摊销。然而,当时的审计公司指出了这一商誉被过度高估。

在2009年的财务报表中,奥林巴斯对这三家公司做出了557亿日元的商誉减值处理,在2010年3月的财务报表中,奥林巴斯继续减记了这三家公司的商誉减值损失13亿日元(当时约合7.1亿美元),减记幅度超3/4,这使其最终减少了一部分的投资损失。

2008年,奥林巴斯又拿出2 117亿日元(20亿美元)收购英国医疗器械公司Gyrus Group。该公司当时销售额仅约500亿日元,总资产不到1 000亿日元,商誉部分占了收购价款的一半多。此次收购中,奥林巴斯向华尔街金融顾问Axes公司支付了约6.78亿美元的咨询费用。通常情况下,咨询费用在整个并购过程中约占并购交易金额的1‰～2‰,但这笔交易支付的咨询费用竟然超过了并购支付价款的1/3,可谓是"天价"咨询费。据调查,该咨询公司注册地在开曼群岛,在为奥林巴斯提供咨询服务后便立马被注销。

奥林巴斯通过这一系列的公司并购及高额咨询费成功地获取了资金,填补了超过1 000亿日元的亏空,其所有者权益也由2007年报告中的2 250亿日元减至2009年的1 109亿日元,产权比例也从21.4%下降至10.0%。根据2009年的年报解释,净资产较2008年下降1 334亿日元的主要原因是留存收益减少以及汇率和股价的波动。

四、百密一疏的造假路径

奥林巴斯丑闻的曝光,让其成为继1997年日本著名的山一证券倒闭后,日本最大的公司丑闻案。奥林巴斯总裁高山修一将此事归咎于三位高管,分别是前董事长菊川刚、审计师山田秀雄和副总裁森久志。三人都曾是公司最有权势的资深人物。这个丑闻案的最直接后果就是公司解雇了涉嫌参与的副总裁森久志。这应该算得上倒霉的高层了。

如果我们仔细分析一下奥林巴斯的造假路径,会发现该公司通过高价购买一些小并购标的——这些标的可能是相关投资顾问物色的,并对其提供经营帮助——来达到将公司资金转出到相关离岸基金,再由相关离岸基金原价购回那些出现巨额浮亏的有价证券或衍生品,从而把公司的账目做平。这与将债务、坏账转移到分支公司从而掩盖巨额负债的安然公司的暗箱操作方式如出一辙。"TOBASHI",日语中的"资产负债表外融资",便被用来描述奥林巴斯这种将亏损资产按账面价值转移到收购对象中去,然后用并购费、资产减记等形式转移资金到离岸基金,再原价购回亏损证券以漂白资产负债表的财务戏法。

五、奥林巴斯所采用的造假方式其实是一种惯用的财务处理手法

它先通过海外子公司将资金转移到貌似毫无关联的投资基金,再由投资基金以原价购回已经出现亏损的有价证券或金融商品,从而把账做平。

但毕竟这些亏损是实际产生了的。为了填补黑洞,奥林巴斯要设法将资金转出。与奥林巴斯有深交的经营顾问公司在2005年左右让一些休眠公司重新开始营业,再在2008年以完全不合常理的高价卖给奥林巴斯。这么老旧的手法得以长年使用,非常令人震惊。

就像安然案的水落石出源于其报表上的疑点——"高收入和高利润下,过低的资产回报",奥林巴斯的财务报表也泄露了天机。它的诸多疑点在于:现金流很大,这证明它能赚钱,是一家有钱的公司;但其自有资本在过去的5年间却在不断减少。钱一定是被用到什么地方去了,可财务报表却不能明确解释资金的流向。

因此在资产负债表分析的过程中,我们除了要对企业常规的资产负债项目、流动比例、速动比例和资产负债率进行分析,还需要关注各个资产负债项目以及所有者权益的变化。尤其对于一些不断寻找扩张机会进行并购的企业而言,必须对每一笔交易的目的、合理性以及支付价款的来源和去向有详细的了解,防止企业在并购行为的掩盖下进行损失转移或负债转移。此外,还必须要关注资产、负债和所有者权益项下的不合理变动,一旦发现不合理之处要借助利润表和现金流量表来辅助分析,往往这些不合理变动便是财务造假企业偷天换日过程中露出的蛛丝马迹。

案例讨论:

应用"GONE"理论分析奥林巴斯的财务舞弊。

案例二

帕玛拉特事件①

一、帕玛拉特事件始末

帕玛拉特是意大利的第八大企业,以食品生产享誉世界。2003年年底,帕玛拉特突然申

---

① 资料来源:佚名.帕玛拉特事件及其分析(EB/OL).(2020-09-12)[2025-5-30]. https://www.docin.com/p-1013588265.html.

请破产保护,在意大利引起轩然大波,被称为欧洲的"安然事件"。

该事件导致全世界又将目光投向上市公司的财务欺诈行为,并探究问题的根源。

(一)帕玛拉特危机的爆发

帕玛拉特成立于1961年,是一家拥有数十年历史的家族企业,主要生产和销售牛奶、酸奶酪、果汁、冰淇淋、蔬菜罐头、烘烤食品以及番茄制品等。它旗下的品牌很多,除Parmalat品牌外,还拥有其他著名的品牌,如Chef、Mr. Day、Beatrice、Blackdiamond等,并拥有AC米兰俱乐部。

帕玛拉特从意大利一个默默无闻的小镇起家,逐渐发展成为食品生产企业的跨国公司,在30多个国家建立了139家加工厂,雇员人数超过36 356名。其创始人为卡利斯托·坦齐(Calisto Tanzi),坦齐对帕玛拉特的管理一直延续到2003年12月。在公司出现危机后,其职务由重组专家恩里科·邦迪(Enrico Bondi)取代。

帕玛拉特在债券市场是一个重量级客户,过去一直对外负担巨额债务。由于公司声称拥有雄厚的现金储备,不良信用并未引起投资者及有关方面的重视。帕玛拉特危机的爆发是在2003年11月中旬。由于公司突然宣布无法偿还到期价值1.5亿欧元的债券,从而引起了审计师和银行对其财务状况的警觉;而当它宣称无法清偿在开曼群岛大约5亿欧元的共同基金时,真正的恐慌开始了。帕玛拉特的股票价格在几个星期内持续跌落,在12月份下跌了87%。同时,标准普尔将帕玛拉特的信用评级降低至最低一级D,这无疑是雪上加霜。2003年12月27日,帕玛拉特向帕尔马地方破产法院申请破产保护并得到批准。

(二)财务欺诈是导致危机的元凶

帕玛拉特危机是其管理当局进行财务欺诈导致的。在初步调查之后,意大利检察人员表示,在过去长达15年的时间里,帕玛拉特管理当局通过伪造会计记录,以虚增资产的方法弥补了累计高达162亿美元的负债。欺诈的目的不外乎两个,一是隐瞒公司因长期扩张而导致的严重财务亏空,二是把资金从帕玛拉特(其中坦齐家族占有51%的股份)转移到坦齐家族完全控股的其他公司。

帕玛拉特财务欺诈的手法包括以下四个方面。

1. 利用衍生金融工具和复杂的财务交易掩盖负债

帕玛拉特通过花旗集团(Citigroup)、美林证券(Merrill Lynch)等投资银行进行操作,利用衍生金融工具和复杂的财务交易掩盖负债。在过去几年,帕玛拉特一直利用这种手段粉饰资产负债表。例如,在1999年,帕玛拉特向花旗集团借款1.17亿欧元,但这笔借款却由花旗集团的一家分公司Buconero(意大利语意思为"黑洞")以"投资"形式流向帕玛拉特,从而掩盖了负债。

2. 伪造文件虚报银行存款

帕玛拉特通过伪造文件,声称通过其开曼群岛的分公司 Bonlat 将价值 49 亿美元的资金(大约占其资产的 38%)存放在美洲银行账户。但美洲银行在 2003 年 12 月 19 日称,帕玛拉特集团设立的账户并不存在,而且提供证明文件也是假的。

3. 利用关联方转移资金

帕玛拉特利用复杂的公司结构和众多的海外公司转移资金。据《华尔街日报》报道,帕玛拉特注册在荷属安的列斯群岛的两家公司 Curcastle 和 Zilpa 是用来转移资金的工具。操作方法是,坦齐指使有关人员伪造虚假文件,以证明帕玛拉特对这两家公司负债,然后帕玛拉特将资金注入这两家公司,再由这两家公司将资金转移到坦齐家族控制的公司。到 1998 年,帕玛拉特对两家公司的虚假负债达到了 19 亿美元。

4. 设立投资基金转移资金

帕玛拉特与注册在开曼群岛一家神秘的证券投资基金 Epicurum 的关系扑朔迷离。Epicurum 基金成立于 2002 年,对外声称主要投资于休闲、旅游和食品业。在其成立两个月后,帕玛拉特就对它投资 6.17 亿美元,并承诺将继续投资 1.54 亿美元,成为 Epicurum 基金最大的投资者。同样,这笔投资也是通过 Bonlat 分公司流出的,且没有向投资者公告,甚至董事会的两名成员在接受采访时也称毫不知情。越来越多的证据显示,在坦齐的授意下,帕玛拉特的财务总监通纳(Tonna)和一名外聘律师兹尼(Zini)建立了这个基金,目的是向坦齐的家族企业转移资金。

没有人能确切知道流出的资金是被用于弥补经营亏损和偿还债务,还是被管理当局中饱私囊。坦齐向调查人员承认,公司利用编造假账方式掩盖了高达 100 亿美元的损失,并使帕玛拉特不断获得借款。同时坦齐也承认,还有大约 6.2 亿美元(检查人员相信这一数字可能高达 10 亿美元)的假账掩盖了家族拥有的其他公司的亏损。

(三)暴露出的问题

帕玛拉特事件暴露出与生成财务信息链条相关的问题,既涉及公司本身,又涉及政府监管机构、相关利益者和审计师。

1. 一股独大的缺陷

帕玛拉特事件暴露出欧洲最大的跨国公司存在着巨大的财务透明度缺陷。《商业周刊》评论说,像许多欧洲公司一样,对帕玛拉特这种家族控制的企业,要从公司治理结构和外部监督上进行完善非常困难。美国《洛杉矶时报》指出,"帕玛拉特事件本质上是意大利特有的问题"。这种看法令商界领导、政治家和投资者难以接受。因为美国安然公司垮台的时候,他们还认为这种大规模的企业丑闻不会发生在意大利。他们以为,如果一个家族的财富全部押在公司的股票上,这个家族就可以确保没有人能够做假账损害公司利益。意大利的农业部长詹尼·阿莱曼诺(Giovanni Alemanno)指出:"帕玛拉特的规模大大扩展,然而结构却保持未变。这就是弱点所在。"

2. 政府监管机构的疏忽

意大利负责证券市场监管的专门机构 Consob 备受诟病,就在其鼻子底下,帕玛拉特肆无忌惮地瞒天过海,Consob 竟毫无察觉。许多专家认为,这是意大利放任自流的企业文化的后果,但投资者抱怨在意大利到底还有多少像帕玛拉特这样的企业。

3. 相关利益者涉嫌合谋

在帕玛拉特事件中,一些相关利益者也扮演了不光彩的角色。花旗集团和美林证券等投资银行为帕玛拉特设计衍生金融工具和复杂的财务交易,使之能够向海外转移资金,并利用这种交易进行投机。通纳的供词导致越来越多的相关利益者被牵扯进这一丑闻。企业方面,瑞典利乐集团包装回扣被曝光后(该回扣大部分被装进了坦齐家族的口袋),利乐集团在2004年1月12日宣布要进行内部调查。银行方面,意大利司法部门对美洲银行米兰办事处搜查之后,又对 Capitalia 银行的行长进行调查,因为坦齐供认该行长向其施加压力,要求以较高的价格收购一些企业,其中包括正在清算的公司 Eurolat。

4. 审计师的独立性

1990—1999 年,均富会计师事务所(以下简称均富)一直向帕玛拉特提供审计服务。1999 年,在意大利法律的强制要求下,帕玛拉特将其审计师轮换为德勤。但是,均富仍然向帕玛拉特的海外分公司提供审计服务。帕玛拉特将资金由荷属安的列斯群岛转移到开曼群岛。

据报道,审计师第一次询问开曼群岛的账户是在 2002 年 12 月,并在 2003 年 3 月收到一封来自美国银行的信件,确认了这一账户的存在。这封信显然是在帕玛拉特高层官员授意下伪造的。这封信确认,有高达 49 亿美元的存款归属于 Bonlat 分公司,而负责 Bonlat 分公司审计工作的均富在收到这个确认函后,将这笔资金列在了 Bonlat 分公司的资产目录中,而负责整个帕玛拉特集团审计的德勤随后也在财务报表上签字认可。然而通纳供认,均富的会计人员建议他建立另外一家公司以代替 Curcastl 和 Zipla 公司。因此,在 1998 年,帕玛拉特设立了 Bonlat 分公司,由均富负责审计。此后,Bonlat 分公司成为制造一系列阴谋诡计的中心环节。

2003 年 2 月,帕玛拉特推迟对一笔到期债券的还本付息,此举大大激怒了投资者。均富要求了解更多关于 Epicurum 基金的情况,查看基金董事会成员的名单,以核实是否存在关联交易。在经过复核名单(只是认为名字听起来不像意大利人)和听取了律师(外聘律师兹尼)的解释后,均富将该投资在其审计的资产负债表上认可为现金和可流通的有价证券,但没有提及 Epicurum 基金这个名字。直到 2003 年 8 月,均富要求提供 Epicurum 基金的资产负债表,以使能够对投资进行估价,但帕玛拉特告诉没有这些资料。均富随即将该情况报告了德勤,后者表示拒绝接受帕玛拉特第三季度的财务报表,并通知了意大利证券监管机构Consob。

关于审计师的责任,由于当时案件尚在调查中,尚不得知均富和德勤是否涉嫌舞弊,究竟承担多大责任。均富在一份声明中声称自己是受害者,而德勤则表示第一次发现帕玛拉特存在会计问题是在2003年10月31日。

(四)意大利政府采取的措施

帕玛拉特事件爆发后,意大利政府迅速作出反应,采取了一系列措施,以减轻由此对社会造成的震荡。

1. 对帕玛拉特开展司法调查和处理

意大利政府对帕玛拉特财务欺诈行为进行司法调查,逮捕了包括坦齐在内的8名高级管理人员。改组后的帕玛拉特管理当局也聘请普华永道对公司的账目进行核查,以弄清真实的财务状况。从司法的角度看,将对坦齐等涉案人员提出正式起诉。鉴于舞弊金额巨大,法官将很快立案。

2. 对帕玛拉特进行破产保护

帕玛拉特事件发生后,意大利总理贝鲁斯科尼(Berlusconi)表示要尽力挽救帕玛拉特。意大利政府召开了紧急内阁会议,出台了一系列保护债权人和公司员工的措施,这些措施将以法律形式固定下来。在政府的支持下,将任命特别专员负责对帕玛拉特进行重组。在政府这项破产法规保护下,帕玛拉特停止了对旧债的清偿。在新的管理当局确定真实的资产负债状况以及重组运营结构后,帕玛拉特将继续经营。帕玛拉特新任首席执行官鲍迪(Bondi)将在180天内向政府监管机关提出财务和产业计划,如果重组不成功,帕玛拉特将被清算。根据意大利的破产法,帕玛拉特最多可以得到两年的破产保护。

3. 对金融监管体制进行改革

据英国《金融时报》报道,意大利财政经济部长特雷蒙蒂(Tremonti)1月6日表示,希望能够对现行的金融监管体制进行改革。由于公司的股票发行、债券发行、保险业和养老基金分属不同的机构管理,意大利计划仿照英国金融监管委员会,建立一个统一的监管机构,以协调行动并加强独立性。此外,他还表示,要推进审计制度现代化进程,采用国际准则是这一改革的关键部分。

(五)国际会计师联合会对帕玛拉特事件的反应

针对帕玛拉特事件,国际会计师联合会(IFAC)呼吁对所有与财务信息生成直接或间接相关的人员加强警惕,既包括公司的管理当局及其顾问,也包括公司审计委员会和会计师事务所。

IFAC 主席 Rene Ricol 强调："帕玛拉特事件说明,尽管各国政府、国际监管机构、国际会计师联合会、各国会计组织以及其他机构已经采用了各种加强和完善公司治理规则、法规和审计准则的方法,但是如果涉及财务报告的各方没有完全遵循新规定的精神和条款,且各国法律也没有强制要求执行这些规定,实现该目标是非常困难的。"

就帕玛拉特事件而言,在这样长的期间内,高水平的和显然有能力的公司经理串通起来舞弊,这一事实表明,当公司董事会的部分高级管理人员对于诚实采取行动并非出于真正自愿时,成功实施有效的安全措施是困难的。

国际会计师联合会反对使用过于复杂的财务结构和避税场所作为妨碍报告透明度以及违反法律和规章要求的手段。因为上述手段导致与腐败相关的金钱转移以及洗黑钱日益增加,使得审计师难以对财务交易进行追查,破坏了财务报表的准确性和透明度。

案例讨论：

应用舞弊三角理论分析帕玛拉事件。

第六章

注册会计师职业道德

 知识目标 ....

1. 了解注册会计师职业道德守则内容;
2. 熟悉注册会计师职业道德的基本原则;
3. 掌握注册会计师职业道德概念框架的应用。

 能力目标 ....

1. 能够准确应用注册会计师职业道德基本原则判别事项;
2. 能够准确应用注册会计师职业道德概念框架。

 素养目标 ....

1. 理解注册会计师职业道德的基本原则,具备应用注册会计师职业道德的判断标准准确评判相关事件的能力;

2. 养成"诚信、客观和公正、独立、专业胜任能力和勤勉尽责、保密、良好职业行为"的职业道德品质。

 思政园地 ....

诚 信 为 本

《论语·为政篇》中提到:"信,朋友之终也。"诚信是中华民族的传统美德之一,亦是注册会计师职业道德的基石。注册会计师应以诚信为本,对企业、社会、公众负责,保持独立、客观、公正的立场,以诚信赢得客户的信任。在现代社会,诚信更是注册会计师职业道德的基石,体现了注册会计师对社会、企业和公众的责任担当。

注册会计师作为专业人士,应以诚信为本,对企业财务报告的真实性和准确性负责。诚信使他们能够保持独立、客观和公正的立场,为企业提供专业、高效的财务咨询服务。同时,诚信也是注册会计师赢得客户信任的关键。只有具备诚信,他们才能在社会上树立良好的职业形象,为整个行业的发展贡献力量。

知识导图 ....

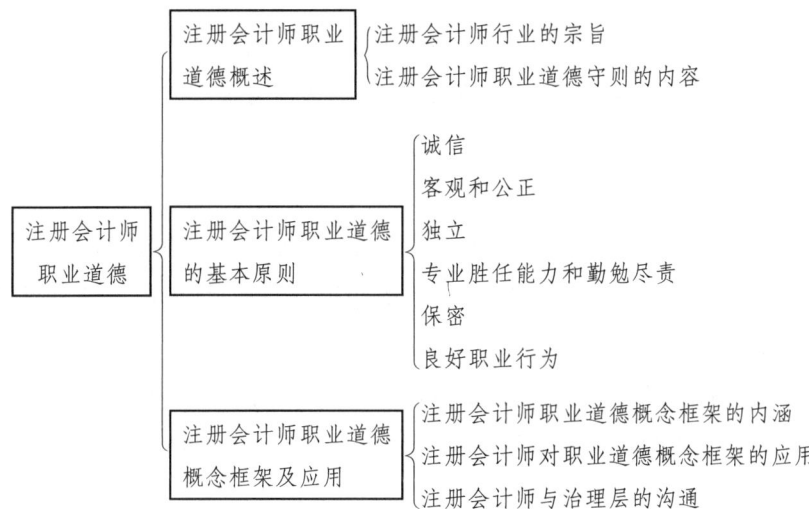

第一节　注册会计师职业道德概述

为了规范注册会计师职业活动,提高注册会计师职业道德水准,维护注册会计师职业形象,根据《中华人民共和国注册会计师法》和《中国注册会计师协会章程》,中国注册会计师协会印发《注册会计师职业道德守则》。

一、注册会计师行业的宗旨

维护公众利益是注册会计师行业的宗旨。公众不仅包括注册会计师服务的客户,也包括投资者、债权人、政府机构、社会公众等其他可能依赖注册会计师提供的信息以作出相关决策的组织或人员。这种依赖赋予注册会计师维护公众利益的责任。从这个意义上说,公众利益可以定义为那些可能依赖注册会计师工作的组织或人员的整体利益。

注册会计师应当遵守《中国注册会计师职业道德守则》(以下简称职业道德守则),履行相应的社会责任,维护公众利益。为了维护公众利益,注册会计师应当持续提高职业素养。

在履行社会责任的过程中,注册会计师可能面临不同组织或人员相互之间的利益冲突。在解决这些冲突时,注册会计师应当正直诚实行事,并始终牢记维护公众利益的宗旨。

注册会计师应当遵守相关法律法规。如果某些法律法规的规定与职业道德守则的相关条款不一致,注册会计师应当注意到这些差异。除非法律法规禁止,注册会计师应当按照较为严格的规定执行。

在极其特殊的情况下,如果认为遵守职业道德守则的某些规定可能会导致不当后果或不符合公众利益,注册会计师可以考虑向中国注册会计师协会或相关监管机构咨询。

职业道德守则中的条款,按照其效力和使用方法,可以分为三类:

(1)要求或禁止性条款。此类条款通常使用"应当"或"不得"等词语,强制要求注册会计师在特定情形下从事某项活动或行为,或者禁止从事某项活动或行为,除非出现与之相关的例外情况。注册会计师违反此类条款将被视为违反职业道德守则的规定。

(2)鼓励或建议性条款。此类条款通常使用"可以""鼓励"等词语,用来对注册会计师的活动或行为提供相关建议,不构成强制性要求。

(3)解释或举例性条款。此类条款通常使用"例如""举例来说"等词语,或直接陈述某项事实,用来对相关条款作出解释或举例说明,以帮助注册会计师理解和掌握。

二、注册会计师职业道德守则的内容

(1)《中国注册会计师职业道德守则第 1 号——职业道德基本原则》,主要用于规范注册会计师应当遵循的职业道德基本原则,为注册会计师的行为确立道德标准。

(2)《中国注册会计师职业道德守则第 2 号——职业道德概念框架》,主要用于规范职业道德概念框架,即解决职业道德问题的思路和方法。

(3)《中国注册会计师职业道德守则第 3 号——提供专业服务的具体要求》,主要用于规范注册会计师在提供专业服务的过程中可能遇到的除独立性以外的某些具体情形,并针对在这些情形下如何运用职业道德概念框架解决职业道德问题作出具体规定。

(4)《中国注册会计师职业道德守则第 4 号——审计和审阅业务对独立性的要求》,主要用于规范注册会计师在从事审计和审阅业务时与独立性相关的要求。

职业道德
守则术语表

(5)《中国注册会计师职业道德守则第 5 号——其他鉴证业务对独立性的要求》,主要用于规范注册会计师在从事审计和审阅以外的其他鉴证业务时与独立性相关的要求。

此外,职业道德守则术语表用于对职业道德守则中的相关术语作出解释说明。

第二节 注册会计师职业道德的基本原则

中国注册会计师协会注册会计师(以下简称注册会计师)为实现执业目标,必须遵守一系列前提或一般原则。这些基本原则包括下列职业道德基本原则:诚信、客观和公正、独立、专业胜任能力和勤勉尽责、保密、良好职业行为。

一、诚信

诚信,是指诚实、守信。诚信原则要求注册会计师应当在所有的职业关系和商业关系中保持正直和诚实,秉公处事、实事求是。注册会计师应当遵循诚信原则,在所有的职业活动中保持正直、诚实守信。

诚信是我国社会主义核心价值观的重要组成部分,是社会主义道德建设的重要内容,是构建社会主义和谐社会的重要纽带,同时也是社会主义市场经济运行的基础。对注册会计师行业来说,诚信是注册会计师行业存在和发展的基石,在职业道德基本原则中居于首要地位。

注册会计师如果认为业务报告、申报资料或其他信息存在下列问题,则不得与这些有问题的信息发生牵连:

(1)含有严重虚假或误导性的陈述。

(2)含有缺乏充分依据的陈述或信息。

(3)存在遗漏或含糊其辞的信息。

注册会计师如果注意到已与有问题的信息发生牵连,应当采取措施消除牵连。

在鉴证业务中,如果存在上述情形,注册会计师依据执业准则出具了恰当的非标准业务报告,不被视为违反规定。

【拓展阅读】

会计诚信——现代化发展的本质要求[①]

党的二十大报告把实现高质量发展作为中国式现代化的本质要求之一。高质量发展的关键是高效能治理。会计诚信能有效提高治理效能突出体现在以下四方面:一是会计诚信有利于提高经济主体获取经济信息的能力,降低信息壁垒,促进相互信任和合作,促进结成社会性网络,为提高经济社会发展整体协调效率奠定基础。二是对于宏观经济,基于会计诚

---

① 资料来源:张涛.会计诚信——现代化发展本质要求[EB/OL].(2023-12-08)[2025-03-28]. https://kjs.mof. gov.cn/kjzydd/202312/t20231208_3920765.htm。

信的市场主体间互信是经济往来的润滑剂,有利于减少获取资源时的交易成本,提高整体运行效率。三是对于微观经济,会计诚信直接反映良好的公司治理,有利于汇聚充分的市场信任和建立品牌,为企业发展提供新动能。四是基于会计诚信建立起的互惠性价值规范是"信用经济"的重要基础,是规范市场经济运行的"软约束力",是对"法治经济"的有益补充。"信用经济"与"法治经济"能够有效均衡经济治理的活力与规范,共同助力国家治理体系和治理能力现代化。

二、客观和公正

客观,是指按照事物的本来面目去考察,不添加个人的偏见。公正,是指公平、正直、不偏袒。注册会计师应当遵循客观公正原则,公正处事,实事求是,不得由于偏见、利益冲突或他人的不当影响而损害自己的职业判断。如果存在导致职业判断出现偏差,或对职业判断产生不当影响的情形,注册会计师不得提供相关专业服务。

【拓展阅读】

实事求是①

实事求是是中国共产党人世界观、方法论的基石。党的十八大以来,以习近平同志为核心的党中央,以巨大的政治勇气和责任担当,把实事求是贯穿到治国理政各个方面、各个环节,在实践中积累了新的宝贵经验,中华民族迎来了从富起来到强起来的伟大飞跃。

毛泽东同志1941年在《改造我们的学习》中曾对实事求是作过经典阐述,他说:"'实事'就是客观存在着的一切事物,'是'就是客观事物的内部联系,即规律性,'求'就是我们去研究。"1963年,毛泽东同志在《人的正确思想是从哪里来的?》中指出:"一个正确的认识,往往需要经过由物质到精神,由精神到物质,即由实践到认识,由认识到实践这样多次的反复,才能够完成。"毛泽东同志从理论和实践关系的高度、从马克思主义认识论的高度,对实事求是所作的这些深刻阐述,具有长远指导意义。

1978年12月,邓小平同志在为党的十一届三中全会作准备的中央工作会议上,发表了《解放思想,实事求是,团结一致向前看》的重要讲话,深刻阐述了解放思想和实事求是的辩证关系。他指出:"解放思想,开动脑筋,实事求是,团结一致向前看,首先是解放思想。""过去我们搞革命所取得的一切胜利,是靠实事求是;现在我们要实现四个现代化,同样要靠实事求是。"

三、独立

独立,是指不受外来力量控制、支配,按照一定之规行事。独立原则通常是对注册会计

---

① 资料来源:上海市习近平新时代中国特色社会主义思想研究中心. 实事求是为什么如此重要(N). 光明日报, 2018-09-28(11)https://epaper.gmw.cn/gmrb/html/2018-09/28/nw.D110000gmrb_20180928_1-11.htm.

师而不是非执业注册会计师提出的要求。在执行鉴证业务时，注册会计师必须保持独立。在市场经济条件下，投资者主要依赖财务报表判别投资风险，在投资机会中作出选择。如果注册会计师不能与客户保持独立，而是存在经济利益、关联关系，或屈从于外界压力，就很难取信于社会公众。

注册会计师的独立性包括两个方面：实质上的独立和形式上的独立。注册会计师执行审计和审阅业务以及其他鉴证业务时，应当从实质上和形式上保持独立性，不得因任何利害关系影响其客观性。

（1）实质上的独立性。实质上的独立性是一种内心状态，使得注册会计师在提出结论时不受损害职业判断的因素影响，诚信行事，遵循客观公正原则，保持职业怀疑。

（2）形式上的独立性。形式上的独立性是一种外在表现，使得一个理性且掌握充分信息的第三方，在权衡所有相关事实和情况后，认为会计师事务所或审计项目组成员没有损害诚信原则、客观公正原则或职业怀疑。

会计师事务所在承办审计和审阅业务以及其他鉴证业务时，应当从整体层面和具体业务层面采取措施，以保持会计师事务所和项目组的独立性。

四、专业胜任能力和勤勉尽责

专业胜任能力和勤勉尽责原则要求注册会计师通过教育、培训和执业实践获取和保持专业胜任能力。注册会计师应当持续了解并掌握当前法律、技术和实务的发展变化，将专业知识和技能始终保持在应有的水平，确保为客户提供具有专业水准的服务。

专业胜任能力是指注册会计师具有专业知识、技能和经验，能够经济、有效地完成客户委托的业务。注册会计师如果不能保持和提高专业胜任能力，就难以完成客户委托的业务。事实上，如果注册会计师在缺乏足够的知识、技能和经验的情况下提供专业服务，就构成了一种欺诈。如果注册会计师不能认识到这一点，承接了难以胜任的业务，就可能给客户乃至社会公众带来危害。

注册会计师在应用专业知识和技能时，应当合理运用职业判断。专业胜任能力可分为两个独立阶段：①专业胜任能力的获取；②专业胜任能力的保持。注册会计师应当持续了解和掌握相关的专业技术和业务的发展，以保持专业胜任能力。

勤勉尽责，要求注册会计师遵守执业准则和职业道德规范，勤勉尽责，认真、全面、及时地完成工作任务。在审计过程中，注册会计师应当保持职业怀疑态度，运用专业知识、技能和经验，获取和评价审计证据。同时，注册会计师应当采取措施以确保在其授权下工作的人员得到适当的培训和督导。在适当情况下，注册会计师应当使客户、工作单位和专业服务，以及业务报告的其他使用者了解专业服务的固有局限性。

【拓展阅读】

兴华会计师事务所未尽到勤勉尽责[①]

一、兴华所出具的审计报告存在虚假记载

兴华会计师事务所(以下简称兴华所)审计的林州重机 2017 年年度报告存在虚假记载。林州重机 2017 年合并资产负债表虚增在建工程 2.07 亿元,虚减预付账款 1.95 亿元,合并利润表虚减财务费用 11 244 131.28 元。

兴华所对林州重机 2017 年财务报表出具了标准无保留意见审计报告,签字注册会计师为肖丽娟、李杰。审计收费为 118 万元。

二、兴华所在审计林州重机 2017 年财务报表时未勤勉尽责

兴华所在对林州重机全资子公司林州朗坤科技有限公司(以下简称朗坤科技)在建工程 1.95 亿元及对应的资本化利息 11 918 779.16 元进行审计时,仅获取了未附任何附件的记账凭证,未关注到 1.95 亿元在建工程尚未取得发票的事实;对在建工程相关设备的监盘程序执行不到位,设备盘点清单上没有盘点人与审计人员的签字及盘点日期;未关注到朗坤科技在建工程中计提的资本化利息与母公司抵减的财务费用(母公司同时确认应交增值税销项税)未合并抵销。

兴华所审计程序执行不到位,未获取充分适当的审计证据,未能发现林州重机合并资产负债表虚增在建工程 2.07 亿元,合并利润表虚减财务费用 11 244 131.28 元的有关事实。兴华所的上述行为违反了《中国注册会计师审计准则第 1301 号——审计证据》第十条、《中国注册会计师审计准则第 1101 号——注册会计师的总体目标和审计工作的基本要求》第三十条的规定。

上述违法事实,有相关人员询问笔录、情况说明、审计工作底稿等证据证明,足以认定。

兴华所的上述行为违反 2005 年《证券法》第一百七十三条的规定,构成 2005 年《证券法》第二百二十三条所述"证券服务机构未勤勉尽责、所制作、出具的文件有虚假记载、误导性陈述或者重大遗漏"的情形,签字注册会计师肖丽娟、李杰是对兴华所的违法行为直接负责的主管人员。

五、保密

注册会计师能否与客户维持正常的关系,有赖于双方能否自愿而又充分地进行沟通和交流,不掩盖任何重要的事实和情况。只有这样,注册会计师才能有效地完成工作。注册会计师与客户的沟通,必须建立在为客户信息保密的基础上。这里所说的客户信息,通常是指涉密信息。一旦涉密信息被泄露或被利用,往往会给客户造成损失。因此,在公众领域执业

---

① 资料来源:中国证券监督管理委员会. 中国证监会行政处罚决定书(兴华会计师事务所、肖丽娟、李杰)(EB/OL).(2020-10-20)[2025-5-30]. http://www.csrc.gov.cn/csrc/c101928/c1416740/content.shtml.

的注册会计师,在没有取得客户同意的情况下,不能泄露任何客户的涉密信息。

保密原则要求注册会计师应当对在职业活动中获知的涉密信息保密,不得有下列行为:

(1)未经客户授权或法律法规允许,向会计师事务所以外的第三方披露其所获知的涉密信息。

(2)利用所获知的涉密信息为自己或第三方谋取利益。

注册会计师在社会交往中应当履行保密义务。注册会计师应当警惕无意泄密的可能性,特别是警惕无意中向近亲属或关系密切的人员泄密的可能性。近亲属,是指配偶、父母、子女、兄弟姐妹、祖父母、外祖父母、孙子女、外孙子女。

另外,注册会计师应当对拟接受的客户或拟受雇的工作单位向其披露的涉密信息保密。在终止与客户或工作单位的关系之后,注册会计师仍然应当对在职业关系和商业关系中获知的信息保密。如果变更工作单位或获得新客户,注册会计师可以利用以前的经验,但不应利用或披露以前职业活动中获知的涉密信息。注册会计师应当明确在会计师事务所内部保密的必要性,采取有效措施,确保其下级员工以及为其提供建议和帮助的人员遵循保密义务。

注册会计师在下列情况下可以披露涉密信息:

(1)法律法规允许披露,并且取得客户或工作单位的授权。

(2)根据法律法规的要求,为法律诉讼、仲裁准备文件或提供证据,以及向有关监管机构报告发现的违法行为。

(3)法律法规允许的情况下,在法律诉讼、仲裁中维护自己的合法权益。

(4)接受注册会计师协会或监管机构的执业质量检查,答复其询问和调查。

(5)法律法规、执业准则和职业道德规范规定的其他情形。

【拓展阅读】

普华永道泄密事件①

知名会计师事务所普华永道 2023 年 5 月 8 日发布声明称,因卷入泄露政府机密税收政策丑闻,普华永道澳大利亚公司的首席执行官宣布辞职。该公司合伙人克里斯汀·斯塔宾斯将担任代理首席执行官,直至未来几个月选出新的首席执行官。汤姆·西摩承认自己曾经收到涉澳大利亚政府机密税收政策的邮件。

据了解,普华永道涉税务政策泄密事件已经持续发酵几个月。在 2023 年 1 月,就有澳大利亚媒体披露,普华永道澳大利亚公司前国际税务主管彼得·柯林斯曾向公司合伙人及客户泄露有关澳大利亚政府税收政策的机密信息,以此为公司赢得了更多新的客户。随后柯

---

① 资料来源:佚名.卷入泄密丑闻!这一公司 CEO,宣布辞职!(EB/OL).(2023-05-10)[2025-5-30]. https://news. cnr. cn/native/gd/20230510/t20230510_526246249. shtml.

林斯被禁止在澳大利亚担任税务代理人,事件曝光后,普华永道公司回应称,少数合伙人收到涉密邮件。澳大利亚联邦政府强烈谴责这一泄密事件,一些议员呼吁全面禁止审计机构获得更多政府合同。根据路透社报道,普华永道在过去两年从澳大利亚联邦政府获得总计5.3亿澳元的合同。

六、良好职业行为

注册会计师应当遵守相关法律法规,避免发生任何损害职业声誉的行为。

注册会计师不得在明知的情况下,从事任何可能损害诚信原则、客观公正原则或良好职业声誉,从而可能违反职业道德基本原则的业务、职务或活动。

如果一个理性且掌握充分信息的第三方很可能认为某种行为将对良好的职业声誉产生负面影响,则这种行为属于可能损害职业声誉的行为。

注册会计师在向公众传递信息以及推介自己和工作时,应当客观、真实、得体,不得损害职业形象。

注册会计师应当诚实、实事求是,不得有下列行为:

(1) 夸大宣传提供的服务、拥有的资质或获得的经验。

(2) 贬低或无根据地比较其他注册会计师的工作。

在极其特殊的情况下,如果认为遵循某项基本原则与遵循其他基本原则存在冲突,注册会计师可以考虑向下列机构或人员咨询,必要时,这种咨询可以采取匿名形式:

(1) 会计师事务所的相关人员。

(2) 中国注册会计师协会。

(3) 相关监管机构。

(4) 法律顾问。

注册会计师应当运用职业判断解决冲突,或者在必要时与造成冲突的事项脱离关系(除非法律法规禁止)。上述咨询并不能减轻注册会计师的这一责任。

针对上述引起冲突的事项,职业道德守则鼓励注册会计师记录该事项的主要内容、所作的咨询、最终的决定,以及作出这些决定的理由。

第三节 注册会计师职业道德概念框架及应用

一、注册会计师职业道德概念框架的内涵

中国注册会计师职业道德守则提出职业道德概念框架,以指导注册会计师遵循职业道

德基本原则,履行维护公众利益的职责。职业道德概念框架是指解决职业道德问题的思路和方法,用以指导注册会计师:

(1)识别对职业道德基本原则的不利影响。

(2)评价不利影响的严重程度。

(3)必要时采取防范措施消除不利影响或将其降低至可接受的水平。

职业道德概念框架适用于注册会计师处理对职业道德基本原则产生不利影响的各种情形,其目的在于防止注册会计师认为只要职业道德守则未明确禁止的情形就是被允许的。

二、注册会计师对职业道德概念框架的应用

在运用职业道德概念框架时,注册会计师应当运用职业判断,对新信息、事实和情况的变化保持警觉,以及实施理性且掌握充分信息的第三方测试。理性且掌握充分信息的第三方测试,是检验注册会计师得出的结论是否客观公正的一种测试方法。具体来说,它是指注册会计师考虑:假设存在一个理性且掌握充分信息的第三方,在权衡注册会计师得出结论的时点可以了解到的所有具体事实和情况后,是否很可能得出与注册会计师相同的结论。理性且掌握充分信息的第三方不一定是注册会计师,但需要具备相关的知识和经验,以使其能够公正地了解和评价注册会计师结论的适当性。

(一)识别对职业道德基本原则的不利影响

1. 因自身利益产生不利影响的情形

举例说明,因自身利益产生不利影响的情形主要包括:

(1)注册会计师在客户中拥有直接经济利益。

(2)会计师事务所的收入过分依赖某一客户。

(3)会计师事务所以较低的报价获得新业务,而该报价过低,可能导致注册会计师难以按照适用的职业准则要求执行业务。

(4)注册会计师与客户之间存在密切的商业关系。

(5)注册会计师能够接触到涉密信息,而该涉密信息可能被用于谋取个人私利。

(6)注册会计师在评价所在会计师事务所以往提供的专业服务时,发现了重大错误。

2. 因自我评价产生不利影响的情形

举例说明,因自我评价产生不利影响的情形主要包括:

(1)注册会计师在对客户提供财务系统的设计或实施服务后,又对系统的运行有效性出具鉴证报告。

(2)注册会计师为客户编制用于生成有关记录的原始数据,而这些记录是鉴证业务的对象。

3. 因过度推介产生不利影响的情形

举例说明,因过度推介产生不利影响的情形主要包括:

(1)注册会计师推介客户的产品、股份或其他利益。

(2)当客户与第三方发生诉讼或纠纷时,注册会计师为该客户辩护。

(3)注册会计师站在客户的立场上影响某项法律法规的制定。

4. 因密切关系产生不利影响的情形

举例说明,因密切关系产生不利影响的情形主要包括:

(1)审计项目团队成员的近亲属担任审计客户的董事或高级管理人员。

(2)鉴证客户的董事、高级管理人员,或所处职位能够对鉴证对象施加重大影响的员工,最近曾担任注册会计师所在会计师事务所的项目合伙人。

(3)审计项目团队成员与审计客户之间存在长期业务关系。

近亲属包括主要近亲属和其他近亲属。主要近亲属是指配偶、父母或子女;其他近亲属是指兄弟姐妹、祖父母、外祖父母、孙子女、外孙子女。

审计项目团队成员是指所有审计项目组成员和会计师事务所中能够直接影响审计业务结果的其他人员,以及网络事务所中能够直接影响审计业务结果的所有人员。

5. 因外在压力导致不利影响的情形

举例说明,因外在压力导致不利影响的情形主要包括:

(1)注册会计师因对专业事项持有不同意见而受到客户解除业务关系或被会计师事务所解雇的威胁。

(2)由于客户对所沟通的事项更具有专长,注册会计师面临服从该客户判断的压力。

(3)注册会计师被告知,除非其同意审计客户某项不恰当的会计处理,否则计划中的晋升将受到影响。

(4)注册会计师接受了客户赠予的重要礼品,并被威胁将公开其收受礼品的事情。

(二)评价不利影响的严重程度

某些由法律法规、注册会计师协会或会计师事务所制定的,用于加强注册会计师职业道德的条件、政策和程序也可能有助于识别对职业道德基本原则的不利影响。这些条件、政策和程序也是在评价不利影响的严重程度时需要考虑的因素。这些条件、政策和程序可以分为两种,一是与客户及其经营环境相关的条件、政策和程序,二是与会计师事务所及其经营环境相关的条件、政策和程序。

1. 与客户及其经营环境相关的条件、政策和程序

针对与客户及其经营环境相关的条件、政策和程序,注册会计师对不利影响严重程度的评价可能受下列因素的影响:

（1）客户是否属于审计客户，以及该客户是否属于公众利益实体。

（2）客户是否属于非审计的鉴证客户。

（3）客户是否属于非鉴证客户。

（4）客户是否要求由管理层以外的适当人员批准聘请会计师事务所执行某项业务。

（5）客户是否拥有具备足够经验和资历以及胜任能力的人员负责作出管理决策。

（6）客户是否执行相关政策和程序，以确保在招标非鉴证服务时作出客观选择。

（7）客户是否拥有完善的公司治理结构，能够对会计师事务所的服务进行适当的监督和沟通。

2. 与会计师事务所及其经营环境相关的条件、政策和程序

针对与会计师事务所及其经营环境相关的条件、政策和程序，注册会计师对不利影响严重程度的评价可能受到下列因素的影响：

（1）会计师事务所领导层是否重视职业道德基本原则，并积极引导鉴证业务项目团队成员维护公众利益。

（2）会计师事务所是否建立政策和程序，以对所有人员遵循职业道德基本原则的情况实施监督。

（3）会计师事务所是否建立与薪酬、业绩评价、纪律处分相关的政策和程序，以促进对职业道德基本原则的遵循。

（4）会计师事务所是否对其过分依赖从某单一客户处取得收入的情况进行管理。

（5）在会计师事务所内，项目合伙人是否有权作出涉及遵循职业道德基本原则的决策，包括与向客户提供服务有关的决策。

（6）会计师事务所对人员教育、培训和经验的要求。

（7）会计师事务所用于解决内外部关注事项或投诉事项的流程。

（三）应对不利影响

注册会计师应当运用判断，确定如何应对超出可接受水平的不利影响，包括采取防范措施消除不利影响或将其降低至可接受的水平，或者拒绝或终止特定的职业活动。

在特定情况下可能能够应对不利影响的防范措施包括：

（1）向已承接的项目分配更多时间和有胜任能力的人员，可能能够应对因自身利益产生的不利影响。

（2）由项目组以外的适当复核人员复核已执行的工作或在必要时提供建议，可能能够应对因自我评价产生的不利影响。

（3）向鉴证客户提供非鉴证服务时，指派鉴证业务项目团队以外的其他合伙人和项目组，并确保鉴证业务项目组和非鉴证服务项目组分别向各自的业务主管报告工作，可能能够应对因自我评价、过度推介或密切关系产生的不利影响。

（4）由其他会计师事务所执行或重新执行业务的某些部分，可能能够应对因自身利益、自我评价、过度推介、密切关系或外在压力产生的不利影响。

（5）由不同项目组分别应对具有保密性质的事项，可能能够应对因自身利益产生的不利影响。

注册会计师应当就其已采取或拟采取的行动是否能够消除不利影响或将其降低至可接受的水平形成总体结论。在形成总体结论时，注册会计师应当：

（1）复核所作出的重大判断或得出的结论。

（2）实施理性且掌握充分信息的第三方测试。

（四）利益冲突

1. 产生利益冲突的情形

注册会计师不得因利益冲突损害其职业判断。利益冲突通常对客观公正原则产生不利影响，也可能对其他职业道德基本原则产生不利影响。注册会计师为两个或多个存在利益冲突的客户提供专业服务，可能产生不利影响；注册会计师的利益与客户的利益存在冲突，也可能产生不利影响。

可能产生利益冲突的情形包括：

（1）向某一客户提供交易咨询服务，该客户拟收购注册会计师的某一审计客户，而注册会计师已在审计过程中获知了可能与该交易相关的涉密信息。

（2）同时为两家客户提供建议，而这两家客户是收购同一家公司的竞争对手，并且注册会计师的建议可能涉及双方相互竞争的立场。

（3）在同一项交易中同时向买卖双方提供服务。

（4）同时为两方提供某项资产的估值服务，而这两方针对该资产处于对立状态。

（5）针对同一事项同时代表两个客户，而这两个客户正处于法律纠纷中。

（6）针对某项许可证协议，就应收的特许权使用许可证授予方出具鉴证报告，并同时向被许可方就应付金额提供建议。

（7）建议客户投资一家企业，而注册会计师的主要近亲属在该企业拥有经济利益。

（8）建议客户买入一项产品或服务，但同时与该产品或服务的潜在卖方订立佣金协议。

2. 识别利益冲突产生的不利影响

承接新的客户、业务或发生商业关系前，注册会计师应当采取合理措施识别可能存在利益冲突因而对职业道德基本原则产生不利影响的情形。这些措施应当包括识别所涉及的各方之间利益和关系的性质，以及所涉及的服务及其对相关各方的影响。在决定是否承接一项业务之前，以及在业务开展的过程中，实施有效的冲突识别流程可以帮助注册会计师采取

合理措施识别可能产生利益冲突的利益和关系。建立有效的冲突识别流程,需要考虑下列因素:

(1) 所提供专业服务的性质。

(2) 会计师事务所的规模。

(3) 客户群的规模和性质。

(4) 会计师事务所的组织架构,如分支机构的数量和位置分布。

在执行业务的过程中,所提供服务的性质、利益和关系可能发生变化,这些变化可能产生利益冲突,注册会计师应当对此类变化保持警觉。

3. 评价和应对利益冲突产生的不利影响

一般来说,注册会计师提供的专业服务与产生利益冲突的事项之间关系越直接,不利影响的严重程度越有可能超出可接受的水平。

在评价因利益冲突产生的不利影响的严重程度时,注册会计师需要考虑是否存在相关保密措施。当为针对某一特定事项存在利益冲突的双方或多方提供专业服务时,这些保密措施能够防止未经授权而泄露涉密信息。这些措施可能包括:

(1) 会计师事务所内部为特殊的职能部门或岗位设置单独的工作空间,作为防止泄露客户涉密信息的屏障。

(2) 限制访问客户文档的政策和程序。

(3) 会计师事务所合伙人和员工签署的保密协议。

(4) 使用物理方式和电子方式对涉密信息采取隔离措施。

(5) 专门且明确的培训和沟通。

下列防范措施可能能够应对因利益冲突产生的不利影响:

(1) 由不同的项目组分别提供服务,并且这些项目组已被明确要求遵守涉及保密性的政策和程序。

(2) 由未参与提供服务或不受利益冲突影响的适当人员复核已执行的工作,以评估关键判断和结论是否适当。

在应对因利益冲突产生的不利影响时,注册会计师应当根据利益冲突的性质和严重程度,运用职业判断确定是否有必要向客户具体披露利益冲突的情况,并获取客户明确同意其可以承接或继续提供专业服务。在确定是否有必要进行具体披露并获取明确同意时,注册会计师需要考虑下列因素:

(1) 产生利益冲突的情形。

(2) 可能受到影响的各方。

(3) 可能产生的问题的性质。

（4）特定事项以不可预期的方式发展的可能性。

在评价和应对因利益冲突产生的不利影响时,注册会计师应当对可能违反保密原则的情况保持警觉,包括在进行披露或在会计师事务所、网络内部分享相关信息以及寻求第三方指导时。

（五）专业服务委托

1. 客户关系和业务的承接与保持

在接受客户关系前,注册会计师应当确定接受客户关系是否对职业道德基本原则产生不利影响。如果注册会计师知悉客户存在某些问题,如涉嫌违反法律法规、缺乏诚信、存在可疑的财务报告问题、存在其他违反职业道德的行为,或者客户的所有者、管理层或其从事的活动存在一些可疑事项,可能对诚信、良好职业行为原则产生不利影响。在评价这些不利影响的严重程度时,注册会计师需要考虑的因素包括:

（1）对客户及其所有者、管理层、治理层和负责经营活动的人员的了解。

（2）客户对处理可疑事项的保证,诸如完善公司治理结构或内部控制。

如果项目组不具备或不能获得恰当执行业务所必需的胜任能力,将因自身利益对专业胜任能力和勤勉尽责原则产生不利影响。在评价这些不利影响的严重程度时,注册会计师需要考虑的因素包括:

（1）注册会计师对客户的业务性质、经营复杂程度、业务具体要求以及拟执行工作的目的、性质和范围的了解。

（2）注册会计师对相关行业或业务对象的了解。

（3）注册会计师拥有的与相关监管或报告要求有关的经验。

（4）会计师事务所制定了质量管理政策和程序,以合理保证仅承接能够胜任的业务。

下列防范措施可能能够应对因自身利益产生的不利影响:

（1）分派足够的、具有必要胜任能力的项目组成员。

（2）就执行业务的合理时间安排与客户达成一致意见。

（3）在必要时利用专家的工作。

在连续业务中,注册会计师应当定期评价是否继续保持该业务。在承接某项业务之后,注册会计师可能发现对职业道德基本原则的潜在不利影响,这种不利影响如果在承接之前知悉,将会导致注册会计师拒绝承接该项业务。例如,注册会计师可能发现客户实施不当的盈余管理,或者资产负债表中的估值不当,这些事项可能因自身利益对诚信原则产生不利影响。

2. 专业服务委托的变更

当注册会计师遇到下列情况时,应当确定是否有理由拒绝承接该项业务:

（1）潜在客户要求其取代另一注册会计师。

（2）考虑以投标方式接替另一注册会计师执行的业务。

（3）考虑执行某些工作作为对另一注册会计师工作的补充。

如果注册会计师并未知悉所有相关事实就承接业务，可能因自身利益对专业胜任能力和勤勉尽责原则产生不利影响。如果客户要求注册会计师执行某些工作以作为对现任或前任注册会计师工作的补充，可能因自身利益对专业胜任能力和勤勉尽责原则产生不利影响。注册会计师应当评价不利影响的严重程度。

下列防范措施可能能够应对上述因自身利益产生的不利影响：

（1）要求现任或前任注册会计师提供其已知的信息，这些信息是指现任或前任注册会计师认为，拟接任注册会计师在作出是否承接业务的决定前需要了解的信息。

（2）从其他渠道获取信息，例如通过向第三方进行询问，或者对客户的高级管理层或治理层实施背景调查。在与现任或前任注册会计师沟通前，拟接任注册会计师通常需要征得客户同意，最好能够征得客户的书面同意。如果不能与现任或前任注册会计师沟通，拟接任注册会计师应当采取其他适当措施获取与可能产生的不利影响相关的信息。当被要求对拟接任注册会计师的沟通作出答复时，现任或前任注册会计师应当遵守相关法律法规的要求，实事求是、清晰明了地提供相关信息。

现任或前任注册会计师需要遵循保密原则。现任或前任注册会计师是否可以或必须与拟接任注册会计师沟通客户的相关事务，取决于业务的性质、是否征得客户的同意，以及相关法律法规或职业道德规范的有关要求。

（六）第二意见

注册会计师可能被要求就某实体或以其名义运用相关准则处理特定交易或事项的情况提供第二意见，而这一实体并非注册会计师的现有客户。向非现有客户提供第二意见可能因自身利益或其他原因对职业道德基本原则产生不利影响。例如，如果第二意见不是以现任或前任注册会计师所获得的相同事实为基础，或依据的证据不充分，可能因自身利益对专业胜任能力和勤勉尽责原则产生不利影响。评价因自身利益产生不利影响的严重程度时，应当考虑被要求提供第二意见的具体情形以及在运用职业判断时能够获得的所有事实和假设等相关因素。

下列防范措施可能能够应对此类因自身利益产生的不利影响：

（1）征得客户同意与现任或前任注册会计师沟通。

（2）在与客户沟通中说明注册会计师发表专业意见的局限性。

（3）向现任或前任注册会计师提供第二意见的副本。

如果要求提供第二意见的实体不允许与现任或前任注册会计师沟通，注册会计师应当决定是否提供第二意见。

(七) 收费

1. 收费水平

会计师事务所在确定收费时应当主要考虑专业服务所需的知识和技能、所需专业人员的水平和经验、各级别专业人员提供服务所需的时间和提供专业服务所需承担的责任。在专业服务得到良好的计划、监督及管理的前提下,收费通常以每一专业人员适当的小时收费标准或日收费标准为基础计算。

收费报价水平可能影响注册会计师按照职业准则提供专业服务的能力。如果报价水平过低,以致注册会计师难以按照适用的职业准则执行业务,则可能因自身利益对专业胜任能力和勤勉尽责原则产生不利影响。评价不利影响的严重程度时考虑的因素包括客户是否了解业务约定条款,特别是确定收费的基础以及注册会计师在此报价范围内所能提供的服务,以及收费水平是否已由独立第三方(如相关监管部门)作出规定。

如果收费报价明显低于前任注册会计师或其他会计师事务所的相应报价,会计师事务所应当确保在提供专业服务时,遵守执业准则和相关职业道德规范的要求,使工作质量不受损害,并使客户了解专业服务的范围和收费基础。

应对此类不利影响的防范措施主要包括调整收费水平或业务范围、由适当复核人员复核已执行的工作。

2. 或有收费

除法律法规允许外,注册会计师不得以或有收费方式提供鉴证服务,收费与否或收费多少不得以鉴证工作结果或实现特定目的为条件。尽管某些非鉴证服务可以采用或有收费的形式,或有收费仍然可能对职业道德基本原则产生不利影响,特别是在某些情况下可能因自身利益对客观公正原则产生不利影响。不利影响存在与否及其严重程度取决于下列因素:

(1) 业务的性质。

(2) 可能的收费金额区间。

(3) 确定收费的基础。

(4) 向报告的预期使用者披露注册会计师所执行的工作以及收费的基础。

(5) 会计师事务所的质量管理政策和程序。

(6) 是否由独立第三方复核交易和提供服务的结果。

(7) 收费水平是否已由独立第三方(如监管部门)作出规定。

下列防范措施可能能够应对上述因自身利益产生的不利影响:

(1) 由未参与提供非鉴证服务的适当复核人员复核注册会计师已执行的工作。

(2) 预先就收费的基础与客户达成书面协议。

3. 介绍费或佣金

注册会计师收取与客户相关的介绍费或佣金,将因自身利益对客观公正、专业胜任能力和勤勉尽责原则产生非常严重的不利影响,导致没有防范措施能够消除不利影响或将其降低至可接受的水平。注册会计师不得收取与客户相关的介绍费或佣金。

注册会计师为获得客户而支付业务介绍费,将因自身利益对客观公正、专业胜任能力和勤勉尽责原则产生非常严重的不利影响,导致没有防范措施能够消除不利影响或将其降低至可接受的水平。注册会计师不得向客户或其他方支付业务介绍费。

(八) 利益诱惑

1. 一般规定

利益诱惑是指影响其他人员行为的物质、事件或行为,但利益诱惑并不一定具有不当影响该人员行为的意图。利益诱惑范围广泛,小到正常礼节性的交往,大到可能违反法律法规的行为。利益诱惑可能采取多种形式,例如:

(1) 礼品。

(2) 款待。

(3) 娱乐活动。

(4) 捐助。

(5) 意图建立友好关系。

(6) 工作岗位或其他商业机会。

(7) 特殊待遇、权利或优先权。

注册会计师提供或接受利益诱惑,可能因自身利益、密切关系或外在压力对职业道德基本原则产生不利影响,尤其可能对诚信、客观公正、良好职业行为原则产生不利影响。注册会计师应当运用职业道德概念框架识别、评价和应对此类不利影响。

2. 意图不当影响行为的利益诱惑

注册会计师不得提供或接受,或者授意他人提供或接受任何意图不当影响接受方或其他人员行为的利益诱惑,无论这种利益诱惑是存在不当影响行为的意图,还是注册会计师认为理性且掌握充分信息的第三方很可能会视为存在不当影响行为的意图。在确定是否存在或被认为存在不当影响行为的意图时,注册会计师需要运用职业判断。注册会计师需要考虑下列因素:

(1) 利益诱惑的性质、频繁程度、价值和累积影响。

(2) 提供利益诱惑的时间,这一因素需要结合该利益诱惑可能影响的行动或决策来考虑。

(3) 利益诱惑是否符合具体情形下的惯例或习俗。

（4）利益诱惑是否从属于专业服务，例如，提供或接受与商务会议有关的午餐。

（5）所提供的利益诱惑是仅限于个别接受方还是可以提供给更为广泛的群体，更为广泛的群体可能来自会计师事务所内部或外部，如其他客户或供应商。

（6）提供或接受利益诱惑的人员在会计师事务所或客户中担任的角色和职位。

（7）注册会计师是否知悉或有理由相信接受该利益诱惑将违反客户的政策和程序。

（8）提供利益诱惑的透明程度。

（9）该利益诱惑是否由接受方要求或索取。

（10）利益诱惑提供方以往的行为或声誉。

如果注册会计师知悉被提供的利益诱惑存在或被认为存在不当影响行为的意图，即使注册会计师拒绝接受利益诱惑，仍可能对职业道德基本原则产生不利影响。

下列防范措施可能能够应对上述不利影响：

（1）就该利益诱惑的情况告知会计师事务所的高级管理层或客户治理层。

（2）调整或终止与客户之间的业务关系。

注册会计师应当对其近亲属向现有或潜在客户提供利益诱惑或者接受利益诱惑的情况保持警觉。如果注册会计师知悉其近亲属提供或接受某项利益诱惑，并认为该利益诱惑存在不当影响注册会计师或客户行为的意图，或者理性且掌握充分信息的第三方很可能会认为存在此类意图，则注册会计师应当建议该近亲属拒绝接受或不得提供此类利益诱惑。

3. 无不当影响行为意图的利益诱惑

如果注册会计师认为某项利益诱惑不存在不当影响接受方或其他人员行为的意图，应当运用职业道德概念框架识别、评价和应对可能因该利益诱惑产生的不利影响。即使注册会计师认为某项利益诱惑无不当影响行为的意图，提供或接受此类利益诱惑仍可能对职业道德基本原则产生不利影响。在评价因提供或接受此类利益诱惑产生的不利影响的严重程度时，注册会计师需要考虑与上述在确定是否存在或被认为存在不当影响行为的意图时相同的因素。

下列防范措施可能能够消除因提供或接受此类利益诱惑产生的不利影响：

（1）拒绝接受或不提供利益诱惑。

（2）将向客户提供专业服务的责任移交给其他人员，前提是注册会计师没有理由相信该人员在提供专业服务时可能会受到不利影响。

下列防范措施可能能够将提供或接受此类利益诱惑的不利影响降低至可接受的水平：

（1）就提供或接受利益诱惑的事情，与会计师事务所或客户的高级管理层保持信息对称。

（2）在由会计师事务所高级管理层或其他负责会计师事务所职业道德合规性的人员监控的，或者由客户维护的记录中登记该利益诱惑。

（3）针对提供利益诱惑的客户，由未参与提供专业服务的适当复核人员复核注册会计师已执行的工作或作出的决策。

(4) 在接受利益诱惑之后将其捐赠给慈善机构,并向会计师事务所高级管理层或提供利益诱惑的人员适当披露该项捐赠。

(5) 支付与所接受利益诱惑(如款待)同等价值的价款。

(6) 在收到利益诱惑(如礼品)后尽快将其返还给提供者。

(九) 保管客户资产

除非法律法规允许或要求,并且满足相关条件,注册会计师不得提供保管客户资金或其他资产的服务。保管客户资产可能因自身利益或其他原因而对客观公正、良好职业行为原则产生不利影响。

注册会计师如果保管客户资金或其他资产,应当符合下列要求:

(1) 遵守所有与保管资产和履行报告义务相关的法律法规。

(2) 将客户资金或其他资产与其个人或会计师事务所的资产分开。

(3) 仅按照预定用途使用客户资金或其他资产。

(4) 随时准备向相关人员报告资产状况及产生的收入、红利或利得。

在承接某项业务时,对于可能涉及保管客户资金或其他资产,注册会计师应当询问资产的来源,并考虑应履行的相关法定义务。如果客户资金或其他资产来源于非法活动(如洗钱),注册会计师不得提供保管资产服务,并应当运用职业道德概念框架应对此类违反法律法规行为。

(十) 应对违反法律法规行为

违反法律法规行为包括客户、客户的治理层和管理层,以及为客户工作或在客户指挥下工作的人员有意或无意作出的与现行法律法规不符的疏漏或违法行为。

主要涉及下列方面的法律法规:

(1) 舞弊、腐败和贿赂。

(2) 国家安全、洗钱和犯罪所得。

(3) 证券市场和交易。

(4) 银行业务、其他金融产品和服务。

(5) 信息安全。

(6) 税务、社会保障。

(7) 环境保护。

(8) 公共健康与安全。

注册会计师在向客户提供专业服务的过程中,可能遇到、知悉或怀疑客户存在违反法律法规或涉嫌违反法律法规的行为。当注册会计师知悉或怀疑存在这种违反或涉嫌违反法律法规的行为时,可能因自身利益或外在压力对诚信和良好职业行为原则产生不利影响。注册会计师应当运用职业道德概念框架识别、评价和应对此类不利影响。在应对违反法律法规或涉嫌违反法律法规行为时,注册会计师的目标是:

(1) 遵循诚信和良好职业行为原则。

(2) 通过提醒客户的管理层或治理层(如适用),使其能够纠正违反法律法规或涉嫌违反法律法规行为或减轻其可能造成的后果,或者阻止尚未发生的违反法律法规行为。

(3) 采取有助于维护公众利益的进一步措施。

如果注册会计师知悉违反法律法规或涉嫌违反法律法规行为,应当及时采取行动。为确保及时采取行动,注册会计师应当同时考虑下列事项:

(1) 该行为的性质。

(2) 该行为可能对客户、投资者、债权人、员工或社会公众利益造成的损害。

在了解和应对违反法律法规或涉嫌违反法律法规行为时,注册会计师需要运用专业知识、技能和职业判断。注册会计师可以在遵循保密原则的前提下,向会计师事务所、网络事务所或专业机构的其他人员或者法律顾问进行咨询。

如果注册会计师识别出或怀疑存在已经发生或可能发生的违反法律法规行为,应当与适当级别的管理层和治理层沟通。这种沟通也可能能够促使管理层或治理层对该事项展开调查。注册会计师应当根据管理层和治理层的应对,确定是否需要出于维护公众利益的目的而采取进一步行动。注册会计师可以采取的进一步行动包括:

(1) 向适当机构报告该事项,即使法律法规没有要求进行报告。

(2) 在法律法规允许的情况下,解除业务约定。

【拓展阅读】

注册会计师出具重大失实文件[①]

2015 年 5 月,吉林市国有资本投资运营有限公司(系国有企业,以下简称国投公司)欲收购吉林省博大生化有限公司(系民营企业,以下简称博大公司)。被告人毛××、李××、迟××作为吉林市华泰会计师事务所注册会计师,在受国投公司委托,对被收购方博大公司的资产、债务、债权等进行审计过程中,严重不负责任,未严格依照《注册会计师法》和《注册会计师审计准则》进行函证,在对 2015 年 4 月 30 日博大公司对众鑫化工酒精销售业务虚增的人民币 6 501.8 万元应收款未确认是否真实的情况下,即出具正式的审计报告,致使博大公司的净资产虚增 6 501.8 万元,给收购方国投公司造成损失 3 315.918 万元。3 名注册会计师因此被判刑!

---

① 资料来源:佚名.未对 6500 万元应收账款函证,3 名注册会计师被判刑!(EB/OL). (2020-07-05)[2025-5-30]. https://www.sohu.com/a/405822018_784300.

被告人毛××、李××、迟××作为承担审计职责的中介组织的注册会计师,在对博大公司资产进行审计的过程中,严重不负责任,出具有重大失实的证明文件,造成严重后果,其行为构成出具证明文件重大失实罪,公诉机关指控罪名成立。

判决如下:

一、被告人毛××犯出具证明文件重大失实罪,判处有期徒刑1年缓刑1年,并处罚金人民币1万元。

(缓刑考验期限,从判决确定之日起计算。)

二、被告人李××犯出具证明文件重大失实罪,判处有期徒刑1年缓刑1年,并处罚金人民币1万元。

(缓刑考验期限,从判决确定之日起计算。)

被告人迟××犯出具证明文件重大失实罪,判处有期徒刑1年缓刑1年,并处罚金人民币1万元。

三、注册会计师与治理层的沟通

注册会计师在识别、评价和应对不利影响时,应当根据职业判断,就有关事项与治理层进行沟通,应当确定与客户或工作单位治理结构中的哪些适当人员进行沟通。如果注册会计师与治理层的下设组织(如审计委员会)或个人沟通,应当确定是否还需要与治理层整体进行沟通,以使治理层所有成员充分知情。

在确定具体沟通对象时,注册会计师可能需要考虑下列事项:

(1) 具体情况的性质和重要程度。

(2) 拟沟通的事项。

如果注册会计师与同时承担管理层职责和治理层职责的人员沟通,应当确保这种沟通能够向所有负有治理责任的人员充分传递应予沟通的内容。在某些情况下,治理层全部成员均参与管理。例如,在 家小企业中,仅有的一名业主管理该企业,并且没有其他人负有治理责任。在这些情况下,如果与同时承担管理层职责和治理层职责的人员沟通,可认为注册会计师已满足与治理层沟通的要求。

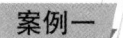 案例一

世通事件简介①

世界通信公司(以下简称世通)是美国第二大长途电话公司,名列世界50大企业,拥有

---

① 资料来源:佚名. 实务18大经典审计案例(案例/如何造假/审计角色/启示)(EB/OL). (2020-11-20)[2025-5-30]. https://www.hbmzu.edu.cn/audit/info/1013/1237.htm.

8.5 万名员工,业务遍及 65 个国家和地区。

2002 年 4 月,世通曝出特大财务丑闻,涉及金额达 110 亿美元。7 月,纽约地方法院宣布,美国第二大长途电话公司世通正式向法院申请破产保护,以 1 070 多亿美元的资产、410 亿美元的债务创下了美国破产案的历史新纪录。该事件造成 2 万名世通员工失业,并失去所有保险及养老金保障。

一、世通如何造假

美国证券交易委员会公布的最终调查资料显示,1999—2001 年,世通虚构的销售收入达 90 多亿美元;通过滥用准备金科目,利用以前年度计提的各种准备金冲销成本,以夸大对外报告的利润,所涉及的金额达到 16.35 亿美元;将 38.52 亿美元经营费用单列于资本支出中;加上其他一些类似手法,使得世通 2000 年的财务报表有了营业收入增加 239 亿美元的亮点。

二、审计扮演的角色

(1) 缺乏形式上的独立性。

(2) 未能保持应有的职业审慎和职业怀疑。

(3) 编制审计计划前没有对世通的会计程序进行充分了解。

(4) 没有获取足以支持其审计意见的直接审计证据。

三、启示

重大审计失败的常见原因包括被审计单位内部控制失效或高管人员逾越内部控制,注册会计师与被审计单位伙同舞弊,缺乏独立性,没有保持应有的职业审慎和职业怀疑。尽管世通存在前所未有的财务舞弊,其财务报表严重歪曲失实,但安达信至少从 1999 年起一直为世通出具无保留意见的审计报告。就目前已经披露的资料看,安达信对世通的财务舞弊负有不可推卸的重大过失审计责任。安达信对世通的审计,将是一宗可载入史册的典型的重大审计失败案例。

案例讨论:

注册会计师在审计中应如何保持独立性,加强职业审慎和职业怀疑?

案例二

2022 年中国 174 家会计师事务所被行政处罚①

财政部网站 17 日发布中华人民共和国财政部会计信息质量检查公告(第四十三号)。其中提到,截至 2022 年 12 月 31 日,各地财政厅(局)已对 174 家会计师事务所、418 名注册会计师作出行政处罚,同比增长 104.71%、294.34%,超过前 3 年行政处罚总量。

---

① 资料来源:佚名.174 家会计师事务所 2022 年被罚:涉编造数据、私刻被审计单位公章等(EB/OL).(2023-01-18)[2025-5-30].https://new.qq.com/rain/a/20230118A01W2A00#:~:text.

具体来看,2022年,财政部组织各地财政部门对1854家会计师事务所开展执业质量检查,同比增长8.74%,覆盖面达到全国会计师事务所总量的20.43%。截至2022年12月31日,各地财政厅(局)已对174家会计师事务所、418名注册会计师作出行政处罚,同比增长104.71%、294.34%,超过前3年行政处罚总量。其中,16家会计师事务所被吊销执业许可,44家会计师事务所被暂停经营业务,109家会计师事务所被警告,106家会计师事务所被没收违法所得及罚款共计828.23万元;14名注册会计师被吊销注册会计师证书,152名注册会计师被暂停执行业务,255名注册会计师被警告,18名注册会计师被罚款共计61万元。有271家会计师事务所、243名注册会计师受到行政处理。

财政部还公布一批典型案例。

(1) 北京凯亚国嘉会计师事务所(普通合伙)出具的17份审计报告仅有复核意见单,无其他任何形式的审计工作底稿。在未履行必要的审计程序、未获取充分适当的审计证据的情况下出具审计报告且情节严重。北京市财政局对该所作出吊销执业许可的行政处罚,对签字注册会计师赵鹏、石宝常作出暂停执业1年的行政处罚。

(2) 北京东岭会计师事务所(普通合伙)为3家申报高新技术企业的被审计单位编造数据,出具不实审计报告;对42家被审计单位未实施必须的现场审计而出具审计结论,在未履行必要的审计程序、未获取充分适当的审计证据的情况下出具审计报告且情节严重。北京市财政局对该所作出吊销执业许可的行政处罚,对签字注册会计师孙广军、杜万芳作出吊销注册会计师证书的行政处罚。

(3) 广州华拓会计师事务所有限公司未建立质量控制体系,内部管理存在重大缺陷。无底稿出具审计报告问题严重,无法提供审计工作底稿的数量达1570份;事务所财务核算不规范、列支成本费用无凭证或凭证依据不足;检查期间存在逃避、拖延检查的行为。广东省财政厅对该所作出吊销执业许可、没收违法所得4.79万元、罚款1.3万元的行政处罚,对主任会计师商四新作出吊销注册会计师证书的行政处罚,对签字注册会计师唐天骆、严祖全、陈川作出警告的行政处罚。

(4) 广东创信会计师事务所有限公司编制虚假审计资料,篡改被审计单位财务数据,出具不实报告,检查期间存在逃避、拖延检查的行为。广东省财政厅对该所作出吊销执业许可、没收违法所得4.2万元、罚款5万元的行政处罚,对签字注册会计师李跃洲作出吊销注册会计师证书的行政处罚,对签字注册会计师胡昌猛作出警告的行政处罚。

(5) 云南嘉腾会计师事务所(普通合伙)被非注册会计师实际控制,大多数审计报告经实际控制人同意后加盖预留的注册会计师印章和签名章,并非注册会计师亲笔签名;与其他单位或个人合作实施审计项目,由非本所员工实施审计程序和编制审计工作底稿,编造大量虚假银行询证函和往来询证函。云南省财政厅对该所作出吊销执业许可、没收违法所得

15.3 万元、罚款 12.5 万元的行政处罚,对签字注册会计师张家平作出吊销注册会计师证书的行政处罚,对签字注册会计师关海宾、胡新印、胡瑞、王刘、闻华歆、于莉、张奥露、张祥斌作出警告的行政处罚。

(6)云南典远会计师事务所(普通合伙)私刻被审计单位公章,编造虚假审计证据出具审计报告,部分审计工作底稿非本所员工编制,且在检查期间未如实提供审计工作底稿,篡改重要审计资料。云南省财政厅对该所作出吊销执业许可、没收违法所得 8.92 万元、罚款 41.75 万元的行政处罚,对签字注册会计师任智英、何平作出吊销注册会计师证书的行政处罚,对签字注册会计师李利明作出警告的行政处罚。

(7)广西瑞泰会计师事务所有限责任公司出具的 34 份审计报告缺乏必要的审计程序,重要审计证据缺失,实施的审计程序、获取的审计证据不足以支持审计意见。广西壮族自治区财政厅对该所作出暂停经营业务 6 个月的行政处罚,对签字注册会计师陈洁芳、吴妙颜作出暂停执业 6 个月的行政处罚。

(8)杭州钱塘会计师事务所有限公司允许其他单位和个人使用其资质承揽业务并出具报告;允许部分注册会计师挂名而不专职执业;个别审计报告未履行审计程序、未获得审计证据、未编制审计工作底稿等。浙江省财政厅对该所作出暂停经营业务 6 个月、没收违法所得 14.27 万元的行政处罚,对主任会计师王伟、签字注册会计师鲍俊睿作出暂停执业 6 个月的行政处罚,对签字注册会计师梅冬、吴荣民、袁玲、张铁群、张云飞作出警告的行政处罚。

(9)杭州泰昊会计师事务所有限公司冒用他人名义签署审计报告 1 064 份;实际控制人同时在两个会计师事务所执业;个别审计报告未履行必要的审计程序、未获取充分适当的审计证据。浙江省财政厅对该所作出暂停经营业务 3 个月、没收违法所得 9.8 万元的行政处罚,对主任会计师李丽珍作出暂停执业 3 个月的行政处罚,对实际控制人金益诗、签字注册会计师彭月兰作出警告的行政处罚。

(10)遵义中审会计师事务所出具的 7 份审计报告仅收集了被审计单位财务报告等部分会计资料,未实施审计程序、未编制审计工作底稿;在未履行必要的审计程序、未获取充分适当的审计证据情况下,出具了 11 份审计报告。贵州省财政厅对该所作出警告、没收违法所得 63.27 万元的行政处罚,对签字注册会计师罗小平、徐泽刚、徐洪钟作出警告的行政处罚。

(11)青海正信会计师事务所有限公司存在注册会计师明显超出胜任能力执业的问题,2020 年 1 月至 2021 年 9 月出具的 3 484 份年报审计报告中,由 3 名固定注册会计师签署的报告为 3 362 份;允许财务公司等多家单位和个人以该所名义违规承揽承办审计业务,23 项审计业务未开展现场审计,在未履行必要的审计程序、未获取充分适当的审计证据情况下出具审计报告。青海省财政厅对该所作出警告、没收违法所得 54.15 万元的行政处罚,对签字注册会计师任大健、石建强、杨军作出警告的行政处罚。

案例讨论:

根据上述案例,应从哪些方面强化注册会计师职业道德建设?

第七章

财务报表审计业务对独立性的要求

 **知识目标** ....

1. 理解财务报表审计业务独立性的相关概念；
2. 熟悉财务报表审计业务独立性的基本要求；
3. 掌握财务报表审计业务对独立性的一般规定。

能力目标 ....

1. 能够准确识别财务报表审计业务中对独立性产生不利影响的情形；
2. 能够采取有效措施降低或消除对独立性的不利影响。

素养目标 ....

致力于培养学生在财务报表审计业务中，能够将独立性要求切实贯彻于审计实践过程，精准识别并有效运用相应独立性一般规定的专业素养。

思政园地 ....

审计独立性缺失①

2020年2月初，注册会计师刘耀辉向吴育堂推荐*ST新亿2019年年审业务，2月24日刘耀辉通过微信将*ST新亿年审业务《年报无法表示意见问题及处理思路》和《600145ST新

---

① 资料来源：中国证券监督管理委员会．中国证监会行政处罚决定书（堂堂所、吴育堂、刘润斌、刘耀辉）（EB/OL）．（2022-02-25）［2025-05-30］．http://www.csrc.gov.cn/csrc/c101928/c2346843/content.shtml.

亿 2019-05-09 审计报告》等相关资料发给堂堂所执行合伙人吴育堂,同时称"2019 年年报不能出具无法表示意见及否定意见报告,可以是保留意见"。3 月 10 日吴育堂决定通过堂堂所承接 *ST 新亿 2019 年年审业务,草拟了业务约定书草稿发送给刘耀辉,随后吴育堂和刘耀辉就业务约定书的条款进行了讨论、修改。同日, *ST 新亿时任董事长黄某和刘耀辉要求吴育堂出具"承诺函"(即《审计业务约定书补充协议》),承诺不对 *ST 新亿 2019 年度财务报表出具否定或无法表示意见的审计报告,吴育堂也反过来提出要求若堂堂所受到处罚, *ST 新亿需对堂堂所进行补偿。3 月 26 日,吴育堂打印了 *ST 新亿 2019 年《业务约定书》和《审计业务补充约定书》,加盖了堂堂所公章并交给黄某,黄某当天加盖了 *ST 新亿公司印章,并将双方用印的版本返还给吴育堂。双方签署《审计业务补充约定书》,主要内容如下:"一、乙方(堂堂所)知晓甲方(*ST 新亿)2018 年会计事务所审计意见中所述问题的原因,并与甲方一起协调讨论确定了后附的《2018 年报无法表示意见问题及处理思路》;二、甲方按照后附的《2018 年报无法表示意见问题及处理思路》提供审计所需要的资料和文件,全力配合乙方完成审计工作;三、在甲方满足上述第二条的情况下,乙方承诺不会出具否定或无法表示意见的审计报告;四、如果因为甲方原因,导致出具了否定或无法表示意见的审计报告,甲方应按审计业务约定书的条款正常支付相应的审计费;五、如果在甲方满足上述第二条的情况下,乙方还是出具了否定或无法表示意见的审计报告,甲方有权不支付相关的审计费,并可要求乙方进行赔偿等额的审计费。六、如果在甲方满足上述第二条的情况下,乙方出具了非否定或无法表示意见的审计报告,甲方承诺继续聘请乙方作为 2020 年度年报审计机构,乙方和甲方一起持续、健康、稳定、向上共同成长。七、如乙方因出具非否定或无法表示意见的审计报告导致乙方及签字注册会计师受到监管部门处罚的,则甲方应赔偿乙方及签字注册会计师因处罚的损失,包括罚金及名誉损失费 50 万元,以及法律诉讼损失。" *ST 新亿与堂堂所于 2020 年 3 月 26 日签订《审计业务补充约定书》,堂堂所承诺对 *ST 新亿 2019 年度财务报表不出具否定或无法表示意见的审计报告。

知识导图

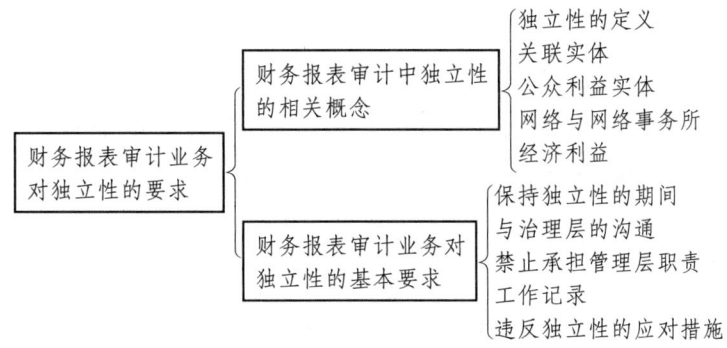

```
                        ┌ 收费
                        │ 薪酬和业绩评价政策
                        │ 礼品和款待
                        │ 诉讼或诉讼威胁
                        │ 经济利益
                        │ 贷款和担保
┌──────────┐  ┌──────────┐  │ 商业关系
│财务报表审计业务│  │财务报表审计业务│  │ 家庭和私人关系
│对独立性的要求 │──│对独立性的一般规定│─┤ 审计项目组成员最近曾担任审计客户的董事、
└──────────┘  └──────────┘  │   高级管理人员或特定员工
                        │ 兼任审计客户的董事或高级管理人员
                        │ 与审计客户发生雇佣关系
                        │ 临时借出员工
                        └ 与审计客户长期存在业务关系
```

为深入贯彻落实党中央、国务院决策部署，顺应经济社会发展对注册会计师诚信执业的更高要求，通过强化注册会计师独立性以提升审计质量，切实维护公众利益并服务高质量发展大局，根据《中华人民共和国注册会计师法》及相关法律法规，制定《中国注册会计师独立性准则第1号——财务报表审计和审阅业务对独立性的要求》。本准则适用于财务报表审计业务，其规定的独立性要求同样适用于财务报表审阅业务。

第一节　财务报表审计中独立性的相关概念

在执行财务报表审计业务时，注册会计师应当遵循职业道德基本原则，包括独立性原则，并运用职业道德概念框架识别、评价和应对可能对职业道德基本原则产生的不利影响。在此过程中，涉及的相关概念包括公众利益实体、关联实体、网络与网络事务所等。

一、独立性的定义

独立性，包括实质上的独立性和形式上的独立性。

实质上的独立性是指注册会计师在作出职业判断和提出结论时，发自内心地遵循了诚信原则、客观公正原则，保持了职业怀疑。

形式上的独立性是指注册会计师在理性且充分知情的第三方看来是否独立，即理性且充分知情的第三方在权衡所有相关事实和情况后，认为会计师事务所、审计项目团队成员等相关人员遵循了诚信原则、客观公正原则，保持了职业怀疑。

二、关联实体

关联实体，是指与客户存在下列任一关系的实体：

（1）能够对客户施加直接或间接控制的实体，并且客户对该实体重要。

（2）在客户中拥有直接经济利益的实体，并且该实体对客户具有重大影响，在客户中拥有的直接经济利益对该实体重要。

（3）受到客户直接或间接控制的实体。

（4）客户（或受到客户直接或间接控制的实体）拥有其直接经济利益的实体，并且客户能够对该实体施加重大影响，在实体中拥有的直接经济利益对客户和受到客户直接或间接控制的实体均重要。

（5）与客户处于同一控制下的实体，并且客户和该实体对于其控制方均重要。

审计客户，是指执行审计业务所针对的实体。

如果审计客户是公开交易实体，则审计客户的范围应包括该客户的所有关联实体。

如果审计客户不是公开交易实体，则审计客户仅包括该客户直接或间接控制的关联实体。如果认为存在涉及其他关联实体的关系或情形，且与评价会计师事务所独立性相关，在识别、评价对独立性的不利影响以及采取防范措施时，应当将其他关联实体包括在内。

三、公众利益实体

会计师事务所及其相关人员应当综合考虑客户的财务状况等因素对公众利益的影响程度，在此基础上判定客户是否属于公众利益实体。评价上述影响程度时，需重点考虑以下因素：

（1）实体业务或活动的性质，如主要业务是否对公众存在重大财务影响。

（2）实体是否受到监管部门的严格监管。

（3）实体的经营规模。

（4）实体在行业内的重要性及对其他行业和宏观经济的潜在系统性影响。

（5）利益相关者（包括投资者、客户、债权人、员工等）的数量与性质。

考虑上述因素，会计师事务所及其相关人员叫将下列实体直接认定为公众利益实体：

（1）公开交易实体。

（2）以吸收公众存款作为其主要职能的实体。

（3）以向公众提供保险作为其主要职能的实体。

（4）中央企业集团公司。

（5）根据法律法规的规定，应当视为公众利益实体的实体。

对于下列实体，应当结合前述认定标准进一步判断是否认定为公众利益实体：

（1）面向公众投资者的证券、基金、期货、信托、理财等金融产品的发行主体。

（2）非上市金融机构，但资金来源非公众且利益相关者数量较少的除外。

（3）利益相关者众多的国有企业。

（4）其他拥有大量利益相关者的实体。

四、网络与网络事务所

1. 网络与网络事务所的定义

网络是指由多个实体组成,旨在通过合作实现下列一个或多个目的的联合体:

（1）共享收益、分担成本。

（2）共享所有权、控制权或管理权。

（3）执行统一的质量管理政策和程序。

（4）执行同一经营战略。

（5）使用同一品牌。

（6）共享重要的专业资源。

网络事务所是指属于某一网络的会计师事务所或实体。除非另有说明,如果某一会计师事务所被视为网络事务所,应当与网络中其他会计师事务所的审计客户保持独立。有关对网络事务所独立性的要求,适用于所有符合网络事务所定义的实体,而无论该实体(如咨询公司)本身是否为会计师事务所。除非另有说明,本书所称会计师事务所包括网络事务所。

2. 网络的确定

会计师事务所与其他会计师事务所或实体构成联合体,旨在增强提供专业服务的能力。这些联合体是否形成网络取决于具体情况,而不取决于会计师事务所或实体是否在法律上各自独立。在判断一个联合体是否形成网络时,注册会计师应当考虑运用职业判断来确定该联合体是否形成网络,考虑理性且掌握充分信息的第三方,在权衡所有相关事实和情况后,是否很可能认为该联合体形成网络,并且这种判断应当在整个联合体内部得到一致运用。

（1）如果一个联合体旨在通过合作,在各实体之间共享收益或分担成本,应被视为网络。如果联合体之间分担的成本不重要,或分担的成本仅限于与开发审计方法、编制审计手册或提供培训课程有关的成本,则不应当被视为网络。如果会计师事务所与某一实体以联合方式提供服务或研发产品,虽然构成联合体,但不形成网络。

（2）如果一个联合体旨在通过合作,在各实体之间共享所有权、控制权或管理权,应被视为网络。这种网络关系可能通过合同或其他方式实现。

（3）如果一个联合体旨在通过合作,在各实体之间共享统一的质量管理政策和程序,应被视为网络。统一的质量管理政策和程序,是由联合体统一设计、实施和监控的质量管理政策和程序。

（4）如果一个联合体旨在通过合作,在各实体之间共享同一经营战略,应被视为网络。共享同一经营战略,是指实体之间通过协议实现共同的战略目标。如果一个实体与其他实体仅以联合方式应邀提供专业服务,虽然构成联合体,但不形成网络。

（5）如果一个联合体旨在通过合作,在各实体之间使用同一品牌,应被视为网络。同一品牌包括共同的名称和标志等。即使某一会计师事务所不属于某一网络,也不使用同一品牌作为会计师事务所名称的一部分,如果在文具或宣传材料上提及本所是某一会计师事务所联合体的成员,可能使人产生其属于某一网络的印象。为避免产生这种误解,会计师事务所应当慎重考虑如何描述这种成员关系。

（6）如果一个联合体旨在通过合作,在各实体之间共享重要的专业资源,应被视为网络。专业资源包括:①能够使各会计师事务所交流诸如客户资料、收费安排和时间记录等信息的共享系统;②合伙人和员工;③技术部门,负责就鉴证业务中的技术或行业特定问题、交易或事项提供咨询;④审计方法或审计手册;⑤培训课程和设施。

注册会计师应当根据相关事实和情况,确定联合体共享的专业资源是否重要,并判断这些会计师事务所或实体是否为网络事务所。例如,名义上,一个联合体中的一家会计师事务所和其他几家税务师事务所、评估机构或咨询公司没有使用同一品牌,但实质上,它们在人员及客户资源方面存在共享的情况,则上述实体属于同一网络。在下列情形中,共享的资源被视为不重要:

（1）共享的资源仅限于共同的审计手册或审计方法。

（2）共享培训资源,而并不交流人员、客户信息或市场信息。

（3）没有一个共有的技术部门。

会计师事务所判断某实体是否属于网络事务所可以通过图 7-1 加以确认。

五、经济利益

经济利益,是指因持有某一实体的股权、债券、贷款、基金份额等权益工具或债务工具而拥有的利益,包括为取得这种利益享有的权利和承担的义务,以及与这种利益直接挂钩的金融衍生品。

直接经济利益,是指下列经济利益:

（1）个人或实体直接拥有并控制的经济利益(包括授权他人管理的经济利益)。

（2）个人或实体通过基金、期货、信托、理财或第三方等方式实质拥有的经济利益,并且有能力实施控制,或影响其投资决策。

间接经济利益是指个人或实体通过基金、期货、信托、理财或第三方等方式实质拥有的经济利益,但没有能力控制这些投资工具,也没有能力影响其投资决策。

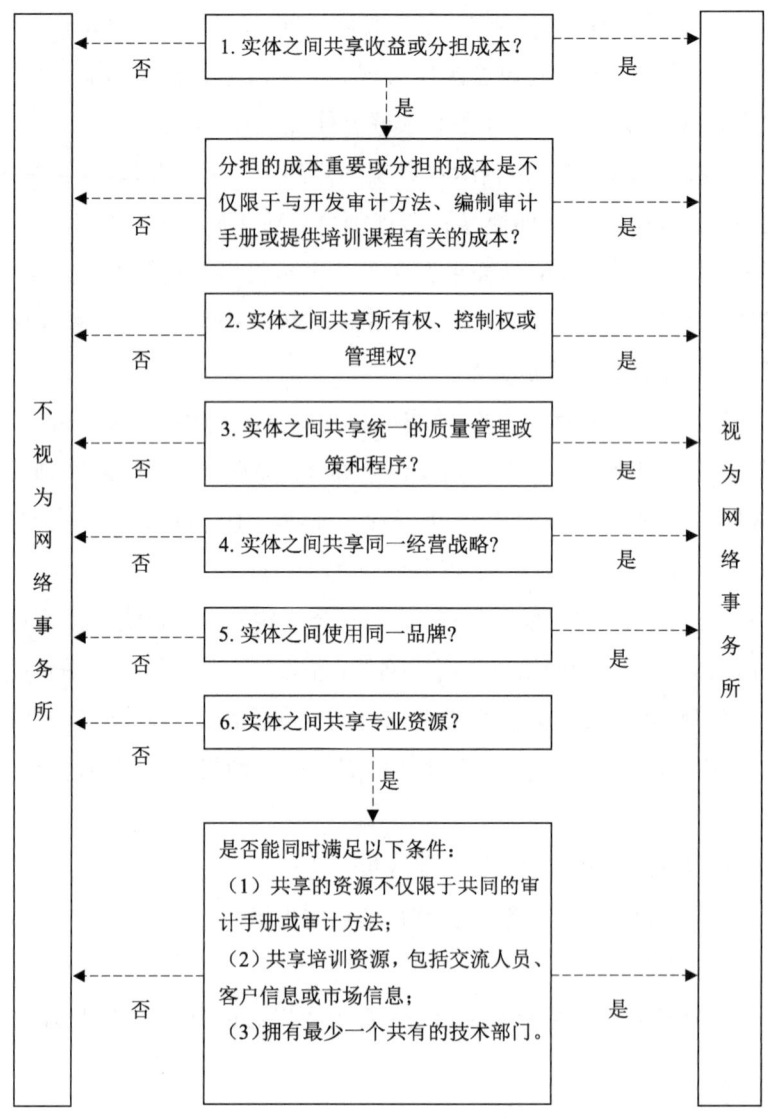

图7-1 网络事务所辨别图

第二节 财务报表审计业务对独立性的基本要求

财务报表审计业务独立性的基本要求保持独立性的期间、与客户治理层的沟通、禁止承担管理层职责、工作记录等。

一、保持独立性的期间

注册会计师应当在业务期间和财务报表涵盖的期间独立于审计客户,如图7-2所示。

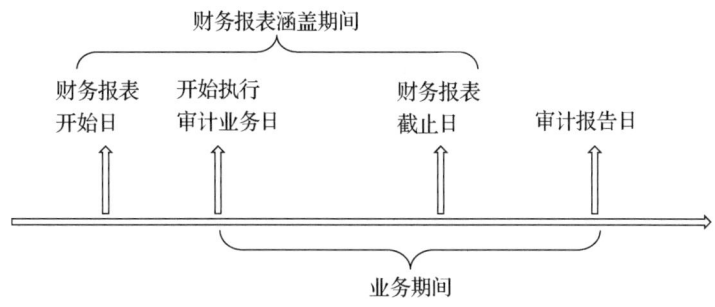

图 7-2 保持独立性期间

业务期间自审计项目组开始执行审计业务之日起,至出具审计报告之日止。如果审计业务具有连续性,业务期间结束日应以其中一方通知解除业务关系或出具最终审计报告两者时间孰晚为准。

如果一个实体委托会计师事务所对其财务报表发表意见,并且在该财务报表涵盖的期间或之后成为审计客户,会计师事务所应当确定下列因素是否对独立性产生不利影响:

(1)在财务报表涵盖的期间或之后、接受审计业务委托之前,与审计客户之间存在的经济利益或商业关系。

(2)会计师事务所或网络事务所以往向该审计客户提供的服务。

如果在财务报表涵盖的期间或之后,在审计项目组开始执行审计业务之前,会计师事务所向审计客户提供了非鉴证服务,并且该非鉴证服务在审计期间不允许提供,则将对独立性产生不利影响。

会计师事务所应当评价提供的非鉴证服务对独立性产生的不利影响。如果不利影响超出可接受的水平,会计师事务所只有在采取防范措施消除不利影响或将其降低至可接受的水平的情况下,才能接受审计业务。

举例来说,防范措施可能包括:

(1)由审计项目组以外的人员提供非鉴证服务。

(2)必要时由适当的复核人员复核审计和非鉴证工作。

(3)由不属于同一网络的其他会计师事务所评价非鉴证服务的结果,或由其他会计师事务所重新执行非鉴证服务,并且所执行工作的范围能够使其承担责任。

二、与治理层的沟通

治理层,是指对实体的战略方向以及管理层履行的经营管理责任负有监督责任的个人或机构(如公司受托人)。治理层的责任包括对财务报告过程的监督。注册会计师应当根据职业判断,定期就可能影响独立性的关系和其他事项与治理层沟通。

上述沟通使治理层能够：

（1）考虑会计师事务所在识别和评价对独立性的不利影响时作出的判断是否正确。

（2）考虑会计师事务所为消除不利影响或将其降低至可接受的水平所采取的防范措施是否适当。

（3）确定是否有必要采取适当的措施。对于因外在压力和密切关系产生的不利影响，这种沟通尤其有效。

三、禁止承担管理层职责

会计师事务所及其相关人员不得承担审计客户管理层的职责。

在向审计客户提供专业服务时，会计师事务所及其相关人员应当确保属于管理层职责的所有判断和决策都由客户管理层作出，并包括确保下列事项：

（1）客户管理层委派具备适当技能、知识和经验的人员，承担客户方面的决策职能，并对专业服务进行监督。

（2）客户管理层对专业服务进行监督，并评价已提供服务的结果是否足以满足客户的目的。

（3）客户管理层对依据专业服务的结果采取的行动承担责任。

四、工作记录

工作记录提供了证据，用于证明注册会计师在就遵循独立性要求方面形成结论时作出的判断。注册会计师应当记录遵守独立性要求的情况，包括记录形成的结论，以及为形成结论而讨论的主要内容。

如果需要采取防范措施将某种不利影响降低至可接受的水平，注册会计师应当记录该不利影响的性质，以及将其降低至可接受的水平所采取的防范措施。

如果通过对某种不利影响进行重要性分析，注册会计师确定不利影响未超出可接受的水平，注册会计师应当记录不利影响的性质以及得出上述结论的理由。

工作记录可以提供证据证明会计师事务所在遵守独立性要求时作出的职业判断。然而，缺少工作记录并非判定会计师事务所是否已考虑特定事项或是否保持了独立性的决定性因素。

五、违反独立性规定时的应对措施

如果会计师事务所认为已发生违反职业道德守则有关独立性的规定（以下简称违规）的情况，应当采取下列措施：

（1）终止、暂停或消除引发违规的利益或关系，并处理违规后果。

（2）考虑是否存在适用于该违规行为的法律法规，如果存在，遵守该法律法规的规定，并考虑向相关监管机构报告该违规行为。

（3）按照会计师事务所的政策和程序，立即就该违规行为与下列人员沟通：①项目合伙人；②负责独立性相关政策和程序的人员；③会计师事务所和网络中的其他相关人员；④根据职业道德守则的要求需要采取适当行动的人员。

（4）评价违规行为的严重程度及其对会计师事务所的客观公正和出具审计报告能力的影响。

（5）根据违规行为的严重程度，确定是否终止审计业务，或者是否能够采取适当行动以妥善处理违规后果。

在作出上述决策时，会计师事务所应当运用职业判断并考虑理性且掌握充分信息的第三方是否很可能得出会计师事务所的客观公正受到损害从而导致无法出具审计报告的结论。

上述违规行为的严重程度及其对会计师事务所客观公正和出具审计报告能力的影响主要取决于下列因素：

（1）违规的性质和持续时间。

（2）以前年度发生的、与当前审计业务有关的违规次数和性质。

（3）审计项目团队成员是否知悉造成违规的利益或关系。

（4）造成违规的人员是否为审计项目团队成员或需要遵守独立性要求的其他人员。

（5）如果违规涉及某一审计项目团队成员，该成员的职责。

（6）如果违规由提供专业服务所致，该服务对会计记录或被审计财务报表金额的影响（如适用）。

（7）由于违规导致的因自身利益、过度推介、密切关系或其他原因对独立性产生的不利影响。

会计师事务所应当根据违规的严重程度采取必要的措施。

举例来说，会计师事务所可以采取的措施包括：

（1）将相关人员调离审计项目团队。

（2）由其他人员对受影响的审计工作实施额外复核或必要时重新执行该工作。

（3）建议审计客户委托其他会计师事务所复核或必要时重新执行受影响的审计工作。

（4）如果违规涉及影响会计记录或财务报表金额的非鉴证服务，由其他会计师事务所评价非鉴证服务的结果，或重新执行非鉴证服务，使得其他会计师事务所能够对该非鉴证服务承担责任。

如果会计师事务所确定无法采取行动妥善处理违规后果，应当尽快通知治理层，并按照法律法规的规定终止审计业务。如果法律法规禁止终止该审计业务，会计师事务所应当遵守相关报告或披露要求。

第三节　财务报表审计业务对独立性的一般规定

财务报表审计业务对独立性的要求一般从收费,薪酬和业绩评价政策,礼品和款待,诉讼或诉讼威胁,经济利益,贷款和担保,商业关系,家庭和私人关系,审计项目组成员最近曾担任审计客户的董事、高级管理人员或特定员工,兼任审计客户的董事或高级管理人员,与审计客户发生雇佣关系,临时借出员工,与审计客户长期存在业务关系等十三个方面作出规定。

一、收费

(一)收费结构

关于会计师事务所收费结构对独立性影响主要有以下三种情形。

第一种情形:如果会计师事务所从某一审计客户收取的全部费用占其收费总额的比重很大,则对该客户的依赖及对可能失去该客户的担心将因自身利益或外在压力对独立性产生不利影响。不利影响的严重程度主要取决于下列因素:

(1)会计师事务所的业务类型及收入结构。

(2)会计师事务所成立时间的长短。

(3)该客户从性质和金额上对会计师事务所是否重要。

会计师事务所应当评价不利影响的严重程度,并在必要时采取防范措施消除不利影响或将其降低至可接受的水平。例如,防范措施可能包括扩大会计师事务所的客户群,从而降低对该客户的依赖程度。

第二种情形:如果从某一审计客户收取的全部费用占某一合伙人从所有客户收取的费用总额比重很大,或占会计师事务所某一分部收取的费用总额比重很大,也将因自身利益或外在压力产生不利影响。

不利影响的严重程度主要取决于下列因素:

(1)该客户在性质上或金额上对该合伙人或分部是否重要。

(2)该合伙人或该分部合伙人的报酬对来源于该客户的收费的依赖程度。

会计师事务所应当评价不利影响的严重程度,并在必要时采取防范措施消除不利影响或将其降低至可接受的水平。

防范措施主要包括:

(1)扩大该合伙人或分部的客户群,从而降低对来源于该客户的收费的依赖程度。

(2)由审计项目组以外适当的复核人员复核已执行的工作。

第三种情形：如果会计师事务所连续两年从某一属于公众利益实体的审计客户及其关联实体收取的全部费用，占其从所有客户收取的全部费用的比重超过 15%，会计师事务所应当向审计客户治理层披露这一事实，并讨论选择下列何种防范措施，以将不利影响降低至可接受的水平：

（1）在对第二年度财务报表发表审计意见之前，由其他会计师事务所对该业务再次实施项目质量控制复核，或由其他专业机构实施相当于项目质量控制复核的复核（简称发表审计意见前复核）。

（2）在对第二年度财务报表发表审计意见之后、对第三年度财务报表发表审计意见之前，由其他会计师事务所对第二年度的审计工作再次实施项目质量控制复核，或由其他专业机构实施相当于项目质量控制复核的复核（简称发表审计意见后复核）。

在上述收费比例明显超过 15% 的情况下，如果采用发表审计意见后复核无法将不利影响降低至可接受的水平，会计师事务所应当采用发表审计意见前复核。

如果两年后每年收费比例继续超过 15%，则会计师事务所应当每年向治理层披露这一事实，并讨论选择采取上述哪种防范措施。在收费比例明显超过 15% 的情况下，如果采用发表审计意见后复核无法将不利影响降低至可接受的水平，会计师事务所应当采用发表审计意见前复核。

（二）逾期收费

如果审计客户长期未支付应付的费用，尤其是相当部分的审计费用在出具下一年度审计报告前仍未支付，可能因自身利益产生不利影响。

会计师事务所通常要求审计客户在审计报告出具前付清上一年度的审计费用。如果在审计报告出具后审计客户仍未支付该费用，会计师事务所应当评价不利影响存在与否及其严重程度，并在必要时采取防范措施消除不利影响或将其降低至可接受的水平。

可采取的防范措施主要包括：

（1）收取逾期的部分款项。

（2）由未参与执行审计业务的适当复核人员复核已执行的工作。

如果相当部分的审计费用长期逾期，会计师事务所应当确定：

（1）逾期收费是否可能被视同向客户贷款。

（2）会计师事务所是否继续接受委托或继续执行审计业务。

（三）或有收费

或有收费是指收费与否或收费多少取决于交易的结果或所执行工作的结果。通过中介机构间接收取的或有收费同样属于或有收费。如果一项收费是由法院或政府有关部门规定的，则该项收费不视为或有收费。

会计师事务所在提供审计服务时,以直接或间接形式取得或有收费,将因自身利益产生非常严重的不利影响,导致没有防范措施能够将其降低至可接受的水平。会计师事务所不得采用这种收费安排。

会计师事务所在向审计客户提供非鉴证服务时,如果以直接或间接形式取得或有收费,也可能因自身利益产生不利影响。

如果出现下列情况之一,将因自身利益产生非常严重的不利影响,导致没有防范措施能够将其降低至可接受的水平,会计师事务所不得采用这种收费安排:

(1)非鉴证服务的或有收费由对财务报表发表审计意见的会计师事务所取得,并且对其影响重大或预期影响重大。

(2)网络事务所参与大部分审计工作,非鉴证服务的或有收费由该网络事务所取得,并且对其影响重大或预期影响重大。

(3)非鉴证服务的结果以及由此收取的费用金额,取决于未来或当期与财务报表重大金额审计相关的判断。

在向审计客户提供非鉴证服务时,如果会计师事务所采用其他形式的或有收费安排,不利影响存在与否及其严重程度主要取决于下列因素:

(1)可能的收费金额区间。

(2)是否由适当的权威方确定有关事项的结果,并且该结果作为或有收费的基础。

(3)针对会计师事务所执行的工作及收费的基础,向报告预期使用者作出的披露。

(4)非鉴证服务的性质。

(5)事项或交易对财务报表的影响。

会计师事务所应当评价不利影响的严重程度,并在必要时采取防范措施消除不利影响或将其降低至可接受的水平。

例如,防范措施主要包括:

(1)由审计项目组以外的适当复核人员复核该会计师事务所已执行的工作。

(2)预先就收费的基础与客户达成书面协议。

二、薪酬和业绩评价政策

如果某一审计项目组成员的薪酬或业绩评价与其向审计客户推销的非鉴证服务挂钩,将因自身利益产生不利影响。不利影响的严重程度取决于下列因素:

(1)推销非鉴证服务的因素在该成员薪酬或业绩评价中的比重。

(2)该成员在审计项目组中的角色。

(3)推销非鉴证服务的业绩是否影响该成员的晋升。

会计师事务所应当评价不利影响的严重程度,并在必要时采取防范措施消除不利影响或将其降低至可接受的水平。

例如,下列防范措施可能能够消除因自身利益产生的不利影响:

(1)修改该成员的薪酬计划或业绩评价程序。

(2)将该成员调离审计项目组。

由审计项目组以外适当的复核人员复核该审计项目组成员已执行的工作,可能能够将自身利益产生的不利影响降低至可接受的水平。

关键审计合伙人的薪酬或业绩评价不得与其向审计客户推销的非鉴证服务直接挂钩。

三、礼品和款待

会计师事务所或审计项目组成员接受审计客户的礼品或款待,可能因自身利益、密切关系或外在压力对独立性产生不利影响。

如果会计师事务所或审计项目组成员接受审计客户的礼品,除非该礼品的价值从性质和金额上来说均明显不重要或微不足道,否则将对独立性产生非常严重的不利影响,导致没有防范措施能够将其降低至可接受的水平。会计师事务所或审计项目组成员不得接受此类礼品。

会计师事务所或审计项目组成员应当评价接受款待产生不利影响的严重程度,并在必要时采取防范措施消除不利影响或将其降低至可接受的水平。如果款待超出业务活动中的正常往来,会计师事务所或审计项目组成员应当拒绝接受。

注册会计师应当考虑礼品或款待是否具有不当影响注册会计师行为的意图。如果具有该意图,即使其价值从性质和金额上来说均明显不重要或微不足道,会计师事务所或审计项目组成员也不得接受该礼品或款待。

四、诉讼或诉讼威胁

如果会计师事务所或审计项目组成员与审计客户发生诉讼或很可能发生诉讼,将因自身利益和外在压力产生不利影响。

会计师事务所和客户管理层由于诉讼或诉讼威胁而处于对立地位,将影响管理层提供信息的意愿,从而因自身利益和外在压力产生不利影响。不利影响的严重程度主要取决于下列因素:

(1)诉讼的重要程度。

(2)诉讼是否与前期审计业务相关。

会计师事务所应当评价不利影响的严重程度,并在必要时采取防范措施消除不利影响或将其降低至可接受的水平。

例如,防范措施主要包括:

(1)如果诉讼涉及某一审计项目组成员,将该成员调离审计项目组可能能够消除不利影响。

(2)由适当的复核人员复核已执行的工作,可能能够将不利影响降低至可接受的水平。

五、经济利益

会计师事务所、审计项目组成员或其主要近亲属不得在审计客户中拥有直接经济利益或重大间接经济利益。

审计项目组成员除了包括为执行审计业务成立的项目组,还包括会计师事务所及网络事务所中能够直接影响审计业务结果的其他成员:①能对审计项目合伙人提出薪酬建议以及进行直接指导、管理或监督的人员;②为执行审计业务提供技术或行业具体问题、交易或事项的咨询的人员(如针对与审计相关的准备计提或价值评估工作进行复核的财务交易咨询部的专业人员);③对审计业务实施项目质量控制复核的人员等。

(一)一般规定

在审计客户中拥有经济利益,可能因自身利益产生不利影响。不利影响存在与否及其严重程度取决于下列因素:

(1)拥有经济利益人员的角色。

(2)经济利益是直接还是间接的。

(3)经济利益的重要程度。

受益人可能通过集合投资工具、遗产、信托等投资工具拥有经济利益。确定经济利益是直接还是间接的,取决于受益人能否控制投资工具或具有影响投资决策的能力。

如果受益人能够控制投资工具或具有影响投资决策的能力,这种经济利益就是直接经济利益。

如果受益人不能控制投资工具且不具有影响投资决策的能力,这种经济利益就是间接经济利益。

在确定经济利益对于某个人来说的重要程度时,可能需要将该个人及其主要近亲属的净资产总额合并考虑。

(二)会计师事务所、审计项目组成员以及其他人员拥有的经济利益

下列各方不得在审计客户中拥有直接经济利益或重大间接经济利益:

(1)会计师事务所。

(2)审计项目组成员及其主要近亲属。

(3)与执行审计业务的项目合伙人同处一个分部的其他合伙人及其主要近亲属。

(4)为审计客户提供非审计服务的其他合伙人和管理人员,以及该其他合伙人和管理人

员的主要近亲属,除非该其他合伙人或管理人员的参与程度极低。

执行审计业务的项目合伙人所处的分部并不一定是其所隶属的分部。当项目合伙人与审计项目组其他成员隶属于不同的分部时,会计师事务所应当运用职业判断确定项目合伙人执行审计业务时所处的分部。

如果与执行审计业务的项目合伙人同处一个分部的其他合伙人的主要近亲属,或者为审计客户提供非审计服务的其他合伙人或管理人员的主要近亲属同时满足下列条件,则该主要近亲属可以在审计客户中拥有直接经济利益或重大间接经济利益:

(1)该主要近亲属作为审计客户的员工有权(如通过退休金或股票期权计划)取得该经济利益,并且会计师事务所在必要时能够应对因该经济利益产生的不利影响。

(2)当该主要近亲属拥有或取得处置该经济利益的权利,或者在股票期权中,有权行使期权时,能够尽快处置或放弃该经济利益。

【案例7-1】

ABC会计师事务所委派A注册会计师担任上市公司甲公司2023年度财务报表审计项目合伙人,2023年10月,审计项目组就某重大会计问题咨询了事务所技术部的B注册会计师,B注册会计师的妻子于2023年6月购买了甲公司的股票,于2023年12月卖出。

讨论: B注册会计师是否违反注册会计师职业道德守则?

【解析】 违反中国注册会计师职业道德守则。B注册会计师的咨询意见直接影响审计结果,其妻子在审计期间拥有直接经济利益,将因自身利益对独立性产生严重不利影响。

【案例7-2】

上市公司甲公司系ABC会计师事务所的常年审计客户,从事房地产开发业务。在对甲公司2023年度财务报表执行审计的过程中发现,2023年10月,甲公司收购了乙公司25%的股权,乙公司成为甲公司的重要联营公司。审计项目组经理A注册会计师在收购生效日前一周得知其妻子持有乙公司发行的价值1万元的企业债券,承诺将在收购生效日后一个月内出售该债券。

讨论: A注册会计师是否违反注册会计师职业道德守则?

【解析】 违反中国注册会计师职业道德守则。收购日后乙公司成为甲公司的关联实体,A注册会计师及其主要近亲属不得在乙公司拥有直接经济利益,应在收购生效日前处置该直接经济利益。

【案例7-3】

上市公司甲公司是ABC会计师事务所的常年审计客户,委派A注册会计师担任甲公司

2024 年度财务报表审计的项目合伙人。A 注册会计师自 2022 年度起任甲公司财务报表审计项目合伙人,其妻子在甲公司 2023 年年度报告公布后购买了甲公司股票 3 000 股,在 2024 年度审计工作开始时卖出了这些股票。

讨论: A 注册会计师是否违反注册会计师职业道德守则?

【解析】 违反中国注册会计师职业道德守则。因针对甲公司的审计业务具有连续性,2023 年度审计报告出具后至 2024 年度审计工作开始前期间仍属于业务期间,A 注册会计师的妻子在该期间持有甲公司的股票,因自身利益对独立性产生严重不利影响。

【案例 7-4】

上市公司甲公司是 ABC 会计师事务所的常年审计客户;乙公司是甲公司的重要联营公司,从事房地产业务;审计项目组成员 C 的父亲从银行购买了 200 万元定向信托理财产品,根据该产品的说明书,其募集的资金用于投资乙公司的房地产项目。

讨论: 审计项目组成员 C 是否违反注册会计师职业道德守则?

【解析】 违反中国注册会计师职业道德守则。乙公司是甲公司的关联实体,项目组成员 C 的父亲在乙公司中拥有重大间接经济利益,因自身利益对独立性产生不利影响。

(三) 在控制审计客户的实体中拥有经济利益

当一个实体在审计客户中拥有控制性的权益,并且审计客户对该实体重要时,如果会计师事务所、审计项目组成员或其主要近亲属在该实体中拥有直接经济利益或重大间接经济利益,将因自身利益产生非常严重的不利影响,导致没有防范措施能够将其降低至可接受的水平。

会计师事务所、审计项目组成员及其主要近亲属不得在该实体中拥有直接经济利益或重大间接经济利益。

(四) 与审计客户具有共同经济利益

如果会计师事务所、审计项目组成员或其主要近亲属在某一实体拥有经济利益,并且审计客户也在该实体拥有经济利益,除非满足下列条件之一,否则会计师事务所、审计项目组成员及其主要近亲属不得在该实体中拥有经济利益:

(1) 经济利益对会计师事务所、审计项目组成员及其主要近亲属,以及审计客户(如适用)均不重要。

(2) 审计客户无法对该实体施加重大影响。

拥有此类经济利益的人员,在成为审计项目组成员之前,该人员或其主要近亲属应当处置全部经济利益,或处置足够数量的经济利益,使剩余经济利益不再重大。

(五) 无意中获取的经济利益

如果会计师事务所、合伙人或其主要近亲属、员工或其主要近亲属通过继承、馈赠或因企业合并或类似情况,从审计客户获得直接经济利益或重大间接经济利益,根据独立性要求规定不允许拥有此类经济利益,则应当采取下列措施:

(1) 如果会计师事务所、审计项目组成员或其主要近亲属获得经济利益,应当立即处置全部经济利益,或处置全部直接经济利益并处置足够数量的间接经济利益,以使剩余经济利益不再重大。

(2) 如果审计项目组以外的人员或其主要近亲属获得经济利益,应当在合理期限内尽快处置全部经济利益,或处置全部直接经济利益并处置足够数量的间接经济利益,以使剩余经济利益不再重大。在完成处置该经济利益前,会计师事务所应当在必要时采取防范措施消除不利影响。

(六) 其他情况下的经济利益

会计师事务所、审计项目组成员或其主要近亲属在某一实体拥有经济利益,并且知悉审计客户的董事、高级管理人员或具有控制权的所有者也在该实体拥有经济利益,可能因自身利益、密切关系或外在压力对独立性产生不利影响。

不利影响存在与否及其严重程度主要取决于下列因素:

(1) 该项目组成员在审计项目组中的角色。

(2) 实体的所有权是由少数人持有还是多数人持有。

(3) 经济利益是否使得投资者能够控制该实体,或对其施加重大影响。

(4) 经济利益的重要程度。

注册会计师应当评价不利影响的严重程度,并在必要时采取防范措施消除不利影响或将其降低至可接受的水平。

例如,防范措施主要包括:

(1) 将拥有该经济利益的审计项目组成员调离审计项目组,可能能够消除不利影响。

(2) 由审计项目组以外适当的复核人员复核该成员已执行的工作,可能能够将不利影响降低至可接受的水平。

如果审计项目组成员知悉其他近亲属在审计客户中拥有直接经济利益或重大间接经济利益,可能因自身利益对独立性产生不利影响。

不利影响的严重程度主要取决于下列因素:

(1) 审计项目组成员与其他近亲属之间的关系。

(2) 经济利益是直接的还是间接的。

(3) 经济利益对该其他近亲属的重要程度。

会计师事务所应当评价不利影响的严重程度,并在必要时采取防范措施消除不利影响或将其降低至可接受的水平。

例如,下列防范措施可能能够消除不利影响:

(1) 其他近亲属尽快处置全部经济利益,或处置全部直接经济利益并处置足够数量的间接经济利益,以使剩余经济利益不再重大。

(2) 将该审计项目组成员调离审计项目组。

由审计项目组以外适当的复核人员复核该审计项目组成员已执行的工作,可能能够将不利影响降低至可接受的水平。

【案例 7-5】

上市公司甲公司从事保险业务,ABC 会计师事务所承接甲公司 2023 年度财务报表审计业务。在执行客户和业务的接受评估过程中发现,C 注册会计师是 ABC 会计师事务所金融保险业务部主管合伙人,其父亲通过二级市场买入并持有甲公司股票 5 000 股。

讨论: C 注册会计师是否违反注册会计师职业道德守则?

【解析】 违反中国注册会计师职业道德守则。C 注册会计师作为同一分部的合伙人,其主要近亲属不得持有甲公司的股票,否则将因自身利益对独立性产生严重不利影响。

【案例 7-6】

非上市公司甲银行是 ABC 会计师事务所的常年审计客户。基金管理公司丁公司是甲银行的子公司,甲银行审计项目组同时负责审计丁公司及其管理的所有基金 2023 年度财务报表。金融业务部合伙人 A 注册会计师不是项目组成员,其妻子购买了某保险公司发行的投资连结型保单,金额重大,该保单选择了丁公司管理的基金产品进行投资。

讨论: A 注册会计师是否违反注册会计师职业道德守则?

【解析】 违反中国注册会计师职业道德守则。其他合伙人与执行审计业务的项目合伙人同处一个分部时,如果其他合伙人或其主要近亲属不得在审计客户中拥有直接经济利益或重大间接经济利益。

【案例 7-7】

上市公司甲公司是 ABC 会计师事务所的常年审计客户,ABC 会计师事务所委派 A 注册会计师担任甲公司 2022 年度审计项目合伙人。B 注册会计师不是甲公司审计项目组成员,与 A 注册会计师同处一个分部。B 注册会计师的妻子在甲公司任职,并因此持有将于 2024 年 1 月 1 日起可行权的甲公司股票期权 3 000 股,B 注册会计师承诺在禁售期结束后尽快予以处置。

讨论: B 注册会计师是否违反注册会计师职业道德守则?

【解析】 违反中国注册会计师职业道德守则。当其他合伙人与执行审计业务的项目合伙人同处一个分部时,其他合伙人或其主要近亲属不得在审计客户中拥有直接经济利益或重大间接经济利益,应当尽快处置或放弃该经济利益,否则因自身利益对独立性产生非常严重的不利影响。

【案例 7-8】

上市公司甲银行是 ABC 会计师事务所的常年审计客户,ABC 会计师事务所委派 A 注册会计师担任甲公司 2024 年度审计项目合伙人。甲银行持有上市公司丁公司 3% 的股份,对丁公司不具有重大影响。该投资对甲银行也不重大。甲银行 2024 年度审计项目经理 D 注册会计师于 2024 年 11 月购买 500 股丁公司股票。截至 2024 年 12 月 31 日,这些股票市值为 3 000 元。

讨论: D 注册会计师是否违反注册会计师职业道德守则?

【解析】 不违反中国注册会计师职业道德守则。虽然 D 注册会计师与甲银行均拥有丁公司的股票,但因其持有的经济利益并不重大,且甲银行不能对丁公司施加重大影响,上述投资不被视为损害独立性。

六、贷款和担保

涉及审计客户的贷款或贷款担保可能对独立性产生不利影响,注册会计师应当运用职业道德概念框架识别、评价和应对该不利影响。在运用概念框架时,可能需要考虑贷款或担保的重要程度。为确定贷款或担保对某个人是否重要,可能需要将该个人及其主要近亲属的贷款或担保净值一并考虑。

会计师事务所、审计项目组成员或其主要近亲属不得向审计客户提供贷款或为其提供贷款担保,除非该贷款或担保对下列各方均不重大:

(1)会计师事务所或者提供贷款或担保的人员(如适用)。

(2)审计客户。

会计师事务所、审计项目组成员或其主要近亲属不得从银行或类似金融机构等审计客户取得贷款,或获得贷款担保,除非该贷款或担保是按照正常的程序、条款和条件进行的。此类贷款的例子包括按揭贷款、银行透支、汽车贷款和信用卡透支等。

即使会计师事务所从银行或类似金融机构等审计客户按照正常的程序、条款和条件取得贷款,如果该贷款对审计客户或取得贷款的会计师事务所是重要的,也可能因自身利益对独立性产生不利影响。

会计师事务所应当评价不利影响的严重程度,并在必要时采取防范措施消除不利影响或将其降低至可接受的水平。例如,防范措施可能包括由网络中未参与执行审计业务并且未从该贷款中获益的会计师事务所复核已执行的工作。

会计师事务所、审计项目组成员或其主要近亲属不得在银行、经纪人或类似金融机构等审计客户开立存款或经纪账户,除非该存款或经纪账户是按照正常的商业条件开立的。

会计师事务所、审计项目组成员或其主要近亲属不得从非银行或类似机构的审计客户取得贷款,或由审计客户提供贷款担保,除非该项贷款或担保对下列实体或人员均不重大:

(1) 取得贷款或担保的会计师事务所或人员(如适用)。

(2) 审计客户。

【案例 7-9】

甲银行是 A 股上市公司,系 ABC 会计师事务所的常年审计客户。A 注册会计师担任甲银行 2023 年度财务报表审计项目合伙人。其于 2023 年 10 月按正常商业条件在甲银行开立账户,并购买 10 000 元甲银行公开发行的三个月期非保本浮动收益型人民币理财产品。该理财产品主要投资于各类债券基金。

讨论: A 注册会计师是否违反注册会计师职业道德守则?

【解析】 不违反中国注册会计师职业道德守则。A 注册会计师按正常商业条件在甲银行开立账户并购买甲银行的产品,且交易金额不大。该理财产品投资的各类债券基金也属于不重大的间接经济利益。因此,上述事项不会对独立性产生不利影响。

七、商业关系

会计师事务所、审计项目组成员或其主要近亲属与审计客户或其高级管理人员之间存在密切的商业关系,可能因自身利益或外在压力对独立性产生不利影响。

例如,因商务关系或共同的经济利益而产生的密切的商业关系主要包括:

(1) 在与客户或其控股股东、董事、高级管理人员或其他为该客户执行高级管理活动的人员共同开办的企业中拥有经济利益。

(2) 按照协议,将会计师事务所的产品或服务与客户的产品或服务结合在一起,并以双方名义捆绑销售。

(3) 按照协议,会计师事务所销售或推广客户的产品或服务,或者客户销售或推广会计师事务所的产品或服务。

如果不允许会计师事务所为其审计客户提供某项服务,则会计师事务所不得作为分包商参与提供该服务,也不得以会计师事务所员工或合伙人另行成立公司的方式提供该服务。

注册会计师应当运用职业道德概念框架识别、评价和应对该不利影响。在运用概念框架时,可能需要考虑商业关系和相关经济利益的重要程度。在考虑某项经济利益对某个人是否重要时,可能需要将该个人及其主要近亲属的净资产总额合并考虑。

会计师事务所、审计项目组成员不得与审计客户或其高级管理人员建立密切的商业关系,除非所涉经济利益不重大,并且商业关系对于客户或其高级管理人员以及会计师事务所、审计项目组成员(如适用)均不重要。

如果审计客户或其董事、高级管理人员,或上述各方的任何组合,在某股东人数有限的实体中拥有经济利益,会计师事务所、审计项目组成员或其主要近亲属不得拥有涉及在该实体拥有经济利益的商业关系,除非同时满足下列条件:

(1) 这种商业关系对于会计师事务所、审计项目组成员或其主要近亲属以及审计客户均不重要。

(2) 该经济利益对一个或几个投资者并不重大。

(3) 该经济利益不能使一个或几个投资者控制该实体。

会计师事务所、审计项目组成员或其主要近亲属从审计客户购买商品或服务,如果按照正常的商业程序公平交易,不论该商品或服务是否供会计师事务所、审计项目组成员或其主要近亲属使用,通常不会对独立性产生不利影响。

如果交易性质特殊或金额较大,可能因自身利益产生不利影响。会计师事务所应当评价不利影响的严重程度,并在必要时采取防范措施消除不利影响或将其降低至可接受的水平。

例如,可能能够消除此类不利影响的防范措施包括:

(1) 取消交易或降低交易规模。

(2) 将相关审计项目组成员调离审计项目组。

按照正常的商业程序公平交易,通常是指在公平交易的基础上从审计客户购买商品和服务。

【案例 7-10】

上市公司甲公司系 ABC 会计师事务所的常年审计客户,从事房地产开发业务。XYZ 事务所是 ABC 会计师事务所的网络事务所。甲公司的子公司丁公司从事咨询业务。2023 年 2 月,丁公司与 XYZ 事务所合资成立了一家咨询公司。

讨论: 丁公司是否违反注册会计师职业道德守则?

【解析】 违反中国注册会计师职业道德守则。丁公司与 XYZ 事务所合资成立咨询公司,属于职业道德守则禁止的商业关系,将因自身利益或外在压力对独立性产生严重不利影响。

【案例 7-11】

上市公司甲公司是 ABC 会计师事务所的常年审计客户,XYZ 事务所和 ABC 会计师事务所处于同一网络。甲公司的子公司丁公司提供信息系统咨询服务,与XYZ事务所组成联合服务团队,向目标客户推广营业税改增值税相关咨询和信息系统咨询一揽子服务。

讨论:XYZ事务所是否违反注册会计师职业道德守则?

【解析】 违反中国注册会计师职业道德守则。XYZ事务所和丁公司以双方的名义捆绑提供服务,因自身利益或外在压力对独立性产生严重不利影响,上述关系属于守则禁止的商业关系。

【案例7-12】

上市公司甲公司是ABC会计师事务所的常年审计客户,XYZ事务所和ABC会计师事务所处于同一网络。甲公司的子公司丙银行和XYZ事务所签署协议,由丙银行向其客户推荐XYZ事务所的税务服务,由XYZ事务所将有融资意向的客户介绍给丙银行。

讨论:XYZ事务所是否违反注册会计师职业道德守则?

【解析】 违反中国注册会计师职业道德守则。XYZ事务所和ABC会计师事务属于网络事务所,由甲公司的子公司丙银行向其客户推荐XYZ事务所的税务服务,由XYZ事务所将有融资意向的客户介绍给丙银行,属于禁止的商业关系,可能因自身利益或外在压力对独立性产生严重的不利影响。

八、家庭和私人关系

如果审计项目组成员与审计客户的董事、高级管理人员或某类员工(取决于该员工在审计客户中担任的角色)存在家庭和私人关系,可能因自身利益、密切关系或外在压力对独立性产生不利影响。

不利影响存在与否及其严重程度取决于下列因素:

(1) 该成员在审计项目组中的角色。

(2) 家庭成员或相关人员在客户中的职位以及关系的密切程度。

(一)审计项目组成员的主要近亲属

如果审计项目组成员的主要近亲属所处职位能够对客户财务状况、经营成果或现金流量施加重大影响,将可能因自身利益、密切关系或外在压力对独立性产生不利影响。

不利影响存在与否及其严重程度主要取决于下列因素:

(1) 主要近亲属在审计客户中的职位。

(2) 该成员在审计项目组中的角色。

会计师事务所应当评价不利影响的严重程度,并在必要时采取防范措施消除不利影响或将其降低至可接受的水平。

例如，防范措施主要包括：

（1）将该成员调离审计项目组，可能能够消除不利影响。

（2）合理安排审计项目组成员的职责，使该成员的工作不涉及。

其主要近亲属的职责范围，可能能够将不利影响降低至可接受的水平。

如果审计项目组成员的主要近亲属是审计客户的董事、高级管理人员，或所处职位能够对会计师事务所将要发表意见的财务报表或会计记录的编制施加重大影响的员工（以下简称特定员工），或者在业务期间或财务报表涵盖的期间曾担任上述职务，将对独立性产生非常严重的不利影响，没有防范措施能够消除该不利影响或将其降低至可接受水平。拥有此类关系的人员不得成为审计项目组成员。

（二）审计项目组成员的其他近亲属

如果审计项目组成员的其他近亲属是审计客户的董事、高级管理人员或特定员工，将因自身利益、密切关系或外在压力对独立性产生不利影响。

不利影响的严重程度主要取决于下列因素：

（1）审计项目组成员与其他近亲属的关系。

（2）其他近亲属在客户中的职位。

（3）该成员在审计项目组中的角色。

会计师事务所应当评价不利影响的严重程度，并在必要时采取防范措施消除不利影响或将其降低至可接受的水平。

例如，防范措施主要包括：

（1）将该成员调离审计项目组，可能能够消除不利影响。

（2）合理安排审计项目组成员的职责，使该成员的工作不涉及其他近亲属的职责范围，可能能够将不利影响降低至可接受的水平。

（三）审计项目组成员的其他密切关系

如果审计项目组成员与审计客户的董事、高级管理人员或特定员工存在密切关系，即使该人员不是审计项目组成员的近亲属，也将因自身利益、密切关系或外在压力对独立性产生不利影响。拥有此类关系的审计项目组成员应当按照会计师事务所的政策和程序进行咨询。

不利影响的严重程度主要取决于下列因素：

（1）该人员与审计项目组成员的关系。

（2）该人员在客户中的职位。

（3）该成员在审计项目组中的角色。

会计师事务所应当评价不利影响的严重程度，并在必要时采取防范措施消除不利影响或将其降低至可接受的水平。

例如,防范措施主要包括:

(1)将该成员调离审计项目组,可能能够消除不利影响。

(2)合理安排该成员的职责,使其工作不涉及与之存在密切关系的员工的职责范围,可能能够将不利影响降低至可接受的水平。

(四)审计项目组以外人员的家庭和私人关系

会计师事务所中审计项目组以外的合伙人或员工,与审计客户的董事、高级管理人员或特定员工之间存在家庭或私人关系,可能因自身利益、密切关系或外在压力对独立性产生不利影响。会计师事务所合伙人或员工在知悉此类关系后,应当按照会计师事务所的政策和程序进行咨询。

不利影响存在与否及其严重程度主要取决于下列因素:

(1)该合伙人或员工与审计客户的董事、高级管理人员或特定员工之间的关系。

(2)该合伙人或员工与审计项目组之间的相互影响。

(3)该合伙人或员工在会计师事务所中的角色。

(4)董事、高级管理人员或特定员工在审计客户中的职位。

会计师事务所应当评价不利影响的严重程度,并在必要时采取防范措施消除不利影响或将其降低至可接受的水平。

例如,防范措施主要包括:

(1)合理安排该合伙人或员工的职责,以减少对审计项目组可能产生的影响。

(2)由审计项目组以外适当的复核人员复核已执行的相关审计工作。

九、审计项目组成员最近曾担任审计客户的董事、高级管理人员或特定员工

如果审计项目组成员最近曾担任审计客户的董事、高级管理人员或特定员工,可能因自身利益、自我评价或密切关系对独立性产生不利影响。例如,如果审计项目组成员在审计客户工作期间曾经编制会计记录,现又对据此形成的财务报表实施审计,则可能产生这些不利影响。

如果在被审计财务报表涵盖的期间,审计项目组成员曾担任审计客户的董事、高级管理人员或特定员工,将产生非常严重的不利影响,导致没有防范措施能够将其降低至可接受的水平。会计师事务所不得将此类人员分派到审计项目组。

如果在被审计财务报表涵盖的期间之前,审计项目组成员曾担任审计客户的董事、高级管理人员或特定员工,可能因自身利益、自我评价或密切关系对独立性产生不利影响。例如,如果在当期审计业务中需要评价此类人员以前就职于审计客户时作出的决策或工作,将

产生这些不利影响。

不利影响存在与否及其严重程度主要取决于下列因素：

（1）该成员在客户中曾担任的职务。

（2）该成员离开客户的时间长短。

（3）该成员在审计项目组中的角色。

会计师事务所应当评价不利影响的严重程度，并在必要时采取防范措施将其降低至可接受的水平。

例如，防范措施可能包括由适当的复核人员复核该审计项目组成员已执行的工作等。

十、兼任审计客户的董事或高级管理人员

如果会计师事务所的合伙人或员工兼任审计客户的董事或高级管理人员（如担任上市公司审计客户的独立董事或董事会秘书），将因自我评价和自身利益产生非常严重的不利影响，导致没有防范措施能够将其降低至可接受的水平。会计师事务所的合伙人或员工不得兼任审计客户的董事或高级管理人员。

如果会计师事务所的合伙人或员工担任审计客户的公司秘书，除非同时满足下列条件，否则将因自我评价和过度推介产生非常严重的不利影响，导致没有防范措施能够将其降低至可接受的水平：

（1）法律法规或行业惯例明确允许。

（2）所有相关决策都由客户管理层作出。

（3）该人员仅承担日常性和行政事务性的工作，如编制会议纪要、法定申报材料等。

公司秘书这一职位在不同国家或地区有不同含义，其职责可能包括诸如人事管理、公司记录和登记簿的维护等行政性工作，也可能包括确保公司遵守法律法规，或针对公司治理事项提供建议等其他职责。通常，公司秘书与企业之间存在密切关系。因此，如果会计师事务所合伙人或员工担任审计客户的公司秘书，则通常会对独立性产生不利影响。

十一、与审计客户发生雇佣关系

如果审计客户的董事、高级管理人员或特定员工，曾经是审计项目组的成员或会计师事务所的合伙人，可能因密切关系或外在压力产生不利影响。

（一）一般要求

如果会计师事务所前任合伙人或审计项目组前任成员加入审计客户，担任董事、高级管理人员或特定员工，会计师事务所应当确保上述人员与会计师事务所之间不再保持重要交往。如果会计师事务所与该类人员仍保持重要交往，除非同时满足下列条件，否则将产生非

常严重的不利影响,导致没有防范措施能够消除不利影响或将其降低至可接受的水平:

(1)该人员无权从会计师事务所获取报酬或福利(除非该报酬或福利是按照预先确定的固定金额支付的)。

(2)任何拖欠该人员的金额都对会计师事务所不重要。

(3)该人员未继续参与,并且在外界看来未参与会计师事务所的经营活动或专业活动。

即使同时满足上述条件,仍有可能因密切关系或外在压力对独立性产生不利影响。

如果会计师事务所的前任合伙人加入某一实体并担任董事、高级管理人员或特定员工,而该实体随后成为会计师事务所的审计客户,也可能因密切关系或外在压力对独立性产生不利影响。

不利影响存在与否及其严重程度主要取决于下列因素:

(1)该人员在审计客户中所处的职位。

(2)该人员将与审计项目组交往的程度。

(3)该人员离开审计项目组或会计师事务所合伙人职位的时间长短。

(4)该人员以前在审计项目组、会计师事务所中的角色,例如,该人员是否负责与客户管理层和治理层保持定期联系。

会计师事务所应当评价不利影响的严重程度,并在必要时采取防范措施消除不利影响或将其降低至可接受的水平。

例如,防范措施可能包括:

(1)修改审计计划。

(2)向审计项目组分派与该人员相比经验更加丰富的人员。

(3)由审计项目组以外适当的复核人员复核前任审计项目组成员已执行的工作。

如果审计项目组某一成员参与审计业务,当知道自己在未来某一时间将要或有可能加入审计客户时,将因自身利益产生不利影响。会计师事务所应当制定政策和程序,要求审计项目组成员在与审计客户协商受雇于该客户时,向会计师事务所报告。在接到报告后,会计师事务所应当评价不利影响的严重程度,并在必要时采取防范措施消除不利影响或将其降低至可接受的水平。

例如,防范措施主要包括:

(1)将该成员调离审计项目组,可能能够消除不利影响。

(2)由审计项目组以外适当的复核人员复核该成员在审计项目组中作出的重大判断,可能能够将不利影响降低至可接受的水平。

(二)属于公众利益实体的审计客户

如果某一关键审计合伙人加入属于公众利益实体的审计客户,担任董事、高级管理人员或特定员工,除非该合伙人不再担任关键审计合伙人后,该公众利益实体发布了已审计财务报表,其涵盖期间不少于 12 个月,并且该合伙人不是该财务报表的审计项目组成员,否则独立性将视为受到损害。

如果会计师事务所前任高级合伙人(或管理合伙人,或同等职位的人员)加入属于公众利益实体的审计客户,担任董事、高级管理人员或特定员工,除非该高级合伙人不再担任高级合伙人(或管理合伙人,或同等职位的人员)已超过 12 个月,否则独立性将视为受到损害。

如果由于企业合并的原因,会计师事务所前任关键审计合伙人担任属于公众利益实体的审计客户的董事、高级管理人员或特定员工,在同时满足下列条件时,不视为独立性受到损害:

(1)当前任关键审计合伙人接受该职务时,并未预料到会发生企业合并。

(2)前任关键审计合伙人在会计师事务所中应得的报酬或福利都已全额支付(除非报酬或福利是按照预先确定的固定金额支付的,并且未付金额对会计师事务所不重要)。

(3)前任关键审计合伙人未继续参与,或在外界看来未参与会计师事务所的经营活动或专业活动。

(4)已就前任关键审计合伙人在审计客户中的职位与治理层讨论。

十二、临时借出员工

如果会计师事务所向审计客户借出员工,可能因自我评价、过度推介或密切关系产生不利影响。

会计师事务所应当评价借出员工产生不利影响的严重程度,并在必要时采取防范措施消除不利影响或将其降低至可接受的水平。

例如,防范措施主要包括:

(1)对借出员工的工作进行额外复核,可能能够应对因自我评价产生的不利影响。

(2)不安排借出员工作为审计项目组成员,可能能够应对因密切关系或过度推介产生的不利影响。

(3)合理安排审计项目组成员的职责,使借出员工不对其在借调期间执行的工作进行审计,可能能够应对因自我评价产生的不利影响。

如果因向审计客户借出员工而导致会计师事务所高度认同审计客户管理层的观点和利益,通常没有可以采取的防范措施。

除非同时满足下列条件,否则会计师事务所不得向审计客户借出员工:

(1)仅在短期内向客户借出员工。

(2)借出的员工不参与禁止提供的非鉴证服务。

（3）该员工不承担审计客户的管理层职责，且审计客户负责指导和监督该员工的活动。

十三、与审计客户长期存在业务关系

（一）一般规定

会计师事务所长期委派同一名合伙人或员工执行某一审计客户的审计业务，将因密切关系和自身利益对独立性产生不利影响。

在审计中，了解审计客户及其环境对审计质量至关重要。但如果审计项目组成员与下列人员或事项之间长期存在业务关系，可能因密切关系对独立性产生不利影响：

（1）审计客户及其经营。

（2）审计客户的高级管理层。

（3）会计师事务所将要发表意见的财务报表或财务报表编制所基于的财务信息。

如果会计师事务所人员担心丧失长期交往的客户，或丧失因与客户的高级管理层或治理层成员的密切私人关系而产生的利益，可能因自身利益对独立性产生不利影响。此类不利影响可能会不当影响该人员的判断。

不利影响存在与否及其严重程度主要取决于下列因素：

（1）该人员与客户之间关系的总体时间长度，包括该人员在之前的会计师事务所中与该客户之间已存在的关系（如适用）。

（2）该人员成为审计项目组成员的时间长短及其所承担的角色。

（3）更高层人员对该人员所实施的工作进行指导、复核和监督的程度。

（4）该人员根据其资历，能够影响审计结果的程度。例如，该人员可能作出关键决策或指导其他项目组成员的工作。

（5）该人员与客户高级管理层或治理层成员之间关系的密切程度。

（6）该人员与客户高级管理层或治理层之间互动的性质、频率和程度。

（7）审计客户会计和财务报告问题的性质和复杂程度，以及性质和复杂程度是否发生变化。

（8）审计客户高级管理层或治理层近期是否发生变动。

（9）审计客户的组织结构是否发生变动，从而影响会计师事务所人员与客户高级管理层或治理层之间互动的性质、频率和程度。

降低或消除不利影响的防范措施主要包括：

（1）将与审计客户存在长期业务关系的人员轮换出审计项目组，可能能够消除不利影响。

（2）变更与审计客户存在长期业务关系的人员在审计项目组中担任的角色或其所实施

任务的性质和范围,可能能够将不利影响降低至可接受的水平。

(3) 由审计项目组以外适当的复核人员复核与审计客户存在长期业务关系的人员所执行的工作,可能能够将不利影响降低至可接受的水平。

(4) 定期对该业务实施独立的内部或外部质量复核,可能能够将不利影响降低至可接受的水平。

如果确定所产生的不利影响仅能通过将该人员轮换出审计项目组予以应对,会计师事务所应当确定一个适当的期间,在该期间内该人员不得有下列行为:

(1) 成为审计项目组成员。

(2) 对该审计业务实施质量控制。

(3) 对审计业务的结果施加直接影响。

这一期间应当足够长,以确保因密切关系或自身利益产生的不利影响能够得以应对。

(二) 与公众利益实体审计客户关键审计合伙人轮换相关的轮换期规定

会计师事务所应当制定政策和程序,指定专门岗位或人员对本会计师事务所连续为公众利益实体审计客户提供审计服务的年限实施跟踪和监控。

会计师事务所应当识别和评价因长期连续为某一公众利益实体审计客户提供审计服务可能对独立性产生的不利影响,不利影响的严重程度主要取决于下列因素:

(1) 会计师事务所已经为该审计客户提供专业服务的时间长度,包括审计、其他鉴证和非鉴证服务(如适用)。

(2) 为该审计客户提供专业服务的核心人员是否发生变化。

(3) 该审计客户在性质或业务规模上对会计师事务所或项目合伙人是否重要。

(4) 某合伙人的报酬对来源于该审计客户的收费的依赖程度。

(5) 该审计客户会计、审计和财务报表问题的性质和复杂程度,以及审计业务的风险。

(6) 会计师事务所内部质量管理体系和利益分配机制,能否有效防止某些特定合伙人的利益与该审计客户直接挂钩。

会计师事务所应当在事务所层面采取防范措施消除不利影响或将其降低至可接受的水平。

例如,防范措施主要包括:

(1) 扩大审计项目组成员轮换的范围,将轮换范围扩大到审计项目组其他核心成员。

(2) 定期对该业务实施独立的内部或外部质量复核。

(3) 完善会计师事务所内部质量管理体系和利益分配机制,使之能够有效防止某些特定合伙人的利益与该审计客户直接挂钩。

(4) 与被审计单位治理层沟通,沟通内容包括会计师事务所长期承接该审计业务的事实、可能对独立性产生的不利影响,以及所采取的防范措施。

会计师事务所主要负责人应当建立完善的内部质量管理体系和利益分配机制,保证事务所的人力资源和客户资源实现一体化统筹管理,并定期评价本事务所内部质量管理体系和利益分配机制的设计和执行情况,重点关注是否存在特定合伙人的利益与某一审计客户直接挂钩的情况,并形成书面结论。

如果会计师事务所为某一公众利益实体审计客户连续提供审计服务的时间达到10年或以上,应当在事务所层面同时采取下列防范措施:

(1)除项目质量控制复核外,由独立于审计项目组、具备充分时间和胜任能力的人员实施第二内部质量复核,或由会计师事务所以外独立的、具备充分时间和胜任能力的人员实施外部质量复核。第二内部质量复核或外部质量复核应当形成专项质量复核报告,重点关注审计项目组的独立性情况,以及重大审计程序执行及重大职业判断情况。

(2)由质量控制主管合伙人定期评价实施关键审计合伙人轮换以及审计项目组核心成员轮换(如适用)的情况和效果,形成书面结论。

(3)与被审计单位治理层沟通,沟通内容包括会计师事务所长期承接该审计业务的事实、可能对独立性产生的不利影响,以及所采取的防范措施。

如果审计客户属于公众利益实体,会计师事务所任何人员担任下列一项或多项职务的累计时间不得超过5年:

(1)项目合伙人。

(2)实施项目质量控制复核的负责人。

(3)其他属于关键审计合伙人的职务。

任期结束后,该人员应当遵守本守则"冷却期"的规定。

例如,如果某人担任某个审计客户的项目合伙人3年,之后被调离该审计项目组2年,则该人员最多只能继续担任该审计项目的关键审计合伙人2年(即5年减去累计的3年)。在此之后,该人员必须遵守有关冷却期的规定。

在极其特殊的情况下,会计师事务所可能因无法预见和控制的情形而不能按时轮换关键审计合伙人。如果关键审计合伙人的连任对审计质量特别重要,在获得审计客户治理层同意的前提下,并且通过采取防范措施能够消除对独立性的不利影响或将其降低至可接受的水平,则在法律法规允许的情况下,该关键审计合伙人在审计项目组的期限可以延长1年。

例如,如果由于事先无法预见的原因导致无法实施轮换(如拟接任的项目合伙人突患重病),关键审计合伙人最多可以额外在审计项目组中继续担任相关职务1年。在这种情况下,会计师事务所应当与治理层讨论无法实施轮换的原因,以及所需采取的防范措施。

如果审计客户成为公众利益实体,在确定关键审计合伙人的轮换时间时,会计师事务所应当考虑,在该客户成为公众利益实体之前,该合伙人作为关键审计合伙人已为该客户提供服务的时间。

如果在审计客户成为公众利益实体之前,该合伙人作为关键审计合伙人已为该客户服务的时间不超过 3 年,则该人员还可以为该客户继续提供服务的年限为 5 年减去已经服务的年限。

如果在审计客户成为公众利益实体之前,该合伙人作为关键审计合伙人已为该客户服务了 4 年或更长的时间,在取得客户治理层同意的前提下,该合伙人最多还可以继续服务 2 年。

如果审计客户是首次公开发行证券的公司,项目合伙人和其他签字注册会计师在该公司上市后连续提供审计服务的期限,不得超过 2 个完整会计年度。

如果会计师事务所仅有为数不多的个人具备担任公众利益实体审计客户的关键审计合伙人的必要知识和经验,可能无法采取关键审计合伙人轮换的措施。在这种情况下,如果相关监管机构已就该情况下关键审计合伙人的轮换作出豁免,则该人员担任关键审计合伙人的期间可以超过 5 年,前提是监管机构已就会计师事务所必须遵守的其他要求作出明确规定,如关键审计合伙人豁免轮换的时间长度、定期进行独立的外部复核等。

在评价某人员与审计客户的长期关系产生的不利影响时,会计师事务所应当特别考虑该人员在成为关键审计合伙人之前所承担的职责以及参与该审计业务的时间长短。在某些情况下,即使某人员担任关键审计合伙人的时间短于 5 年,会计师事务所通过运用职业道德概念框架,仍有可能认为该人员不适合担任该审计业务的关键审计合伙人。

(三) 与公众利益实体审计客户关键审计合伙人轮换相关的冷却期规定

如果某人员担任项目合伙人或项目合伙人以外的签字注册会计师累计达到 5 年,冷却期应当为连续 5 年。

如果某人员担任项目质量控制复核人累计达到 5 年,冷却期应当为连续 3 年。

如果某人员担任其他关键审计合伙人累计达到 5 年,冷却期应当为连续 2 年。

如果某人员相继担任多项关键审计合伙人职责,并担任项目合伙人累计达到 3 年或以上,冷却期应当为连续 5 年。

如果某人员相继担任多项关键审计合伙人职责,并担任项目质量控制复核人累计达到 3 年或以上,冷却期应为连续 3 年。

如果某人员相继担任项目合伙人和项目质量控制复核人累计达到 3 年或以上,应当遵守下列规定:

(1) 如果在此期间内,该人员累计担任项目合伙人 3 年或以上,冷却期应当为连续 5 年。

(2) 在其他情况下,冷却期应当为连续 3 年。

如果某人员相继担任多项关键审计合伙人职责,并且不符合上述各项情况,则冷却期应为连续 2 年。

在确定某人员担任关键审计合伙人的年限时,服务年限应当包括该人员在之前任职的会计师事务所工作时针对同一审计项目担任关键审计合伙人的年限(如适用)。

在冷却期内,关键审计合伙人不得有下列行为:

(1) 成为审计项目组成员或为审计项目提供质量控制。

(2) 就有关技术或行业特定问题、交易或事项向审计项目组或审计客户提供咨询(如果与审计项目组讨论仅限于该人员任职期间的最后一个年度所执行的工作或得出的结论,并且该工作和结论与审计项目仍然相关,则不属于本项规定)。

(3) 负责领导或协调会计师事务所向审计客户提供的专业服务,或者监督会计师事务所与审计客户的关系。

(4) 执行上述各项未提及的、涉及审计客户且导致该人员出现下列情况的职责或活动(包括提供非鉴证服务):①与审计客户高级管理层或治理层进行重大或频繁的互动。②对审计业务的结果施加直接影响。

(四) 与公众利益实体审计客户关键审计合伙人轮换相关的其他规定

会计师事务所应当制定政策和程序,保证轮换的实施效果,防止其流于形式。这些政策和程序应当包括:

(1) 会计师事务所指定专门岗位或人员对关键审计合伙人的轮换情况进行实时监控,通过建立关键审计合伙人服务年限清单等方式,管理关键审计合伙人相关信息,每年对轮换情况进行复核,并在全事务所范围内统一进行轮换。会计师事务所应当将轮换实施情况作为内部质量管理制度执行情况检查的一部分。

(2) 对于涉及轮换关键审计合伙人的项目,实施第二内部质量复核或外部质量复核。复核人应当由会计师事务所统一安排,项目合伙人不得参与该项决策。复核人应当具备独立性、时间、经验、胜任能力和权威性。

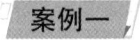

案例一

深圳证监局关于对亚太(集团)会计师事务所(特殊普通合伙)采取出具警示函措施的决定[①]

亚太(集团)会计师事务所(特殊普通合伙):

依据《中华人民共和国证券法》及相关监管法规的规定,我局于 2023 年 7 月起对你所开

---

① 资料来源:中国证券监督管理委员会.深圳证监局关于对亚太(集团)会计师事务所(特殊普通合伙)采取出具警示函措施的决定(EB/OL).(2023 - 12 - 18)[2025 - 05 - 30]. http://www.csrc.gov.cn/shenzhen/c104320/c7448282/content.shtml#:~:text=.

展了独立性专项检查。经查,你所存在以下问题:

一、存在或有收费

你所部分 IPO 项目存在或有收费或类似情形,如在审计业务约定书中约定出具募集资金的验资报告后由拟上市公司给予奖励或者补偿等。

二、未按规定进行轮换

一是你所部分挂牌公司 2021 年、2022 年审计项目的注册会计师服务年限已超过 5 年,但未按规定进行轮换。二是你所对签字注册会计师的轮换管理不规范,如未通过信息系统维护管理;在利用轮换管理表管理时,未涵盖所有的审计项目。

三、为审计客户提供非鉴证服务

你所为某上市公司提供年度审计服务的同时,为其提供财务咨询服务等非鉴证服务。你所未评价提供该非鉴证服务对事务所独立性产生的不利影响并采取防范措施。

四、项目组独立性声明签署不完整

你所部分审计项目存在项目组独立性声明签署不完整的情况,部分项目组主要成员和质量控制复核人员未签署独立性声明。

五、部分分所收费结构不合理

你所存在多个审计项目收费占其项目所在分所收费比重超过 15% 的情形,但你所未采取适当的防范措施。

六、与审计客户长期存在业务关系

你所为 3 家上市公司连续执行审计服务年限在 10 年及以上,但你所未采取适当的防范措施。

此外,你所还存在独立性管理体系不完善、多项独立性制度未实际执行、事务所及执业人员买卖股票的管理不规范等情形。

上述情况不符合《会计师事务所质量管理准则第 5101 号——业务质量管理(2020 年)》第三十九条、第五十二条、第五十四条、第五十六条、第五十七条,《中国注册会计师职业道德守则第 4 号——审计和审阅业务对独立性的要求(2020 年)》第四十九条、第五十条、第五十四条、第一百一十二条、第一百一十六条、第一百二十二条、第一百二十三条、第一百二十四条和第一百二十五条,《上市公司监管指引第 5 号——上市公司内幕信息知情人登记管理制度》(证监会公告〔2022〕17 号)第八条的相关规定。

综上,上述行为不符合《中国注册会计师执业准则》《中国注册会计师职业道德守则》等有关要求,违反了《上市公司信息披露管理办法》(证监会令第 182 号)第四十六条的规定。根据《上市公司信息披露管理办法》第五十五条的规定,我局决定对你所采取出具警示函的监管措施。你所应严格遵照相关法律法规和《中国注册会计师执业准则》《中国注册会计师职业道德守则》规定,建立健全质量控制制度,完善独立性管理体系,加强独立性管理。你所应在收到本决定书之日起15个工作日内向我局提交整改情况的书面报告。

如果对本监管措施不服,可以在收到本决定书之日起60日内向中国证券监督管理委员会提出行政复议申请,也可以在收到本决定书之日起6个月内向有管辖权的人民法院提起诉讼。复议与诉讼期间,上述监管措施不停止执行。

案例讨论:

在审计业务中,注册会计师未按规定实施轮换为何会系统性削弱审计独立性?

案例二

天健会计师事务所独立性违反事件①

广东证监局发布了对天健会计师事务所(特殊普通合伙)(以下简称天健会计所)及相关责任人金顺兴、李振华出具警示函的决定。

广东证监局对天健会计所执业的罗顿发展股份有限公司(以下简称罗顿发展,600209)2014年度年报审计项目进行了检查,发现天健会计所在执业中未保持应有的独立性、未恰当利用专家工作。

天健会计所作为罗顿发展2014年度年报审计机构,对罗顿发展部分长期股权投资余额执行审计程序时,利用了广东中广信资产评估有限公司(以下简称中广信)的评估结果。

同时,在中广信执行评估过程中,天健会计所派遣深圳分所负责人直系亲属张某及该分所某员工负责该评估工作的资料收集、评定估算,并编制工作底稿与评估报告。中广信与天健会计所深圳分所就上述评估工作的相关费用进行结算,再由天健会计所深圳分所负责人转账至其直系亲属张某。

广东证监局认为,天健会计所的上述行为违反了《中国注册会计师职业道德守则第1号——职业道德基本原则》第十一条的规定,即"会计师事务所在承办审计和审阅业务以及其他鉴证业务时,应当从整体层面和具体业务层面采取措施,以保持会计师事务所和项目组的独立性"。

另外,天健会计所对罗顿发展部分长期股权投资余额执行审计程序时,直接利用中广信的评估结果。截至天健会计所出具审计报告时,中广信尚未出具正式评估报告,天健会计师所未执行进一步审计程序;未评价中广信的胜任能力、专业素质和客观性,未充分了解中广信的专长领域,也未评价中广信的工作结果。

广东证监局认为,这不符合《中国注册会计师审计准则第1421号——利用专家的工作》

---

① 资料来源:因未保持应有独立性等问题 天健会计师事务所收警示函(EB/OL). (2019-09-20)[2025-05-30]. https://finance.sina.com.cn/roll/2019-09-20/doc-iicezueu7248893.shtml#:~:

第十条、第十一条、第十三条以及《中国注册会计师审计准则第 1301 号——审计证据》第十条的规定。

最后,广东证监局在警示函中表示,上述行为不符合《中国注册会计师执业准则》《中国注册会计师职业道德守则》的有关要求,违反了《上市公司信息披露管理办法》(证监会令第 40 号)第五十二条、第五十三条的规定。

案例讨论:

上述案例中,深圳分所负责人亲属直接参与评估报告编制并获取费用结算,为何系统性破坏审计独立性?

第八章

会计相关领域的职业道德

 知识目标

1. 掌握管理会计职业道德的主要内容;

2. 熟悉内部审计人员、税务师以及资产评估人员的职业道德;

3. 了解内部审计的工作内容。

 能力目标

1. 能够准确应用管理会计职业道德规范;

2. 能够准确应用内部审计人员职业道德规范;

3. 能够准确应用税务人员职业道德守则;

4. 能够准确应用资产评估职业道德准则。

 素养目标

养成具有诚信、客观公正、独立性、专业胜任能力的会计相关领域的职业道德品质。

 思政园地

当好国家税收的忠诚卫士——记六盘水市道德模范王翔[①]

王翔是六盘水市税务局第一稽查局副局长。作为党员,他以维护国家税收安全为己任,

---

① 资料来源:黄雅璐. 当好国家税收的忠诚卫士——记六盘水市道德模范王翔(N). 六盘水日报,2022-10-11. http://epaper. lpswz. com/pc/content/202210/11/content_47009. html.

坚守稽查岗位 26 年。2018 年国地税合并,他从正科级转到副科级岗位,却毫无怨言,还协助市局党委理顺稽查工作机制,提出诸多科学建议,推动工作迈上新台阶。

在案件查办中,他总是冲在一线。2017 年,他带队调查辖区内一焦化厂,作出处理处罚决定后,因企业责任人失联,处罚执行遇阻。在无经验可借鉴的情况下,他果断建议强制执行,带领执行人员研讨细节并实施,最终使涉案的 458 万元税款、罚款、滞纳金足额入库,该案成为贵州省首例由税务机关主导拍卖纳税人货物抵缴税款的经典案例。

王翔办案坚守原则,不徇私情。姐姐担任企业财务主管,他"约法三章";面对朋友、同学请托,他委婉拒绝。曾有企业老板留 20 万现金试图行贿,他发现后立即通知老板取回。

从事税务稽查工作以来,他带队查办税收案件 500 余件,移送公安上百起,将 37 名涉税犯罪分子绳之以法,挽回国家税收损失 5 亿多元。2019 年,国家税务总局督办某骗税专案,他主动对接公安,创新稽查方法,使该案在贵州率先取得突破,成为全省首例利用贵重金属骗取出口退税案,挽回税收损失 1 904 万元,该案件被收录进国家税务总局经典案例库,并获公安部经侦局贺电表彰。

知识导图

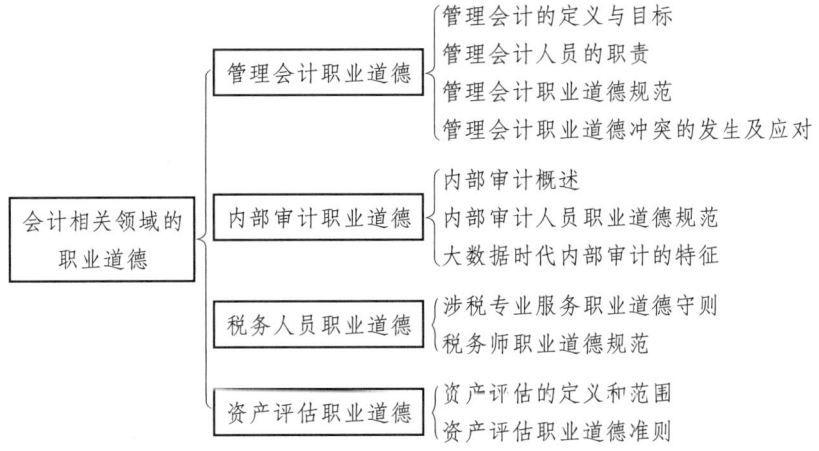

第一节　管理会计职业道德

一、管理会计的定义与目标

(一)管理会计的定义

1952 年世界会计学会年会上正式采用了"管理会计"这一专门词汇,由此现代企业会计分离为管理会计和财务会计两大分支。但学术界对管理会计的定义还没有完全统一的表述。其中,较为权威的定义为1981年美国会计师协会给出的:"管理会计是向管理当局提供企业内部计划、评价、控制以及确保企业资源的合理使用和经营责任履行所需要财务信息的确认、计量、归集、分析、编报、解释和传递的过程。"这一定义将管理会计的边界扩大到除审计以外的各个管理领域,既包括财务会计,又包括成本会计、计划与预算、绩效评价、内部控制等内容。

此外,2014年我国财政部发布的《关于全面推进管理会计体系建设的指导意见》对管理会计也作出了定义:"管理会计是会计的重要分支,是通过利用相关信息,有机融合财务与业务活动,在单位规划、决策、控制和评价等方面发挥重要作用的管理活动。"

(二)管理会计的目标

康奈尔大学的会计学教授罗纳德·W.希尔顿认为,管理会计活动通过追求五个目标为组织增加价值。

(1)为决策和计划提供信息,作为管理梯队的成员积极参与决策和计划。

(2)协助管理者指挥和控制运营活动。

(3)激励管理者和其他雇员向组织的目标前进。

(4)计量组织内的活动、子单位、管理者和其他雇员的业绩。

(5)评价组织的竞争地位,同其他管理人员一起努力确保组织在本行业的长期竞争力。

随着管理会计实践在中国的不断展开,结合本土化的特点,2016年财政部印发的《管理会计基本指引》对管理会计的目标进行了界定:"管理会计的目标为通过运用管理会计工具方法,参与单位规划、决策、控制、评价活动并为之提供有用信息,推动单位实现战略规划。"

管理会计工具方法是实现管理会计目标的具体手段,是单位应用管理会计时所采用的战略地图、滚动预算管理、作业成本管理、本量利分析、平衡计分卡等模型、技术、流程的统称。管理会计工具方法具有开放性,随着实践发展不断丰富完善。管理会计工具方法主要应用于战略管理、预算管理、成本管理、营运管理、投融资管理、绩效管理、风险管理等领域。其中,规划、决策、控制、评价属于管理会计的相关活动。规划活动是指单位应用管理会计,应做好相关信息支持,参与战略规划拟定,从支持其定位、目标设定、实施方案选择等方面,为单位合理制定战略规划提供支撑。决策活动是指单位应用管理会计,应融合财务和业务等活动,及时充分提供和利用相关信息,支持单位各层级根据战略规划作出决策。控制活动是指单位应用管理会计,应设定定量、定性标准,强化分析、沟通、协调、反馈等控制机制,支持和引导单位持续高质高效地实施单位战略规划。评价活动是指单位应用管理会计,应合理设计评价体系,基于管理会计信息等,评价单位战略规划实施情况,并以此为基础进行考核,完善激励机制;同时,对管理会计活动进行评估和完善以持续改进管理会计应用。

二、管理会计人员的职责

在组织结构中,管理会计人员通常处于参谋职位,会参与到企业各个层次和所有职能领域的计划和决策中。管理会计人员越来越多地被安排在交叉职能工作组中,同管理会计人员一起工作的人员包括企业的高级管理者、销售人员、采购人员、业务经理、法律家、质量管理人员等,通过交叉职能工作组解决多种管理决策和业务问题。管理会计人员在工作中的职责包括但不限于:负责企业绩效管理;管理流程的倡导者;分析财务数据,支持更佳决策;通过预算和预测制定长期规划管理流动资金和分析融资替代方案;评估资本投资和企业并购;风险识别和实施内部控制;推动符合职业道德的商业实践;担当战略商业伙伴的角色。

三、管理会计职业道德规范

(一) 美国注册管理会计师协会的职业道德规范

美国管理会计师协会(The Institute of Management Accountants,IMA)发布的《IMA职业道德行为准则》,对管理会计师的基本职业道德原则和职业道德行为进行了介绍。

1. IMA 基本道德原则

IMA 的基本道德原则包括诚实、正直、客观、责任。从业人员应该遵守这些原则并鼓励组织中的其他人共同遵守。

(1)诚实(honesty)。诚实要求提供专业服务时有责任心,保证分析和传递信息的真实。诚实是人们对会计或财务人员最看中的关键要素之一。

诚实的表现包括:向外部审计人员披露全部必要和相关信息;拒绝登记任何不准确的信息;提供真实信息,以帮助管理者基于该信息作出决策。

(2)正直(fairness)。正直要求坦诚,只考虑特定情况下他人的需求并全面披露全部必要相关信息。组织需要披露必要、全面的相关信息,进而在合理期限内采取合适的措施。

正直的表现包括:客观地提供信息和反馈;识别和更正错误;选择供应商时不存在成见、偏见或偏好。

(3)客观(objectivity)。客观要求在下结论之前,不偏不倚、客观地评价相互冲突的观点。过去,组织依赖内部和外部财务人员的客观性,进行重要的商业决策。当商人在做出一个合理、深刻、客观和合法的决策之前,商人常常会说"让我们问问我们的会计吧"。

客观的表现包括:客观表述财务和法律指南;按照信息标准披露信息;会计人员只在已有数据基础上提出政策建议。

(4)责任(responsibility)。责任要求采取真实、可靠的行动。对客户和职业负责是财务从业人员应遵守的最重要的道德行为。它不仅包括对客户的短期利益负责,而且应对财务决策的长期影响负责。

责任的表现包括：及时地传递信息；保证报告信息的准确；收集足够的信息以进行决策。

2. IMA 职业道德行为准则

IMA 界定并说明了四项职业道德行为准则，即胜任能力、保密、正直和信用，以帮助界定从业人员的道德职责。如果从业人员未能遵守下列准则，将会受到惩罚。

（1）胜任能力（competence）。每一名从业人员都必须遵守以下责任：①不断拓展知识与提升技能，保持适当水平的专业知识。②遵守相关法律、法规和技术标准履行职责。③提供准确、清晰、简要和及时的决策支持信息及建议。④确认并报告那些可能会对一项活动的合理判断或成功执行造成妨碍的专业局限或其他约束。

由于会计准则是动态的，会计准则不断变化。跟随法规的变化，并适应行业新的法律和标准非常重要。未能跟上法律法规的变化，可能会在无意中导致不道德的行为。

（2）保密（confidentiality）。每一名从业人员都必须遵守以下责任：①对获取的信息保密，除非经授权要求披露或按法律要求披露。②告知所有相关方，要求正确使用保密信息；监督下属的活动，确保其遵照执行。③不得利用保密信息获取不道德利益；不得利用保密信息获取非法利益。

尽管保密标准相对简单，但是现代科技的进步事实上可能阻碍管理会计师们的明智决策。管理会计师们不仅要妥善保存纸质和电子文档，而且全部的谈话，特别是那些在手机里的谈话，应该在一个隐私的地方进行，而不应该在公众场合，如机场或咖啡厅内进行。

（3）正直（integrity）。每一名从业人员都必须遵守以下责任：①缓解现实利益冲突同商业伙伴定期沟通，以避免明显的利益冲突。告知所有利益相关者可能存在的潜在利益冲突。②不做任何可能会妨碍遵照道德规范履行职责的事情。③不做或支持任何有损职业声誉的事情。

（4）信用（credibility）。每一名从业人员都必须遵守以下责任：①公允、客观地报告信息。②披露那些人们有理由认为会影响目标使用者对报告、分析或建议理解的所有相关信息。③遵照组织政策或适用法律，披露在信息、及时性、流程或内部控制上的延误或缺陷。

（二）中国总会计师协会下管理会计师职业道德规范

中国总会计师协会于 2019 年 3 月发布的《中国管理会计职业能力框架表》中对管理会计师的职业道德与行为规范进行了专门介绍。各级管理会计师都应遵循以下职业道德与行为规范。

（1）践行社会主义核心价值观，树立新发展理念。

（2）爱岗敬业，坚守诚信原则，提供真实、准确的管理和会计信息，如实反映、报告单位财务状况与经营业绩。

（3）维护单位的合法权益,保守工作秘密,积极促进所在单位承担必须的社会责任。

（4）在与道德规范冲突的情况下,不以牺牲道德规范为代价达到个人或单位的目的。

（5）廉洁自律,不参与舞弊或行贿、受贿等。

此外,由中国总会计师协会开展的"管理会计师（初级）专业能力认证项目"中专门设置有"管理会计职业道德"科目。在该科目中,主要从三个维度对管理会计师职业道德提出要求。

（1）职业认知和价值观。作为一名优秀的管理会计从业者,要端正职业认知和树立正确的价值观,包括热爱管理会计职业、诚实从业、客观公正、保守职业秘密和廉洁自律五个方面。

（2）能力。管理会计师作为管理的参与者,具备相应能力的同时更要不断提高自己的能力,具体包括专业能力、职业技能,以及对业务、行业和宏观政策的把握能力。具备了优秀的能力,才能在职业认知和价值观的引导下,真正为所服务的机构作出应有的贡献。

（3）达成业绩的努力程度。管理活动具有比较高的难度和挑战性。因此仅仅具备前两个方面还不够,必须恪尽职责、努力奋斗,应用管理会计的工具方法为科学管理作出自己应有的贡献,同时敢于承担责任、敢于坚持正确的观点。这就要求管理会计师在本单位用恰当的方法和方式来推进管理会计,不可过于超前或拖后。

四、管理会计职业道德冲突的发生及应对

管理会计人员在实务工作中有时会遇到截然相反的两种道德标准。这是由管理会计人员面临的角色冲突所引发的。一方面,按照劳动契约,管理会计人员必须按照上级领导的命令执行工作;另一方面,按照职业道德行为准则,管理会计人员必须遵循其从事的职业活动。但是,有时两者会相互冲突,管理会计人员又无法同时满足两者的要求,必须二选一。这就导致管理会计人员面临职业道德冲突。由于职业道德冲突发生的事项不一样,所处环境也各不相同,没有一个统一方法可以解决,应对职业道德冲突对于管理会计人员来讲,是一件极具挑战性的事情。

美国管理注册会计师协会针对 IMA 会员在《IMA 职业道德行为准则》中提出如下解决道德冲突的建议。

（1）应先同直接上司讨论问题,除非直接上司也牵扯其中。在这种情况下,应该直接将问题递交给更高一级的上司。如果在递交问题的时候,没有达成满意的决议,要将问题递交给再高一级的上司。如果直接上司是首席执行官或者职务相当人员,可以认可的评价权威是审计委员会、执行委员会、董事会、托管人委员会或者所有人等组织。假设直接上司没有牵扯到事件中,只有在上司知道的范围之内,同其更高一级的上司联系。除非法律另有规定,我们认为将这些问题递交给非雇用的权威机构或者个人是不合适的。

（2）秘密同 IMA 职业道德顾问或者其他公平的顾问等讨论有关的职业道德问题，更好地理解可能的行为过程。

（3）同本人的律师讨论职业道德有关的法律职责和权利。

此外，由于公司滥用会计准则、追求短期利润目标、不重视非道德性的微小行为，以及经济周期的诱发（特别是在市场衰退阶段），可能会加剧这种职业道德冲突问题。因此，也需要个人和企业从各自的角度去努力应对。从个人角度来讲，管理会计人员应坚持诚实、正直、客观与责任的职业道德原则，遵循胜任能力、保密、正直和信用的职业道德行为准则，在提升专业技术能力的同时，加强职业道德的修炼。此外，要以自身职业道德素养与行为，影响周围的从业人员和管理层，努力营造良好的职业发展环境。

从企业层面来讲，企业有责任尽最大努力确保所有员工的行为均符合职业道德的要求。首先，企业要努力营造一种职业道德文化，让这种职业道德文化积极地支持组织想要的行为类型。其次，职业道德责任始于管理层。为了在组织内有效地维护理想的职业道德氛围，管理层主要应关注五个方面：明确界定价值观；管理层以身作则；制定职业道德规范与内部控制；职业道德的实际应用；评估并改进对职业道德的遵循。再次，在企业中推行并实践职业道德规范。实践的过程应始于员工招聘，贯穿员工培训，将抽象职业道德规范转化为日常职责的操作范例，形成所有员工均能理解、共享并遵循的价值观体系。最后，评估并改善对职业道德规范的遵循情况。企业应根据一些调查工具及从披露揭发渠道获取的信息来评估企业对职业道德规范的遵循情况，根据评估中存在的问题，实现对职业道德规范遵循的持续改善。

第二节　内部审计职业道德

一、内部审计概述

（一）内部审计的定义

内部审计，是建立于组织内部、服务于管理部门的一种独立的检查、监督和评价活动。它既可用于对内部牵制制度的充分性和有效性进行检查、监督和评价，又可用于对会计及相关信息的真实、合法、完整，对资产的安全、完整，对企业自身经营业绩、经营合规性进行检查、监督和评价。

国际内部审计师协会（The Institute of Internal Auditors，IIA）于 1947 年第一次提出了内部审计的定义，经过半个多世纪的探索，2001 年 IIA 第七次定义指出：内部审计是一种独立、客观的确认和咨询活动,旨在增加价值和改善组织的运营。它通过应用系统的、规范的方法,评价并改善风险管理、控制和治理程序的效果,帮助组织实现其目标。

2023 年 6 月,中国内部审计协会发布最新《内部审计准则》,作出定义:内部审计是一种独立、客观的确认和咨询活动,它通过运用系统、规范的方法,审查和评价组织的业务活动、内部控制和风险管理的适当性和有效性,以促进组织完善治理、增加价值和实现目标。

内部审计是外部审计的对称。由本部门、本单位内部的独立机构和人员对本部门、本单位的财政财务收支和其他经济活动进行的事前和事后的审查和评价。这是为加强管理而进行的一项内部经济监督工作。内部审计机构在部门、单位内部专门执行审计监督的职能,不承担其他经营管理工作。它直接隶属于部门、单位最高管理当局,并在部门、单位内部保持组织上的独立地位,在行使审计监督职责和权限时,内部各级组织不得干预。但是,内部审计机构终属部门、单位领导,其独立性不及外部审计,它所提出的审计报告只供部门、单位内部使用,在社会上不起公证作用。

内部审计和国家审计(政府审计)、社会审计(事务所审计、独立审计)并列为三大类审计。

(二)内部审计与外部审计的联系与区别

内部审计与外部审计的总体目标一致,均需掌握基本的审计技术,审计结果可能存在相互借鉴,两者均是审计监督体系的有机组织部门。内部审计具有预防性、经常性和针对性,是外部审计的基础,对外部审计能起辅助和补充作用;而外部审计对内部审计又能起到支持和指导作用。

内部审计与外部审计的区别在于:

1. 性质不同

内部审计属于内部审计机构或专职审计人员履行的内部审计监督,只对本单位负责;外部审计则是由独立的外部机构以第三者身份提供的鉴证活动,对国家权利部门或社会公众负责。

2. 独立性不同

根据 IIA 于 2011 年发布的国际内部审计专业实务框架第 1100、1110 章节,内部审计的独立性包含两方面,一方面是指内审人员履职时免受威胁,另一方面是指审计组织机构的独立,即与董事会的汇报关系的独立。相比外部审计常用的《独立审计准则》,因两者的目标不同和服务对象不同,导致两者独立性不相同。

3. 审计目标不同

外部审计的目标常常受到法律和服务合同的限制,如对于常见业务,财务报表审计的目标是对财报的合法性、公允性作出评价,而内部审计的目的是评价和改善风险管理、控制和公司治理流程的有效性,帮助企业实现其目标。

4. 关注重点领域不同

外部审计的关注重点领域受到法律和合同的指定。例如,在财务报表审计中,外部审计主要侧重点是会计信息的质量和合规性,也就是对财报的合法性、公允性作出评价。而内部审计主要侧重点是经济活动的合法合规、目标达成、经营效率等方面。

5. 业务范围不同

外部审计的业务范围受到法律和合同的指定,如财务报表审计、内部控制审计、鉴证审计、尽职调查等业务。而内部审计是以企业经济活动为基础,拓展到以管理领域为主的一种审计活动。

6. 审计标准不同

内部审计的标准是《内部审计准则》;外部审计的标准是法定的独立审计准则和相关法律法规。

7. 专业胜任能力要求不同

内部审计要求具备较高的管理知识水平,由于内部审计的目标是帮助企业实现其目的,改善机构运作并增加价值,故要求内部审计人员具备较高的管理知识与水平。

(三) 内部审计的作用

1. 预防保护作用

内部审计机构通过对会计部门工作的监督,有助于强化单位内部管理控制制度,及时发现问题纠正错误,堵塞管理漏洞,减少损失,保护资产的安全与完整,提高会计资料的真实性、可靠性。

2. 服务促进作用

内部审计机构作为企业内部的一个职能部门,熟悉企业的生产经营活动等情况,工作便利。因此,内部审计可在企业改善管理、挖掘潜力、降低生产成本、提高经济效益等方面起到积极的促进作用。

3. 评价鉴证作用

内部审计是基于受托经济责任的需要而产生和发展起来的,是经营管理分权制的产物。随着企业单位规模的扩大,管理层次增多,对各部门经营业绩的考核与评价是现代管理不可缺少的组成部分。内部审计可以对各部门活动作出客观、公正的审计结论和意见,起到评价和鉴证的作用。

(四) 内部审计的内容

内部审计的内容是一个不断发展变化的范畴。现代内部审计的主要内容包括:财务审计、经营审计、管理审计和风险管理等。此处着重介绍经营审计、管理审计和风险管理。

1. 经营审计

经营审计就是对单位生产经营活动全过程的合理性和生产力诸要素的开发利用情况及其经济性、效率性与效果性的实现程度进行审查,旨在帮助被审计单位挖掘人、财、物的潜力,改进经营工作。第二次世界大战以后,企业之间的竞争加剧,资源日益昂贵,顾客的要求越来越高,在这种形势的推动下,内部审计人员在财务审计基础上,建立了以提高企业经济效益为内容的经营审计,由此从过去的防护性审计向对企业管理作出更大贡献的建设性审计方向迈进。国际内部审计师协会 1975 年的一项调查显示,95％的被调查者都在实施经营审计与管理审计,所用时间占整个时间的 51％;1983 年的一项调查显示,内部审计人员将63％的时间用于经营审计与管理审计。1983 年内部审计师协会调查了美国 1 687 个内部审计机构,结果发现有 70.8％的机构在从事管理信息系统审计,同期,美、英等发达国家的内部审计机构也在大量地从事管理信息系统审计。

经营审计主要包括以下内容:

(1)物资供应审查:审查企业有无采购计划,材料物资有无科学的储量标准;审查采购的批量、间隔是否恰当;审查供应商的选择是否合理;审查采购费用是否节约;审查到货的设备及各种材料物资有无经过检验等。

(2)生产组织审查:审查生产组织的方式、生产批量的大小、生产计划的安排是否合理、有效,审查生产能力的利用效率。

(3)技术工艺审查:审查企业的产品工艺是否采用了国内外的先进技术;审查工艺流程是否合理;审查运行中的问题是否能够得到及时解决;审查技术指标是否科学;审查产品质量措施是否有效。

(4)资源利用审查:审查劳动力的利用是否有利于优化劳动力的配备和组合、有利于工时的合理安排、有利于劳动技能与劳动效率的提高;审查资产结构和资本结构是否合理,资金的使用是否节约并达到预期的效果;审查物资(包括各种原材料、设备、能源、水、地下矿藏等)的利用是否合理、节约。

(5)成本审查:内部审计人员在新产品开发与设计阶段要评价其目标成本,对设计方案的成本效益利用"价值工程"进行评价,消除"功能过剩",降低产品成本;评价成本目标的实现程度,分析影响成本变动的原因。

(6)存货资金审查。内部审计人员主要应分析和评价存货资金是否合理、存货管理是否有效。

(7)产品销售审查,内部审计人员应分析评价企业生产的产品是否符合社会的需要,销售网点的建立是否合理,市场占有率如何,产品的宣传工作有无成效,产品入库、保管、发货、运输、收款各环节是否协调畅通,产品成本和价格是否适合,销售信用政策的确定是否合理,售后服务安排是否恰当等。

2. 管理审计

内部管理审计通常是指对管理制度和管理工作所进行的审计。管理审计是一种重要的经营工具,在质量管理学领域有着极其重要的意义。审计人员根据事实证据来评价系统、实务和程序是否符合目标并予以有效的实施。

管理审计主要包括以下内容:

(1)审查企业的管理职能:审查企业是否制定了完备的管理制度和管理方法,是否规定了企业的目标及其实现目标的途径;审查企业已制定的管理制度和管理方法是否已全部贯彻执行,并发挥了应有的作用;审查企业各项职能管理部门是否围绕着提高经济效益这一中心进行相互协调和平衡;审查企业是否根据自身的任务与目标,对生产经营活动进行合理的分工协作、合理地配备和使用企业资源;审查企业是否经常对生产经营活动进行监督检查,发现偏差是否及时予以纠正。

(2)审查企业各管理职能部门的工作:审查企业长期、中期、短期的供、产、销计划管理;审查生产技术、生产组织、生产流程、生产效益等生产管理;审查营销策略、市场预测、销售计划、销售合同、销售费用以及销售服务等情况;审查产品质量、工作质量、质量的经济性,以及全面质量管理;审查资金的运用、资金周转的速度以及增收节支等措施;审查设备物资的采购、保管和使用。

3. 风险管理

风险管理是企业通过对潜在意外或损失的识别、衡量和分析,并在此基础上进行有效的控制,用最经济、合理的方法处理风险,以实现最大的安全保障的过程。内部审计人员参与风险管理的主要内容如下。

1)监督和评价企业风险管理系统的有效性

(1)评价企业风险管理组织结构的合理性、有效性。随着风险管理运动在西方国家的兴起和推广,大企业、大公司都有了自己独立的风险管理机构和管理人员,内部审计应当对企业风险管理组织结构的构建及其健全性、有效性予以评价并提出改进措施。

(2)监督和评价企业风险管理活动的有效性。内部审计部门要通过对企业风险管理组织进行的风险管理活动的评价或监督来参与企业风险管理,既要评价风险管理的过程,也要评价风险管理的效果,发现风险管理中的薄弱环节,提出改进措施。

(3)评价和监督企业风险管理的策略及各种相关规章制度的制定和实施。

2)评价与企业相关的管理、经营和信息系统的风险暴露

(1)生产风险,生产者在生产某种产品的过程中所要承担的风险,主要包括物资采购库存风险、物资采购风险、劳动生产率风险、产品质量风险等。

(2)营销风险,企业的营销活动所产生的风险,具体表现为:营销策略难以实施、目标市场缩小或消失、产品难以售出。

(3)财务风险,由于利率、汇率、投资报酬率、股利的变动给企业造成的可能的损失。它

由投资风险和筹资风险构成。

（4）经营风险，由于经营活动导致企业的可能的损失，包括组织设计和运行风险、战略规划风险、内部控制设计与运行风险等。

（5）人员风险，因人事制度不合理等原因造成的高级人才的可能的流失。

（6）新产品开发风险，新产品预期收益的不确定性和市场销售的不确定性。

（7）信息系统风险，由于使用信息系统所带来的风险。

二、内部审计人员职业道德规范

内部审计人员职业道德是内部审计人员在开展内部审计工作中应当具有的职业品德、应当遵守的职业纪律和应当承担的职业责任的总称。内部审计人员从事内部审计活动时，应当遵守内部审计职业道德规范，认真履行职责，不得损害国家利益、组织利益和内部审计职业声誉。

内部审计人员职业道德规范内容如下。

（一）诚信正直

诚信正直是内部审计人员职业道德的基石。内部审计人员在实施内部审计业务时，应当始终坚持诚实守信、廉洁自律的原则，不得有任何歪曲事实、隐瞒审计发现的问题、进行无证据支持的判断等行为。同时，他们应坚决抵制利用职权谋取私利或屈从于外部压力而违反原则的行为。诚信正直不仅是一种道德要求，更是保障内部审计工作有效性的基础。内部审计人员在实施内部审计业务时，应当诚实、守信、廉洁、正直，不应有下列行为：

（1）歪曲事实。

（2）隐瞒审计发现的问题。

（3）进行缺少证据支持的判断。

（4）做误导性的或者含糊的陈述。

（5）利用职权谋取私利。

（6）屈从于外部压力，违反原则。

（二）客观性

客观性是内部审计人员职业道德的重要原则之一。在实施内部审计业务时，内部审计人员应当保持实事求是的态度，不受偏见、利益冲突等因素的影响，确保职业判断的公正性和准确性。在审计业务开展前，内部审计人员应对可能影响客观性的因素进行识别和评估，并采取相应措施降低或消除这些因素的影响。如果客观性受到严重影响且无法采取适当措施降低影响，内部审计人员应停止实施业务并及时向相关负责人报告。内部审计人员实施内部审计业务时，应当实事求是，不得由于偏见、利益冲突而影响职业判断。

内部审计人员实施内部审计业务前,应当采取下列步骤对客观性进行评估:

(1) 识别可能影响客观性的因素。

(2) 评估可能影响客观性因素的严重程度。

(3) 向审计项目负责人或者内部审计机构负责人报告客观性受损可能造成的影响。

内部审计人员应当识别下列可能影响客观性的因素:

(1) 审计本人曾经参与过的业务活动。

(2) 与被审计单位存在直接利益关系。

(3) 与被审计单位存在长期合作关系。

(4) 与被审计单位管理层有密切的私人关系。

(5) 遭受来自组织内部和外部的压力。

(6) 内部审计范围受到限制。

内部审计机构负责人应当采取下列措施保障内部审计的客观性:

(1) 提高内部审计人员的职业道德水准。

(2) 选派适当的内部审计人员参加审计项目,并进行适当分工。

(3) 采用工作轮换的方式安排审计项目及审计组。

(4) 建立适当、有效的激励机制。

(5) 制定并实施系统、有效的内部审计质量控制制度、程序和方法。

(6) 当内部审计人员的客观性受到严重影响,且无法采取适当措施降低影响时,停止实施有关业务,并及时向董事会或者最高管理层报告。

(三) 专业胜任能力

专业胜任能力是内部审计人员履行职责的基础。内部审计人员应具备履行职责所需的专业知识、职业技能和实践经验,包括审计、会计、财务、税务、经济、金融、统计、管理、内部控制、风险管理、法律和信息技术等方面的知识。此外,他们还应具备良好的语言文字表达能力、问题分析能力、审计技术应用能力、人际沟通能力以及组织管理能力。内部审计人员应当具备下列履行职责所需的专业知识、职业技能和实践经验:

(1) 审计、会计、财务、税务、经济、金融、统计、管理、内部控制、风险管理、法律和信息技术等专业知识,以及与组织业务活动相关的专业知识。

(2) 语言文字表达、问题分析、审计技术应用、人际沟通、组织管理等职业技能。

(3) 必要的实践经验及相关职业经历。

内部审计人员应当通过后续教育和职业实践等途径,了解、学习和掌握相关法律法规、专业知识、技术方法和审计实务的发展变化,保持和提升专业胜任能力。

内部审计人员实施内部审计业务时,应当保持职业谨慎,合理运用职业判断。

（四）保密

保密是内部审计人员职业道德的重要内容之一。内部审计人员应对实施内部审计业务所获取的信息保密，不得随意披露或利用这些信息谋取私利。在社会交往中，他们也应当履行保密义务，警惕非故意泄密的可能性。只有严格遵守保密义务，才能保障信息的完整性和安全性，维护组织的利益和声誉。内部审计人员在社会交往中，应当履行保密义务，警惕非故意泄密的可能性，非因有效授权、法律规定或其他合法事由不得披露。内部审计人员不得利用其在实施内部审计业务时获取的信息牟取不正当利益，或者以有悖于法律法规、组织规定及职业道德的方式使用信息。

总之，内部审计人员职业道德是保障内部审计工作有效性和信誉的关键因素。通过遵循诚信正直、客观性、专业胜任能力和保密义务等原则，内部审计人员能够为组织提供高质量的审计服务，维护组织的利益和声誉。在实践中，内部审计人员应不断提高自身的职业道德水平，严格遵守职业道德规范，为组织的可持续发展作出积极贡献。同时，组织也应重视内部审计人员的职业道德建设，加强培训和教育，建立健全的激励机制和监督机制，以提升整个组织的道德水准和治理水平。

三、大数据时代内部审计的特征

在大数据时代，内部审计工作也正经历着前所未有的变革。这种变革并非偶然，而是由数据规模爆炸性增长、信息技术不断创新以及企业经营日益复杂等多重因素共同推动的。具体来说，大数据时代的内部审计具有以下几个特征。

1. 内部审计的焦点更加集中于数据驱动

在大数据时代，海量的数据为内部审计提供了丰富的信息资源。审计人员不再仅仅依赖有限的样本数据，而是通过对全量数据进行深度挖掘和分析，获取更为精准的审计结论。这大大提高了审计工作的效率和准确性。

2. 内部审计的方法和技术不断革新

传统的审计方法主要依赖手工操作和经验判断，而在大数据环境下，审计方法逐渐转向智能化和自动化。例如，利用数据挖掘技术发现异常波动，通过机器学习算法预测潜在风险等。这些新技术的应用不仅减轻了审计人员的工作负担，还使得审计工作更加科学和客观。

3. 内部审计的范围和内容不断拓展

随着企业信息化程度的提高，内部审计的内容不再局限于传统的财务审计，而是逐步向管理、运营、风险控制等多个领域延伸。同时，审计范围也从单一的企业内部拓展到企业与外部环境的互动关系中，如供应链审计、客户关系审计等。

4. 内部审计的角色和定位逐渐转变

在大数据时代,内部审计不再仅仅是事后监督和评价的角色,而是更多地参与到企业战略规划、决策支持以及价值创造的过程中。审计人员需要站在企业整体利益的角度,为管理层提供有价值的洞察和建议,助力企业实现可持续发展。

大数据时代的内部审计呈现出数据驱动、技术革新、范围拓展和角色转变等特征。面对新的挑战和机遇,审计人员应不断提升自身素质和能力,以适应大数据时代的变革和发展。只有这样,才能充分发挥内部审计在企业管理中的重要作用,为企业创造更大的价值。

第三节　税务人员职业道德

税务人员包括涉税服务人员和税务师。

一、涉税专业服务职业道德守则

为了规范涉税专业服务机构及其涉税服务人员执业行为,提高涉税专业服务行业职业道德水准,维护职业形象,国家税务总局制定《涉税专业服务职业道德守则(试行)》,于2023年10月1日起实施。

涉税专业服务机构及其涉税服务人员在中华人民共和国境内从事涉税专业服务应当遵守以下原则。

1. 从事涉税专业服务应当诚实守信、正直自律、勤勉尽责

诚实守信是涉税专业服务的基石,只有具备了这一品质,才能赢得客户的信任和行业的认可。正直自律则是涉税专业服务的基本准则,要求从业人员在工作中始终保持客观、公正的态度,不受任何利益诱惑和压力影响。勤勉尽责是涉税专业服务的重要品质,它要求从业人员不断学习和提升自己的专业能力,为客户提供优质、高效的服务。为了确保涉税专业服务的诚信、公正和优质,监管部门应当加强对涉税专业服务市场的监管,建立完善的信用评价体系,对违规行为进行严厉打击。同时,涉税专业服务机构和从业人员也应当自觉遵守法律法规和职业道德规范,树立良好的行业形象,共同推动涉税专业服务市场的健康发展。

2. 从事涉税专业服务应当遵守法律、行政法规、部门规章及规范性文件(以下简称法律法规)的要求,履行服务协议的约定

涉税专业服务是一种高风险、高责任的业务,必须严格遵守法律法规的要求,履行服务协议的约定。从事涉税专业服务的人员应当具备高度的法律意识和道德观念,不得采取任何不正当手段承揽业务。具体要求包括:第一,从事涉税专业服务的人员不得隐瞒、欺诈、贿

赂、串通、回扣等不正当手段承揽业务;第二,从事涉税专业服务的人员也不得歪曲解读税收政策。税收政策是国家的重要法规,必须得到正确的理解和执行;第三,从事涉税专业服务的人员不得诱导、帮助委托人实施涉税违法违规活动。

3. 从事涉税专业服务应当自觉维护职业形象,廉洁从业

职业形象是涉税服务的"无形资产",从业者需通过言行举止展现专业素养与道德风范。廉洁从业要求杜绝一切不正当利益输送,例如不接受客户的财物馈赠、回扣或宴请,避免因"人情往来"影响专业判断;不利用职务之便谋取私利,如泄露客户信息换取商业机会。在与税务机关沟通时,需通过正规渠道反馈意见,不得通过贿赂、串通等非法手段干预执法。此外,从业者需注意公众场合的言论合规,不发表贬低同行、扰乱市场的不当言论,避免因个人行为损害行业整体声誉。廉洁自律不仅是个人道德要求,更是行业监管的重点。税务部门对违规从业者可采取约谈、通报批评、暂停执业等措施,因此从业者需将"廉洁"作为职业生存的基本准则,以清正形象赢得客户尊重。

4. 从事涉税专业服务应当遵循客观公正原则,基于业务事实,遵守法律法规

客观公正是从事涉税专业服务的核心原则。在提供服务时,专业人员应该保持中立、不偏不倚的态度,不受任何外界因素的影响,客观地分析问题、提供建议。同时,公正也是非常重要的,专业人员应该始终秉持公正的态度,维护国家和企业的合法权益,不偏袒任何一方。

基于业务事实是从事涉税专业服务的另一个重要原则。涉税专业服务涉及大量的数据和信息,专业人员应该对这些数据进行仔细的核实和审查,确保数据的真实性和准确性。只有基于真实、准确的数据和信息,才能做出正确的分析和判断,为企业和政府提供有价值的建议和帮助。

遵守法律法规是从事涉税专业服务的底线要求。税收是国家财政的重要来源,也是企业经济活动的重要组成部分。从事涉税专业服务的人员应该严格遵守国家的税收法律法规,确保税收的合法性和合规性。同时,专业人员还应该了解和掌握相关的法律、法规和政策,以便更好地为企业和政府提供服务。

5. 从事涉税专业服务应当秉持专业精神和职业操守

在当今社会,税收已经成为国家财政收入的主要来源,涉税专业服务则在其中扮演着至关重要的角色。涉税专业服务人员应当秉持专业精神和职业操守,为国家的税收事业做出积极的贡献。

涉税专业服务涉及的领域非常广泛,包括税务咨询、税务规划、税务审计等方面。这些领域的专业知识要求非常高,需要从业人员具备深厚的专业知识和丰富的实践经验。因此,秉持专业精神是从事涉税专业服务的首要条件。

职业操守乃从事税务专业服务之根本保障。在提供服务的过程中,税务专业服务人员必须恪守职业道德规范与法律法规,保持客观公正之立场,不受任何外部因素之影响。同时,亦需严守客户商业秘密,维护客户合法权益。唯有如此,方能获得客户之信任与尊重,树立行业之良好形象。

税务专业服务应当以客户需求为核心,主动与客户进行沟通与交流,深入理解客户的需求与问题所在,为其提供定制化的解决方案。同时,亦需密切关注税收政策的变动,及时向客户通报最新的政策动态,协助客户进行合理的税务规划,以减少税收风险。

6. 从事涉税鉴证、纳税情况审查服务,不得与被鉴证人、被审查人存在影响独立性的利益关系

在涉税鉴证和纳税审查服务中,维护独立性是核心原则。为确保结果的客观性和公正性,鉴证和审查人员必须与被鉴证方、被审查方无任何可能影响独立判断的利益关系。这包括经济利益、亲属关系和业务往来等。为保障独立性,相关人员和机构应建立严格的内部控制机制,管理和监控潜在的利益冲突,并在必要时进行人员调整或更换。同时,第三方机构或个人与被鉴证方、被审查方的利益关系也应受到严格审查。此外,提升专业素质和技术水平是必要的,以确保胜任工作。涉税鉴证人员和审查人员需不断学习,掌握相关法律法规和标准,深入理解涉税问题。维护独立性不仅关乎具体工作,还关系到社会对涉税服务行业的信任和支持。严格的规范和管理是赢得社会信任、推动行业发展的关键。

7. 对委托事项存在涉及税收违法违规风险的,应当提醒委托人排除,并审慎评估对业务开展的影响

风险防控是涉税服务的重要职责,从业者需在服务初期即对委托事项进行合规性筛查。例如,当客户提出"通过虚构境外交易转移利润"的需求时,需立即识别其涉嫌逃避税风险,主动提醒违法后果,如补税、滞纳金、罚款,甚至刑事立案等,并提供合法替代方案,如利用税收优惠政策合规筹划。若客户坚持实施违规行为,从业者需审慎评估是否继续服务:一方面,需遵守《税收征收管理法》等规定,不得协助违法行为;另一方面,需考虑自身执业风险,避免因"被动参与"承担连带责任。对于复杂业务,如重组税务处理、跨境投资架构等,需通过内部风控会议、专家论证等方式评估风险等级,必要时出具书面风险提示函,由客户签字确认。风险提醒不仅是保护客户,更是从业者的"自我保护",及时止损可避免陷入法律纠纷,维护职业声誉。

8. 涉税服务人员应当通过继续教育、业务培训等途径持续掌握和更新法律法规、办税实务和信息技术等方面的专业知识和技能,保持专业胜任能力

涉税专业服务人员需持续强化三大核心能力以保障专业胜任力:

法律法规遵从能力是执业根基。涉税服务人员须系统跟踪《税收征收管理法》及配套政策动态,通过专项培训、政策研读及典型案例剖析,精准把握立法本义与适用边界,重点研习增值税留抵退税、跨境税制衔接等新政要点,确保服务方案严格契合法律规范。

办税实务执行能力是服务效能保障。涉税服务人员应精通电子税务局全流程操作,掌握税务登记变更、申报表填报校验、税务稽查应对等实务要点,建立分行业知识库,如制造业加计扣除、跨境电商税收规则等,通过模拟演练与实务导师制提升复杂业务处理能力,保障服务精准度与时效性。

信息技术应用能力是现代化转型支撑。涉税服务人员应熟悉金税四期数据接口标准、区块链电子发票核验、税收大数据分析等技术工具,积极参与数字化办税系统操作认证,构建业财税一体化处理能力。重点提升数据安全防护意识,严格遵循《数据安全法》要求,确保涉税信息全流程合规处理。

9. 从事涉税专业服务应当依照法律法规规定和协议约定,对涉税专业服务过程中知悉的国家安全信息、个人隐私和个人信息、商业秘密予以保密

涉税专业服务的保密义务是职业伦理与法律责任的核心要求,涵盖国家安全信息、个人隐私与个人信息、商业秘密三大核心领域。

国家安全信息的保密是服务机构的法定底线。涉税服务可能接触到涉及国家税收安全、经济运行的数据,需严格遵循《国家安全法》《保守国家秘密法》等规定,确保相关信息在服务过程中不被非法获取或传播。

个人隐私与个人信息的保护体现对自然人权益的尊重。纳税人的身份信息、收入状况、家庭住址等隐私数据,受《个人信息保护法》《民法典》等法律严格保护。服务机构需在收集、使用、存储环节明确授权范围,禁止擅自扩大处理目的,更不得泄露、篡改或出售个人信息,避免对个人权益造成侵害。

商业秘密的保护是维护市场公平的重要内容。企业的财务数据、经营策略、客户信息等商业秘密一旦泄露,可能导致竞争优势丧失。服务机构需依据《反不正当竞争法》及协议约定,对服务中知悉的商业秘密采取加密存储、权限管理等措施,禁止以任何形式向第三方披露或用于非服务目的。

保密义务贯穿服务全流程,既是职业道德的基本要求,也是避免法律风险的必要举措,需通过制度建设、人员培训和技术保障确保落实。

10. 从事涉税专业服务应当有效保护和合法合规使用涉税专业服务过程中知悉的涉税数据,不得利用涉税数据谋取不正当利益

涉税专业服务人员在处理数据时,必须确保数据安全和合规性,这是对客户和税务体系的基本尊重。保护涉税数据至关重要,因为它们包含敏感信息,如企业运营和个人财务状况。为防止数据泄露或滥用,必须采取严格的保密措施,如使用加密技术和实施访问控制。涉税专业服务人员应不断学习提升专业素养,关注法律法规变化,掌握最新数据处理技术,并与客户建立良好沟通,确保数据保护和使用方面的共识。

二、税务师职业道德规范

税务师是指通过全国税务师统一考试,取得《税务师职业资格证书》,同时注册登记、从事涉税鉴证和涉税服务活动的专业技术人员。

税务师工作职责是提供税务筹划方案、税务风险评估、处理涉税问题、税收咨询和培训、维系税务公共关系。具体包括:

(1) 研究各种税收政策,提供合理的纳税筹划方案。

(2) 对客户进行税务风险评估并提供解决方案。

(3) 协助税务业务负责人对客户企业涉税问题进行处理,为客户提供日常税收咨询和培训工作。

(4) 协助拓展、维系税务公共关系,营造和谐税企关系。

税务师应当具备的职业能力包括熟悉并掌握涉税服务相关的法律、法规和行业制度、准则;有丰富的税务专业知识,独立开展包括涉税鉴证、申报代理、税收筹划在内的各项涉税专业服务工作;运用财会、税收专业理论与方法,较好完成涉税服务业务。

为保证税务师依法、公正执业,规范执业行为,促进税务师行业健康发展,根据国家税务总局《税务师管理暂行办法》和《中国税务师协会章程》的相关规定,制定《税务师职业道德规范(试行)》。

税务师应当遵纪守法、爱岗敬业、文明礼貌、热心公益,履行相应的职业责任和社会责任,维护委托人的合法权益,保证国家税法的正确实施。

税务师应当以诚信为本,恪守独立、客观、公正的原则,具备和保持应有的专业胜任能力,履行保密义务,对执业过程中获取的国家机密、委托人的商业秘密及个人隐私予以保密,维护职业声誉,树立良好的社会形象。

(一)诚信执业

税务师在执业活动中应当正直自律,诚实守信,规范执业。认真履行协议,严格按照税收法律、法规规定的期间、时效和与委托人约定的时间,办理委托事项,严格守约,全面履约。税务师不得向委托人索取、收受委托合同约定以外的酬金或谋取其他不正当利益,不得协助或怂恿税务公职人员违反法律。委托人委托事项属于法律法规或执业规范所禁止的,税务师应当告知委托人,并提出修改建议或者予以拒绝。未经委托人同意,税务师不得将委托人所托事务转托他人办理。如果业务报告、申请资料或其他信息存在下列情形,税务师应当及时改正:

(1) 含有虚假或误导性的陈述。

（2）含有缺少依据的陈述或信息。

（3）存在遗漏或表达不清的信息。

税务师事务所应当建立和完善内部管理制度,保证税务师和从业者执业行为规范有序。税务师应当遵守国家法律法规的相关规定,避免发生任何损害职业声誉的行为。税务师应当与同行保持良好关系,不得联合抬高或压低业务收费,不得使用不正当手段招揽业务。

税务师及税务师事务所对外宣传时,应当实事求是、客观、真实,不得夸大自己,不允许贬低、诋毁同行。税务师从税务师事务所离职,未经许可不得带走客户资料,不得利用原单位客户资源谋取私利。

建立税务师行业诚信档案,实行诚信红黑名单制度,记录税务师事务所和税务师执业的诚信情况及奖惩信息,把恪守诚信者列入"红名单",把失信违规者列入"黑名单"。

中国税务师协会(以下简称中税协)负责诚信档案管理制度的制定;地方税务师协会(以下简称地方税协)负责进行诚信调查,出具诚信证明。

税务师事务所参与公开招标时,应当主动出具诚信证明。

(二) 独立性

税务师执业应当保持独立性,秉持良好的职业操守,不得因任何利害关系影响自己的职业判断。

税务师承办委托人业务,如有下列情形,应当主动向所在的税务师事务所说明情况并请求回避:

（1）与委托人存在密切的商业关系或涉及直接经济利益的。

（2）与委托人有夫妻关系、直系血亲关系、三代以内旁系血亲关系以及近姻亲关系的。

（3）税务师事务所的收入过分依赖委托人,且委托人提出不当要求的。

（4）税务师事务所受到解除业务关系威胁的。

（5）项目组成员受雇于委托人的。

（6）其他可能影响业务公正执行的情形。

税务师事务所应当制定必要的防范措施及程序,以保障税务师执业的独立性。

(三) 客观公正

税务师执业应当实事求是,坚持客观、公正,不得因利益冲突、个人偏见或其他因素影响自己的职业判断及结论。发生因他人或其他因素导致职业判断可能出现偏差或不当影响的情形,税务师应当采取措施消除影响或终止业务。

税务师不得伪造证据,不得改变证据的内容、形式及属性。委托人提供不实资料的,税务师不得对其出具业务报告,应当终止执行业务。税务师不得做虚假承诺,误导他人,严禁以任何形式和手段协同委托人实施违法违规的行为。

(四)专业能力

税务师有责任持续关注国家财会、税收政策和相关规定,确保能够及时掌握、准确理解并正确执行。为保持专业胜任能力,税务师需要通过自学、培训和实践来不断提升自己的知识和技能水平。同时,税务师还要指导业务助理人员开展工作,并承担最终责任。税务师的目标是提供具有专业水准的服务,为委托人的利益着想。

(五)保密义务

根据国家法律法规的相关规定,税务师在未经委托人允许的情况下,严禁向税务师事务所以外的第三方泄露其所接触到的个人隐私和商业秘密。除非有国家法律法规的明确规定,否则税务师不得利用所掌握的涉密信息为自己或任何形式的第三方谋取利益。

(六)惩戒

税务师事务所应当主动防止有损职业道德的行为发生,发现违规行为应当及时制止,情节严重者应当上报所属地方税协。

对违反税务师职业道德规范的,中税协和地方税协根据情节严重程度,组织实施惩戒。

惩戒方式包括:

(1)谈话提醒、训诫并责令改正。

(2)责令检讨、道歉。

(3)业内通报批评。

(4)列入"黑名单",向社会公开曝光。

(5)取消会员资格并公告。

税务师事务所的其他从业人员发生违规行为的,参照本规范的相关规定执行。税务师违反国家法律法规的,由中税协或地方税协提请行政或司法机关调查处理。

第四节 资产评估职业道德

一、资产评估的定义和范围

(一)资产评估的定义

资产评估是指资产评估机构及其资产评估专业人员根据委托及特定的评估目的,按照法律、行政法规和资产评估准则要求,依照规定程序,选择适当的价值类型,运用科学的评估方法,对评估基准日的资产价值进行评定、估算,并出具资产评估报告的专业服务行为。

(二)资产评估的范围

资产评估的范围主要包括以下六个方面:

（1）无形资产评估：①商标权、品牌、商誉、企业家自身价值等价值评估；②专利权、专有技术、软件、著作权、新品种发明权、秘诀等价值评估；③特许经营权、土地使用权等价值评估；④专家网、销售网、客户名单、长期合同等价值评估。

（2）企业价值评估：主要用于并购、重组、股权转让等。

（3）股权评估：包括流通股、非流通股、法人股等。

（4）服务于财务报告的评估：①投资性房地产评估；②无形资产评估；③资产减值评估；④企业并购评估；⑤债务重组的评估；⑥金融资产的评估。

（5）整体资产评估：适用于企业股份化改制、发行股票上市、企业兼并、收购或分立、联营、组建集团、中外合作、合资、融资、破产清算等目的的整体性企业资产评估。

（6）单项资产评估：机器设备、建筑物、房地产、林产等各类实体资产的评估。

二、资产评估职业道德准则

为规范资产评估机构及其资产评估专业人员职业道德行为，提高职业素质，维护职业形象，中国资产评估协会印发《资产评估职业道德准则》。

资产评估职业道德是指资产评估机构及其资产评估专业人员开展资产评估业务应当具备的道德品质和体现的道德行为。资产评估机构及其资产评估专业人员开展资产评估业务，应当遵守本准则。

资产评估机构及其资产评估专业人员应当诚实守信，勤勉尽责，谨慎从业，坚持独立、客观、公正的原则，不得出具或者签署虚假资产评估报告或者有重大遗漏的资产评估报告。

资产评估机构及其资产评估专业人员开展资产评估业务，应当遵守法律、行政法规和资产评估准则，履行资产评估委托合同规定的义务。资产评估机构应当对本机构的资产评估专业人员遵守法律、行政法规和资产评估准则的情况进行监督。资产评估机构及其资产评估专业人员应当自觉维护职业形象，不得从事损害职业形象的活动。

（一）专业能力

资产评估专业人员需要具备丰富的评估专业知识和实践经验，这是执行资产评估业务的基础。他们需要了解各种资产的特点、市场行情、评估标准和程序等，以便能够对资产进行准确、客观的评估。此外，资产评估专业人员还需要具备高度的责任心和职业道德，能够保证评估结果的公正性和客观性。在实践中，资产评估专业人员需要不断学习和更新知识，了解最新的评估理论和市场动态，以适应不断变化的市场需求。同时，他们还需要具备出色的沟通能力和团队合作精神，能够与其他专业人士进行有效的沟通和协作，共同完成资产评估任务。总之，资产评估专业人员需要具备全面的专业知识和实践经验，以及高度的责任心和职业道德，才能够胜任所执行的资产评估业务。

资产评估机构及其资产评估专业人员应当如实声明其具有的专业能力和执业经验，不得对其专业能力和执业经验进行夸张、虚假和误导性宣传。资产评估机构执行某项特定业务缺乏特定的专业知识和经验时，应当采取弥补措施，包括利用专家工作及相关报告等。

（二）独立性

资产评估机构及其资产评估专业人员开展资产评估业务，应当采取恰当措施保持独立性。

（1）资产评估机构不得受理与自身有利害关系的资产评估业务。

（2）资产评估专业人员与委托人、其他相关当事人和评估对象有利害关系的，应当回避。

（3）资产评估机构及其资产评估专业人员开展资产评估业务，应当识别可能影响独立性的情形，合理判断其对独立性的影响。

可能影响独立性的情形通常包括资产评估机构及其资产评估专业人员或者其亲属与委托人或者其他相关当事人之间存在经济利益关联、人员关联或者业务关联，其中：

（1）亲属是指配偶、父母、子女及其配偶。

（2）经济利益关联是指资产评估机构及其资产评估专业人员或者其亲属拥有委托人或者其他相关当事人的股权、债权、有价证券、债务，或者存在担保等可能影响独立性的经济利益关系。

（3）人员关联是指资产评估专业人员或者其亲属在委托人或者其他相关当事人担任董事、监事、高级管理人员或者其他可能对评估结论施加重大影响的特定职务。

（4）业务关联是指资产评估机构从事的不同业务之间可能存在利益输送或者利益冲突关系。

资产评估机构不得分别接受利益冲突双方的委托，对同一评估对象进行评估。

（三）与委托人和其他相关当事人的关系

资产评估机构及其资产评估专业人员不得以恶性压价、支付回扣、虚假宣传，或者采用欺骗、利诱、胁迫等不正当手段招揽业务。

资产评估专业人员不得私自接受委托从事资产评估业务并收取费用。

资产评估机构及其资产评估专业人员不得利用开展业务之便，为自己或者他人谋取不正当利益，不得向委托人或者其他相关当事人索要、收受或者变相索要、收受资产评估委托合同约定以外的酬金、财物等。

资产评估机构及其资产评估专业人员执行资产评估业务，应当保持公正的态度，以客观事实为依据，实事求是地进行分析和判断，拒绝委托人或者其他相关当事人的非法干预，不得直接以预先设定的价值作为评估结论。

资产评估机构及其资产评估专业人员执行资产评估业务,应当与委托人进行必要沟通,提醒资产评估报告使用人正确理解评估结论。

资产评估机构及其资产评估专业人员应当遵守保密原则,对评估活动中知悉的国家秘密、商业秘密和个人隐私予以保密,不得在保密期限内向委托人以外的第三方提供保密信息,除非得到委托人的同意或者属于法律、行政法规允许的范围。

(四) 与其他资产评估机构及资产评估专业人员的关系

资产评估机构不得允许其他资产评估机构以本机构名义开展资产评估业务,或者冒用其他资产评估机构名义开展资产评估业务。

资产评估专业人员不得签署本人未承办业务的资产评估报告,也不得允许他人以本人名义从事资产评估业务,或者冒用他人名义从事资产评估业务。

资产评估机构及其资产评估专业人员在开展资产评估业务过程中,应当与其他资产评估专业人员保持良好的工作关系。

资产评估机构及其资产评估专业人员不得贬损或者诋毁其他资产评估机构及资产评估专业人员。

案例一

中国证监会行政处罚决定书[①]

当事人:广东中广信资产评估有限公司(以下简称中广信),住所:广东省广州市越秀区。

汤锦东,男,1968年10月出生,时任中广信法定代表人,注册资产评估师,住址:广东省广州市萝岗区。

黄元助,男,1966年10月出生,时任中广信员工,注册资产评估师,住址:广东省广州市海珠区。

张晓晶,女,1975年12月出生,时任深圳中合庆会计师事务所员工,经中广信同意以中广信名义承做本案评估项目,住址:广东省深圳市南山区。

依据《中华人民共和国证券法》(以下简称《证券法》)的有关规定,我会对中广信违法违规行为进行了立案调查、审理,并依法向当事人告知了作出行政处罚的事实、理由、依据及当事人依法享有的权利,当事人未提出陈述、申辩意见,也未要求听证。本案现已调查、审理终结。

经查明,当事人在对罗顿发展股份有限公司(以下简称罗顿发展)所涉上海名门世家四期商业广场项目投资的市场价值进行评估的过程中涉嫌违反多项评估准则,未勤勉尽责,制

---

① 资料来源:中国证券监督管理委员会.中国证监会行政处罚决定书(广东中广信资产评估有限公司、汤锦东、黄元助、张晓晶)(EB/OL).(2019-05-15)[2025-05-30]. http://www.csrc.gov.cn/csrc/c101928/c1042470/content. shtml.

作、出具的文件有虚假记载。具体事实如下。

一、评估项目基本情况及评估过程

中广信与罗顿发展约定本次评估目的是确定罗顿发展长期投资中对上海名门世家四期商业广场项目投资在评估基准日2014年12月31日的市场价值，为罗顿发展会计核算提供参考依据；评估对象范围包括上海名门世家四期商业广场A、B、C、D、E区14 803.72平方米商业用房、2 184平方米车库及其土地使用权；资产价值类型采用市场价值；评估服务费为人民币5万元。约定中广信于2015年3月4日前提供评估报告电子版终稿，2015年3月10日前提供纸质版正式报告。黄元助是本次评估项目负责人、签字评估师；中广信负责人汤锦东为另一签字评估师；外聘人员张晓晶实际负责本次评估项目的现场勘查与资料收集、评定估算、底稿以及报告的编制工作。

2015年1月17日，张晓晶选取罗顿发展名下住宅交易案例作为可比较案例，使用市场法，估算并确定评估值512 304 620元，在没有提交黄元助等中广信内部审核的情况下，将包含上述评估值的评估明细表通过邮件发给罗顿发展王某智。罗顿发展以上述评估明细表上的评估值进行会计核算，审计机构也在上述评估值的基础上进行了年报审计。

2015年3月3日，黄元助对张晓晶以前述住宅案例完成的评估报告初稿进行修改后提交中广信质控部门审核，由于存在计价依据不足及停车场无询价记录问题，未通过中广信的审核。3月4日，黄元助向张晓晶反馈复核部门的复核意见，要求张晓晶依据复核意见修订评估报告。同日，张晓晶在找不到可比较案例的情况下通过电子邮件向罗顿发展王某智发送该评估报告初稿，评估值仍然为512 304 620元。审计机构于2015年3月6日出具了审计报告。

2015年7月底，由于罗顿发展催要正式评估报告，中广信也催收评估费用，张晓晶重新进行了询价，网上获取2015年7月的3个可比较商铺案例，将交易日期篡改为2014年12月31日，根据案例调整评估说明，编制工作底稿，同时相应调整评估报告，但仍然维持评估值512 304 620元不变，最终通过中广信的审核。黄元助与张晓晶出于"评估报告日期应在审计报告之前"的考虑，最终决定将报告日期倒签为2015年1月15日，并报汤锦东同意。中广信于7月底正式签发了"中广信评报字〔2015〕081号"评估报告书及同一编号的评估说明书。2015年9月22日，罗顿发展支付了5万元评估费。

二、未履行适当的评估程序

（一）未对停车场进行询价

中广信在本次评估中选用市场法，评估对象包括2 184平方米车库及其土地使用权，但未对停车场进行询价。

（二）在商铺可比较交易案例的交易时间与评估基准日相差7个月的情况下未执行修正

程序,且未进行现场询价

"浦东中环地铁旺铺、6号线洲海路站无缝衔接、阳光天地""浦东苗圃路沿街转角旺铺"挂牌单价信息发布时间分别为2015年7月14日及2015年7月26日,均与评估基准日相差近7个月,但未执行相关交易日期修正,而是在评估计算过程中直接在《因素条件说明表》里将交易日期篡改为2014年12月;"名门世家三期"在底稿中无挂牌单价相关证据。在此基础上,按现场询价价格评定估算,但实际未执行现场询价。

(三)评估底稿倒签相关文件日期

中广信根据倒签的评估报告日期重新调整、编制评估底稿并归档,涉及的主要内容如下:第一,倒签业务约定书的相关日期;第二,倒签工作底稿中的管理类底稿及操作类底稿相关日期。

中广信上述行为违反了《资产评估准则——评估程序》第五条、第六条、第二十六条,《资产评估准则——不动产》第二十三条、第二十五条,《以财务报告为目的的评估指南(试行)》第三十一条以及《资产评估准则——工作底稿》第六条、第七条、第十一条的规定。

三、以预先设定的价值作为评估结论

黄元助及张晓晶均知晓罗顿发展已使用2015年3月4日张晓晶发送的评估报告初稿的评估结论,故在2015年7月出具评估报告时,在变更商铺可比较案例后决定不更改评估结论,只是调整了《评估说明书》的内容,且在《评估说明书》中存在以下多处数据错误及前后矛盾的情况下,评估结果依然沿用了512 304 620元的评估值:

一是《评估说明书》中记载的三个可比案例均有现场询价实际交易价格,但实际未进行现场询价;二是可比案例一的现场询价交易价格与《因素条件说明表》中记载的交易价格前后矛盾;三是《因素条件说明表》中列明应予修正的因素在《比较因素条件指数表》中未予对照修正;四是《比较因素条件修正计算表》没有记载修正系数计算具体方法且根据表中数据无法得出修正系数相关数值;五是交易案例二使用比准单价公式实际计算结果与记载不一致。最后,即便按照比准单价公式与《比较因素条件修正计算表》所列数据计算,也无法得出33 500元的比准价格,进而无法得出512 304 620元的评估值。

上述行为违反了《资产评估职业道德准则——基本准则》第八条以及《以财务报告为目的的评估指南(试行)》第六条的规定。

四、制作与出具的《评估说明书》《评估报告书》存在虚假记载

(一)《评估说明书》存在虚假记载

一是《评估说明书》中有关资产清查盘点时间存在虚假记载。张晓晶实际安排高某龙前往上海对名门世家相关房产进行现场盘点、勘查的时间晚于《评估说明书》中的清查盘点时间以及清查工作完成的时间。二是《评估说明书》中有关交易案例的交易时间存在虚假记

载。案例一与案例三的信息发布时间均为 2015 年 7 月份，而《评估说明书》却将交易时间记载为 2014 年 12 月，且指出交易时间与评估基准日较近。三是《评估说明书》中的评估结果存在虚假记载。黄元助及张晓晶以预先设定的价值作为评估结论，在 2015 年 7 月调整商铺参照物后，却依然沿用 2015 年 3 月评估报告初稿的评估值，而《评估说明书》中存在多处数据错误及前后矛盾，且根据列示的参数与公式无法得出上述评估值。

（二）《评估报告书》存在虚假记载

在《评估说明书》的评估结果存在虚假记载的情况下，《评估报告书》评估结论亦存在虚假记载。此外，在 2015 年 7 月底正式签发评估报告时，中广信不按照形成最终专业意见的日期载明评估报告日，而将评估报告日期倒签为 2015 年 1 月 15 日。

上述行为违反了《资产评估准则——基本准则》第七条以及《资产评估准则——评估报告》第二十八条的规定。

上述违法事实，有《评估报告书》《评估说明书》、评估底稿、中广信提供的《情况说明》、罗顿发展提供的《情况说明》等材料以及相关人员询问笔录等证据证明，足以认定。

中广信的上述行为违反了《证券法》第一百七十三条"证券服务机构为证券的发行、上市、交易等证券业务活动制作、出具审计报告、资产评估报告……等文件，应当勤勉尽责，对所依据的文件资料内容的真实性、准确性、完整性进行核查和验证"的规定，构成《证券法》第二百二十三条所述"证券服务机构未勤勉尽责，所制作、出具的文件有虚假记载、误导性陈述或者重大遗漏"的行为以及第二百二十六条第三款所述"证券服务机构违反本法规定或者依法制定的业务规则"的行为。

对中广信的上述违法行为，《评估报告书》的签字注册评估师汤锦东、黄元助是直接负责的主管人员，具体执行评估工作的张晓晶是其他直接责任人员。

根据当事人违法行为的事实、性质、情节与社会危害程度，依据《证券法》第二百二十三条的规定，我会决定：

一、责令广东中广信资产评估有限公司改正，没收业务收入 5 万元，并处以 15 万元的罚款；

二、对汤锦东、黄元助、张晓晶给予警告，并分别处以 5 万元、5 万元以及 3 万元罚款。

上述当事人应自收到本处罚决定书之日起 15 日内，将罚没款汇交中国证券监督管理委员会（财政汇缴专户）开户银行：中信银行总行营业部，账号：7111010189800000162，由该行直接上缴国库，并将注有当事人名称的付款凭证复印件送中国证券监督管理委员会稽查局备案。当事人如果对本处罚决定不服，可在收到本处罚决定书之日起 60 日内向中国证券监督管理委员会申请行政复议，也可在收到本处罚决定书之日起 6 个月内直接向有管辖权的人民法院提起行政诉讼。复议和诉讼期间，上述决定不停止执行。

案例讨论:

根据上述资料,讨论资产评估师的职业道德在执行过程中的重要性,以及如何提升资产评估师执业道德?

第九章
数智会计道德

知识目标

1. 掌握数智会计道德内涵、数智会计道德风险、数智会计道德建设要求；

2. 熟悉数智会计道德风险治理、数智会计道德建设动因；

3. 了解人工智能、数智会计。

能力目标

1. 能够识别数智会计道德风险；

2. 能够强化数智会计道德建设路径。

素养目标

1. 树立诚信意识，坚守职业操守；

2. 顺应数字化时代大潮，增强专业胜任能力；

3. 弘扬诚信理念，树立具有良好风范的职业道德榜样。

思政园地

DeepSeek[①]

DeepSeek 是杭州深度求索人工智能基础技术研究有限公司推出的 AI 助手，可免费体验

---

① 资料来源：佚名. DeepSeek(EB/OL). (2025-03-01)[2025-05-30]. https://baike. baidu. com/item/DeepSeek/65368136#reference-1.

与全球领先 AI 模型的互动交流,于 2025 年 1 月 15 日正式上线。2025 年 2 月 21 日,数据分析平台 QuestMobile 最新数据显示,DeepSeek App 从上线以来至 2 月 9 日,累计下载量超 1.1 亿次,周活跃用户规模最高达 9 700 万。其中,1 月 20 日至 1 月 26 日,DeepSeek App 周下载量达到 226 万次。次周,下载量则直接飙升至 6 300 万次,环比增长超 2 700%。3 月 11 日消息,黄河水利委员会完成国产大语言模型 DeepSeek 本地化部署。DeepSeek 凭借自然语言处理、机器学习与深度学习、大数据分析等核心技术优势,在推理、自然语言理解与生成、图像与视频分析、语音识别与合成、个性化推荐、大数据处理与分析、跨模态学习以及实时交互与响应等八大领域表现出色。DeepSeek 能进行逻辑推理、解决复杂问题,理解和生成高质量文本,精准分析图像和视频内容,准确识别和合成语音,根据用户偏好提供个性化推荐,高效处理大规模数据并挖掘有价值信息,实现多模态数据融合与学习,以及通过智能助手和聊天机器人实现快速的自然语言交互。

知识导图

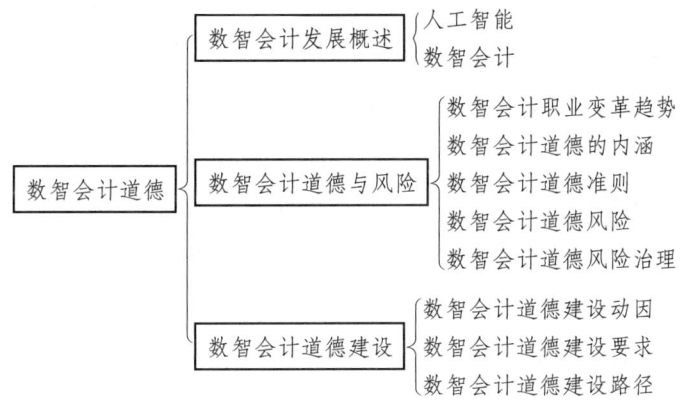

第一节　数智会计发展概述

当今人类社会正逐渐向求智的技术所驱动的智能化社会迈进,新一轮的科技创新和产业变革将数智发展作为一项重要战略,产业资源呈现出深度学习、跨界融合、人机协同、自主操作等多样化的特征。

人工智能是生物进化的结果,人类在几十万年不断的进化过程中,在对自然界持续的认知和改造过程中,逐渐进化出发达的大脑,形成人类智能。人工智能源自人类智能,人造智能是人造系统所具有的一种模仿、拓展和超越人类智能的能力。

一、人工智能

人工智能(artificial intelligence, AI)是研究、开发用于模拟、延伸和扩展人的智能的理论、方法、技术及应用系统的一门新的技术科学。人工智能是新一轮科技革命和产业变革的重要驱动力量。人工智能是人类的智能,是以模仿和超越人类智慧为目标的科学技术,可以通过各类算法和程序模拟人类的行为。众所周知,人工智能科学建立在计算机科学的基础之上。

(一)人工智能的产生与发展

英国数学家、计算机逻辑和人工智能的奠基人艾伦·图灵于 1936 年提出关于图灵机的抽象计算模型的设想,又在 1950 年提出为模拟智能而创建计算机的可能性。1956 年夏,在美国的达特茅斯学院召开了由麦卡锡发起的,纽厄尔、西蒙和明斯基等人参加的学术研讨会,共同研究和探讨用机器模拟智能的一系列有关问题,并首次提出了"人工智能"这一术语,它标志着"人工智能"这门新兴学科的正式诞生。国际商业机器公司(International Business Machines Corporation, IBM)"深蓝"(Deep Blue)电脑击败了人类世界国际象棋大师卡斯帕洛夫更是人工智能技术的一个完美表现。

从 1956 年正式提出人工智能学科算起,60 多年来,人工智能取得长足的发展,成为一门广泛的交叉和前沿科学。1956—1974 年,这个时期涌现出了大批新的研究方向,包括搜索式推理自然语言和 V 视界等。然而在 1974—1980 年,人工智能发展进入第一次低谷,由于计算机运算能力的限制,AI 程序处理复杂问题面临挑战,另外,数据的缺乏也导致人工智能在自然语言方面进展缓慢。得益于专家系统的应用,1980—1987 年,人工智能重获新生,迎来了第二个发展黄金时期。专家系统是一个智能计算机程序系统,其内部含有大量的某个领域专家知识与经验,能够利用人类专家的知识和解决问题的方法来处理问题。然而 1987 年以后,曾经发展良好的专家系统不能在更大规模和范围领域运用,且其维护费用居高不下,人们开始对专家系统失望,人工智能研究再次遭遇寒冬。

20 世纪 90 年代以后,人工智能又进入了一个高速发展阶段。深度学习带来的算法突破,提高了复杂任务处理的准确度和效率,极大地推动了语音识别、计算机视觉、机器学习、自然语言处理、自动驾驶技术以及智能机器人等人工智能技术的发展,并且从弱人工智能向强人工智能取得了突破性的进展。

2019 年 3 月 4 日,十三届全国人大二次会议举行新闻发布会,大会发言人张业遂表示,已将与人工智能密切相关的立法项目列入立法规划。《深度学习平台发展报告(2022)》认为,伴随技术、产业、政策等各方环境成熟,人工智能已经跨过技术理论积累和工具平台构建的发力储备期,开始步入以规模应用与价值释放为目标的产业赋能黄金 10 年。2023 年 4

月,美国《科学时报》刊文介绍了目前正在深刻改变医疗保健领域的五大领先技术:可穿戴设备和应用程序、人工智能与机器学习、远程医疗、机器人技术、3D打印。2024年8月1日,欧盟《人工智能法案》正式生效,该法案是全球首部全面监管人工智能的法规,标志着欧盟在规范人工智能应用方面迈出重要一步。

人工智能是智能学科重要的组成部分,它企图了解智能的实质,并生产出一种新的能以人类智能相似的方式做出反应的智能机器,该领域的研究包括机器人、语言识别、图像识别、自然语言处理和专家系统等。人工智能从诞生以来,理论和技术日益成熟,应用领域也不断扩大,可以设想,未来人工智能带来的科技产品,将会是人类智慧的"容器"。人工智能可以对人的意识、思维的信息过程模拟。人工智能不是人的智能,但能像人那样思考,也可能超过人的智能。

(二) 人工智能伦理

人工智能作为一种具有颠覆性的技术,正在深刻改变着人类的生产、生活和思维方式,为经济社会发展带来了巨大的潜力和机遇。人工智能在应用中不断实现技术进化和突破,并提高社会整体智能水平。与此同时,其强大的影响力逐渐使人类意识到:机器智能可以不断接近人类智能,其必然对人类生活的诸多方面造成影响。人工智能的发展也引发了一系列的伦理问题,如何保障人工智能健康、可持续、负责任地发展,成为当今社会面临的重大挑战。

1. 人工智能伦理的概念

人工智能与其他科技的最大区别在于智能性。当这种智能性与人类智能某方面相似甚至超越人类时,人类与智能工具之间的关系就开始变得复杂,这种复杂关系如果反映在道德伦理观念上,就对人类社会的传统道德伦理关系造成了影响。人类在长期的社会实践中,逐渐形成了一定的道德能力。同人类道德能力的形成过程一样,人工智能道德能力的形成与提高,也需要遵循循序渐进的技术进化过程。如何让人工智能拥有人类的道德,从而能够真正地像人类一样进行思考,而不是仅仅按规矩行事。

人工智能伦理(artificial intelligence ethics)是指在人工智能技术研发、应用及管理过程中,针对技术对人类社会、个体权益、伦理秩序等方面可能产生的影响而形成的道德规范、价值判断及行为准则体系。其核心在于协调人工智能技术发展与人类伦理价值之间的关系,确保技术应用符合人类社会的道德底线和长远利益。

人工智能伦理是一门交叉学科,融合哲学、伦理学、计算机科学、法学、社会学等领域,研究人工智能系统的设计、开发、部署及使用过程中涉及的伦理问题。它不仅关注技术本身的"对错",更聚焦技术对人类主体地位、社会公平、权利边界等深层伦理秩序的影响。

人工智能伦理的研究主要聚焦以下三大维度:

第一,人与人工智能的主体关系伦理,探讨人工智能是否应具备道德主体地位、人类对人工智能的控制权边界,以及人工智能决策对人类尊严的影响,如自主武器系统、算法歧视等。

第二,技术应用的伦理风险防控,涵盖数据隐私保护,如生物识别信息的滥用;算法偏见治理,如招聘系统中存在的性别或种族歧视;责任归属界定,如自动驾驶事故的法律追责困境;技术分化导致的数字鸿沟加剧等问题。

第三,人工智能系统的道德能力。研究如何通过伦理嵌入设计,引入不伤害原则、公平原则等,结合可解释算法、道德决策模型等技术手段,赋予人工智能系统基本的伦理判断能力,使其行为符合人类社会的道德规范。

相较于信息技术伦理,人工智能伦理的特殊性在于:人工智能的认知、预测和决策自主性使伦理问题从技术应用规范升级为主体关系重构,不仅需约束技术行为,更需在人工智能系统设计之初嵌入伦理框架,防止技术发展对人类伦理根基的颠覆性冲击。

2. 人工智能伦理问题

伦理是处理人与人之间关系、人与社会之间关系的道理和秩序规范。人类历史上,重大的科技发展往往带来生产力、生产关系及上层建筑的显著变化,成为划分时代的一项重要标准,也带来对社会伦理的深刻反思。

人类社会于 20 世纪中后期进入信息时代后,信息技术伦理逐渐引起了广泛关注和研究,包括个人信息泄露、信息鸿沟、信息茧房、新型权利结构规制不足等。信息技术的高速变革发展,使得人类社会迅速迈向智能时代,其突出表现在带有认知、预测和决策功能的人工智能算法被日益广泛地应用在社会各个场景之中;前沿信息技术的综合运用,正逐渐发展形成一个万物可互联、万物可计算的新型硬件和数据资源网络,能够提供海量多源异构数据供人工智能算法分析处理;人工智能算法可直接控制物理设备,亦可为个人决策、群体决策乃至国家决策提供辅助支撑;人工智能可以运用于智慧家居、智慧交通、智慧医疗、智慧工厂、智慧农业、智慧金融等众多场景,还可能被用于武器和军事之中。

迈向智能时代的过程如此迅速,使得我们在传统的信息技术伦理秩序尚未建立完成的情况下,又迫切需要应对更加富有挑战性的人工智能伦理问题,积极构建智能社会的秩序。

人工智能的伦理问题主要涉及以下几个方面:

一是人类主体地位和尊严问题。随着人工智能技术的进步,人工智能系统越来越具有类似于人类思维的能力,甚至在某些方面超越了人类思维的能力。这就引发了一个根本性的问题:人工智能是否会威胁到人类作为主体和尊严的存在? 人类是否会失去对自己和自然界的控制权? 人类是否会被边缘化或取代? 这些问题涉及人类与机器之间的关系,以及人类自身的价值观和意义。

二是隐私权和数据安全问题。人工智能应用需要以海量信息数据作为支撑,而这些数据中往往包含了个人或组织的隐私信息,如身份信息、行为轨迹、偏好信息等。如果缺乏有效的保护和管理机制,这些数据可能被窃取、篡改、泄露或滥用,从而侵犯个人或组织的隐私权和数据权益。此外,数据也可能存在偏见或歧视,导致不公平或不准确的结果。

三是责任归属和问责机制问题。随着人工智能系统的自主性和复杂性的提高,其可能产生一些不可预测或不可控制的后果,如故障、错误、损害等。

四是公平正义和社会效益问题。人工智能技术在各个领域中广泛应用,为社会带来了诸多便利和效益。然而,同时也可能造成一些负面影响,如失业、收入差距、数字鸿沟、社会分化等。

人工智能的发展带来了诸多伦理问题,我们需要正视并解决这些问题。通过采取相应的规范和准则,保障人工智能的健康发展。同时,我们也需要继续深入研究和探讨人工智能伦理问题,以适应未来科技发展的需要。总之,人工智能是一把双刃剑,既有利也有弊。只有在有效防范和化解其可能带来的伦理风险的基础上,才能更好地发挥其对经济社会发展和人类文明进步的积极作用。在追求科技进步的同时,我们必须始终保持对伦理底线的敬畏之心,确保科技的发展真正造福于人类社会。

3. 人工智能伦理治理的相关规定

我国将人工智能伦理规范,作为促进人工智能发展的重要保证措施,不仅重视人工智能的社会伦理影响,而且通过制定伦理框架和伦理规范,以确保人工智能安全、可靠、可控。我国在人工智能伦理发展与治理并重的同时,秉持"人类命运共同体"理念,积极促成国际人工智能伦理治理合力发展。国内人工智能伦理相关政策法规文件如表 9-1 所示。

表 9-1　国内人工智能伦理道德相关政策法规文件

发布机构	文件题目	发布时间	关键内容
国务院	《新一代人工智能发展规划》	2017 年 7 月	人工智能伦理
中华人民共和国工业和信息化部	《促进新一代人工智能产业发展三年行动计划(2018—2020)》	2017 年 12 月	AI 框架安全漏洞、隐私风险
全国人民代表大会常务委员会	《中华人民共和国个人信息保护法》	2021 年 8 月	可解释性
国家新一代人工智能治理专业委员会	《新一代人工智能伦理规范》	2021 年 9 月	人工智能伦理
国家互联网信息办公室	《互联网信息服务算法推荐管理规定》	2021 年 12 月	公平性、透明
中共中央办公厅、国务院办公厅	《关于加强科技伦理治理的意见》	2022 年 3 月	科技伦理

（续表）

发布机构	文件题目	发布时间	关键内容
国家互联网信息办公室	《互联网信息服务深度合成管理规定》	2022 年 11 月	深度合成技术透明
中华人民共和国外交部	《中国关于加强人工智能伦理治理的立场文件》	2022 年 11 月	人工智能伦理
中央网络安全和信息化委员办公室	《全球人工智能治理倡议》	2023 年 10 月 18 日	平等发展和利用人工智能
全球网络安全标准化技术委员会	《人工智能安全治理框架》1.0 版	2024 年 9 月 9 日	协调人工智能发展与治理关系

2017 年 7 月，国务院印发的《新一代人工智能发展规划》提出"分三步走"的战略目标，掀起了人工智能新热潮，并明确提出要"加强人工智能相关法律、伦理和社会问题研究，建立保障人工智能健康发展的法律法规和伦理道德框架"。

2018 年，习近平总书记在主持中共中央政治局就人工智能发展现状和趋势举行的集体学习时强调，要加强人工智能发展的潜在风险研判和防范，维护人民利益和国家安全，确保人工智能安全、可靠、可控。要整合多学科力量，加强人工智能相关法律、伦理、社会问题研究，建立健全保障人工智能健康发展的法律法规、制度体系、伦理道德。2018 年 1 月，中国电子技术标准化研究院发布了《人工智能标准化白皮书（2018 版）》，提出将人类利益原则和责任原则作为人工智能伦理的两个基本原则。

2019 年，我国新一代人工智能发展规划推进办公室专门成立了新一代人工智能治理专业委员会，全面负责开展人工智能治理方面政策体系、法律法规和伦理规范研究和工作推进。《中华人民共和国国民经济和社会发展第十四个五年规划和 2035 年远景目标纲要》中专门强调要"探索建立无人驾驶、在线医疗、金融科技、智能配送等监管框架，完善相关法律法规和伦理审查规则"。2019 年 5 月，《人工智能北京共识》发布，针对人工智能的研发、使用、治理 3 个方面，提出了各个参与方应该遵循的有益于人类命运共同体构建和社会发展的 15 条原则；2019 年 6 月，国家新一代人工智能治理专业委员会发布《新一代人工智能治理原则——发展负责任的人工智能》，提出了人工智能在开发和应用时，应谨慎遵循和谐友好、公平公正、包容共享、尊重隐私、安全可控、共担责任、开放协作敏捷治理 8 项原则，勾勒出了人工智能治理的框架和行动指南；2019 年 7 月，上海市人工智能产业安全专家咨询委员会发布了《人工智能安全发展上海倡议》。

2021 年 9 月，中关村论坛上发布由国家新一代人工智能治理专业委员会制定的《新一代人工智能伦理规范》，该规范提出了增进人类福祉、促进公平公正、保护隐私安全、确保可控可信、强化责任担当、提升伦理素养 6 项基本伦理规范。同时，提出人工智能管理、研发、供应、使用等特定活动的 18 项具体伦理要求。

2022 年 3 月,为进一步完善科技伦理体系,提升科技伦理治理能力,有效防控科技伦理风险,中共中央办公厅、国务院办公厅印发《关于加强科技伦理治理的指导意见》,进一步明确五个治理要求和五项科技伦理原则,并健全科技伦理治理体制、加强科技伦理治理制度保障、强化科技伦理审查和监管以及深入开展科技伦理教育和宣传,为人工智能时代个人与社会的权利提供保障。

2023 年 10 月 18 日,中央网信办发布《全球人工智能治理倡议》。倡议提出,发展人工智能应坚持相互尊重、平等互利的原则,各国无论大小、强弱,无论社会制度如何,都有平等发展和利用人工智能的权利。

2024 年 9 月 9 日,在国家网络安全宣传周主论坛上,全国网络安全标准化技术委员会发布了《人工智能安全治理框架》,该框架旨在贯彻落实《全球人工智能治理倡议》,鼓励人工智能创新发展,同时有效防范和化解人工智能安全风险。该框架提出了包容审慎、确保安全,风险导向、敏捷治理,技管结合、协同应对,开放合作、共治共享等治理原则,紧密结合人工智能技术特性,分析了模型算法安全、数据安全和系统安全等内生安全风险,以及网络域、现实域、认知域、伦理域等应用安全风险,并提出了相应的技术应对和综合防治措施。

从发布内容上看,所有准则在以人为本、促进创新、保障安全、保护隐私、明晰责任等价值观上取得了高度共识,这些均体现了我国对人工智能伦理及其治理的密切关注程度和积极推进决心,同时也突出了这一问题的重要性。

【拓展阅读】

央企中化国际启用普华永道机器人①

机器人流程自动化(robotic process automation,RPA)技术被越来越多的企业、银行广泛运用,成功证实了科技高速发展时代的到来。作为首家试水机器人流程自动化的央企,中化国际(控股)股份有限公司(中国中化集团化工事业部核心企业,简称中化国际)财务共享中心于 2017 年选择普华永道机器人帮助其提升税务及财务工作效率。中化国际在未引入RPA 之前,财务共享中心需要花费大量人力处理银行对账、来款确认、增值税记账核对、增值税发票查伪验证等财税基础工作。

双方项目组经过一个月的努力,快速完成业务流程梳理、测试验证及部署工作,并正式投入运营。完成部署后,以下四个业务过程在效率和准确性上有重大提升。①银行对账:财务机器人每日自动完成 15 家银行 80 个银行账号的对账和调节表打印工作,全部过程无需人

① 资料来源:佚名.央企中化国际启用普华永道机器人(EB/OL).(2017-08-08)[2025-5-30]. https://www.sohu.com/a/163170824_809184.

工干预;②月末入款提醒:财务机器人自动记录银行信贷款记录,并自动发送邮件给指定的人员确认款项事由;③进销项差额提醒:税务机器人定期从 SAP 系统、开票系统、进项税票管理系统及 PDF 文件四个数据源生成提醒表格,并发送给业务人员;④增值税验证:税务机器人将需要验证真伪的增值税发票提交到国家税务总局查验平台验证真伪,并反馈记录结果。通过重新定义、分配工作,中化国际财务共享中心的人员从繁重枯燥且低价值的事务中解放出来,转而专注于高价值的创造。

二、数智会计

数智会计(accounting information technology,AIT)是一种将现代信息技术与会计实践相结合的新型会计系统。它通过利用大数据、云计算、人工智能等技术手段,提高会计工作的效率和准确性。

(一) 数智会计的提出

会计作为经济信息的主要提供方和经济风险的主要评估方自然也需要新的工具来提升工作的效率和有效性。自 1987 年美国注册会计师协会正式将人工智能技术引入财务与会计领域,到 2017 年 5 月德勤"小勤人"面世,30 年间,人工智能技术被深度应用于会计核算、审计、税务、金融和证券交易等会计相关领域。会计从业人员必须自行对会计分录进行编码,或者等待其他辅助职能部门提供相关数据的低效局面得到破解,人工智能和机器学习逐渐实现了对账簿数据的自动实时更新与查看,这不仅将会计从业人员从单调乏味的人工编码工作中解脱出来,也让他们的职能进一步向管理监督、预测决策转变。人工智能技术向会计信息链各领域的渗透已成为会计工作的重要发展趋势。

随着人工智能的飞速发展,社会经济活动不断革新,使会计的核算数据、核算内容、核算方法发生了巨大变化,由原来简单的计量记录,逐步向智能辅助决策管理发展。利用人工智能等技术改进日益复杂的财务管理活动,把人脑中的会计管理知识转化为机器智能,从而进行智能风险识别和控制、智能财务预警、智能决策。

数智会计在本质上是一项基础性的管理活动,一项以数字经济为前提、"业财融合"为基础、财务共享为平台、人工智能为支撑,在宏微观经济与管理领域,主要发挥大数据分析和辅助决策支持作用的人机共生、协同进化和管理赋能的会计管理活动。它是一项数据治理主体参与、数据治理手段实施和数据治理机制协同的,在一定意义上超越了企业边界,带有全域性和生态性,也就是生命共同体意识的会计治理活动。

综上所述,我们将数智会计的概念定义为:以实现会计本质和目标为宗旨,以人工智能为代表的"区云数物移"等信息技术为手段,通过人机协同,使会计业务核算全过程精准化、自动化、智能化、可视化,并借助大数据分析技术,使会计信息能实时、全面地反映会计主体的经济管理活动,为利益相关者提供精准会计控制和提高管理决策效率,进而实现驱动价值创造的一种新型会计模式。智能会计应包含智能共享服务和智能决策支持两个模块。数智会计使会计理论基础由管理学、经济学扩展到与心理学、信息学、密码学、人工智能等相关理论的融合协同,使会计学科具有交叉学科的特色和应用场景。

(二) 数智会计系统

21世纪以来,随着信息技术的发展,特别是智能技术的发展,为财务工作的转型又带来了新的契机,技术创新成为企业发展的推动力。新型商务模式也对财务模式管理提出了更为严格的要求,以核算为中心的传统财务模式已经不再适应现代化商业管理模式,许多重复性、规则性较强的会计工作逐渐被机器所替代。以智能信息系统平台为支撑,不断优化财务管理工作,是现代会计工作的必然趋势。数智会计系统内容包括以下几个方面。

1. 自动化处理

数智会计系统可以自动完成财务数据的收集、整理和分析,减轻了会计人员的负担,提高了工作效率。例如,数智会计系统可以自动从银行、供应商等渠道获取企业的财务数据,并进行分类、归档和分析。

2. 实时更新

数智会计系统能够实时更新财务数据,使企业能够快速了解企业的财务状况,做出及时的决策。例如,数智会计系统可以实时更新企业的现金流量表、资产负债表和利润表等财务报表。

3. 精细化管理

数智会计系统可以根据企业的需求进行定制化配置,满足不同企业的财务管理需求。例如,数智会计系统可以根据企业的行业特点和业务模式进行定制化配置,实现个性化的财务管理。

4. 数据分析

数智会计系统可以通过大数据分析技术,帮助企业发现潜在的财务问题,并提供改进方案。例如,数智会计系统可以通过数据分析技术对企业的财务数据进行深入挖掘,发现其中的规律和趋势,为企业提供有针对性的财务建议。

5. 安全性

数智会计系统采用了多种安全措施,确保企业财务数据的安全性和完整性。例如,数智会计系统可以采用加密技术和身份验证等手段,保护企业的财务数据不被非法访问和篡改。

数智会计是一种有助于提高企业财务管理水平和效率的技术手段。随着科技的发展,数智会计将在越来越多的企业中得到应用。

【拓展阅读】

金蝶财务机器人2.0：会计人员的春天还是寒冬①

2017年，金蝶首次推出了自己的财务机器人小K，该智能财务机器人能够结合人工智能（如交互式语音、LBS/OCR技术），从业务发起环节自动识别发票等原始单据，通过内置财务机器人（如审核机器人、收付机器人、记账机器人、对账机器人、结账机器人、报表机器人等），实现财务的自动审核与记账。通过机器人的自主学习和完善，实现自我认知，完成智能报表的出具。智能财务的核心就是通过大数据技术，进行建模与分析；利用人工智能技术，优化财务流程，提高效率；从感知能力、计算能力、认知能力三个层面来推动智能财务的应用。面对金蝶财务机器人2.0的冲击，许多会计人员认为财务机器人的入侵会让自己下岗，但其实，人类作为具有主观能动性的主体，有着机器无可比拟的学习力、创造力，财务机器人永远不会淘汰财会人，失业更大的原因是会计人员放弃了自己，不能适应数字时代的发展要求实现成功转型。

第二节　数智会计道德与风险

在数字经济时代下，企业数智化转型升级已经成为高质量发展的核心路径，人工智能技术让工作内容的跨界性更宽，越来越多工作岗位会被机器人所替代。大数据、区块链、云计算、人工智能等数字化技术正在重塑整个社会的形态与结构，并以不可逆转的势头推动社会经历着数字化变革。

一、数智会计职业变革趋势

在数字时代，会计职业变革不会改变会计职业的本质及其目的，仍然是在决策有用观的引导下，为会计信息使用者提供有利于决策的会计信息。因此，数字时代的会计职业，在理论上继承了传统会计职业的特性，辅之以现代技术更好地实现会计职业目标。但在数字时代，会计工作呈现信息化、数据化与智能化等特征，受此影响，会计职业将呈现诸多变化特征和发展趋势。在数字时代，为提高会计工作的效率和效果，会计师必将引入互联网、物联网、大数据、云计算、区块链和人工智能等现代技术以改进会计工作，会计工作的技术性特征将显现无疑。

（一）会计信息系统管理员和信息系统审计师

ERP和FSSC等的广泛应用使得信息系统的可靠性受到广泛关注，信息系统的可靠性

---

① 资料来源：佚名.金蝶EAS智能财务机器人(EB/OL).(2024-02-18)[2025-5-30]. http://www.ntkderp.com/robot.html.

直接关乎会计数据的真实性和可靠性。由此,信息系统管理员和信息系统审计师将是数字时代最主要的会计职业之一。

(二) 会计数据分析师、会计数据库管理员、会计数据保护官

当前,会计专家主要依靠自身判断作出相应的财务决策,而在数字时代,这一现象将发生根本性变化,即会计领域的决策更多依靠数据做出。受此影响,传统会计师的光芒会因为数据分析师的出现而变暗,而数据分析师不会受旧观念的影响,通过建立财务数据的相关关系分析模型,聆听数据发出的"声音"将变成极为重要的工作。同时,会计工作的自动化将减少传统会计师的需求量,而对会计数据的分析利用将增强,会促使数据分析师等新兴会计职业的兴起。此外,数据分析工作的前提条件是存在可供分析的大数据,因此如何获取、管理和保护会计大数据将变得至关重要。受此影响,会计数据库管理员和数据保护官将进入会计师的范畴。

(三) 会计人工智能操作员

历史经验表明,每次技术性变革都会带来传统职业的逐步消亡,但也会促进新兴人才需求的增长。从蒸汽机到电灯,社会各界对机器取代人工的顾虑从未停止,但大规模的失业从来都是被更大规模的新兴工作岗位所替代。无人机、财务智能机器人等人工智能技术的引入,将大幅提升会计工作的智能化程度。人工智能的应用正在改变会计职业的劳动市场结构,未来很多会计师的工作将被类人机器人取代,工作机会将越来越少。随之发生的职业变革将是人工智能操作员在会计领域的出现。

【拓展阅读】

"账房先生"进阶"军师"[①]

据媒体报道,在大数据时代,我们的行为每时每刻都在产生数据,而这些数据也在改变我们的生活。大数据产业已逐步从概念走向落地,90%的企业都在使用大数据,而大数据高端软件类人才供应远不能满足时代的发展。有报告指出,数据分析师已成为当下中国互联网行业需求最旺盛的六类人才职位之一,并且未来中国基础性数据分析人才缺口将达到1 400万人。从广义角度看,业务分析师是最早接近数据分析的职业,但早年间的工作内容更接近"账房先生"。不同于当前每天需要接触海量的数据,刚开始业务分析师能分析的数据大部分来自财务报表,包括净利润、毛利润等,数据维度加起来不到20个,而现在至少上千个,如果要进行延伸,那么就是数以亿计的数据可供分析。企业开始倾向聘请在数据存储、检索和分析方面有所长的人才。数据分析师几乎遍及所有行业,但其中分布占比最大的还

---

① 资料来源:佚名.从"账房先生"到"管理军师":业财一体化 2.0 助企业拨开迷雾,腾飞发展.(EB/OL).(2024-10-17)[2025-5-30].https://business.sohu.com/a/817585976_121944718.

是互联网行业。有数据显示,互联网包揽了近七成数据分析师。未来,数据分析师将和财务、行政等岗位一样,成为一个企业的"标配"。

二、数智会计道德的内涵

道德伦理是关于向善的,这就要求会计从企事业组织本身及其利益相关者的立场出发,来反映社会经济活动的事实真相,力求提供的财务画面是对一个组织经济活动的真实、可靠和有用的描述。传统的会计信息链中,由于人类体力和脑力的限制,无法搜集并处理海量数据,使生成的会计信息具有保守和片面的特征。非结构化数据的高应用价值,提升了社会对相关会计信息的需求;但同时也加剧了会计信息的处理难度,人工智能技术的发展及其在会计领域的应用则改变了这一状况。

在此环境下,一些传统会计角色与任务被人工智能替代,会计从业人员转向新的会计角色。财务大数据分析师、智能财务决策师、算法审计师、智能会计系统运维师等新型会计角色不断涌现,会计关系也将变得更复杂,不仅出现新型会计角色之间的新会计关系,还出现人和人工智能之间的会计关系。与此同时,需要扩展相应的会计原则和规范,来应对潜在的技术误用、算法歧视等可能对会计真实性、可靠性和有用性的损害,以促进人工智能技术更优达成会计目的。人机协同将成为会计工作流程中重要且普遍的形式,在错综复杂的会计关系下可能出现的道德伦理问题也将复杂多样。

在不断发展演变的数字时代,强有力的职业道德原则和行为将日益重要,并且成为构建信任的关键推动因素。国际会计师职业道德准则理事会(IESBA)针对会计师制定的职业道德基本原则,在数字时代仍然适用并保持着相关性。这些基本原则包括诚信、客观、专业胜任能力和应有的谨慎、保密以及良好的专业行为。会计诚信是会计人员从事会计工作需要遵循的价值理念和行为规范,是提供真实完整的会计信息、促进经济高质量发展的重要保障,是会计人员的立身之本、会计行业的立业之基。

习近平总书记在党的二十大报告中指出,坚持依法治国和以德治国相结合,把社会主义核心价值观融入法治建设、融入社会发展、融入日常生活,弘扬诚信文化,健全诚信建设长效机制。会计诚信是诚信体系建设的重要组成部分。习近平总书记关于诚信建设的重要论述精神,深刻阐明了加强包括会计诚信建设在内的诚信体系建设的重要意义,为加强会计诚信建设指明了正确方向、提供了根本遵循。

会计诚信是会计行业的立业之基。2001 年 10 月,时任国务院总理朱镕基在视察北京国家会计学院时亲笔题写了"诚信为本、操守为重、坚持准则、不做假账"的校训,对国家会计学院和会计行业加强会计诚信建设提出了明确要求。近年来,随着市场经济的快速发展、经济业务的复杂多变和社会诚信的某种缺失,会计失信行为也有所抬头,一定程度上影响了会计信息质量和会计行业声誉,引发社会广泛关注。加强会计诚信建设、提高会计人员诚信水平,是确保会计信息真实完整、促进会计工作职能作用发挥的重要保障。要实现会计行业和会计事业的持续健康发展,必须加强会计诚信建设,不断筑牢会计诚信之本、夯实会计诚信之基,在会计行业营造良好的会计诚信氛围,推动会计行业持续健康发展。

人工智能时代会计道德内涵的延伸扩展,形成数智会计道德。国内会计领域对于数智会计道德的研究还处于起步阶段,学术界还没有统一定义。本节将数智会计道德内涵归纳为:在人工智能时代下,为了协调会计关系,给予智能会计系统设计相应的道德判断能力和道德行动能力,要求人工智能本身自主做出合乎人类道德伦理规范和标准的会计行为和经济活动,使其更好地为人类服务并提高人类福祉。

三、数智会计道德准则

数字经济时代下,会计人员除了继续遵守传统的会计职业道德准则,坚持诚信,守法奉公,坚持准则,守责敬业,坚持学习,守正创新等,对于受数字技术和新商业模式影响而新出现的、体现数字经济时代特征和特定要求的会计职业道德准则,也应严格遵守。

(一)以人为中心

会计工作的出发点和落脚点应以会计人员为中心,保护会计人员的尊严、利益和价值主体地位,确保大数据、区块链、智能会计等数字技术使用与人类的基本价值取向相同。会计工作应始终坚守服务人的道德底线,以服务于人类追求幸福生活为导向。对数字技术的发展不能仅仅停留在实现现实利益层面,而应通过推动人类社会的根本变革,实现人的全面发展。数字技术在会计领域中的使用不得侵害基本人权,而应用于改善会计人员的工作环境,使会计人员减少加班加点、减轻压力。为了防止过度依赖数字技术、恶意使用数字技术操纵会计行为,需要把握以下原则:首先,数字技术可以代替会计人员部分工作,减少工作时间,提升其能力和创造性;其次,会计人员自己可以判断和决定如何使用数字技术以及由此带来的后果和责任,根据问题性质在工作过程中恰当分配;最后,防止出现"信息弱者"和"技术弱者"群体,减轻会计人员对未来失业的恐惧。

(二)零信任为前提

数字经济越发展,商业信任需求也将会越严格。全面维护和提升商业信任,应回归数字经济时代信任的基础——零信任。零信任是指没有默认的信任,必须要经过验证才能信任;没有永久的信任,必须要持续观察,确保个人的行为不越权,或者说不与个人所在组织的行为基线发生偏移。零信任是从不信任到信任的过程,只有以不信任为出发点持续努力、不断完善,才能确保建立充分的信任。会计人员取得的外部和内部数据应以身份确认为基础、业务安全访问为前提、持续信任评估为手段、动态内部控制为保障,确保数据是合法、真实、安全和可信任的。应以零信任为前提建立一个数据合法、安全的防御体系,将合法安全防护与企业经营管理结合起来,基于相关业务数据、管理数据等的相互关系,确定内外部数据取得程序的合法性、安全性和可信任性。

(三) 个人隐私保护

在数字经济发展过程中,依据个人行为等数据的分析,可以高精度推断其政治立场、经济状况、兴趣爱好、身体状况等。当今,大数据是政府、企业、个人争相开发利用的一种资源。随着大数据技术的飞速发展,数据的收集、挖掘、利用、交易越来越方便,客观上需要会计人员加强对个人隐私的保护。数字化时代,公民隐私的数字化加剧了隐私的无形化,"看不见、摸不着"的数据的存储方式、传输速度、表现形式都发生了翻天覆地的变化,隐私数据在不经意之间被侵犯甚至可能被泄露。因此,会计人员对于在会计工作中利用职权所获得的员工隐私信息要严肃对待:首先,企业在权限范围内使用员工的隐私数据,应保障不侵犯个人尊严、平等和自由;其次,确保正确、正当使用员工的隐私数据,并使员工本人能够因该隐私数据的使用而获益;最后,企业对员工隐私数据的使用应平衡好使用和保护之间的关系。

(四) 数据安全保障

随着数据活动在生产生活中的海量增加,数据安全问题愈发凸显,给员工个人权益、产业健康发展甚至国家安全带来诸多风险。应确保政府、企业、员工各类数据的合法、安全、可控。对于数字技术在会计核算和监督中的应用,应当进行使用与安全的权衡与比较。如果使用可能危及数据安全的某一项数字技术,企业应采取事前评估、事中果断叫停和事后补救等措施。会计人员在会计核算和监督中应用某项数字技术时,应合理把握利益与安全之间的平衡关系,保障政府、社会、企业和员工数据的安全性:首先,企业应正确评估及降低某项数字技术的应用风险、推进深度应用风险和全过程的风险管理;其次,企业应重视数据使用的完整性和客观性,不应依赖不全、不实数据得出结论,导致数据误导使用者;最后,企业应提高会计人员数字素养,科学、合法收集、挖掘、分析、利用数据,确保数据的安全性。

(五) 公开公平客观

在数字经济时代,数字技术在研发、设计、制造、应用等各个环节的应用,以及诸如人工智能的算法、参数、设计目的、性能、限制等相关情况,都应当是公开透明的,不应该使用过时、不准确、不完整或带有偏见的数据,以避免大数据、人工智能对特定人群存在偏见和歧视。会计人员将数字技术应用于会计核算和监督中时,应坚持公开、公平、客观原则,并说明相关的使用责任:首先,在工作中应用数字技术,不因员工的国籍、年龄、性别、肤色、宗教等给予不同对待;其次,应确保数字技术正确运行,使用的数字技术公开,数据获取及使用合法;再次,根据公平原则,应设置对话沟通的渠道,使员工能够理解和相信数字技术应用及数据的客观性;最后,应保障数字技术应用的可信赖程度。

四、数智会计道德风险

如果把合格会计人才看作是"成品"的话,有一个比喻较形象,职业道德不好是"危险品",专业知识不好是"次品",实践技能不好是"样品",身体不好是"残品"。"次品""废品"可以通过改造加工,而"危险品"却会给国家造成危害。

(一) 数智会计道德风险来源

企业是各种生产要素所有者之间以及他们和顾客之间的一系列契约集合,企业也是一系列利益相关者在利益衡量下的结合体。会计道德风险的一个重要根源为利益诱惑。

1. 数据价值诱惑

归纳起来,数据价值的利益诱惑是内部控制工作信息化和会计工作数据化的结果。内部控制工作全面信息化后,信息系统在企业或政府部门广泛使用,信息系统管理员掌握着受雇单位最为全面的数据库,而会计工作的数据化也使得会计师掌握着受雇单位大量的底层电子数据。数字时代,数据将成为最大的生产资料,数据价值成为会计师利益诱惑的主要内容之一。

1) 数据价值诱惑的供给与需求

数据的价值正在被越来越多的人和企业所认识,Meta、阿里巴巴、京东等超级平台公司在短时间内获得巨额经济利益,也证明了数据是这个时代最重要的资源之一。在数字时代,数据库管理、数据分析技术和机器学习等技能运用的基础是数据这个"金矿",通过挖掘大数据可以获取市场竞争者或客户背后隐藏的商业价值。然而,如何获取数据成为值得关注的问题。在数字时代,数据需求者包括超级平台等互联网公司、数据中间商、竞争对手和其他数据需求者。数据需求量一方面依赖于自身力量获取数据;另一方面可能会从数据拥有者手中获取,甚至从"数据中间商"处购买,而数据中间商的数据也并非完全自我收集,也会从企业购买。

2) 数据价值利益诱惑的参与方

在 REA 会计、REAL 会计、ERP 和 FSS 等会计思想或理念提出以前,业务信息系统与财务信息系统的"信息孤岛"现象较为严重,数据聚集程度不高,数据挖掘价值也不高。在数字时代,随着上述会计思想或理念的应用,业务信息系统与财务信息系统的"信息孤岛"被打破,财务业务一体化倒逼企业业务数据与财务数据集成,数据聚集程度不断提升,而挖掘业务数据与财务数据的相关关系所带来的经济利益更是不可估量。

企业数据相关关系挖掘可以提升经营管理决策的科学性与合理性,竞争对手的数据挖掘可以为竞争中获胜夯实基础,数据分析公司的数据挖掘行为可以为利益相关者提供有针对性的销售策略、生产策略以及采购策略等。为此,围绕数据价值利益诱惑,数字时代会计职业利益诱惑的参与方将不再局限于股东、管理当局和其他利益相关者,而需求企业数据的第三方将成为数字时代会计职业利益诱惑的参与方,如平台公司、数据竞争对手或数据中间商等会计数据需求方。错综复杂的参与方将促使数据价值的利益诱惑变得更加复杂。

2. 会计免责

区块链、云计算以及人工智能等现代技术对会计师的影响必将是全方位的,这种影响将会促使远程劳动、共享劳动、委托劳动和人机协同劳动等形态在会计实务工作中运用,而人机协同劳动形态将成为未来会计师执业的主要形态。人机协同劳动形态为会计师免责提供了大量机会。当前,人工智能的相关法律法规还不健全,如何划分人工智能与会计师的权责尚处于探索阶段,从而导致在数字时代,会计师因潜在的免责而新增更多的基于利益驱动的不道德行为。相比传统时代,这些新增的不道德行为,可能具有更强的隐蔽性、无痕性与不可追溯性,这将在更大程度上加大识别、评价与应对相关事项对职业道德所带来的不利影响的难度。

在数字时代,会计师很可能会与利益相关者形成一致同盟,从而侵害受雇单位的利益,具体表现为以下两种情形:

(1)面对数据价值的利益诱惑时,会计师与数据需求方达成利益一致同盟,利用人工智能窃取受雇单位会计数据,并利用人工智能法律法规的不健全和现代技术手段抹掉违规操作记录,将责任推卸给人工智能,甚至将人工智能毁掉以逃脱法律责任。例如,会计师利用人工智能将会计数据出售、共享或泄露给数据需求方,并将数据输出日志删除,从中获取非法利益进而逃脱法律对会计师的处罚。

(2)面对物质、情况或行为等利益诱惑时,违规利用人工智能协助其完成不道德行为,降低会计服务供给质量,并利用电子数据无痕修改的特性抹掉违规操作记录,让人工智能成为会计师不道德行为的替代品。例如,会计师利用人工智能"唯命是从"的特性,在人工智能中输入欺骗性或欺诈性指令,从而达到欺骗利益相关者的目的。由此,人工智能将为会计师不道德行为的实施提供新的、潜在的免责机会。

【拓展阅读】

美国最大的金融导流平台 Credit Karma 公司
崛起的秘密:信用数据价值[①]

创新金融 Credlit Karma(以下简称 CK 公司)成立于 2007 年;Credit Karma 业务完全基于信用数据,继而发展到个人金融服务。CK 公司是一个免费的个人信用分数管理平台,把曾经只有信用机构和金融机构才能取得的信用数据透明化。在得到用户授权的情况下,它从美国三大征信机构提取信用评分数据并提供给用户,又在用户的分数发生突变时及时通知用户。同时,帮助用户理解其信用分数的关键因素。CK 公司还提供信用工具,仿真发生

---

① 资料来源:Cynthia Chen. 美国最大金融导流平台 Credit Karma 崛起的秘密[EB/OL]. (2018-02-14)[2025-03-28]. https://www.sohu.com/a/222767373_649029.

某种个人金融行为对信用分数的影响。在提供个人信用管理服务的基础上,CK 公司基于对个人信用数据的了解,进而发展为个人金融服务平台。截至 2017 年,CK 公司已经积累了 7 000 万用户。在美国的中青年人群中,更是达到了不可思议的 50% 的渗透率。在用户就是资源、数据就是金钱的时代,CK 智慧地通过免费服务获得回报,以低廉的成本换来了宝贵的财富。

(二) 数智会计道德风险归因

1. 内因:"自律"松懈和沦失,重功利轻道德

受不良思想观念和价值取向影响,拜金主义和享乐主义滋长,部分会计人员面对诱惑未能坚持准则,做出违背职业道德的行为。新形势下,随着会计法规准则、信息技术不断更新迭代,部分会计人员欠缺钻研精神,知识结构更新慢、职业判断能力弱,出现职业倦怠。适应新常态、新要求,具有创新意识的德业双修的会计人才已显得不足。此外,在数字化背景下,要求会计专业人员具有更高阶的专业素养,而部分会计专业人员面对数字化的冲击缺乏进取精神,导致知识结构老化,甚至僵化落后,难以达到专业胜任能力的要求。

2. 外因:缺乏系统"他律"机制,职业道德被视为一种非制度化柔性规范

法律是道德的底线,也是最低的道德要求。我国的相关法律法规制定与修订,仍相对滞后于数字化实践的发展,针对数字化新业务、新模式、新技术的规定仍相对欠缺,缺乏对会计诚信的强有力约束,在解释与执行中有很大"变通",易出现打"擦边球"现象。现行法规对会计失信行为的处罚力度仍较弱,对失德行为的约束和惩戒不足,对败德行为的约束性、震慑性不够强,追责问责力度有待提升。财会监督体系不完善,财经纪律松弛现象在数字化时代仍时有发生,财会监督主体的少作为、不作为导致会计监督的真正效能难以发挥,为财务造假、会计失信失范行为提供了土壤,亟需强化财会监督、进行数字化规范治理。部分单位内控制度薄弱,配套治理计划不够完善,内控成员职能划分不明确、企业对内控重要性认识不清、内控人员经验缺乏等问题,导致会计失信处罚力度弱、败德成本低。

【拓展阅读】

机器人征税:财务机器人是否会成为会计师的"替罪羊"?[①]

2016 年,欧洲议会对一个包括向机器人征税的机器人法案进行表决。该法案建议当机器人开始大范围代替人工时,就应该对采用机器人进行生产的这些公司征收额外的机器人税,以此来对因机器人的采用而失业的工人进行培训教育和生活补贴。最终这个议案以反对对支持约 4:1 的比例未通过。2017 年法国总统的左翼社会党候选人伯努瓦·阿蒙也表

---

① 资料来源:佚名. 盖茨为什么会要求对机器人收税?(EB/OL).(2024-02-18)[2025-5-30]. https://tech. ifeng. com/a/20171028/44733556_0. shtml.

达了类似的观点,而韩国已经成为首个对机器人征税的国家。

在这些主张对机器人收税的意见中,最有影响的就是比尔·盖茨在接受一个采访视频中所表达的意见,"在工厂中创造5万美元的价值,人类会为这个价值缴税;如果机器人来做同样的事情,我们应该对机器人征收同等水平的税"。他认为,如果机器人替代了原来的工人,那么这些工人必然会离开现有的工作岗位,如果没有向机器人收的税来给这些工人做新的工作培训或提供基本的生活保证,那么这些钱可以从哪里得到呢?比尔·盖茨并非是想通过收税来延缓机器人的发展,反倒担心人们对机器人的发展所带来的大批失业会持反对意见,从而持久性地延误人工智能的发展。于是,就想通过收税来进行失业人群再就业培训和提供生活补贴的方式,来合理和持续地给人工智能提供一个良性的发展环境。

这个场景如果实现,那么财务机器人是否会和会计师具有同等地位?是否会促进财务机器人的飞速发展?财务机器人是否会成为会计师违规行为的"替罪羊"?

五、数智会计道德风险治理

2023年1月,财政部发布《会计人员职业道德规范》,将新时代会计人员职业道德要求提炼为三条核心表述,即"坚持诚信、守法奉公,坚持准则、守责敬业,坚持学习、守正创新"。"坚持诚信,守法奉公"是对会计人员的自律要求,"坚持准则,守责敬业"是对会计人员的履职要求,"坚持学习,守正创新"是对会计人员的发展要求。《会计人员职业道德规范》的制定对于引导会计人员形成正确的价值追求和行为规范、提高会计工作水平和会计信息质量、加强社会信用体系建设、推动经济社会高质量发展具有重要意义。

(一)自律

1. 以诚修身,以法固本

"坚持诚信,守法奉公"与我国优秀传统文化以及社会主义核心价值观相契合。欲修其身者,先正其心;欲正其心者,先诚其意。作为会计人员,应坚持诚信、守法奉公,加强诚实守信和依法依规的理念,在会计职业道德建设过程中将社会主义核心价值观的培养贯穿其间,"道德当身,故不以物惑",淡泊名利、勤俭节约,不因局部利益而牺牲集体、公众和国家的利益。要加强对会计相关法律法规的学习,学法知法守法,公私分明、克己奉公,依法办事、依准则办事、依制度办事,将自身价值导向与职业道德准则相融合,自觉践行会计诚信的准则,维护会计行业声誉。

2. 树立"红线意识",坚持"底线思维",内外兼修

原则守初心,笃行以致远。会计人员要具备强大的自我控制能力,立足岗位、坚守原则,练就过硬本领,承担起守底线、守好门、守好责的重要使命。日常工作中,道德操守与业务能力同样重要,要将"坚持准则"作为义不容辞的责任,根据会计准则处理相关业务,要严于律

己、不得有任何逾越,用原则守住"会计初心",保证会计信息真实完整。"守责敬业"告诉会计人员要勤勉尽责、爱岗敬业、忠于职守、敢于斗争,用实际行动践行会计职业道德。

3. "干中学、学中干、终身学",是会计职业道德建设的重要抓手

"大智移云区物"时代的到来,重复性、冗杂性工作将被机器取代,随着业财融合的不断推进,未来会计人才应是"精通财务+擅长管理+熟悉IT+洞察业务+有战略远见"的复合型财务人才。会计人员要始终秉持专业精神,"坚持学习,守正创新",持续不断加强对自身人力资本的投资。坚持在"干中学、学中干"是会计人员职业道德自我维系、自我强化、自我管理的重要手段,也是会计职业道德的关键之举。要与时俱进、开拓创新,学以致用、用以促学、学用相长,做到"终身学",推动会计事业高质量发展。

(二)他律

1. 推进职业道德制度化落地

制度化有利于职业道德建设的具体开展,一是要对现行会计法、注册会计师法等法律法规进行系统梳理,界定会计职业道德"高压线",明文规定触碰"高压线"的惩戒措施。围绕"三坚三守"制定具体、可感知、可实施的规范条款,通过制度落地加强法律观念和诚信责任感,对违背职业道德的行为严惩不贷。二是明晰赏罚制度,落实守信联合激励和失信联合惩戒。激励方面,以精神荣誉奖励为主、物质奖励为辅,通过正面肯定和强化,激发会计人员的进取心和上进心,以成就感和荣誉感强化内心对职业道德的坚守。惩戒方面,强化失信联合惩戒,加大失信败德成本;实行会计主体负责人连带承担相应责任制度。此外,还可将会计职业道德要求明确写入聘用合同,可根据法律法规为会计职业道德规范设定硬性指标,强化职业道德在会计人员管理考核中的分量。也可考虑建立承诺制度,会计人员入职上岗前,就职业道德公开向社会作出承诺。

2. 开展"学前—入门—终身"职业道德教育

"坚持学习,守正创新"要求:一是关口前移,在高校开展会计职业道德教育课,设置为必修学分。把会计职业道德教育课融入会计专业教育各环节,通过精心设计,深化职业道德认知,培养职业道德操守,帮助会计学生毕业后成为职业道德规范模范实践者。二是把好"入门关",加强会计职业入岗前诚信教育。借助培训等方式,将"三坚三守"作为会计人员岗前教育的一项必学内容。三是与继续教育结合。将职业道德培训逐步向统筹架构、常态周期化方向发展,通过继续教育持续不断地对会计人员进行会计职业道德培训。同时完善自我教育机制,引导会计人员培养职业情感,让"三坚三守"成为其自觉行动。

3. 建立健全财会监督体系,强化外化道德制约

按照中共中央办公厅、国务院办公厅印发的《关于进一步加强财会监督工作的意见》要求,建立健全财政部门主责监督、有关部门依责监督、各单位内部监督、相关中介机构执业监

督、行业协会自律监督的财会监督体系,提高财会监督权威性和威慑力。建立财会征信"红黑"榜单,纳入全国征信体系建设,对违法违纪的个人或组织坚决列入"黑榜"。将各项法律、法规、政策和制度渗透到会计活动和会计监督管理的全过程,外化道德制约,形成道德"自律",促使"三坚三守"内心"立法"形成。

4. 典型示范,营造良好职业道德环境

习近平总书记指出,要大力宣传和弘扬先进典型,充分发挥其引导示范作用。以树立"三坚三守"典型、表彰激励等正面引导为主,通过各级各类平台与媒体,传播会计职业道德先进人物、先进事迹等优秀典范,利用微信、网站、微博等网络阵地进行线上推广;线下充分利用纸质媒介的宣传作用,如简报、案例集等,让会计人员在潜移默化中接受崇高职业道德的影响。案例集中,既包括正面事例,也涵盖负面典型,引导会计人员见贤思齐、见不贤而自省。

(三)互律

互律是同行业间为了共同利益,彼此相互提醒、相互监督、相互约束、共同守信践诺,以维护共同认可的道德规范。建立会计行业自律组织,是互律的基础。可通过"自律、协调、监督、服务"等方式,促进会计行业在"三坚三守"上开展自我约束、相互监督,并签署会计人员职业道德自律公约,通过网络渠道公开向社会承诺,自觉接受社会监督,并建立互律监督机制。行业内可从鼓励内部投诉、设立举报台等举措入手,公开报道已查实典型案例,加强互律。

(四)引导将"他律"内化为"自律"

在职业道德修养的过程中,他律是关键,自律是基础,互律是保障。他律只有内化成自律,才能使会计道德行为变成道德习惯。首先,内化关键在于知行合一,即认同和行动力,需通过教育引导、树立榜样、荣誉激励等方式,帮助会计人员认同相关内容,培养会计人员自我教育、自我修养的自觉性,将会计职业道德由外在规范转化为自觉追求和职业道德实践。其次,离不开"法治"配合,"自律""互律"与"他律"有机统一,对违背道德的行为实行监督、审判和制裁,让违背道德者无立足之地。可见,以自律为基础,通过他律和互律作用,内化于心、外化于行,变被动执行为主动接受,转变"要我做"为"我要做"的思维模式,由此真正促进会计人员做到"三坚三守",实现从他律、自律,再到互律的跨越,从内心深处对自己"立法",夯实会计行业健康发展根基。

第三节　数智会计道德建设

党的十八大以来,党中央、国务院部署加快社会信用体系建设、构筑诚实守信的经济社会环境,将会计人员作为职业信用建设的重点人群,要求引导职业道德建设与行为规范,为加强会计职业道德建设提供了根本遵循。"坚持诚信、守法奉公,坚持准则、守责敬业,坚持学习、守正创新"的具体要求将会计人员职业道德建设提到历史新高度,并将掀起会计人员职业道德建设新高潮。在飞速发展演变的数字化时代,强化职业道德建设的重要性愈加凸显。

一、数智会计道德建设动因

(一)社会需求动因

新时代下,我国社会主要矛盾已转化为人民日益增长的美好生活需要和不平衡不充分的发展之间的矛盾。"美好生活需要"体现了社会对于法治精神、道德文明等方面的"软需求",会计的法治与德治亦包含在其中。在社会活动多样化、经济主体多元化、利益关系复杂化的背景下,会计工作不仅要为国家治理、企业经营、投融资活动等提供高质量的决策信息,还要评价有关政府人员、企业管理者之于社会公众、广大投资者的受托责任履行情况。会计人员能否坚守职业道德,做好会计本职工作将直接影响国家、社会和公众的利益。

尽管单纯意义上的会计法治能够在一定程度上通过强制手段限制会计人员的违规行为,但社会学的观点认为,信任是在不确定性系统中维持社会良性运转的纽带。党的二十大报告也特别提到,提高全社会文明程度,实施公民道德建设工程,弘扬诚信文化,健全诚信建设长效机制。也就是说,会计诚信建设对于促进会计人员自觉坚持职业操守、实现经济社会良性发展意义重大。此外,亚当·斯密在《道德情操论》中指出,社会习惯、道德是经济活动的基础;而会计恰恰贯穿了市场经济生产、消费、交换、分配始终,会计职业道德水平的高低深刻影响着经济社会的发展,会计造假、利益侵占、偷税漏税等行为会直接导致价值创造的不充分与财富分配的不平衡。因此,在新时代下解决经济社会中"不平衡不充分的发展"问题同样需要推进会计职业道德建设。

(二)职业生存动因

会计职业的社会属性意味着会计人员最终应当承担起服务公众的责任。会计人员凭借自己的会计知识与技能向利益相关者提供会计服务,同时也需要对服务质量提供相应的保证,这便形成了会计人员与社会公众的隐形契约。将会计服务视作会计人员生产的"产品",由于服务过程具有不可观测性和酌量弹性,会计产品的质量很难采用统一明确的显性指标予以衡量,也就无法判断会计人员是否较好地履行了其与社会公众的契约责任。因此,契约双方的信息不对称为会计人员的私利行为提供了隐蔽空间,进而很可能形成低质量会计服务充斥的"柠檬市场"。加之近年来会计信息失真、财务欺诈事件时有发生,会计功能有异化迹象,会计执业声誉也相应受损。

社会公众对于会计服务与信息产品质量的担忧也随之加剧,其与会计人员之间的契约关系面临信任风险;一旦会计服务市场不再为社会公众所接受,会计职业将遭受重大的生存危机。在此情形下,会计职业道德建设作为一种非正式的会计治理机制,可以通过唤醒会计人员的职业初心、塑造会计人员的价值观念、强化会计人员的使命担当来向外界传递会计人员致力于提升会计服务质量的积极信号,使会计行业重拾社会公众的信心。《会计改革与发展"十四五"规划纲要》中强调的"筑牢执业道德底线,稳固诚信执业生命线"执业要求,也直接体现出会计职业的生存与健康发展离不开会计职业道德建设。

【拓展阅读】

谁偷走了企业利润:会计师行为规范必要吗①

2019 年,IBM 安全事业部联合 Ponemon Institute 调研了数据泄露对企业财务产生的影响。本次调研的主要结论包括:①过去 5 年数据泄露成本上升了 12%,目前数据泄露的平均成本已达到 392 万美元。②超过 50%的数据泄露源于恶意网络攻击,给企业带来的平均损失比意外事件引起的数据泄露高出 100 万美元。③大规模的数据泄露一旦发生,会给企业带来巨大损失。超过 100 万条记录的泄露预计会给企业带来 4 200 万美元的损失,而超过 5 000 万条记录的泄露预计会带来 3.88 亿美元的巨额损失。④拥有事件响应团队并对事件响应计划进行了全面测试的企业,平均数据泄露成本要比两者皆无的企业少 123 万美元。⑤美国的数据泄露平均成本为 819 万美元,高出全球平均水平两倍之多。⑥医疗保健组织连续第 9 年"荣登"数据泄露成本排行榜榜首,平均达到 650 万美元(比调研中的其他行业高出 60%)。由此可见,数字时代,数据泄露正在侵蚀着企业利润。

二、数智会计道德建设要求

(一) 强化自律管理

1. 坚持诚信

会计工作之所以重要,是因为企业一切经济业务活动都会形成相应的财务结果,会计人员掌握的信息数据库是企业经营管理的重要资产,守好、用好这项资产十分必要。这就要求会计人员应当牢固树立诚信理念,面对新业态、新模式的挑战,始终以诚立身、以信立业,守住道德底线,坚持严于律己,在积极学好、用好数据技术的同时,保障企业信息安全。

2. 守法奉公

随着业财融合的进一步深入,会计信息数据库变得更加多维、体量更加庞大,工作的组

---

① 资料来源:佚名.《2019 年数据泄露成本报告》(EB/OL).(2019-08-16)[2025-5-30]. https://www.ibm.com/account/reg/us-en/signup? formid=urx-42215.

织边界在数字化转型过程中也更加模糊。数字经济越发展,商业信任需求也将会越严格,会计人员只有心存敬畏,行为上才能不越权、不逾矩,保证与所在组织的行为基线不偏移,只有学法知法守法,才能保证公私分明、克己奉公,树立良好职业形象,维护会计职业声誉。

(二)突出履职要求

1. 会计核算工作仍然以准则执行为主,坚持准则为第一要务

数字化的技术手段为会计核算工作提供了高效的解决方案,节约了会计人员核算工作的时间,但会计的工作流程仍然是"凭证—账簿—报表",产出的成果也以会计报表承载的信息为主,也就意味着"会计语言"在数字化转型阶段并未发生根本性变化,其科目设置、记账规则及报表项目仍按照企业会计准则及其解释执行。因此在实际工作中,会计人员必须严格执行准则制度,保证会计信息真实完整。

2. 会计管理工作以数字化技术为依托,守责敬业实现内核提升

数字化时代的爱岗敬业更多是指依托数字化技术手段提高工作效率。守责意味着主动拥抱新技术,利用自身专业知识去规范技术的应用;敬业要求在系统设计与开发、业务执行与反馈等过程中坚持不相容岗位相分离。如果发现技术应用对企业信息的真实性、安全性造成威胁就要敢于纠错,应当对技术的应用保持合理质疑,自觉抵制会计造假行为,积极维护国家财经纪律和经济秩序。

(三)明确发展方向

1. 会计人员应始终秉持专业精神,坚持学习

基于商业模式的变化,企业的业务也在做适应性调整,如共享业务、引流业务的成本、收入确认,数据资产的计量等问题都打破了原有业务的固有特征,会计人员应当不断适应新形势新要求,与时俱进、开拓创新。

2. 会计人员应始终锐意进取,持续提升会计专业能力,守正创新

数字技术同时改变会计人员的工作模式,对会计人员的信息技术应用能力要求更高,会计人员只有不断学习新技术,持续研究技术在会计工作领域的应用,才能推动会计行业高质量发展。

三、数智会计道德建设路径

(一)严格会计人员选育,建立校企合作育人的互通互认机制

第一,选什么人? 选人的关键在于会计人员的个人综合素质,尤其是道德品质。这就要求企业在选任会计人员时既要考察其专业胜任能力,更要考察其是否具有诚信、保密、底线、大局意识和持续学习的良好品质。

第二,怎么选人? 有条件的企业应当积极参与学校的育人过程,提前进行人才的选择和

试用,建立企业与学校双方共育、企业与学生双向互选的人才培养机制,将企业文化渗透进学校的培养过程中,按需培养、全过程考核,在学校和企业的长期学习、实践过程中,反复观察、验证,择优选用。

(二)强化工作过程监督,构建业务财务一体化动态考评体系

1. 严格落实不相容职务相分离

目前企业的数字化系统大部分由第三方承揽建设,但其中也不乏企业会计人员参与的情形,由于参与系统开发的会计人员可能获得系统设计的代码信息,在履职过程中一定要严格遵守不相容职务相分离的原则,在系统设计与开发阶段就应当签订系统适用期间的保密协议,严格控制参与系统开发人员的权限。

2. 业务执行项目化,建立以预算为基础的业财一体化动态考评体系

企业应当结合自身业务特点,建立成员相对稳定但人员流动机制灵活的项目组。会计人员可以选择参与不同的项目,项目组也可优选或淘汰会计人员,结合会计人员业务参与度和贡献度定期考评其工作业绩,通过建立预算为基础的项目化动态考评机制,设置预算阈值,实现风险的分级及实时预警,强化责任落实,防范会计人员履职不到位的风险。

(三)建立会计人员退出机制,搭建科学的会计人员退出平台

会计人员的退出及再进入关系到会计人员职业道德建设的成效。相关部门、行业自律组织应当积极推进会计人员诚信体系建设,并纳入社会征信体系,为会计人员退出企业搭建平台,明确不同类型会计人员退出及再进入的时间、行为、业绩等方面标准,确保会计人员的退出与再进入既不影响企业的信息安全,又能防范会计人员违法违规的风险。

企业应当区分不同类型、不同岗位会计人员进行分类管理。如对于掌握信息系统设计与开发的会计人员,退出时可由企业将其退入社会会计人员人才库,并对其"贴标签",该标签内容将伴随该会计人员的全职业周期,如带有"舞弊""篡改""泄露机密"等关键词条,合理期间内无法被其他公司录用,通过提高惩罚力度,警示会计人员严格自律。

【拓展阅读】

"魔鬼"交易员:杰洛米·科维尔[①]

作为国际金融史上最大违规交易案的主角,杰洛米·科维尔打破了由前英国巴林银行交易员尼克·里森创下的14亿美元的损失纪录。2000年8月,科维尔加入法国兴业银行,2年后被调往后勤部门从事组合投资和Delta one产品投资。2004年3月,科维尔开始独立负责处理欧洲的股指期货的坐盘交易,他的第一次赌博正是发生在他刚刚升为交易员级别

---

① 资料来源:佚名.世界"第一负翁"欠债63亿还清需工作十万年(EB/OL).(2012-11-05)[2025-5-30]. https://www.guancha.cn/europe/2012_11_05_107729.shtml.

的 2005 年,赌注押在了德国安联保险公司的股票上,为公司赢得了 50 万欧元的入账。初战告捷激起了科维尔更大的雄心,由于深信欧洲股市未来大涨,科维尔从 2008 年 1 月初开始操作一个以欧洲主要股票市场指数变化为基准的套利交易。根据套利交易的规则,必须对相似市场特征的投资组合做反向操作以对冲风险。然而,科维尔在大举买入时并没有做出对冲,而且这次科维尔下注的资金是 500 亿欧元。等到法国兴业银行监管部门发现科维尔的做多头寸时,欧洲股市正在上演令人目瞪口呆的大跌行情。最终法国兴业银行不得不为强行平仓付出 49 亿欧元的惨重代价。

案发后,法国兴业银行也承认不止一次收到过欧洲期货交易所(Eurex)质疑科维尔的来信,但法国兴业银行没有进行调查。用法兰西银行行长克里斯蒂安·努瓦耶的话形容,科维尔可谓"计算机天才",居然通过了银行"5 道安全关"获得使用巨额资金的权限。科维尔动用了法国兴业银行 500 亿欧元(当时约合 735 亿美元)的资金,其中 300 亿欧元用于购买 1 180 亿欧元的欧洲股指期货 STOXX。法国兴业银行和整个法国似乎都被科维尔玩弄了。

现代银行业充斥着交易员令雇主损失惨重的故事,但是法国兴业银行的交易员科维尔的案例明显是出格的。在尼克·里森拖垮巴林银行之后,风险管理变得更为严谨。各家银行安装了复杂的黑匣科技,以避免类似灾难再次发生。科维尔加入法国兴业银行后,最初是在后台管理部门工作,因此对法国兴业银行的后台管理极为熟悉,这为他隐瞒自己的巨额仓位提供了方便。尽管如此,业内人士表示,能够将如此巨额的交易掩盖将近一年时间,是件十分令人吃惊的事情。科维尔这位后台工作人员出身的单纯期货交易员为法国兴业银行造成了 49 亿欧元的损失,说明这个交易员策划的骗局是多么精心,也展示了欺骗这些复杂的系统是何等容易。